नगरी-नगरी द्वारे-द्वारे

नगरी-नगरी द्वारे-द्वारे

प्रेमपाल शर्मा

नमस्कार
बुक्स

प्रकाशक : **नमस्कार बुक्स**
भवन संख्या 2/42 (दूसरी मंजिल), अंसारी रोड, दरियागंज, नई दिल्ली–110002
सर्वाधिकार : सुरक्षित / संस्करण : 2025 / मूल्य : पाँच सौ रुपए
मुद्रक : आर–टेक ऑफसेट प्रिंटर्स, दिल्ली ISBN 978-93-92040-74-0

NAGARI-NAGARI, DWARE-DWARE
by Shri Prempal Sharma ₹ 500.00
Published by **NAMASKAR BOOKS**
Building No. 2/42 (Second Floor), Ansari Road, Daryaganj, New Delhi-2

मेरे साहित्यिक गुरु

एवं

सुप्रसिद्ध बाल–साहित्यकार

श्री प्रकाश मनुजी को,

जिन्होंने मुझे लेखन की डगर पर

चलना ही नहीं, सरपट दौड़ना सिखाया।

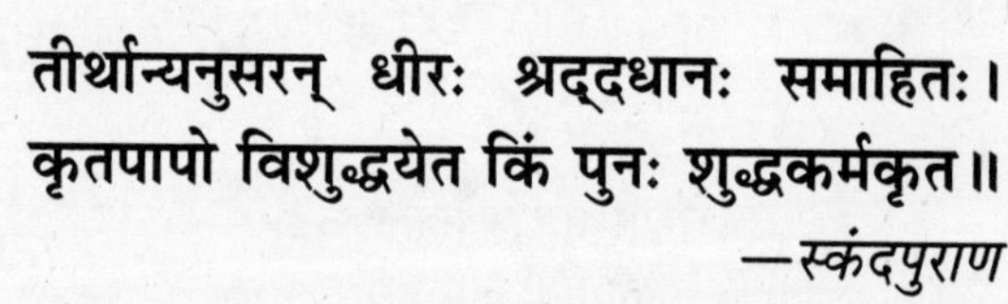

तीर्थान्यनुसरन् धीरः श्रद्दधानः समाहितः।
कृतपापो विशुद्धयेत किं पुनः शुद्धकर्मकृत॥

—स्कंदपुराण

जो तीर्थों का सेवन करनेवाला धैर्यवान, श्रद्धायुक्त और एकाग्रचित्त है, वह पूर्व का पापाचारी हो, तो भी शुद्ध हो जाता है, अगर वह शुद्धकर्म करनेवाला है, उसकी तो बात ही क्या? अर्थात् मोक्ष को प्राप्त हो जाता है।

धरती की गंध से सराबोर हैं ये यात्रा-संस्मरण

यात्रा–वृत्तांत साहित्य की बड़ी जीवंत विधा है। खासी जानदार विधा, जिसमें पहाड़ों की गूँज, नदियों की कल–कल और पक्षियों की मीठी चह–चह की तरह जीवन और जीवन–रस छलछलाता नजर आता है। उनमें हमारा समय है तो मानव आस्था की सुदीर्घ परंपरा भी। हजारों बरस पुरानी सभ्यता, संस्कृति है तो आज का जीवन यथार्थ भी। और साथ ही प्रेम और संवेदना का वह सुरीला परस भी, जिससे हमारे जीने के मानी हैं, और हमारा मनुष्य होना चरितार्थ होता है।

यही वजह है कि यात्रा–वृत्तांतों का जादू देर तक मन में रहता है, और वे एक दुनिया से दूसरी दुनिया में हमें ले जाते हैं। कोई अच्छा यात्रा–वृत्तांत न सिर्फ हमें पूरी तरह अपने में लीन कर देता है, बल्कि उसे पढ़ने पर रोजमर्रा के जीवन की जड़ता और एकरसता टूटती है, और हम बिना पंखों के भी उड़ते हुए एक अपरिचित दुनिया में जा पहुँचते हैं, जमाने के नए–नए रंगों से परचते हैं। फिर यात्रा–वृत्तांत एक तरह से कालदेवता की अभ्यर्थना भी हैं, जो पल में हमें कल से आज और आज से कल तक हजारों बरसों की यात्रा कराके एकदम ताजा और पुनर्नवा कर देते हैं। उनमें कविता की उड़ान है तो कहानी का रस और आत्म–संस्मरणों की सी मधुराई भी। इसलिए यात्रा–वृत्तांत अगर रमकर लिखे जाएँ तो वे किसी रोचक किस्से की तरह आपको अपने साथ बहा न ले जाएँ, ऐसा हो नहीं सकता। उनमें इतिहास भी है, भूगोल भी, और एक ऐसा आत्मिक आनंद भी, जो आपको सीमित परिधियों से बाहर आकर सृष्टि के महाकार से एकमेक होने के लिए पुकारता सा जान पड़ता है।

शायद यही कारण है कि अच्छे यात्रा–वृत्तांत पढ़कर मुझे हमेशा एक पवित्र गंगास्नान की सी अनुभूति होती है, जिससे मन कुछ और निर्मल हो जाता है, चेतना पर पड़े हुए मैले आवरण हट जाते हैं और भीतर आत्मा में एक दीया सा जल उठता है। पर अफसोस,

हिंदी में अच्छे यात्रा-वृत्तांत बहुत अधिक नहीं लिखे गए। साहित्य की यह जीवंत विधा प्रारंभ से ही कुछ उपेक्षित सी रही है। ऐसे बड़े लेखक कम ही हैं, जिनके यात्रा-वृत्तांतों में रस है, जीवन है, सुंदर भावों की अंत:सलिला, सौंदर्य और आस्था का औदात्य तथा यथार्थ की जमीन भी है। ऐसे में घुमंतू यायावर देवेंद्र सत्यार्थी के हृदय-रस से सराबोर कर देनेवाले संस्मरण जरूर याद आते हैं, और यह भी कि वे भाव और अनुभूति-रस के सहारे हमें किस ऊँचाई पर ले जाते हैं। महापंडित राहुल सांकृत्यायन, काका कालेलकर, विष्णु प्रभाकर और अज्ञेय के सुंदर यात्रा-वृत्तांतों में भी हमें यही पुकार और अनुभूति-रस नजर आता है। मैंने रामदरशजी, विश्वनाथ प्रसाद तिवारी और गोविंद मिश्र के भी बहुत भावमय यात्रा-वृत्तांत पढ़े हैं, जो मन में एक लहर सी पैदा कर देते हैं, और उन्हें पढ़कर हम एक व्यक्तित्वांतर से गुजरते हैं। पिछले कुछ अरसे में लिखे गए प्रताप सहगल और सुरेश्वर के यात्रा-संस्मरण भी मुझे प्रिय हैं, जिनमें निजता और अंतरंगता है। प्रताप सहगल का सैलानी भाव और सुरेश्वर की प्राकृतिक सौंदर्य तथा भाँति-भाँति के परिंदों के बीच रहने एवं उन्हें अपने कैमरे में उतारने की दीवानगी मुझे मोहती है।

इधर अखबारी लेखों की तरह हड़बड़ी में लिखे जा रहे बहुतेरे यात्रा-वृत्तांत, जिनमें यात्रा में आने-जाने के ब्योरों के साथ स्थानों के स्थूल विवरण ज्यादा होते हैं, मुझे नहीं रुचते। ऐसे यात्रा-वृत्तांतों में न लेखक अपनी देह और निजत्व की परिधियों से बाहर आ पाता है और न पाठक ही। पर कहना न होगा कि अभी हाल में इस क्षेत्र में कुछ नई खिड़कियाँ और गवाक्ष खुले हैं। इन नए और ताजगी से भरे लेखकों में प्रेमपाल शर्मा का नाम सबसे पहले मेरे होंठों पर आता है। पिछले कुछ बरसों से प्रेमपालजी के यात्रा-वृत्तांत मेरे मन में एक खास जगह बनाते जा रहे हैं, और जब उन्होंने बताया कि उनके यात्रा-वृत्तांतों की पुस्तक छप रही है, तो मैंने स्वयं प्रस्ताव किया कि पुस्तक की भूमिका मैं लिखूँगा।

□

यहाँ प्रेमपालजी के बारे में दो बातें कहने का मन है। आज से कोई सात-आठ बरस पहले बाऊजी (स्व. श्यामसुंदरजी) और भाई प्रभातजी के आग्रह पर मैंने साहित्यिक पत्रिका 'साहित्य अमृत' के संपादन का दायित्व सँभाला। मैं संयुक्त संपादक ही था, पर पत्रिका के आगामी अंकों की योजना बनाने की पूरी स्वतंत्रता प्रभातजी ने मुझे दी थी। मन में बहुत सारे सपने थे कि एक साहित्यिक पत्रिका को क्या हम लोकप्रियता के शिखर पर नहीं ले जा सकते। सामग्री साहित्यिक ही हो, पर हम पाठकों की रुचि और पठनीयता का भी खयाल रखें, तो क्या कुछ नहीं हो सकता!

इस लिहाज से हिंदी के वरिष्ठ साहित्यकारों के साथ ही नए लेखकों की भी चुनिंदा कविता, कहानी और अच्छे लेखों को पत्रिका में सम्मानपूर्ण स्थान मिला। हर

अंक को एक विशेषांक के रूप में देने की योजना बनी, और उसी के अनुरूप लेख लिखवाए भी गए। बाकी सामग्री का संयोजन भी वैसा ही। पर इसके साथ ही हिंदी के बड़े साहित्यिकों के रोचक संस्मरण और यात्रा-वृत्तांत काफी छापे गए तथा पाठकों ने भी बड़ी उदारता से उन्हें सराहा। 'साहित्य अमृत' का जो एक आदर्श रूप मेरे मन में था, वह अब साकार हो रहा था।

उन्हीं दिनों प्रेमपालजी का एक बड़ा ही सुंदर और आत्मीयता से विभोर कर देने वाला यात्रा-वर्णन पढ़ने को मिला। वे हाल में ही जगन्नाथपुरी की यात्रा करके लौटे थे। उन्होंने पूरी तल्लीनता के साथ अपनी इस सुखद यात्रा के बारे में लिखा था। मैं कभी पुरी गया नहीं, पर प्रेमपालजी का वह सुंदर यात्रा-वर्णन पढ़ते हुए लगा, मैं भी उनके साथ-साथ पुरी की यात्रा कर रहा हूँ। एक ऐसी भावमय यात्रा, जिससे हमारा अंत:करण उदार और व्यापक होता है और मनुष्य होना सफल जान पड़ता है। इस यात्रा-वृत्तांत की खास बात यह थी कि इसमें पुरी यात्रा के एक-एक लम्हे का जिक्र था। यहाँ तक कि रास्ते में जीवन-जगत् की जो-जो रम्य झाँकियाँ उन्होंने देखीं, उनका भी उसी रस और संवेदना के साथ जिक्र किया गया था। इसमें यात्रा के दौरान अपने सहयोगियों के साथ हुई मनोरम वार्त्ताएँ और उनकी मनोदशाओं का तो वर्णन था ही, साथ ही रास्ते में जो मामूली लोग मिले, उनके भी बड़े सजीव, हाव-भावपूर्ण पोर्ट्रेट जुड़ते गए थे।

इसे पढ़कर मुझे किसी कहानी जैसे रस की अनुभूति हुई, जिसमें कथाकार अपने जिए हुए एक-एक क्षण का एकदम लीन होकर वर्णन करता है। प्रस्थान-बिंदु से लेकर यात्रा की समाप्ति तक लेखक हमारे साथ रहता है। कहीं एक क्षण के लिए भी उसका साथ नहीं छूटता। जाहिर है, इससे यात्रा-वृत्तांत की विश्वसनीयता पर पाठकों को भरोसा होने लगता है। साथ ही एक अद्वितीय अनुभव की तरह वे उसे हमेशा के लिए अपने मन में सँजोकर रख लेते हैं।

कहीं-कहीं भाषा और अभिव्यक्ति की अनगढ़ता के बावजूद यह एक बेमिसाल यात्रा-वृत्तांत था। मैंने उसे हलका सा टच करके पत्रिका में छापा, तो उस पर सराहना करने वाले पत्रों का अंबार लग गया। प्रेमपालजी के और संस्मरण पढ़ने की लालसा मन में थी। बरसों पहले वे अयोध्या यात्रा पर गए थे। उसकी स्मृतियाँ उनके मन में थीं। मेरे आग्रह पर उन्होंने उसी तल्लीनता और भावमयता के साथ अपनी अयोध्या-यात्रा पर लिखा। वह भी इतना रस से सराबोर करने वाला यात्रा-वृत्तांत था कि पढ़ते हुए मैं विभोर हो गया। लगा, अरे प्रेमपालजी में तो एक छिपी हुई प्रतिभा है, उसे उभारना चाहिए।

मैंने आग्रह किया, प्रेमपाल जी, आप यात्रा-वृत्तांत बड़े सुंदर लिखते हैं। आप ऐसे और भी सुंदर यात्रा-वर्णन लिखिए, और जो कुछ भी लिखें, वह मुझे पढ़ने को अवश्य दें। और प्रेमपालजी ने मुझे निराश नहीं किया।

□

कुछ समय बाद अस्वस्थता के कारण मैं 'साहित्य अमृत' के संपादन दाय से मुक्त हुआ, पर प्रेमपालजी और उनके यात्रा-वृत्तांतों का साथ अनवरत बना रहा तथा आज भी बना हुआ है। आज भी वे कहीं यात्रा पर जाते हैं और लौटकर वहाँ के बारे में लिखते हैं तो उसकी एक प्रति मुझे भेजना नहीं भूलते। वह कब छपता है, कब नहीं, यह अलग बात है, पर मेरे मन और स्मृतियों के विशाल पन्ने पर तो वह तत्काल छप ही जाता है।

प्रेमपालजी के प्रायः सभी संस्मरण पहले-पहल मुझे पढ़ने को मिले, इसे मैं अपना सौभाग्य ही कहूँगा। इसलिए कि उनके संस्मरण पढ़ते हुए एक दुर्लभ रस की अनुभूति होती है, जिससे मन निर्मल और आत्मा निमज्जित होती है। वे सच ही भावमग्न कर देने वाले संस्मरण हैं, जो बहुत ही सच्चे अंतःकरण से लिखे गए हैं। और इसीलिए उन्हें पढ़ते हुए मन में सद्भावनाओं का एक दीया सा जल उठता है।

फिर प्रेमपालजी के यात्रा-वृत्तांत इसलिए भी मुझे मोहते हैं कि वे बनावटी आभिजात्य से मन को आतंकित नहीं करते, और अमूर्त भी नहीं हैं। उनमें हर क्षण जीवन छलछलाता है। उनमें लोग हैं, बल्कि लोगों की बड़ी ही सघन उपस्थिति है। इनमें ज्यादातर एकदम मामूली लोग, पर उनके हृदय बड़े हैं, और उनकी भावनाओं की दुनिया इतनी निष्कलुष कि उसके निकट जाते ही आप मुग्ध हो उठते हैं। प्रेमपालजी जिन मित्रों के साथ यात्रा पर निकलते हैं, उनकी मन, भाव और वचन से निरंतर उपस्थिति इन यात्रा-वृत्तांतों में महसूस होती है और उनके सुख-दुख संवेदन की एक समांतर कथा बीच-बीच में पाठकों को मोहती चलती है। फिर जिस दर्शनीय स्थल पर वे जाते हैं, उसकी प्रामाणिक जानकारी भी बड़े मनोयोग से वे जुटाते हैं। उसे जब वे अपने यात्रा-अनुभवों के साथ जोड़कर प्रस्तुत करते हैं तो लगता है, सचमुच हमने वहाँ की दैहिक, मानसिक, आत्मिक यात्रा कर ली। उनके शब्दों में उभरा वह सुरम्य यात्रा-स्थल अपनी पूरी प्राकृतिक सुंदरता, भव्यता और ऐतिहासिक गौरव के साथ हमारी स्मृतियों में बस जाता है।

इस लिहाज से, अपनी पुरी यात्रा के दौरान प्रेमपालजी ने उड़ीसा के आम जन-जीवन का जो आँखों देखा वर्णन किया, उसकी एक झलक यहाँ मैं पाठकों के आगे रखना चाहूँगा—

"प्रातः जब हम जागे तो झाबुआ रोड स्टेशन था, मौसम बड़ा सुहावना हो रहा था, हलकी बरसात हुई थी। रेलमार्ग के दोनों ओर नारियल के वृक्ष अपने मस्तक हिला-हिलाकर मानो हमारा स्वागत कर रहे थे। उड़ीसा की न्यारी छवि दिखाई देने लगी थी। रास्ते के दोनों ओर चार-छह झोंपड़ियों वाले गाँव। निकट ही नारियल और केले के वृक्ष। साथ ही पानी का पोखरा, जिसमें स्नान-मज्जन करते हुए स्त्री-पुरुष। उड़ीसा के

रास्ते में कहीं कोई कुआँ या चापाकल दिखाई नहीं दिया। ये छोटे तालाब ही इन लोगों की पानी की सब जरूरतों को पूरा करते हैं। गरीबी के साथ सादगी के दर्शन, प्रकृति के पहलू में निवास करते आडंबरहीन लोग।''

अब पुरी तीर्थ का अंदरूनी रूप देखें, जहाँ सदियों से चलते आए उसके कुशल प्रबंधन और ठेठ पारंपरिक व्यवस्था पर हमारा ध्यान जाए बिना नहीं रहता—

''हमारे पंडा सूरज पतवारियाजी, जो पहले मठ की सेवा में थे, ने बताया कि भगवान् जगन्नाथ का धाम ही एक ऐसा धाम है, जहाँ भगवान् को छह बार भोग लगता है। लगभग साठ क्विंटल चावल रोज पकता है। मंदिर की पाकशाला भी दर्शनीय है, जिसमें एक चूल्हे के ऊपर एक साथ सात मटकों में एक के ऊपर एक मटका रखकर चावल पकाया जाता है। इस रसोई में नौ चूल्हे जलते हैं। छप्पन भोग में लड्डू, खाजा, खीर, दाल-चावल, मिश्रित सब्जी, पुआ, पूरी, पकौड़ी आदि सभी प्रकार का भोजन शामिल होता है। इस मंदिर में पाँच सौ से अधिक पुजारी हैं, जो भगवान् जगन्नाथ के शृंगार, आरती, भोग के कार्य को देखते हैं, परंतु जगन्नाथ रथयात्रा के समय इनकी संख्या हजारों तक पहुँच जाती है।''

प्रेमपालजी की अयोध्या यात्रा का यह अनुभूति क्षण तो मानो हर किसी को एक ऐसी भाव-समाधि में ले जाता है, जहाँ हमें देह का कुछ बोध नहीं रहता—

''अब हम राम जन्मभूमि पर पहुँच गए हैं। मन में हर्षातिरेक की तरंगें उठ रही हैं। मन बार-बार पुलकित और रोमांचित हो रहा है। अहा! यही वह स्थान है, जहाँ दीनदयाला, कौसल्या हितकारी ने धरती को पाप के भार से मुक्त करने के लिए जन्म लिया। परंतु हाय रे अभाग्य! विवादित स्थल होने के कारण यहाँ मुख्य द्वार पर ताला पड़ा हुआ है। (इसे बाद में तत्कालीन प्रधानमंत्री राजीव गांधी ने खुलवाया।) जन्मभूमि के बाहर अखंड कीर्तन चल रहा है। यात्री रामलला के सम्मान में मत्था टेक रहे हैं। हमने भी दंडवत् किया, थोड़ा कीर्तन में बैठ प्रभु का नाम-स्मरण किया।''

अब प्रेमपालजी के शब्दों में बिछलती द्वारकाधीश भगवान्जी की यह भव्य और सम्मोहक झाँकी भी देख लीजिए—

''हम लोग दक्षिण की ओर से दर्शनार्थ पंक्तिबद्ध हो गए हैं। द्वारकाधीश भगवान् की भव्य-दिव्य झाँकी नेत्रों के सामने है। कतारबद्ध दर्शनार्थी द्वारकाधीश की जय-जयकार कर रहे हैं। दर्शन करते हुए आगे बढ़ रहे हैं। हम लोग किनारे की पहली पंक्ति में हैं। समय जैसे ठहर गया है। अपनी चार भुजाओं में शंख, चक्र, गदा, पद्म धारण किए द्वारकानाथ की अलौकिक छवि में हम अपनी सुध-बुध खो बैठे हैं। शरीर पुलकित हो रहा है, बार-बार रोमांच हो आता है। दर्शन की प्यास शांत नहीं हो रही है, नेत्र प्रभु के आकर्षण में बँध गए हैं। मन की स्थिति विचित्र हो गई है, कंगाल को जैसे अकूत खजाना

मिल गया हो, और वह सब प्रयत्नों के बाद भी उसे सहेज न पा रहा हो। इस दिव्य आनंद का, इस प्राप्य का, इस उपलब्धि का वर्णन वाणी से कर पाना संभव नहीं। यह तो गूँगे का गुड़ है। इसका स्वाद बताया नहीं जा सकता, केवल अनुभव किया जा सकता है।''

सच पूछिए तो हृदय-राग से पूरित ऐसे क्षणों में प्रेमपालजी के शब्द भी मानो पारदर्शी होने लगते हैं। उनमें भावों का झरना फूट पड़ता है, और पाठक भावमग्न होकर उनके साथ-साथ बहने लगता है।

□

प्रेमपालजी ने अधिकतर धार्मिक स्थलों की यात्राएँ की हैं। पर यहाँ यह बताना जरूरी है कि वे परम आस्थावान जरूर हैं, पर अंधविश्वासी कतई नहीं, और कूपमंडूकता तो उनमें दूर-दूर तक नहीं है। इसलिए उनके यात्रा-वृत्तातों में मानो हृदय-रस बहता है, और एक मनुष्य के रूप में वे हमारे मन, भावों और अनुभूतियों को उच्चाशयता देने वाले सुंदर आलेख हैं, जिनमें हृदयराग की प्रमुखता है। जहाँ भी प्रेमपालजी जाते हैं, वहाँ का प्रकृति-सौंदर्य, पर्यावरण, पेड़-पौधे, साफ-सफाई, लोगों का रहन-सहन, जीवन-शैली और आचरण सभी पर उनकी नजर पड़ती है और वे बड़ी रुचि से उनका वर्णन करते हैं।

शुरू में ही इस बात पर मेरा ध्यान गया कि भाषा पर उनका अधिकार है, और अब तो प्रेमपालजी की भाषा बहुत मँज गई है। फिर जो कुछ भी लिखें, वे बहुत रमकर लिखते हैं। धार्मिक पर्यटन भारतीय जीवन का बहुत महत्त्वपूर्ण अंग है। इन स्थलों की इतनी सटीक जानकारी और भावपरक व्याख्या एक साथ और कहाँ मिलेगी? इसलिए हजारों लोग उनके इन यात्रा-वर्णनों के मुरीद हैं। नई पीढ़ी के बहुत से लोग इन स्थलों पर धार्मिक आस्था से कम, बल्कि वहाँ की ऐतिहासिकता, प्राचीन स्थापत्य, प्रकृति की मनोहर छवियों और जीवन के विविध रूपों को करीब से देखने तथा उनका आनंद लेने के लिए जाते हैं। ऐसे लोगों को भी इन यात्रा-वर्णनों से बहुत कुछ नया और मूल्यवान मिलेगा। प्रेमपालजी के यात्रा-वर्णन पढ़कर लगता है कि वे एक प्रसन्न गाइड की तरह हर क्षण उनके साथ हैं, और बहुत कुछ नया बता रहे हैं। यों प्रेमपाल शर्मा के यात्रा-वृत्तांतों का एक अलग प्रीतिकर रंग है, जो दिनोदिन और ज्यादा गाढ़ा होता जाता है। वर्तमान दौर के सुप्रसिद्ध यात्रा-वृत्तांत लेखकों में उनकी उपस्थिति महत्त्वपूर्ण है, और सच तो यह है कि उनके यात्रा-वृत्तांतों का उल्लेख किए बिना इस विषय पर कुछ भी लिखना संभव नहीं है।

फिर प्रेमपालजी के यात्रा-वृत्तांतों की सबसे बड़ी विशेषता यह है कि वे मन को बाँध लेते हैं। यह संभव ही नहीं है कि पाठक उन्हें पढ़ना शुरू करे, और पूरा किए बिना रख दे। उनमें रस है, विश्वसनीयता है और एक दुर्वह आकर्षण भी। इसलिए चाहे चित्रा मुद्‌गल सरीखी सुविख्यात कथाकार हों, या फिर बालकवि बैरागी सरीखे हिंदी

के सार्थवाह, सभी ने इन्हें पढ़ा, जी भरकर सराहा, और फिर विशेष रूप से फोन करके प्रेमपालजी को बधाई दी। उनसे निरंतर आगे लिखते रहने का आग्रह किया। चित्राजी का कहना था—"तुम लिखते रहो, रुकना नहीं, लिखना मत छोड़ना...।" और बालकवि बैरागी ने तो अभिभूत होकर कहा, "भाई, मैं तीन बार द्वारका गया हूँ—अकेला और परिवार के साथ भी। पर मेरी आँखें वह सब नहीं देख पाईं, जो तुम देख पाए।..."

इसी तरह प्रेमपालजी ने दिल्ली पर यात्रा-वृत्तांत लिखा तो देश के एक बड़े चिकित्सक न सिर्फ उसे पढ़कर प्रभावित हुए, बल्कि उन्होंने बहुत विनयपूर्वक मनुहार की—"प्रेमपालजी, क्या आप मुझे अपने दिल्ली-दर्शन वाले आलेख का लिंक भेज सकते हैं? मैं गरमियों की छुट्टियों में अपने बेटे-पोते के पास ऑस्ट्रेलिया जा रहा हूँ। एक-दो महीने उनके साथ रहूँगा। दिल्ली और अपने भारत के बारे में उनकी धारणा अच्छी नहीं है। मैं उनको वह लेख पढ़वाना चाहता हूँ। मेरी नजर में दिल्ली को जानने के लिए उससे अच्छा लेख कोई और नहीं हो सकता।"

और यही नहीं, कुछ रोज बाद ऑस्ट्रेलिया से उन सज्जन का फोन आया। बड़े आनंदित स्वर में उन्होंने कहा, "प्रेमपालजी, आपको पुनः बधाई। मेरा पोता अब दिल्ली देखना चाहता है। बेटा सपरिवार इंडिया आने के लिए तैयार हो गया है।..."

एक लेखक की इससे बड़ी खुशी, आनंद और सार्थकता की क्या आप कल्पना कर सकते हैं?

यात्रा-वृत्तांतों को अकसर यात्रा-वर्णन भी कहा जाता है। पर सच पूछिए तो मुझे ये दोनों ही नाम पसंद नहीं हैं। मैं इन्हें यात्रा-संस्मरण कहता हूँ। और मेरा निश्चित मत है कि कोई यात्रा-वृत्तांत तब तक संस्मरण नहीं बनता, जब तक वह मन को बाँध नहीं पाता। किसी यात्रा-वृत्तांत की सबसे बड़ी चरितार्थता यात्रा-संस्मरण हो जाना है। और प्रेमपालजी के यहाँ मैं शुरू से ही यह देखता और महसूस करता रहा हूँ। यही कारण है कि एक पाठक के रूप में वे मुझे इतना मोहते हैं।

□

प्रेमपालजी सरल व्यक्ति हैं, सरल लेखक भी, और यही सरलता उनके यात्रा-वृत्तांतों में भी है, जो उन्हें प्रेमचंद की कहानियों सरीखा मोहक बनाती है। और ऐसा नहीं कि प्रेमपालजी ने सिर्फ यात्रा-वृत्तांत ही लिखे हों। मैंने उनके लिखे लेख, संस्मरण, समीक्षाएँ और आलोचनात्मक लेख भी पढ़े हैं। सभी में उनके सरल प्रीतिमय व्यक्तित्व की झलक है और हृदय की यही सरलता है, जो पाठक के मन में पैठ जाती है, और आप उनकी चीजों को एक बार पढ़कर कभी नहीं भूल पाते।

कुछ अरसा पहले प्रेमपालजी ने अभी हाल में ही गुजरे अपने प्यारे और लाड़ले डॉगी 'रफ्तार' के बारे में एक सुंदर सा रेखाचित्र लिखा। वह इतना मार्मिक था कि उसे

पढ़ते हुए मेरी आँखें भीग गईं। और एक अजब बात यह थी कि लिखा तो उन्होंने अपने लाड़ले कुत्ते रफ्तार के बारे में था, पर मुझे उसमें उनके बच्चों और पूरे परिवार की आत्मीय छवि दिखाई दे गई, और मैं मानो उनमें से एक-एक को पहचान पा रहा था। यह बिटिया ऋचा, यह पीयूष बेटा, और ये रहीं श्रीमती प्रेमपाल। असल में प्रेमपालजी जब किसी पर लिखते हैं, तो उसमें सिर्फ वही नहीं, बल्कि वे सब उपस्थित होते हैं, जिनसे उसकी समूची अस्मिता उभरती है। और यह तय है कि अकेले-अकेले हम कुछ नहीं। सबके साथ होकर ही हम पूरे होते हैं। सो उनके घर में रफ्तार को कौन कितनी शिद्दत से चाहता था, ये सतरें मैं पढ़ रहा था, तो मानो किसी अज्ञात कैमरे से खिंचा पूरे परिवार का एक साझा फोटो खुद-ब-खुद मेरी आँखों के आगे बन रहा था।

इसी तरह एक बार मैंने उन्हें बाल-साहित्य की पत्रिका 'बालवाटिका' के लिए अपने बचपन और गुरुजनों के बारे में लिखने को कहा तो उन्होंने संस्मरण लिखते हुए मानो एक पूरा वातावरण निर्मित कर दिया। उनके बचपन में बहुत कुछ ऐसा था, जिसे पढ़ते हुए मुझे खुद अपने बचपन की याद आई। लगा कि उनके साथ-साथ मैं खुद अपने बचपन की नदी में गोते खा रहा हूँ और भाव-विभोर हो रहा हूँ।

इस संस्मरण में प्रेमपालजी ने अपने बचपन के दुख-सुख और मार्मिक अनुभवों के बारे में लिखा, तो उनका गाँव ही नहीं, वह पूरा का पूरा समय आँखों के आगे आ खड़ा हुआ। इसी तरह प्रेमपालजी अपने कर्तव्यनिष्ठ और धुनी अध्यापकों को याद करते हैं, तो उन्हें वे सुमधुर गीत और लंबी कविताएँ तक याद आ जाती हैं, जो उन्होंने छुटपन में अपने अध्यापकों से सुनी थीं। आज कई दशकों बाद भी वे उन्हें इस तरह उकेर रहे थे, जैसे यह कल की ही बात हो। मैंने पढ़ा तो अवाक् रह गया। विस्मित!

शायद प्रेमपालजी की यही श्रद्धा और साहित्य के लिए निर्व्याज समर्पण ही था, जो बरसोबरस अंत:सलिला की तरह उनमें बहता रहा, और आज इतने सुंदर और भावमय स्मृति-चित्रों के रूप में हमारे सामने आया।

यों आज भी प्रेमपालजी से मिलने पर हर बार उनकी विनय, उनका समर्पण, उनका जिज्ञासा भाव इस कदर मन को बाँध लेता है, कि लगता है, आप उनसे मुक्त हो ही नहीं सकते। वे आपके भीतर बहने लगते हैं। सच पूछिए तो प्रेमपालजी की ये दुर्लभ मानवीय विशेषताएँ उनके व्यक्तित्व में कस्तूरी-गंध सी बसी हैं, और इन गुणों ने ही उन्हें एक समर्थ लेखक, और इससे भी बढ़कर एक सच्चा इनसान बनाया।

□

मैं लोक-यायावर देवेंद्र सत्यार्थी के साथ-साथ रामविलासजी, शैलेश मटियानी, रामदरश मिश्र और विष्णु खरे सरीखे बड़े-बड़े उस्तादों का शिष्य रहा हूँ, और मुझे इस बात का कम गर्व नहीं है। मैं भले ही एक छोटा सा लेखक हूँ, पर बड़े-बड़ों का

स्नेहपूर्ण आशीष मुझे मिला है, जिन्होंने मुझे भीतर-बाहर से रचा और सँवारा है। और शायद उन्होंने ही बड़े-से-बड़े दुर्दिनों में भी मुझे टूटने नहीं दिया। अपने गुरुओं का यह प्रीतिकर स्पर्श मैं कभी नहीं भूलता। और इतने बड़े-बड़े उस्तादों का शिष्य हूँ, इसे मैं अपने जीवन का सबसे बड़ा सौभाग्य मानता हूँ। उनसे मैंने बहुत कुछ पाया भी है। और जो कुछ हासिल किया, उसे अपने बाद वाली पीढ़ी को दोनों हाथ भर-भरकर बाँटना मुझे अच्छा लगता है।

शायद इसीलिए अपने बाद वाली पीढ़ी के बहुत सारे लेखकों से मेरी निकटता और गहरी आत्मीयता रही है। इनमें कुछ ऐसे भी हैं, जो खुद को मेरा शिष्य मानते हैं और कहते भी हैं कि उन्होंने मुझसे कुछ सीखा है। इसे भी अपना सौभाग्य कैसे न कहूँ! पर मेरे शिष्यों में प्रेमपालजी ने जितनी तेजी से सीखा है और थोड़े समय में ही जिस ऊँचाई पर वे पहुँचे हैं, वैसा शायद कोई नहीं है। मैं नि:संकोच कह सकता हूँ कि मेरे वे सर्वाधिक योग्य, मेहनती और प्रतिभावान शिष्य हैं तथा जो आदर और समर्पण भाव उनमें है, वह तो सचमुच ही दुर्लभ है।

प्रेमपालजी को पढ़ते हुए बार-बार पिछली यादें मुझे गुहराती हैं। 'साहित्य अमृत' के संपादन के दौरान मैंने उन्हें पाया था। जो काम मैं उन्हें सौंपकर जाता था, वे उसे याद रखते थे, पूरे समर्पण और तन-मन से पूरा करते थे, ताकि मुझे कोई शिकायत का मौका न मिले। उन पर मैं पूरा भरोसा कर सकता था। मेरा 'साहित्य अमृत' का संपादन-काल बहुत बड़ा नहीं है। मुश्किल से एक-डेढ़ बरस ही वह रहा होगा। और उसे बीते कोई पाँच बरस तो हो ही गए हैं। पर न प्रेमपालजी मुझसे दूर हुए, और न उनका समर्पण जरा भी कम हआ। वे हर क्षण मुझे अपने मन और आत्मा के नजदीक महसूस होते हैं। और सच कहूँ तो 'साहित्य अमृत' के संपादन के दौरान मैंने शायद बहुत कुछ पाया। बहुत से बड़े साहित्यकारों के साथ-साथ नए लेखकों से मित्रता। बहुतों का आत्मीय प्रेम। कुछ अच्छे और स्मरणीय विशेषांक भी उस दौर में निकले, जिन्हें भुला पाना मेरे लिए मुश्किल है। बहुत से साहित्यिकों और आत्मीय मित्रों से आज भी उन पर चर्चा होती है। पर अगर आज कोई मुझसे पूछे कि मनुजी, उन एक-डेढ़ बरसों की आपकी सबसे बड़ी उपलब्धि क्या है तो मैं कहूँगा—प्रेमपाल शर्मा।

उस दौर में मैंने उजले मन और उजली आत्मा वाला एक सच्चा शिष्य पाया, एक गुरु के रूप में इससे बड़ा सौभाग्य शायद मेरा कुछ और नहीं। एक सच्चा शिष्य आपको तार देता है, और आप इस दुनिया से जाने के बाद भी उसके मन और चित्त में हमेशा-हमेशा के लिए बसे रहते हैं।

मेरे लिए इससे बढ़कर आनंद की बात कुछ और नहीं हो सकती कि प्रेमपाल शर्माजी के यात्रा-वृत्तांतों की पुस्तक अब छप रही है। जो एक नन्हा सा पौधा मैंने लगाया

था, वह आज बड़ा होकर बहुतों को सुवासित कर रहा है। इन सुखद क्षणों में अपने अंतर्मन के नेह और सद्भावनाओं के साथ मैं यही दुआ कर सकता हूँ कि वे लिखें, निरंतर लिखें, और खूब अच्छा लिखें, जिससे दूसरों के दिलों में भी उजास पैदा हो, और यह दुनिया थोड़ी सी ज्यादा उजली और सुंदर हो जाए!

मैं बेहिचक कह सकता हूँ कि प्रेमपालजी के यात्रा-संस्मरणों की इस पुस्तक में भी वही रोशनी, आत्मीयता और उजास है, जो एक सुंदर दुनिया रचती है। इसलिए एक बार पढ़ना शुरू करें तो पाठक उसे छोड़ नहीं पाएँगे। और एक बार पढ़ने के बाद कभी भूलेंगे भी नहीं। प्रेमपालजी और लिखें, इसी तरह रमकर लिखें, उन्हें मेरी स्नेहपूर्ण शुभकामनाएँ और आशीष!

—प्रकाश मनु

545 सेक्टर-29
फरीदाबाद-121008 (हरियाणा)
दूरभाष : 9810602327

पुरोवाक्

मैंने बहुत कम यात्राएँ कीं और लिखने के उद्देश्य से तो बिल्कुल भी नहीं। मेरी इन सब यात्राओं के निमित्त बने भाई जीत शर्मा धार्मिक तबीयत के व्यक्ति खूब यात्राएँ किया करते हैं। उनके साथ मैं पुरी यात्रा पर गया, जगन्नाथ रथयात्रा में शामिल हुआ और यह यात्रा बड़ी शानदार रही, तो इसे लिखने का मन हो आया, सो आद्योपांत यात्रा वर्णन लिख डाला। सितंबर 2013 में आदरणीय प्रकाश मनुजी संयुक्त संपादक के रूप में 'साहित्य अमृत' से जुड़े। उन्होंने सितंबर-13 के अंक में इसे प्रकाशित कर दिया। मैं बड़ा प्रसन्न और उत्साहित था। मेरे एक घनिष्ठ मित्र आनंद शर्मा अपने निजी काम से राँची जा रहे थे। मैंने पत्रिका की एक प्रति उनको दी। उन्होंने यात्रा के दौरान मेरा यात्रा-संस्मरण पढ़ा और वहीं से फोन किया—'भाई, एक बात बता, तूने जो लिखा है, वहाँ बिल्कुल ऐसा ही है?' मैंने कहा, 'भाईजी, मैंने जो देखा, जो अनुभव किया, वही लिखा है। इसमें कपोल-कल्पना बिल्कुल भी नहीं है।' उनका मन चंचल हो उठा और दो-तीन महीने बाद ही वे पुरी की यात्रा पर निकल पड़े। फिर अगली रथयात्रा में मुझे तथा अन्य मित्रों को साथ लेकर गए। अब स्थिति ऐसी है कि मैं तो तब से एक-दो बार जाने में असमर्थ रहा, पर वे हर वर्ष बड़े से बड़ा यात्रीदल लेकर पुरी रथयात्रा में जा रहे हैं।

यह यात्रा-संस्मरण मनु सर को भी बहुत पसंद आया। उन्होंने मुझे कुरेदा—प्रेमपालजी, और भी यात्राएँ की होंगी आपने। मैंने कहा—सर, और तो कोई नहीं की। जब मैं दिल्ली विश्वविद्यालय का विद्यार्थी था तो अपने मित्र के साथ रेलवे की परीक्षा देने अयोध्या गया था। मनु सर बोले, उसके बारे में कुछ तो स्मरण होगा। मैंने कहा, सर, याद तो है, पर उसे तीस साल हो गए हैं। मैंने एक-दो घटनाएँ उन्हें सुनाईं। वे बोले—फिर तो तुरंत लिख डालो। मैंने बार-बार मानस-यात्रा कर-करके तीस साल पुरानी यादों को शब्दबद्ध किया, जो 'साहित्य अमृत' के अप्रैल, 2014 के अंक में छपा। पहली प्रतिक्रिया-स्वरूप लखनऊ आकाशवाणी में सहायक निदेशक रहे श्री अरविंद

मिश्र (अब दिवंगत) का फोन (9355578523) आया। अपना परिचय देने के बाद बोले—मेरा ससुराल अयोध्या में है, आपने बड़ा ही शानदार शब्दचित्र उकेरा। हमारे लखनऊ के बारे में बहुत अच्छा वर्णन है। उस समय दिल्ली विश्वविद्यालय के एक लैक्चरर (अब सेवानिवृत्त) ने फोन पर कहा कि तुम जरूर मेरे ही स्टूडेंट रहे होगे। बहुत अच्छा लिखते हो।

अगली मेरी यात्रा द्वारका की थी, अपने मित्र आनंद शर्मा की बिटिया की शादी में द्वारकाधीश भगवान् को निमंत्रित करने गए थे। इस पर यात्रा-संस्मरण लिखा और यह 'साहित्य अमृत' के मार्च 2015 के अंक में छपा। 1 मार्च, 2015 को सायंकाल यह (9873123237) फोन आया। फोन पर जो आवाज थी—उसने मुझे रोमांचित कर दिया। मैं चित्रा मुद्‌गल बोल रही हूँ। मैंने 'मोक्षपुरी द्वारका में दो दिन' पढ़ा। बहुत अच्छा लिखते हो, तुम्हारी लेखन-शैली अद्‌भुत है। अंत तक बाँधे रखती है। आगे जानने की जिज्ञासा बनी रहती है। मैंने उन्हें प्रणाम कर कहा—मैडम, मेरा अहो भाग्य! मेरा लेख आपको पसंद आया। मैं आपको जानता हूँ। आप बड़ी लेखिका हैं। उन्होंने और भी बहुत सी बातें कहीं और फिर खूब समझाकर बोलीं—'तुम लिखते रहो, रुकना नहीं, लिखना मत छोड़ना,' आदि-आदि। 17 मार्च, 2015 को यह (9425106136) फोन आया—मैं बालकवि वैरागी (अब दिवंगत) बोल रहा हूँ। मैं अभिभूत हो गया, उन्हें प्रणाम किया। वे बोले—'भाई, मैं तीन बार द्वारका गया हूँ—अकेला और परिवार के साथ भी। पर मेरी आँखें वह सब नहीं देख पाईं, जो तुम देख पाए। बहुत ही उच्च दर्जे का संस्मरण है।' फिर शिकायत के लहजे में बोले—'पर तुमने सोमनाथ पर क्यों नहीं लिखा?' मैंने विनम्रतापूर्वक कहा—दादा, बस यहीं तक जाने का कार्यक्रम था, अगली बार जाऊँगा, तो जरूर लिखूँगा। मैंने अगली यात्रा में सोमनाथ पर लिखा। दादा बालकवि वैरागी का फिर फोन आया। उन्होंने मुझे बहुत शाबाशी दी और खूब लिखने का आशीर्वाद भी।

वर्ष 2015 की रथयात्रा में पुनः पुरी जाना हुआ। इस बार नवकलेवर महोत्सव था। इस यात्रा पर लिखा गया वृत्तांत 'साहित्य अमृत' के सितंबर, 2015 के हिंदी विशेषांक में प्रकाशित हुआ। 3 सितंबर, 2015 को यह फोन (8979199100) आया। बड़ी गर्मजोशी से उन्होंने कहा—शर्माजी, मैं देहरादून से सुधीर शर्मा बोल रहा हूँ। 'आउट लुक' पत्रिका में उत्तराखंड का ब्यूरो चीफ हूँ। मैंन कहा—नमस्कार भाई साहब। फिर सुधीरजी एकदम शिकायती अंदाज में बोले—भाई, एक बात बताओ, तुमने क्या 'साहित्य अमृत' के साथ अनुबंध कर रखा है। मैंने तुम्हारे यात्रा-संस्मरण और कहीं नहीं पढ़े। एक से एक अच्छे यात्रा-वर्णन साहित्य अमृत में छप रहे हैं। हमारे यहाँ (आउटलुक में) या 'अहा! जिंदगी' में क्यों नहीं भेजते हो, यह अच्छी बात नहीं। मैंने सफाई दी—अनुबंध

तो कुछ नहीं हुआ, भाई साहब; मैं ज्यादा कुछ नहीं लिखता हूँ। साल में एकाद यात्रा का समय निकालकर लिख लिया करता हूँ, सो वह 'साहित्य अमृत' में ही छप जाता है। ज्यादा हों तो भेजूँ भी। सुधीर भाई बोले—भाई, आप एक काम करो, इधर उत्तराखंड का टूर बनाओ। परिवार के साथ या मित्रों साथ आओ। ठहरने-घूमने की सब व्यवस्था मैं करूँगा। आपको सब जगह दिखाऊँगा। तब आप यहाँ के बारे में लिखना। यह बहुत सुंदर जगह है। मैंने कहा—सुधीरजी, आगे उत्तराखंड घूमने जरूर आएँगे। आपसे मिलेंगे भी।

24 सितंबर, 2015 को यह फोन (6742570534) आया कि भुवनेश्वर से मैं शंकरलाल पुरोहित बोल रहा हूँ। मैंने उन्हें प्रणाम किया। मैं जानता था कि वे उड़िया भाषा के प्रसिद्ध साहित्यकार हैं। फिर वे बोले—भाई, बहुत सुंदर ढंग से लिखा है आपने। मैं मानता हूँ, यहाँ तीर्थयात्रियों को कितनी दिक्कतें होती हैं, पंडा लोग भी कम परेशान नहीं करते हैं, अव्यवस्था भी हो जाती है, पर आपने सबको बड़ी चतुराई से छिपा लिया है। मैंने कहा—सर, मैं बेहद खुश हूँ कि आपको यह संस्मरण अच्छा लगा। सर, मैं सोचता हूँ कि एक तो हिंदू लोग पहले ही अपने पूजा-स्थलों-तीर्थों से विमुख हो रहे हैं। मेरा फोकस तो तीर्थों की महत्ता, वहाँ का माहात्म्य और अच्छाइयों को बताकर वहाँ जाने के लिए लोगों को प्रोत्साहित-प्रेरित करना है। परेशानियाँ तो यात्रा में आती ही हैं। वे बोले—अरे भाई, आप तो बहुत ऊँचा और दूर का सोचते हैं। आपकी सोच को नमन है। अगली बार जब आप आएँ तो मुझे जरूर बताइएगा। फिर उन्होंने हम कहाँ ठहरे, भोजनादि कहाँ करते हैं आदि-आदि पूछताछ की।

सितंबर में (2015) हिंदी दिवस के अवसर पर नाथद्वारा की सुप्रसिद्ध साहित्यिक-सांस्कृतिक-शैक्षणिक संस्था 'साहित्य मंडल' ने अपने तीन दिवसीय कार्यक्रम 'हिंदी लाओ, देश बचाओ' में मुझे संपादक के नाते 'संपादक रत्न' की मानद उपाधि से विभूषित किया। दिल्ली लौटकर मैंने इस कार्यक्रम तथा भगवान् श्रीनाथजी पर केंद्रित यात्रा-संस्मरण लिखा, जो 'साहित्य अमृत' के जनवरी 2016 अंक में प्रकाशित हुआ। 31 दिसंबर, 2015 को ही साहित्य मंडल के प्रधानमंत्री श्री श्याम प्रकाश देवपुराजी का फोन (9871282170) आया। वे बोले—भाईजी, मैंने अभी-अभी आपका लेख पढ़ा, बहुत कमाल का लिखते हो। हम वर्षों से सैकड़ों बड़े-से-बड़े लेखक, कवि और संपादकों को सम्मानित कर चुके हैं, परंतु किसी ने हमारे काम के बारे में ऐसा कभी नहीं लिखा। मैंने कहा—भाई साहब, ज्यादा कुछ नहीं, जैसा मुझे अनुभव हुआ, जो साक्षात् देखा, वही लिखा है। श्यामजी बोले—इससे अच्छा और लिखा नहीं जा सकता भाईजी। मात्र ढाई-तीन दिन में आपने हमारे बारे में इतना कुछ जान-समझ लिया, यह अपने आप में कमाल है। भाईजी, मैं तो आपकी कलम का मुरीद हो गया हूँ। आपके लेखन की जितनी

तारीफ करूँ, कम ही है। और कमाल यह कि भाई श्यामजी मुझे अपने हर कार्यक्रम में हर वर्ष बुलाते हैं और अब तक मैं चार बार वहाँ जा चुका हूँ।

11 जनवरी, 2016 को औरंगाबाद (महाराष्ट्र) से वयोवृद्ध लेखिका साधना शाह फोन (9422701981) पर थीं। शर्माजी, मैं साधना शाह आपको प्रणाम करती हूँ। श्रीनाथजी पर आपने बहुत शानदार लिखा है। मैं तो बचपन से श्रीनाथजी के दर्शन करती आ रही हूँ। कुछ वर्ष पूर्व मैंने नाथद्वारा में परिवार के साथ रहकर एक महीना मंदिर में सेवा की, इस सब पर मैंने एक पुस्तक लिखकर छपवाई; परंतु बहुत सी चीजें मेरी दृष्टि नहीं पकड़ पाई, न ही साहित्य मंडल के बारे में मुझे कोई जानकारी हुई। आपने तो ऐसे लिखा है, जैसे मैं पढ़ नहीं रही हूँ, आपके साथ सबकुछ देख पा रही हूँ। भैयाजी, आप तो बहुत अच्छा लिखते हैं। मैं अपनी पुस्तक आपको भेजूँगी। और उन्होंने वह पुस्तक मुझे भेजी। मैंने फिर श्याम भाईजी से भी उनका परिचय कराया। श्याम भाईजी ने अपने कार्यक्रम में बुलाकर उन्हें सम्मानित भी किया।

अपने मित्रों एवं पत्नी के साथ उज्जैन कुंभ में गया। यहाँ से लौटकर मैंने इस पर भी यात्रा-संस्मरण लिखा, जो 'साहित्य अमृत' के दिसंबर-2016 अंक में प्रकाशित हुआ। इस पर भी अजब-गजब प्रतिकियाएँ आईं। 30 नवंबर, 2016 को ही एक फोन (2025663316) पर बुजुर्ग महिला की कड़क आवाज थी—मैं पुणे से मालती शर्मा (अब दिवंगत) बोल रही हूँ। वैद्य होकर भी इतना अच्छा लिखते हो। तुमने तो मेरे पीहर और ससुराल दोनों की नाक ऊँची कर दी। मैंने कहा—मैडम, आपको कौन नहीं जानता। आप तो बहुत पहले से लिख रही हैं। उन्होंने तुरंत मुझे टोका—तुम मुझे मैडम मत कहो। मैंने कहा—मैं आपको जानता हूँ, आप बहुत वरिष्ठ हैं। तो उन्होंने पूछा—अच्छा, तुम्हारी उम्र क्या है? मैंने कहा—जी 54-55 है। वे बोलीं—हाँ, सो तो मेरा छोटा बेटा भी तुमसे बड़ा है। पर फिर भी तुम मुझे दीदी कहो। और इस तरह मैं उनका दुलारा छोटा भाई बन गया। बाद में तो कहने लगीं—अरे भाई, अपने यूपी में तो 'जीजी' चलता है, तुम मुझे जीजी कहा करो और मैंने अपनी जीजी की बात मानी। मृत्युपर्यंत वे मुझे सप्ताह में एक-दो बार फोन जरूर करती रहीं।

21 जनवरी, 2017 को यह फोन (7342525277) आया। उधर से बड़ी करुण, पर मृदु आवाज थी—सर, आपको प्रणाम करती हूँ। मैं उज्जैन से कोमल बाधवानी 'प्रेरणा' बोल रही हूँ। सर, आँखों की एक बीमारी में मेरी दृष्टि चली गई। मैं देख नहीं सकती। मेरी बहन मेरे साथ रहती है। यह पढ़कर मुझे सुनाती है। आपके लेख पढ़कर तीर्थों का पुण्य कमा रही हूँ। सच में सर, लगता है, जैसे मैं तीर्थों को अपनी आँखों से देख रही हूँ। मैंने कहा—मैडम, यह तो मेरे लिए सौभाग्य की बात है। सच में मैं भी बेहद खुश हूँ। फिर उन्होंने अपनी बहनजी से भी बात कराई। इतना ही नहीं, बाद में उनका बड़ा ही

मार्मिक पत्र भी आया, उसकी कुछ पंक्तियाँ हूबहू आप भी देखें—"…आपको दिव्यांगों की असंख्य दुआएँ मिल रही हैं, उनमें मैं भी शरीक हूँ। दृष्टिहीनों की दृष्टि हैं आप। साहित्य अमृत के माध्यम से आप जो यात्राएँ करते एवं कराते हैं, वह आपकी कृपा है। आपके सजीव यात्रा-वर्णनों के कारण आपके साथ-साथ असंख्य पाठकों की यात्रा निःशुल्क हो जाती है। लगता ही नहीं, हम उस स्थान से कोसों दूर हैं या वहीं आपके साथ-साथ। आपकी अगली यात्रा का इंतजार रहेगा।"

इसी तरह 11 जुलाई, 2017 को उज्जैन से आशागंगा प्रमोद सिरढोणकर का इ-मेल (पत्र) मिला। उन्होंने लिखा—"श्री प्रेमपाल शर्मा के यात्रा-संस्मरण इतने सरल, सीधे, रोचक होते हैं कि अगर कोई पाठक उस जगह जाए और इनके संस्मरण की फोटो कॉपी साथ रख ले तो यात्रा सरल हो जाए।" इसी तरह डॉ. राहुल (दिल्ली), एम.डी. मिश्रा 'आनंद' (टीकमगढ़), तुलसी देवी तिवारी (बिलासपुर), पवन चौहान (मंडी), गोपाल निगम (अरुणाचल प्रदेश), नंदकिशोर कौशिक (पिसावा), बद्री प्रसाद वर्मा 'अनजान' (गोरखपुर), विनय मिश्र (अलवर), मनमोहन गुप्ता (भरतपुर) के प्रतिक्रिया-पत्रों ने भी मुझे बेहद प्रभावित किया। 16 मार्च, 2016 को शिलांग से अकेला भाई का फोन (9774286215) आया—प्रेमपाल शर्माजी, आपको बहुत धन्यवाद। बहुत सुंदर लिखते हैं, आपका लेख पूरा पढ़े बिना रहा नहीं जाता। मैं यहाँ पूर्वोत्तर हिंदी अकादमी का सचिव हूँ। मैं आपको यहाँ आमंत्रित करूँ तो आप मेघालय के बारे में इतना ही अच्छा लिखेंगे न? मैंने कहा—हाँ, अकेला भाई, मैं जरूर लिखूँगा। उन्होंने मुझे अपने कार्यक्रम के लिए निमंत्रण भेजा, पर उन्हीं दिनों मेरा उज्जैन कुंभ में जाना निश्चित था। इसलिए मैंने असमर्थता व्यक्ति कर दी। अकेलाभाई ने कहा—शर्माजी, कोई बात नहीं, आगे फिर कभी मिलेंगे।

वर्ष-2018 की पुरी रथयात्रा से लौटकर मैं बीमार पड़ा तो पूरा वर्ष कहीं जाने की स्थिति में नहीं रहा। तब मैं कई किस्तों में दिल्ली के तीर्थ-स्थलों में घूमा और फिर एक शोधपूर्ण यात्रा-संस्मरण लिखा, जो 'साहित्य अमृत' के अप्रैल-2019 अंक में प्रकाशित हुआ। इस पर सबसे पहली प्रतिक्रिया जयपुर के मशहूर कवि-गीतकार कृपाशंकर शर्मा 'अचूक' (अब दिवंगत) की आई। उन्होंने फोन पर मुझे हैरान कर दिया—अरे भाई शर्माजी, बहुत खूब! हम तो समझते थे कि दिल्ली गुंडे-मवालियों की है, इसमें आपने तीर्थस्थल भी खोज निकाले। मैंने कहा—भाई साहब, वह भी दिल्ली का एक रूप है। दिल्ली के अनेक रूप हैं। आपने उसी रूप के दर्शन किए थे। अन्य रूपों के भी दर्शन करें तो अच्छा रहेगा। 'हाँ, अब तो मुझे दिल्ली आना ही पड़ेगा।' मैंने कहा—भाई साहब, जरूर आइए।

इसके ठीक विपरीत एक ऐसा भी फोन आया कि शायद पाठक विश्वास न करें।

डॉ. श्रीधर द्विवेदीजी का, वे हमदर्द मेडिकल यूनिवर्सिटी के फाउंडर डीन और इन दिनों नेशनल हार्ट इंस्टीट्यूट के कंसल्टेंट कार्डियोलोजिस्ट हैं। वे हिंदी और अंग्रेजी में समान गति से लिखते भी हैं। उन्होंने मुझे बधाई दी और अच्छे लेखन के लिए खूब सराहना भी की। काफी दिनों के बाद, एक दिन उनका फोन (9818929659) आया और राजी-खुशी पूछने के बाद बोले—प्रेमपालजी, क्या आप मुझे अपनी 'दिल्ली-तीर्थ-दर्शनम्' वाले आलेख का लिंक भेज सकते हैं? मैं गरमी की छुट्टियों में अपने बेटे-पोते के पास ऑस्ट्रेलिया जा रहा हूँ। एक-दो महीने उनके साथ रहूँगा। दिल्ली और अपने भारत के बारे में उनकी धारणा अच्छी नहीं है। मैं उनको वह लेख पढ़वाना चाहता हूँ। मेरी नजर में दिल्ली को जानने के लिए उससे अच्छा लेख कोई और नहीं हो सकता। मैंने कहा—डॉक्टर साहब, मैं अभी भेजे देता हूँ। और मैंने उसका लिंक उनके मेल पर डाल दिया। लगभग 12-14 दिन बाद ही उनका ऑस्ट्रेलिया से फोन था। फोन पर आ रही आवाज से मैं उनकी खुशी का अनुमान लगा सकता था। बड़े खुश होकर बोले—प्रेमपालजी, आपको पुनः बधाई। मेरा पोता अब दिल्ली देखना चाहता है। बेटा सपरिवार इंडिया आने के लिए तैयार हो गया है। उधर डॉक्टर साहब तो खुश थे ही, इधर मेरी खुशी का भी पारावार न था।

ऐसे और भी बहुत से फोन-कॉल्स तथा इ-मेल और पत्र मेरे पास हैं। कुछ भी करके उनमें से दो-दो पंक्तियाँ भी यहाँ देने लगूँ तो 15-20 पृष्ठ ऐसे ही भर जाएँगे। पाठकों को ये यात्रा-संस्मरण कितने पसंद आए और इनके बारे में उनके क्या विचार हैं, मैंने इसकी एक बानगी भर आपको दी है। पत्रिकाओं में पाठकों का अपार प्यार-दुलार पाने के बाद अब ये यात्रा-संस्मरण पुस्तकाकार रूप में पुनः पाठकों के सामने उपस्थित हैं। पत्र-पत्रिकाओं से इतर पाठक बंधु भी अब इनका रसास्वादन कर सकेंगे। विश्वास करता हूँ, इस पुस्तक को भी सुधी पाठकों का भरपूर स्नेह-प्यार मिलेगा।

जिन्होंने इस पुस्तक की भूमिका लिखकर इसकी उपादेयता को द्विगुणित किया और अहेतुक कृपा करना जिनका स्वभाव है, ऐसे सहज-सरल, मनीषी-विद्वान् श्रद्धेय गुरु श्री प्रकाश मनुजी का शिष्य होना गौरव की बात है। मैं सविनय उनके श्रीचरणों में प्रणाम निवेदित करता हूँ। इन सब यात्राओं के निमित्त बने अनुजवत् मित्र भाई जीत शर्मा एवं अभिन्न मित्र आनंद शर्मा का मैं हृदय की गहराई से धन्यवाद करता हूँ, साथ ही मेरी सहधर्मिणी प्रेमकांता शर्मा, फोटो के सुंदर संयोजन के लिए मेरे पुत्र अंकुर शर्मा, मेरे सहकर्मी प्रिय मुकुल शर्मा एवं सुश्री दीपालीजी का उनके सहयोग के लिए उनके सुखद जीवन की मंगलकामना के साथ धन्यवाद।

—**प्रेमपाल शर्मा**

जी-326, अध्यापक नगर
नांगलोई, दिल्ली-110041
दूरभाष : 9868525741

अनुक्रमणिका

अथश्रीजगन्नाथ पुरी यात्रा

भारतीय सदा से उत्सव-प्रिय रहे हैं। सभी संप्रदाय अपनी परंपरानुसार उत्सव और पर्व मनाते रहे हैं। ये उत्सव विभिन्नता में एकता के दर्शन कराते हैं। हमारे उत्सव मात्र उत्सव नहीं होते। इनमें एक संस्कृति, एक इतिहास और हमारी परंपराएँ निहित होती हैं तथा हमारे समृद्ध सांस्कृतिक जीवन एवं गहन आध्यात्मिक चिंतन का प्रतिबिंबन होता है। कुछ उत्सव ऐसे हैं, जो कई-कई दिनों तक उल्लास के साथ मनाए जाते हैं, जैसे—मैसूर का दशहरा, कुल्लू का दशहरा, मथुरा-वृंदावन का कृष्ण जन्मोत्सव, कोलकाता में दुर्गा-पूजा, पुरी की जगन्नाथ रथयात्रा। संतों ने कहा है कि सबकुछ दैवाधीन है। बिन हरि कृपा तृण नहिं डोला, प्रभु जो चाहते हैं, वह होता है। मेरे साथ भी कुछ ऐसा संयोग बना पुरी-यात्रा का।

हुआ यों कि मेरे अनुजवत् मित्र भाई जीत शर्मा बड़े भगवत्-प्रेमी हैं, प्रतिवर्ष जगन्नाथ रथयात्रा में जाया करते हैं। इतना ही नहीं, हर बार दो-चार भगवत्-प्रेमी जनों को साथ ले जाकर पुण्य के भागी बनते हैं। विगत 13-14 वर्षों से वे पुरी की रथयात्रा में अपनी उपस्थिति दर्ज करा रहे हैं। वे जब भी रथयात्रा में पुरी जाया करते थे, तो मेरे से हमेशा चलने का आग्रह करते थे। मैं हमेशा ही कह दिया करता था कि 'भाई, मैं तो सरस्वती की सेवा कर रहा हूँ, तीर्थयात्रा के लिए समय ही कहाँ है?' हमेशा की तरह उस वर्ष (2013) भी पुरी यात्रा पर जाने से चार-पाँच दिन पहले वे बोले कि 'भैया, इस बार एक व्यक्ति का जाना अचानक स्थगित हो गया है। उनका टिकट है, आप यात्रा के लिए समय निकालो।' मैंने फिर वही पुराना राग आलापा। भाईजी के प्रबल आग्रह को मैंने टालने की गरज से ही कहा कि घर पर पूछकर बताता हूँ। मैंने घर पर चर्चा की तो मेरी बेटी रिचा ने कहा, 'पापा, आप हमेशा काम में लगे रहते हैं। जीत चाचा कह रहे हैं तो चले जाओ।' श्रीमतीजी ने भी सहमति जताई। अब बात ऑफिस से छुट्टी लेने की थी। हमारे यहाँ छुट्टी मिलना बड़ा कठिन है। अगस्त माह में 'साहित्य अमृत' का स्वाधीनता विशेषांक प्रकाशित होना था, जुलाई में यात्रा थी। मैंने अपने बॉस से छुट्टी के

बाबत बात की तो सूरज पश्चिम से उगता मालूम हुआ। वे तुरंत बोले—'हाँ-हाँ, जाओ, और तरो-ताजा होकर आओ।' छुट्टी इतनी सहजता से मिल जाना कल्पना से परे था। इस बार एक सज्जन, जिनके नाम से सीट का आरक्षण था, जरूरी कार्यवश नहीं जा पाए और वह अवसर मेरे हाथ लगा। सो मैं चार लोगों के यात्री दल में शामिल हो गया।

हम चार मित्र 7 जुलाई, 2013 को रात्रि में नई दिल्ली स्टेशन पहुँचे। पुरुषोत्तम एक्सप्रेस चूँकि नई दिल्ली से पुरी तक जाती है, अत: अपने निश्चित समय पर ही प्लेटफॉर्म पर लग गई थी और हम चारों मित्र अपनी आरक्षित सीटों पर पहुँच गए। विशेष बात यह कि मेरा पूर्वी भारत की ओर जाने तथा इतनी लंबी रेलयात्रा का यह पहला अवसर था। लगभग दस बजे रात्रि में गाड़ी अपने गंतव्य की ओर चल पड़ी। चूँकि बाहर घुप्प अँधेरा है, सो जल्दी ही हम सब सो गए। प्रात: भोरे-भोर आँख खुली तो कानपुर स्टेशन पर गाड़ी खड़ी थी। शौचादि क्रिया से निवृत्त होकर मैं तो खिड़की पर जम गया और बाहर के प्रकृति-सौंदर्य को निहारता रहा। कानपुर से आगे जहाँ तक दृष्टि जाती, खेत बिल्कुल खाली हैं। खेतों में कोई गतिविधि नहीं, वैसा ही हाल कुछ सीमावर्ती बिहार में भी। यह इलाका देश के साथ तरक्की तथा अन्न उत्पादन में पिछड़ा हुआ है। कारण—अकर्मण्यता या साधनहीनता, शायद दोनों ही। इलाहाबाद से मुगलसराय तक ठगों का बड़ा जोर है। यहाँ के स्थानीय चायवाले गाड़ी में आकर चाय बेचते हैं और चाय में दूध की जगह (एशियन) पेंट का इस्तेमाल कर यात्रियों के जीवन से खिलवाड़ करते हैं। मुगलसराय में तो चोरी और सीनाजोरी देखी। खैर, कर्मनाशा पार कर गाड़ी बिहार में काफी अंदर प्रवेश कर गई है। बिहार में गाड़ी पूरी तरह हॉकरों की गिरफ्त में हो जाती है। यहाँ गाड़ी की गति पैसेंजर मानिंद रहती है और हर स्टेशन पर तथा स्टेशन के बिना भी गाड़ी रुकती चलती है। भीख माँगनेवालों और सामान बेचनेवालों की चिल्ल-पों मची रहती है, स्थानीय यात्रियों की दादागीरी भी। यहाँ किन्नरों का आतंक भी कम नहीं है। सासाराम के आगे से नक्सल प्रभावित क्षेत्र शुरू हो जाता है, परंतु है बड़ा मनोरम। ऊँचे-नीचे हरे-भरे पहाड़, घाटियाँ और सुरंग। यहाँ प्राकृतिक सौंदर्य बिखरा पड़ा है। दिन बिहार से बाहर निकलने में ही खप गया।

साथ में रखा खाना हम सबने खाया और टाटानगर आने के साथ ही सोने की तैयारी करने लगे। रात्रि भर गाड़ी चीखती-दौड़ती रही, घोर निशा में गाड़ी खड़गपुर जा लगी। मैं अचानक रात्रि में ही उठ बैठा। देखा तो कटक स्टेशन था, इतना साफ-सुथरा, शांत—ताज्जुब! राजधानी दिल्ली में ऐसे प्लेटफॉर्म और सफाई क्यों नहीं? एक अनुत्तरित प्रश्न! अब चूँकि हम उड़ीसा राज्य की सीमा में प्रवेश कर गए हैं तो कुछ यहाँ की बात भी हो जाए। उत्कल का ही प्राचीन नाम कलिंग था, जो आज उड़ीसा कहलाता है। मौर्य सम्राट् अशोक ने ई.पू. 268 में कलिंग पर चढ़ाई कर भारी रक्तपात किया। फ़िर

610 ई. में यह राजा शशांक के अधीन हुआ। इसके बाद हर्ष ने इसे जीत लिया। सातवीं सदी में इस पर गंग वंश का शासन स्थापित हुआ। फिर 795 ई. में महाशिव गुप्त ययाति द्वितीय यहाँ का शासक बना, प्रसिद्ध जगन्नाथ मंदिर उसी ने बनवाया। राजा नरसिंहदेव ने कोणार्क में प्रसिद्ध सूर्य मंदिर का निर्माण कराया। 14वीं शती से 1592 तक मुसलिम शासन रहा। 1592 में अकबर ने इसे मुगल साम्राज्य में मिला लिया। सन् 1803 में मराठों ने इसपर अधिकार कर लिया; फिर यहाँ अंग्रेजों का शासन रहा। तब यह बंगाल प्रांत के अंतर्गत था। 1949 में यह स्वतंत्र राज्य बना।

अब भुवनेश्वर से पुरी का लगभग 60 कि.मी. का रास्ता बचा है, लेकिन ऐसा लगा, जैसे रेल की गति को किसी ने बाँध दिया हो। क्योंकि यहाँ से पुरी तक सिंगल लाइन है, इसके विस्तार का कार्य अभी चल रहा है। प्रात: जब जागे तो झाबुआ रोड स्टेशन था, मौसम बड़ा सुहावना हो रहा था, हलकी बरसात हुई थी। रेलमार्ग के दोनों ओर नारियल के वृक्ष अपने मस्तक हिला-हिलाकर मानो हमारा स्वागत कर रहे हैं। उड़ीसा की न्यारी छवि दिखाई देने लगी है। रास्ते के दोनों ओर चार-छह झोंपड़ियों वाले गाँव। निकट ही नारियल और केले के वृक्ष। साथ ही पानी का पोखरा, जिसमें स्नान-मज्जन करते हुए स्त्री-पुरुष। उड़ीसा के रास्ते में कहीं कोई कुआँ या चापाकल दिखाई नहीं दिया। ये छोटे तालाब ही इन लोगों के पानी की सब जरूरतों को पूरा करते हैं। गरीबी के साथ सादगी के दर्शन, प्रकृति के पहलू में निवास करते आडंबरहीन लोग!

कई जगह गाड़ी के रुकते-चलते श्रीसाक्षी गोपाल स्टेशन के बाद प्रात: सात बजे हम पुरी स्टेशन पर उतर गए। मित्र ने 'लक्ष्मी होटल' में कमरा पहले ही आरक्षित करा लिया था, सो थ्रीव्हीलर पकड़ होटल पहुँचे। मन अब भी बहुत रोमांचित था और कौतूहल से भरपूर। होटल के कमरे में सामान रखा, फिर रास्ते में 'मटर-वड़ा' का नाश्ता कर सागर-स्नान के लिए पैदल ही चल पड़े। सागर यहाँ से लगभग दो किमी. दूरी पर है। दूर से ही पानी का नीला साम्राज्य देख मन बल्लियों उछलने लगा। मैं तो प्रथम बार सागर के दर्शन कर रहा था। मित्र स्नान के लिए हमें स्वर्गद्वार ले गए। कहा जाता है कि यहीं पर लोगों ने चैतन्य महाप्रभु को जल-समाधि लेते हुए देखा था। यहीं पर उनकी प्रतिमा स्थापित है। अहा! नीले जल पर दूधिया तरंगें अठखेलियाँ कर रही हैं। कभी-कभी तो लहरें ऊपर किनारे तक अचानक आकर हतप्रभ कर देती हैं। खूब जल-क्रीड़ा कर स्नान किया। हजारों स्त्री-पुरुष-बाल सागर-स्नान का आनंद ले रहे हैं।

वहाँ से होटल लौटे तो स्नान करना जरूरी लगा। खारे जल से शरीर चिपचिपा रहा था, सिर में सागर-रेणु भर गई थी। फिर एक मारवाड़ी होटल में भोजन किया। थोड़े विश्राम के बाद शाम को जगन्नाथ मंदिर के दर्शनार्थ निकले। तीनों रथों की भव्य सज्जा को अंतिम रूप दिया जा रहा है। अगले दिन 10 जुलाई को रथयात्रा होनी है। इस समय रथों

को छूने, देखने में कोई रोक-टोक नहीं होती, सो निकट से भरपूर आलिंगन-दर्शन किए।

पुरी भारत के चार धामों में से एक तथा सप्त पुरियों में इसका स्थान है। यह हिंदुओं का परम पवित्र और महान् तीर्थ है। प्राचीन काल में पुरी को 'पुरुषोत्तम क्षेत्र' और 'श्रीक्षेत्र' भी कहा जाता था। पुराने ढंग की बनावटवाला और सँकरी गलियों से बना नगर बड़ा आकर्षक है। जगन्नाथजी का यह मंदिर प्राचीन और ऐतिहासिक है। यह पश्चिमी समुद्र-तट से लगभग डेढ़ कि.मी. दूर उत्तर नीलगिरी पर स्थित 665 फीट लंबे और इतने ही चौड़े घेरे में, 22 फीट ऊँची दीवारों के बीच खड़ा है। मंदिर के अंदर जगन्नाथ, बलभद्र और सुभद्राजी के विग्रह स्थापित हैं। मंदिर का हर दिशा में एक-एक फाटक है। मंदिर के पश्चिम में 16 फीट लंबी और 4 फीट ऊँची रत्नवेदी पर सुदर्शन चक्र रखा हुआ है। मंदिर के सिंहद्वार तक जानेवाली खूब चौड़ी सड़क पर यात्रियों और पर्यटकों की भारी भीड़ हमेशा देखी जा सकती है। बारहवीं शताब्दी में राजा गंगदेव द्वारा निर्मित यह मंदिर कृष्णवर्णी पाषाणों को तराशकर बनाया गया है। मंदिर के दक्षिण में अश्वद्वार, उत्तर में गजद्वार और पश्चिम में बाघद्वार है। पूर्व का सिंहद्वार सर्वाधिक सुंदर है। इसके ठीक सामने गरुड़-स्तंभ है, जिस पर सूर्य की प्रतिमा प्रतिष्ठित है।

हमारे पंडा सूरज पतवारियाजी, जो पहले मठ की सेवा में थे, ने बताया कि भगवान् जगन्नाथ का धाम ही एक ऐसा धाम है, जहाँ भगवान् को छह बार भोग लगता है। लगभग साठ क्विंटल चावल रोज पकता है। मंदिर की पाकशाला भी दर्शनीय है। जिसमें एक चूल्हे के ऊपर एक साथ सात मटकों में एक के ऊपर एक मटका रखकर चावल पकाया जाता है। इसकी विशेषता यह है कि सबसे ऊपर वाले मटके का चावल पहले पकता है। इस रसोई में नौ चूल्हे जलते हैं। छप्पन भोग में लड्डू, खाजा, खीर, दाल-चावल, मिश्रित सब्जी, पुआ, पूरी, पकौड़ी आदि सभी प्रकार का भोजन शामिल होता है। इस मंदिर में पाँच सौ से अधिक पुजारी हैं, जो भगवान् जगन्नाथ के शृंगार, आरती, भोग के कार्य को देखते हैं, परंतु जगन्नाथ यात्रा के समय इनकी संख्या हजारों में पहुँच जाती है।

जगन्नाथ रथयात्रा की पूर्व संध्या में खिचड़ी का महाप्रसाद, जो वर्ष में एक बार ही बनाया जाता है। इसके पीछे पौराणिक कथा है कि प्रभु जगन्नाथ चंदन तालाब में स्नान तथा जल विहार करते हुए कुछ अस्वस्थ हो जाते हैं। तब पंद्रह दिन मंदिर बंद रहता है, भक्तों से नहीं मिलते, यानी क्वारंटीन में रहते हैं। उन्हें इतने दिन काढ़े का भोग लगाया जाता है। देवताओं के वैद्य अश्वनी कुमार पथ्य में खिचड़ी बताते हैं, साथ ही स्वास्थ्य में सुधार के लिए स्थान परिवर्तन की सलाह देते हैं। इसीलिए पथ्य में खिचड़ी बनती है और प्रातः भगवान् स्वयं बलभद्र तथा बहन सुभद्राजी के साथ रथ पर आरूढ़ होकर स्वास्थ्य-लाभ के लिए मौसी के घर गुंडिचा जाते हैं। जगन्नाथ पुरी की एक महत्त्वपूर्ण विशेषता यह भी है कि भगवान् को लगाया गया यह भोग मंदिर परिसर में स्थित 'आनंद

श्रीजगन्नाथ मंदिर, पुरी

बाजार' में बिक्री के लिए रखा जाता है। मंदिर के अंदर से हमने रसीद कटवाकर प्रसाद खरीदा। पंडाजी ने पूरे मंदिर के दर्शन कराए और बड़े प्रेम और अपनेपन से पत्तल पर परोसकर महाप्रसाद खिलाया। यहाँ तक कि अपनी ओर से उन्होंने हमें रबड़ी लाकर खिलाई। मंदिर तथा पूरे मार्ग पर कृष्णभक्तों, कीर्तन मंडलों की शोभा का आनंद लेते हुए अपने कमरे पर लौटे। रात्रि को बड़ी गहरी नींद आई।

भगवान् जगन्नाथ, बलभद्र और देवी सुभद्रा का काष्ठ का बना हुआ विग्रह यहाँ मुख्य मंदिर में प्रतिष्ठित है, जो महादारु के वृक्ष की लकड़ी से बनाया जाता है। प्रति बारह वर्ष में नवीन विग्रह बनाकर स्थापित किया जाता है। यह विग्रह उसी वर्ष में बनता है, जिस वर्ष दो आषाढ पड़ते हैं। इस विग्रह-स्थापना को पुरी में 'नवकलेवर' कहा जाता है। इस विग्रह में भगवान् की मूर्तियाँ अधूरी बनी हुई हैं, केवल मुखमंडल ही पूर्ण है, हाथ-पैर पूरी तरह बने हुए नहीं हैं। इस संबंध में अनेक किंवदंतियाँ प्रचलित हैं।

एक कथा है कि अवंति के राजा इंद्रद्युम्न को पता लगा कि उत्कल प्रदेश में नीलांचल पर भगवान् नीलमाधव का विग्रह है, उसके दर्शनार्थ राजा इंद्रद्युम्न सपरिवार आए और यहीं बस गए। एक दिन समुद्र में एक बड़ा काष्ठ (महादारु) बहकर आया, राजा ने उसे निकलवा लिया और भगवान् की प्रेरणा से विष्णु की मूर्ति बनवाने का निश्चय किया। भगवान् की प्रेरणा से स्वयं विश्वकर्मा वृद्ध बढ़ई के रूप में उपस्थित हुए। उन्होंने कहा कि मैं काष्ठ की मूर्ति बनाऊँगा, आप इस महल के पट तब तक मत खोलना, जब तक मैं स्वयं बाहर न आऊँ। किंतु लंबा समय बीत जाने पर रानी को चिंता हुई, अतः रानी के आग्रह पर राजा ने पट खुलवा दिए। विश्वकर्मा अंतर्धान हो गए, तीनों मूर्तियाँ अधूरी रह गईं और आज उसी रूप में भगवान् का विग्रह यहाँ विराजमान है। मंदिर का

शिखर 230 फीट ऊँचा है। सायं को यहाँ नित्य नई ध्वजा चढ़ाई जाती है। ध्वजा फहराने का दृश्य भी अद्‌भुत होता है।

इससे पूर्व भगवान् विष्णु का विग्रह यहाँ नीलमाधव के नाम से पूजित था। इस क्षेत्र को 'पुरुषोत्तम क्षेत्र', शंख के आकार की प्राकृतिक संरचना के कारण 'शंख क्षेत्र' भी कहा जाता है। इसी क्षेत्र में कभी नीलांचल पर्वत था, इसीलिए विष्णु भगवान् यहाँ 'नीलमाधव' नाम से विख्यात रहे। आज भी जगन्नाथ के मंदिर के शिखर पर नील चक्र 'नीलच्छत्र' कहा जाता है। इस चक्र के दर्शन जहाँ तक होते हैं, वह पूरा क्षेत्र जगन्नाथ पुरी धाम है। चैतन्य महाप्रभु यहाँ लगभग 18 वर्ष तक संकीर्तन व ईश्वर-भक्ति में लीन रहे। मंदिर परिसर में श्रीमंदिर व पाकशाला के साथ पश्चिम-उत्तर भाग में कोइली बैकुंठ स्थान है, जहाँ भगवान् के पुराने विग्रह का विसर्जन किया जाता है। इसी मंदिर में सरस्वती, सूर्य, पातालेश्वर महादेव, विमला देवी (शक्तिपीठ), सिद्ध गणेश, मुक्त नृसिंह मंदिर, महालक्ष्मी मंदिर, भुवनेश्वरी देवी, उत्तरामणि देवी, ईशानेश्वर आदि हैं।

भारत के अन्य तीर्थ धामों से भिन्न उड़ीसा में दुर्गा-माधव पूजा की विशेष पद्धति है। इसके अनुसार भगवान् जगन्नाथ का भोग लगा नैवेद्य पहले विमला देवी को लगता है, तभी वह महाप्रसाद कहलाता है। इस महाप्रसाद की अपनी अद्‌भुत महिमा है। यहाँ महाप्रसाद में छुआछूत का कोई दोष नहीं माना जाता है। सब श्रद्धालु एक-दूसरे के जूठे पात्रों में इसे बड़ी श्रद्धा से खाते हैं। हमने भी खाया। व्रत के दिन भी इसे ग्रहण किया जाता है। भगवान् के मुख्य मंदिर से स्पर्श करता हुआ एक छोटा सा 'एकादशी मंदिर' है, भगवान् की कृपा से यहाँ एकादशी के दिन भी चावल का प्रसाद ग्रहण किया जाता है, अन्य किसी स्थान पर ऐसा नहीं है।

जगन्नाथ मंदिर की स्थापत्य कला उत्कृष्ट श्रेणी की और भव्य है। मुख्य मंदिर शास्त्रोक्त विधि के अनुरूप विमान, नृत्य शाला या नाट मंदिर, जगमोहन और भोग मंडप चार भागों में विभाजित है। भोग मंडप में गरुड़ स्तंभ है। कहा जाता है कि श्रीचैतन्य महाप्रभु यहीं से नित्य प्रभु के दर्शन किया करते थे। स्तंभ पर स्पर्श से उनके हाथ का चिह्न और पत्थर पर चरण-चिह्न भी अंकित हो गए हैं। यहाँ वेदी पर एक ओर लगभग छह फीट का सुदर्शन चक्र प्रतिष्ठित है। इस रत्नवेदी के तीन ओर परिक्रमा है। मंदिर की बाहरी दीवारों पर सुंदर कलात्मक मूर्तियाँ बनी हुई हैं। मंदिर के शिखर तक व चारों ओर भगवान् के नाना-अवतारों की भव्य कलात्मक मूर्तियाँ उकेरी गई हैं, जिसमें वराह की मूर्तियाँ बेहद दर्शनीय हैं। पूरे उत्कल प्रदेश में सभी मंदिरों तथा घरों के बाहर हाथी को दबाए सिंह और उन दोनों के नीचे से मुक्त होने की कोशिश करते मनुष्य की मूर्तियाँ स्थापित हैं। इसका आशय यह बताया जाता है कि हाथी लक्ष्मी का, वैभव का प्रतीक है और सिंह शारीरिक ताकत का, जगन्नाथ धाम में मनुष्य इन दोनों अर्थात् धन और शक्ति

के घमंड से मुक्त हो जाता है। वास्तव में यहाँ के लोग इन दोनों विकारों से मुक्त हैं।

पौराणिक ग्रंथों में पुरी रथयात्रा की बड़ी महिमा गाई गई है। एक भक्त विनती करता है कि हे प्रभु! समुद्र के किनारे जहाँ देवाधिदेव श्रीजगन्नाथजी, बलभद्र और सुभद्राजी विद्यमान हैं, मुझे इस स्थान में बुलाकर अमर पद का भागी बनाइए—

यत्र देवो जगन्नाथः परंपारं महोदधे।
बलभद्र सुभद्रा च तत्र माममृतं कृधि॥

स्कंद पुराण में रथ-निर्माण विधि में जगन्नाथजी, बलराम एवं सुभद्राजी के रथ को क्रमशः 16, 14 और 12 पहियोंवाला बताया है, और इसका कारण बताते हुए कहा गया है कि सोलह कलाओंवाले काल-रूपी पूर्ण अवतार श्रीकृष्ण का रथ सोलह पहियोंवाला, बलभद्र उनसे कम चौदह कला संपन्न हैं, अतः उनका रथ चौदह पहियोंवाला एवं प्रकृति स्वरूपा बारह कलाओंवाली सुभद्रा का रथ बारह पहियोंवाला है। उपनिषद् तथा पुराणों में शरीर को भी रथ कहा गया है। जब इस शरीर-रूपी रथ में बैठा जीवात्मा बुद्धि रूपी सारथि की सहायता से मन-रूपी लगाम खींचकर इंद्रिय-रूपी घोड़ों को श्रेय मार्ग की ओर बढ़ाता है, तभी यह रथ (शरीर) लक्ष्य (मोक्ष) तक पहुँचता है।

उत्कल के प्रधान देवता श्रीजगन्नाथजी हैं। वैष्णव धर्म में मान्यता है कि राधा और श्रीकृष्ण की युगल मूर्ति के प्रतीक स्वयं श्रीजगन्नाथजी हैं। स्कंद पुराण में ही यह स्पष्ट कहा गया है कि जो श्रद्धालु जगन्नाथ रथयात्रा में श्रीजगन्नाथजी के नाम का कीर्तन करता हुआ गुंडिचा नगर (मंदिर) तक जाता है, वह पुनर्जन्म के बंधन से मुक्त हो जाता है। यह भी मान्यता है कि श्रीजगन्नाथ नित्य भोजन करने पुरी आया करते हैं और विश्राम द्वारका में करते हैं।

पुरी एक ऐसा धाम है, जिसमें बारहों महीने कोई-न-कोई उत्सव मनाया जाता है, जिसमें सबसे महत्त्वपूर्ण आषाढ शुक्ल द्वितीया को निकाली जानेवाली भगवान् जगन्नाथजी की रथयात्रा है। ऋग्वेद में इसका समय और महत्ता बताई गई है—

आषाढस्य सिते पक्षे द्वितीया पुष्य संयुता।
तस्यां रथे समारोप्य रामं मां भद्रया सह।।

इस रथयात्रा को देखने के लिए विश्व के कोने-कोने से कृष्णभक्त आते हैं। इस अवसर पर भगवान् जगन्नाथ, सुभद्रा और बलराम के तीन रथ सजाए जाते हैं, जिन्हें क्रमशः 'नंदीघोष', 'दर्पदलन' और 'तालध्वज' रथ कहा जाता है। तीनों रथों के आवरण अलग-अलग रंगों के होते हैं—भगवान् जगन्नाथजी के रथ का आवरण रक्त-पीत, सुभद्राजी के रथ का कृष्ण-लोहित और बलभद्रजी का रक्त-हरित वर्ण का होता है। आषाढ मास की द्वितीया को तीनों विग्रहों का श्रृंगार होता है। प्रातः पूजा-अर्चना के बाद भगवान् को रथ पर लाया जाता है, जिसे 'पहंडि विजे' कहते हैं। तीनों के रथ में

विराजमान होने पर परंपरागत रूप से पुरी के गजपति महाराज आकर रथ पर सोने की झाड़ू से बुहारी करते हैं, जिसे 'छेरापँहरा' कहते हैं। उसके बाद पुरी के शंकराचार्य रथों की परिक्रमा कर रथ खींचने की आज्ञा देते हैं। इस अवसर पर प्रदेश के मुख्यमंत्री भी सपरिवार आशीर्वाद लेकर रथयात्रा के प्रत्यक्षदर्शी बनते हैं। रथों को खींचने के लिए नारियल के मोटे-मोटे रस्से बाँधे जाते हैं। तीनों रथों को श्रद्धालु खींचते हैं। रथयात्रा में क्या देशी, क्या विदेशी, अपार भीड़ उमड़ पड़ती है। तीर्थयात्रियों के ठट्ट के ठट्ट हर दिशा से पुरी की ओर चले आ रहे होते हैं। यहाँ तक कि पुरी की गलियों से निकलना भी मुश्किल हो जाता है। उड़ीसा प्रदेश का ऐसा कोई गाँव नहीं, जहाँ से तीर्थयात्री न आते हों। चारों ओर अपार जन-सैलाब ही दीख पड़ता है। श्रद्धालुओं की इतनी भीड़ देख अपूर्व रोमांच हो आता है। इस दिन पुरी की ओर आनेवाले हर व्यक्ति का गंतव्य एक ही होता है—जगन्नाथजी की रथयात्रा।

प्रातः ही हम लोग नहा-धोकर रथयात्रा में शामिल होने के लिए जगन्नाथ मंदिर के मुख्य द्वार पर पहुँच गए थे, जहाँ से जगन्नाथजी की सवारी बाहर निकलती है। भगवान् को रथारूढ़ करने का दृश्य अपूर्व होता है। पंडा-पुरोहितों के घंटनाद, 'जय जगन्नाथ' और 'हरि बोल' के उच्चारण से जोश उमड़ने लगता है। प्रातः से ही प्रभु की साज-सज्जा तथा यात्रा की तैयारी शुरू हो जाती है और प्रभु को रथारूढ़ होते-करते दोपहर हो जाता है। लाखों की भीड़ दम साधे रथयात्रा के शुरू होने का इंतजार करती है। इस आनंद को शब्दों में व्यक्त नहीं किया जा सकता। यह तो गूँगे का गुड़ है। इस आनंद की अनुभूति टी.वी. पर देखकर या किसी से सुनकर उतनी नहीं होती है, जितनी कि इस रथयात्रा

श्रीजगन्नाथ रथयात्रा का विहंगम दृश्य

का हिस्सा बनकर होती है।

भीषण गरमी से राहत के लिए यहाँ खुशबूदार पानी के फुहारे छोड़े जाते हैं, पानी पिलानेवाले स्वयंसेवक भीड़ के बीच भी सेवा करने से नहीं घबराते। पुरी मठ द्वारा चालित 'आदित्य वाहिनी' सेवा में तत्पर है। गरमी में बेहोश या चोट खाए लोगों को बचाने के लिए 'ईश्वर' नामक एन.जी.ओ. के कार्यकर्ता पूरी कर्मठता से जुटे हैं। राष्ट्रीय स्वंयसेवक संघ के कार्यकर्ता व्यवस्था में मुस्तैद हैं। सेना, अर्ध-सैनिक बल, पुलिस आदि पूरा अमला श्रद्धाभाव से व्यवस्था में लगा है। अन्य स्वयंसेवी संगठन तथा कीर्तन मंडल यहाँ अपनी प्रस्तुति दे रहे हैं। इन सबके कारण यहाँ एक अलौकिक वातावरण बन गया है। यहाँ जगन्नाथजी की साक्षात् उपस्थिति का आभास होता है।

जगन्नाथ मंदिर से गुंडिचा मंदिर की दूरी लगभग तीन किलोमीटर है। तीनों रथ खींचकर गुंडिचा मंदिर पहुँचाए जाते हैं। परंतु सूर्य के अस्ताचलगामी होने पर रथों को उसी स्थान पर रोक दिया जाता है। वहीं पर प्रकाश की व्यवस्था कर दी जाती है। उस दिन वहीं पर प्रभु को भोग लगाया जाता है, और यह भोग-सामग्री जगन्नाथ मंदिर से ही आती है। एक रात्रि रथ पर बिताकर अगले दिन प्रभु की यात्रा पुनः शुरू होती है और गुंडिचा मंदिर पहुँचकर तीनों विग्रहों को उतारा जाता है, फिर आठ दिन तक भगवान् इसी मंदिर में विराजते हैं। वहीं पर नित्य उनका भोग लगता है और आरती होती है। इस अवसर पर गुंडिचा मंदिर में अपार भीड़ दर्शनार्थ आती रहती है। प्रभु के स्वस्थ होने पर दशमी के दिन प्रत्यावर्तन यात्रा शुरू होती है, जिसे 'बाहुड़ा यात्रा' कहा जाता है। भगवान् के रथारूढ़ होने पर पुनः लौटकर राजा छेरापँहरा करते हैं और भगवान् जगन्नाथ लौटकर मुख्य मंदिर पहुँचते हैं।

रथ खींचने का श्रद्धालुओं में इतना उन्माद होता है कि बूढ़ा और अपंग भी एक बार जरूर रस्से को छू लेना चाहता है। यात्रा के बाद श्रद्धालु नारियल के रस्से से रेशे तक निकाल ले जाते हैं, इसे पवित्र माना जाता है और जगन्नाथजी का आशीर्वाद। रथ पर चढ़कर प्रभु के दर्शनार्थ लंबी-लंबी कतारें लग जाती हैं। श्रद्धालु घंटों पंक्तियों में लगकर प्रभु के दर्शन-आलिंगन के लिए खड़े-जुटे रहते हैं। भारी भीड़ के कारण कुछ भक्तजन नारियल फोड़कर तथा घी के दीपक से आरती कर अपने-अपने स्थान से ही पूजा-अर्चना कर लेते हैं। इस भव्य और आध्यात्मिक आयोजन को देश-विदेश के हजारों मीडियाकर्मी कैमरों में कैद करके करोड़ों लोगों तक पहुँचाते हैं। हमने पूरी रथयात्रा का निकट से भरपूर आनंद लिया। बारी-बारी से तीनों रथों को खींचा। रथ खींचना भी अपने आप में अलौकिक आनंद का क्षण था। मन प्रसन्न तथा शरीर पुलकित हो रहा था। बार-बार अद्भुत रोमांच हो आता था। लाखों की भीड़ में न किसी का पर्स निकला, न जेब कटी, न कोई कुचला गया। हाँ, चप्पल-जूते तो अनगिनत छूट जाते हैं। पूरा दिन

रथयात्रा के आनंद-सागर में डूबते-उतराते बीता। रात्रि में बड़ी अच्छी नींद आई।

अगले दिन 11 जुलाई को प्रातः नाश्ता कर सागर-स्नान के लिए निकले, परंतु बीच रास्ते कार्यक्रम बदल गया। मौसम बड़ा सुहावना हो रहा था, बादल छाए हुए और फुहारें पड़ रही हैं, सो दिन भर घूमने के लिए एक गाड़ी कर ली। हमारा यात्रा-अभियान भुवनेश्वर की ओर चल पड़ा। पहले धौलगिरि पर शांति स्तूप देखा। कलिंग विजय के बाद यहीं अशोक बौद्ध बना और यहाँ के पहाड़ों पर शिलालेख खुदवाए। आगे भुवनेश्वर में मुक्तेश्वर मंदिर के दर्शन कर यहाँ के सरोवर में स्नान किया। भुवनेश्वर से आठ कि.मी. दूरी पर खंडगिरि तथा उदयगिरि गुफाएँ देखीं। उदयगिरि की ऊँचाई 110 फुट है तथा यहाँ 44 गुफाएँ हैं। यहाँ से 'नंदन कानन' के लिए निकले, रास्ते में नाश्ता किया। नंदन कानन पुरी से 85 कि.मी. तथा भुवनेश्वर से 25 कि.मी. दूर है। यह सघन पेड़ों की हरियाली और नैसर्गिक वातावरण में बना है। यहाँ एक तरुण गाइड की मदद से सब ओर घूमे, अंदर चलनेवाली खिलौना रेलगाड़ी का भी आनंद लिया। हमारी गाड़ी का ड्राइवर बार-बार फोन कर रहा है, सो शीघ्र ही निकलकर लिंगराज मंदिर की दिशा में निकल पड़े। लिंगराज ही भुवनेश्वर हैं। इस मंदिर का निर्माण 1100 ई. में हुआ। मंदिर का कला-कौशल चकित करनेवाला है, यह सैकड़ों मंदिरों की श्रृंखला है। यहाँ के किसी मंदिर में जूता-चप्पल, बेल्ट, फोन, कैमरा आदि नहीं ले जा सकते।

अब हमारा अंतिम पड़ाव कोणार्क का सूर्य मंदिर है। यह पुरी से 36 कि.मी. और भुवनेश्वर से 62 किमी. दूर ठीक समुद्र के किनारे पर है। पहले यहाँ बंदरगाह था, अब समुद्र डेढ़ कि.मी. पीछे हट गया है। शाम हो गई है, इसलिए पहले एक मारवाड़ी होटल में खाने के लिए रुके। यहाँ घर जैसा स्वादु खाना मात्र साठ रुपए थाली में भरपेट खाया। यहाँ के होटल-कर्मी बड़ी सेवा-भावना के साथ खिलाते हैं। खाना खाकर तुरंत सूर्य मंदिर देखने गए। यहाँ गाइड की मदद से मंदिर का पूरा इतिहास पता चला। यह 24 पहियों के आधार पर बना है। इस मंदिर पर की गई खुदाई और कारीगरी हैरान कर देती है। जीवन के सारे रंग-रूप इसकी भित्तियों पर उकेर दिए गए हैं। इस मंदिर के वास्तुकला की यह विशेषता है कि सूर्य भगवान् चाहे उत्तरायण उदय हों या फिर दक्षिणायन, उनकी पहली किरण यहाँ सूर्य भगवान् के चरणों में ही पड़ती थी। सूर्य मंदिर अब खंडित अवस्था में है। यहीं घर अँधेरा हो गया था, सो तुरत-फुरत पुरी की ओर चल पड़े। रात्रि नौ बजे होटल पहुँचे। दिनभर घूमने के कारण सब साथी थक गए थे, पर मेरा मन नहीं थक रहा था, सो मेरे आग्रह पर रात्रि को मैं और जीत भाई दर्शनार्थ गुंडिचा मंदिर गए।

वहाँ क्या दखते हैं कि दर्शनार्थियों की जलेबी की तरह लंबी कतारें लगी हैं। उसी समय बूँदाबाँदी शुरू हो गई। हम एक दुकान के आगे तनी त्रिपाल के नीचे खड़े हुए। वर्षा तेज और तेज से होती गई, मैंने पैंट घुटनों तक चढ़ा ली, वर्षा जल हमारी टाँगों के बीच से नदी की भाँति बहने लगा। फिर से पैंट जितना ऊपर चढ़ा सकते थे, चढ़ा

ली। काफी देर तक पानी में खड़े रहे। मन में दुश्चिंता कि प्रभु दर्शन भी नहीं हुए; अब सड़क पर पानी वेग से नदी की तरह बह रहा है, होटल कैसे पहुँचें, और देरी हुई तो होटल भी बंद हो जाएगा। वर्षा से लंबी कतारें छिन्न-भिन्न हो गई थीं, परंतु तभी एक चमत्कार हुआ। वर्षा ने कुछ क्षण का विराम लिया, जीतभाई और मैं दौड़कर रथ के पास गए, जूते उतार रथ पर चढ़ गए, तीनों रथ पर भगवान् का बारी-बारी से आलिंगन किया। अपूर्व आनंद हुआ। वर्षा उसी वेग से पुनः शुरू हो गई। अब हमें क्या फिक्र! मोबाइल, बटुआ सब भीग गए। दर्शनानंद के अतिरेक में पानी में एक-एक कदम बढ़ाते हुए अपने होटल लौट आए। कुछ ही क्षणों में सबकुछ घट गया, शायद जगन्नाथ प्रभु हमारी परीक्षा ले रहे थे, जब हम अधीर हो गए तो प्रभु ने दर्शन ही नहीं दिए, आलिंगन भी दिया। धन्य हैं जगन्नाथ!

अगले दिन यानी 12 जुलाई को शंकराचार्य मठ, लोकनाथ शिव मंदिर, हरिदास समाधि, गोरांग-सोनार आदि देखने गए और पुरी का चंदन तालाब देखा। एक बार पुनः फुरसत से जगन्नाथ मंदिर देखने आए हैं। प्रभु के गुंडिचा जाते ही यह मंदिर श्रीहीन हो जाता है। इसी समय मंदिर की सफाई तथा रंग-रोगन हो पाता है। अब हम जगन्नाथजी की रसोई देखने आए हैं, यहाँ प्रति व्यक्ति पाँच रुपया टिकट है। अंदर जाकर देखते क्या हैं कि सभी चूल्हे फूटे पड़े हैं। यहाँ के पंडाजी ने बताया कि जब भगवान् अपनी बहिन और बड़े भाई के साथ घूमने के लिए चले गए और महालक्ष्मीजी को साथ नहीं ले गए, तो क्रोध में उन्होंने चूल्हे फोड़ डाले। यहाँ आज भी पारंपरिक ईंधन कोयला एवं लकड़ी का उपयोग होता है। प्रसादस्वरूप हमने यहाँ से चूल्हे की राख ले ली। आज रात्रि में हमारी गाड़ी है, सो थोड़ी-बहुत खरीदारी की। यहाँ के स्थानीय लोग व दुकानदार रुपए को 'टका' कहते हैं।

एक बार फिर गुंडिचा मंदिर जाकर प्रभु जगन्नाथजी के दर्शन किए। रात्रि करीब सवा आठ बजे हमने होटल छोड़ दिया और फिर गृह-वापसी की यात्रा शुरू हुई। पुरी स्टेशन भव्य सजावट और रोशनी से जगमग-जगमग हो रहा था। रात्रि दस बजे हमारी गाड़ी दिल्ली के लिए दौड़ चली। श्रीजगन्नाथजी की यह रथयात्रा कभी भुलाई नहीं जा सकती। □

श्रीराम की नगरी अयोध्या में दो दिन

सन् 1984 की जून का आखिरी सप्ताह। दिल्ली विश्वविद्यालय के जाकिर हुसैन कॉलेज में बी.ए. ऑनर्स का विद्यार्थी था। रेलवे भर्ती बोर्ड की परीक्षा के लिए अयोध्या जाना हुआ। मेरा परीक्षा केंद्र अयोध्या के महाराजा इंटर कॉलेज में, और मेरे मित्र मोहन का फैजाबाद में पड़ा था। स्वास्थ्य की दृष्टि से मेरी बहुत कष्टकारक स्थिति थी, मेरे दाहिने पैर के पंजे में फोड़ा पक गया और सूजन के कारण जूता नहीं पहन पा रहा था। दूसरे, मुझे दस्त की शिकायत भी थी। अत: मेरा जाने का बिल्कुल मन नहीं था, पर मित्र का आग्रह प्रबल था, सो सब विपरीत परिस्थितियों के बावजूद जाने का निश्चय हुआ। तैयारी कुछ करनी नहीं थी, बस दो जोड़ी कपड़े अटैची में डालकर हम दोनों मित्र निकल पड़े। नई दिल्ली रेलवे स्टेशन पर सामान्य श्रेणी का टिकट लिया और बड़ी मारामारी कर गंगा-जमुना एक्सप्रेस की जनरल बोगी में बैठ गए। जनरल बोगी की स्थिति किसी से छिपी नहीं, इसमें यात्रा का आनंद ही कुछ और होता है। मेरे साथ तो परिस्थिति भी विशेष थी! एक पैर में जूता पहना हुआ और दूसरे को जूते पर रखकर सुतली से बाँध लिया था। गाड़ी नियत समय पर चल पड़ी और चीखती-चिल्लाती लगातार दौड़ रही थी। रात्रि में कानपुर तक मुझे कई बार शौचालय जाना पड़ा और पानी की व्यवस्था कैसे-कैसे बनी, सो कहते नहीं बनता है।

रास्ते में टीटी महाशय के अजब-गजब कौतुक देखने को मिले। सीधे-सादे देहाती यात्रियों, विशेषकर जिनके साथ छोटे बच्चे भी हों, को कैसे बेवकूफ बनाकर पैसे लूटते हैं। चूँकि उस दिन परीक्षा देनेवाले परीक्षार्थी बड़ी संख्या में यात्रा कर रहे थे, सो हमारा भरपूर बहुमत था। हम विद्यार्थियों ने भी टीटी महाशय को छकाने में कोई कोर-कसर बाकी न रखी। इनके साथ छेड़खानी हमारे लिए तो मनोरंजन ही ठहरा। बाराबंकी स्टेशन पर तो बौखलाए टी.टी. महाराज हमें सबक सिखाने के लिए एक पुलिसवाले को ले आए। फिर क्या था, कहा-सुनी में हमारे एक साथी ने उसका डंडा छीन लिया। गाड़ी चल पड़ी। गाड़ी के साथ-साथ भागते बेचारे पुलिसवाले को हाथ

जोड़ने पर ही डंडा वापस मिला। रुकते-चलते अगले दिन ग्यारह बजे के लगभग हम अयोध्या के स्टेशन पर उतर गए। यहाँ का स्टेशन भी मंदिरनुमा बना है, जो अलग ही अनुभूति देता है। यहाँ से एक अलग सा भक्तिभाव ढाढ़ें मारने लगा, शरीर में उमंग और रोमांच की तरंगें उठने लगीं। एक तो जून मास की भीषण गरमी, दूसरे कोयले के इंजन से उड़ती राख से चेहरा तथा कपड़े भी खासे गंदे हो गए थे, अतः ट्रेन से उतरते ही विचार बना कि पहले सरयू स्नान कर लिया जाए।

स्टेशन से बाहर निकलते ही अयोध्या में प्रवेश तक रेत ही रेत। लेकिन अब ऐसा नहीं है। पूछताछ करते किसी प्रकार सरयू के किनारे पहुँचे तो देखा, सरयू-सेतु के पास जन-शून्य तट पर दुपहरी में कतारबद्ध सी जल-तरिणियाँ विश्राम कर रही हैं। एक पेड़ के नीचे सामान रख स्नान के लिए कपड़े उतारे। घाट कच्चे और बालुकामय, पर आजकल तो सुंदर पक्के घाट बन गए हैं। मित्र मोहन एकदम शहरी, गहरे पानी में जाने से डरता था, सो किनारे पर बैठकर ही नहाया। मैं ठहरा देहाती और अपने गाँव के नहर-पोखर में नहाने-तैरने का अभ्यासी। पैर पटक-पटककर खूब तैराकी की। सरयू का जल भी एकदम स्वच्छ-दूधिया! स्नान से तन-बदन में ठंडक और ताजगी आ गई। एक बड़ा ही करिश्मा हुआ! सरयूजी ने मेरी सारी पीड़ा हर ली। जल में पैर पटककर नहाने से पैर के घाव का सारा पीव-मवाद निकल गया, घाव एकदम साफ, सोज भी मामूली रह गई। अब कपड़े पहनने के बाद घाव पर कागज रख जुराब पहनकर जूता कस लिया।

स्टेशन के बाहर दुकानों से कुछ खा लेने के बाद आश्रय की तलाश में निकले। कई धर्मशालाएँ देखीं, पर कहीं कमरा न मिला। हार-थककर स्टेशन के थोड़ा निकट एक धर्मशाला में मात्र एक अलमारी मिली और सोने के लिए बरामदे का फर्श। परीक्षा अगले दिन थी, अतः आज अयोध्याजी के दर्शन करने थे, सो अलमारी में अपना सामान टिकाकर अयोध्या-भ्रमण पर निकले। रेलवे परीक्षार्थियों के झुंड-के-झुंड अयोध्या के सब रास्तों पर दिखाई दे रहे हैं। अयोध्या में साफ-सफाई देखकर हम दंग रह गए। यहाँ की गली-सड़कों पर एक तिनका तक दिखाई नहीं पड़ रहा है। चूँकि हम भगवान् की नगरी अयोध्या में हैं, तो इसके बारे में कुछ जान लेना भी अच्छा रहेगा।

ऐतिहासिक दृष्टि से अयोध्या प्राचीन नगर है। 'अथर्ववेद' में इसे 'ईश्वर का नगर' बताया गया है और इसके वैभव की तुलना स्वर्ग से की गई है। वाल्मीकि रामायण के अनुसार अयोध्या की स्थापना महाराज मनु द्वारा की गई थी। कई शताब्दियों तक यह सूर्यवंशी राजाओं की राजधानी रही। अयोध्या मूलतः मंदिरों की नगरी है। जैन मत के अनुसार यहाँ आदिनाथ सहित पाँच तीर्थंकरों का जन्म हुआ था। सूर्यवंशी राजाओं की शृंखला में यहीं पर दशरथ पुत्र पुरुषोत्तम राम का जन्म हुआ। भगवान् श्रीराम समस्त

हिंदू जनमानस में अवतार के रूप में पूजे जाते हैं। तब के प्राचीन उल्लेखों में अयोध्या का विस्तार 96 वर्गमील बताया गया है। सातवीं शताब्दी में चीनीयात्री ह्वेनसांग भ्रमण करते हुए यहाँ भी आया था। उसने अपने यात्रा-विवरणों में लिखा है कि तब यहाँ बीस बौद्ध मंदिर थे और इनमें लगभग तीन हजार भिक्षु रहते थे। प्राचीन कोसल की राजधानी अयोध्या वर्तमान में उत्तर प्रदेश के फैजाबाद जनपद में सरयू, जिसे घाघरा भी कहते हैं, के तट पर स्थित है। अयोध्या तीन ओर सरयू नदी से घिरी है तथा एक ओर रेलवे लाइन है। वर्तमान में इसका क्षेत्रफल लगभग साढ़े दस वर्ग किलोमीटर तथा जनसंख्या लगभग एक लाख है। यहाँ के घरों की बनावट बिल्कुल मंदिरों जैसी है। प्राचीन नगर के अवशेष तो अब खँडहर के रूप में रह गए हैं, फिर भी अयोध्या में मंदिरों की भरमार है।

अब हम एक यात्री-दल के साथ मिल गए हैं, उनके साथ एक पंडा-गाइड भी है। पहले हम अयोध्या के पश्चिमी हिस्से में पूजा के प्रमुख स्थान रामकोट पहुँचे हैं। यहाँ रामनवमी का पर्व बड़ी धूमधाम से मनाया जाता है। देशी-विदेशी श्रद्धालुओं का यहाँ साल भर आना-जाना लगा रहता है। मैंने यहाँ गौर किया कि हर मंदिर के प्रांगण में फर्श पर भाँग सूख रही है, शायद बाबा लोग इस्तेमाल करते होंगे। हर मंदिर में साधु-संत काफी संख्या में रहते हैं। इससे आगे बढ़कर त्रेता के ठाकुर का मंदिर है, जहाँ पर भगवान् राम ने अश्वमेध यज्ञ का आयोजन किया था। सन् 1784 में रानी अहिल्याबाई होलकर ने इस मंदिर तथा मंदिर से सटे घाटों का पुनर्निर्माण कराया था। यहाँ कालेराम का मंदिर बड़ा लोकप्रिय है। नगर के बीचोबीच स्थित हनुमानगढ़ी श्रद्धा की केंद्र है और अत्यंत प्रसिद्ध भी। यहाँ हनुमान-बंदर बड़ी संख्या में हैं। यहाँ पर पेड़े का प्रसाद चढ़ता है और काफी सीढ़ियाँ चढ़कर ऊपर जाना पड़ता है। कहा जाता है कि यहाँ दर्शन करके रामलला के दर्शन की आज्ञा ली जाती है। यहाँ श्रद्धालुओं की मनोकामनाएँ पूर्ण होती हैं। एक के बाद एक दर्शनसिंह मंदिर, आचार्य पीठ, लक्ष्मण किला आदि मंदिरों में दर्शन किए। यहाँ पर सड़क, गली, मार्ग के दोनों ओर मंदिर-ही-मंदिर हैं। लक्ष्मण किला का आश्रम सरयू की धारा से सटा हुआ है। यह संत, गौ, ब्राह्मण सेवा संचालित करता है। यहाँ श्रद्धालुओं के ठहरने की भी व्यवस्था है।

अब हम राम-जन्मभूमि पर पहुँच गए हैं। मन में हर्षातिरेक की तरंगें उठ रही हैं। मन बार-बार पुलकित और रोमांचित हो रहा है। अहा! यही वह स्थान है, जहाँ दीनदयाला, कौसल्या हितकारी ने धरती को पाप के भार से मुक्त करने के लिए जन्म लिया। परंतु हाय रे अभाग्य! विवादित स्थल होने के कारण यहाँ मुख्य द्वार पर ताला पड़ा हुआ है। (इसे बाद में तत्कालीन प्रधानमंत्री राजीव गांधी ने खुलवाया।) जन्मभूमि के बाहर अखंड कीर्तन चल रहा है। यात्री रामलला के सम्मान में मत्था टेक रहे हैं,

निर्माणाधीन श्रीराम लला मंदिर

हमने भी दंडवत् किया, थोड़ा कीर्तन में बैठ प्रभु का नाम-स्मरण किया। आजकल यह स्थल विवादित तथा अत्यंत संवेदनशील क्षेत्र है। (बाद में पुराना ढाँचा ढहा दिया गया। विगत दो दशकों से यह मीडिया की सुर्खियों में रहा। कोर्ट-कचहरी की लंबी चली लड़ाई में सुप्रीम कोर्ट ने फैसला रामलला के पक्ष में सुनाया; 5 अगस्त को देश के प्रधानमंत्री नरेंद्र मोदी ने भव्य राम मंदिर के निर्माण के लिए भूमि-पूजन किया। कुछ वर्षों में भव्य राम मंदिर बनकर तैयार हो जाएगा।) इसके बाद हम अमावा मंदिर, राजगद्दी, कोपभवन, सीतारसोई आदि देखते हुए आगे बढ़ गए हैं।

मंदिरों की तो यहाँ लंबी शृंखला है। लेकिन हमारे मन को सबसे अधिक कनकभवन ही भाया। यहाँ पर सुरक्षा का कड़ा बंदोबस्त है। दीवारों पर जो सोने के पतरे चढ़े हुए हैं, सुरक्षा कारणों से इन्हें मजबूत लौह-जाली से ढक दिया गया है। भवन की भव्यता देखते ही बनती है। इस भवन को अब सौ-सवा सौ साल हो गए हैं। इसके विशाल प्रासाद के सामने विस्तृत प्रांगण है। इसमें परसादी, चित्र, माला, पुस्तकों आदि की कई दुकानें हैं। यहीं से मैंने एक पुस्तिका 'सदाचार की बातें' खरीदी। इसके आँगन में एक ऊँचे स्थान पर सीता-रामजी की चरण-पादुकाएँ पत्थर में खुदी हुई हैं। सामने ही बरामदा है, एक सुवासित कक्ष में सीता-रामजी की नयनाभिराम मूर्तियाँ सुशोभित हैं। मूर्तियाँ इतनी सुंदर हैं कि भक्तजन घंटों बैठकर इन्हें निहारते रहते हैं। यहाँ से हटने को मन ही नहीं कर रहा है। इसके बारे में और अधिक जानने की इच्छा बलवती हो रही है। लेकिन जानकारी का कोई सूत्र दिखाई नहीं दे रहा है।

यहाँ से निकलकर हम सरयू के किनारे की ओर चले, वहीं एक बड़े छतनार

के नीचे एक वयोवृद्ध साधु बाबा बैठे हैं। हम भी वहीं बैठ गए। हमने उन्हें प्रणाम किया। बातचीत के दरम्यान हमने उनसे कनकभवन के बारे में जानना चाहा। उन्होंने बड़े अपनेपन से हमें बताया कि यह अयोध्या तो भगवान् श्रीराम की नगरी है। यहाँ पर करीब पाँच हजार से अधिक मंदिर हैं, परंतु भक्तों की सर्वाधिक भीड़ कनकभवन में ही होती है। संध्या-आरती के समय तो यहाँ श्रद्धालुओं और साधु-संतों की संख्या हजारों में पहुँच जाती है। भक्तों का ऐसा विश्वास है कि कनकभवन में मात्र मूर्तियाँ नहीं, साक्षात् राम और सीता विराजते हैं, जिनके दर्शनमात्र से आत्मा पवित्र हो जाती है।

जानते हो, जब राम-लक्ष्मण मुनि विश्वामित्र के साथ उनके यज्ञ की रक्षा करने गए थे, तब दशरथ महाराज की सबसे सुंदर और प्रिय रानी कैकेयी ने स्वप्न में एक सोने का भवन देखा। प्रातः रानी ने राजा से अपने लिए वैसा ही कनकभवन बनवाने का आग्रह किया। दशरथ प्यारी रानी का आग्रह कैसे टालते, सो राजा ने राज्य के दक्ष कारीगरों को बुलवाकर भवन बनवाना शुरू किया। यथासमय कनकभवन बनकर तैयार हो गया। उधर दोनों भाई विश्वामित्र के यज्ञ की रक्षा करने के बाद उनके साथ सीता-स्वयंवर देखने के लिए जनकपुर पहुँचे। वहाँ श्रीराम ने शिव-धनुष तोड़कर जग में अपनी कीर्ति-पताका फहराई। फिर यह शुभ समाचार यहाँ (अयोध्या में) आया तो पूरे गाजे-बाजे के साथ बारात जनकपुर गई। वहाँ बड़ी धूमधाम से श्रीराम के साथ सीताजी का, लक्ष्मण का उर्मिला, भरत का मांडवी और शत्रुघ्न का श्रुतकीर्ति के साथ विवाह संपन्न हुआ। चारों दूल्हा-दुलहिनों की सजधज डोलियाँ अयोध्या आईं। अयोध्या में बड़ा आनंद मना, भवन दीपों से जगमगा उठे। तब रानी कैकेयी ने अपने प्राणप्रिय राम की दुलहिन सीता को कनकभवन मुँह-दिखौनी में दे दिया। तब से यह भवन श्रीराम और सीताजी का निवास बन गया। रानी कैकेयी राम और सीता से अथाह प्रेम करती थीं।

बाबाजी बोले, बेटा, यह कथा बड़ी लंबी है। मैंने मनुहार की, 'बाबाजी, जो भी हो, थोड़ा सा उपकार और कीजिए।' हमारा प्रबल आग्रह देखकर बाबाजी बोले, रामजी के परलोक गमन और त्रेता युग की समाप्ति पर अयोध्या भी वीरान हो गई और कनकभवन भी नष्टप्रायः हो गया। समय के साथ अनेक उतार-चढ़ाव आते रहे। अयोध्या कभी बसी, कभी उजड़ी, पर इसके नाम का अस्तित्व बना रहा। यह सब रामजी की महिमा ही तो है। कलियुग में लगभग संवत् 1431 में महाराजा विक्रमादित्य ने अयोध्या को पुनः बसाया, साथ ही कनकभवन का भी पुनर्निर्माण कराया। कालांतर में गुप्त वंश के अभ्युदय पर राजा समुद्रगुप्त ने अयोध्या को अपनी राजधानी बनाया तो कनकभवन का भी जीर्णोद्धार करवाया। राजा समुद्रगुप्त की माता अत्यंत श्रद्धालु और परम रामभक्त थीं। राजा स्वयं उनके साथ मंगला आरती, शृंगार आरती तथा संध्या

आरती के समय कनकभवन जाया करते थे और बड़े ही श्रद्धाभाव से सेवा-पूजन, राजभोग, उत्सव आदि का प्रबंध किया करते थे। समय के अंतराल पर अयोध्या पर फिर से काल की कुदृष्टि पड़ी। पर विदेशी और विधर्मियों के आक्रमण झेलते हुए जीर्ण-शीर्ण हालत में भी इस नगरी ने अपने अस्तित्व को बनाए रखा। और बेटा, अब जो तुम कनकभवन देखकर आ रहे हो, इसका निर्माण ओरछा नरेश प्रतापसिंहजू देव की पत्नी महारानी गणेश कुँवरि ने कराया था। महारानी की देखरेख में जब कनकभवन बनकर तैयार हुआ तो संवत् 1948, बैसाख सुदी छठवीं को विग्रह की स्थापना हुई। महारानी और महाराज ने विधि-विधान से पूजा कर सीता-रामजी की आरती उतारी। तब से यहाँ निरंतर पूजा-उपासना हो रही है।

यहाँ तो वर्ष भर आयोजन होते ही रहते हैं। चैत्र मास में शुक्ल पक्ष की नवमी को श्रीराम का जन्मोत्सव बड़े ही भव्य रूप में मनाया जाता है। इस दिन अयोध्या में सरयू के तट पर एक विशाल मेला लगता है। देश के कोने-कोने से रामभक्त एक दिन पहले ही अयोध्या पहुँच जाते हैं। अयोध्या नगरी की सारी धर्मशालाएँ तथा पंडों के यात्री-निवास यात्रियों से भर जाते हैं। कई लाख ईश्वर-भक्त सरयू में स्नान कर हनुमानजी को दंडवत् प्रणाम करने के बाद श्रीराम जन्मभूमि में मत्था टेकते हैं। 'सरजू मैया की जय', 'भगवान् राम की जय' के जयकारों से सारा वातावरण गुंजायमान हो जाता है।

श्रीकनक भवन, अयोध्याजी

पूर्वी उ.प्र. के गाँवों से स्त्री-पुरुषों के ठट्ट-के-ठट्ट रामनवमी का मेला देखने आते हैं।

बैसाख शुक्ल पक्ष की नवमी को जानकी-जन्मोत्सव होता है। ज्येष्ठ शुक्ल एकादशी को फूल-बँगला सजाया जाता है। श्रावण शुक्ल तृतीया से पूर्णिमा तक झूला-उत्सव तथा कार्तिक में शुक्ल पक्ष की नवमी को अयोध्या परिक्रमा होती है, इसमें पाँच-छह लाख तीर्थयात्री अयोध्या पहुँचते हैं। मार्गशीर्ष शुक्ल पक्ष की पंचमी को यहाँ राम-सीता का विवाहोत्सव बड़े हर्षोल्लास के साथ मनाया जाता है। इनके अलावा कनकभवन में वसंतोत्सव, होलिकोत्सव, शरद पूर्णिमा, कृष्ण-जन्मोत्सव, रामकलेवा उत्सव इत्यादि आयोजन होते ही रहते हैं। कनकभवन में पूजा-आरती का बड़ा ही सुंदर विधान है। यहाँ पर रोजाना मंगला आरती, वल्लभा आरती, श्रृंगार आरती, उत्थापन आरती, संध्या आरती और शयन आरती होती है। और क्या-क्या बताऊँ, इसकी बड़ी महिमा है, इतना कहकर बाबाजी चुप! हम भी समझ गए कि बाबाजी को और विवश करना ठीक नहीं, सो बाबाजी को प्रणाम कर और इतनी अच्छी जानकारी पाकर हम सरयू के घाटों पर टहलते हुए आगे बढ़ते जा रहे हैं।

इन सबके अलावा अयोध्या की चारों दिशाओं में चार शिव मंदिर भी हैं। उत्तर दिशा में नागेश्वर का मंदिर है, जिसका निर्माण भगवान् राम के पुत्र कुश ने सरयूजी के घाट पर कराया था और फिर यहाँ नागेश्वरनाथ की स्थापना की थी, यह पूर्णत: सिद्धधाम है। दक्षिण दिशा में क्षीरेश्वरनाथ का मंदिर है। यहाँ मंदिर के बीचोबीच शिवलिंग का अरघा है। साथ ही नंदी, माँ पार्वती, विनायक गणेश की सुंदर प्रतिमाएँ हैं। बाहर कालीजी की मठिया है। यहाँ एक संगमरमर की शिला पर पूरा 'शिवचालीसा' उकेरा गया है। इस मंदिर की स्थापना राजा दशरथ ने की थी। यहाँ के पुजारी ने बताया कि यहाँ पर एक बड़ी गौशाला हुआ करती थी। रामजी ने जब यहाँ पूजा आरंभ की तो सारी गौएँ दूध की धारा बहाने लगीं। यहीं बगल में स्थित क्षीरसागर में सारा दूध इकट्ठा हो गया, तब से इस मंदिर का नाम भी 'क्षीरेश्वरनाथ' पड़ गया। यहाँ भी भक्तों की अच्छी-खासी भीड़ इकट्ठा होती है।

अयोध्या की पूरब दिशा में अवधेश्वरनाथ का मंदिर है। इसके अगल-बगल में दो छोटे मंदिर, बीच में एक ऊँचे शिखरवाला सुंदर मंदिर है। वास्तुकला की दृष्टि से यह बेजोड़ है। यह मंदिर 'दर्शनेश्वर' के नाम से भी जाना जाता है। पश्चिम दिशा में स्थित कोटेश्वरनाथ का मंदिर भी देखा। इसको 'दुर्गेश्वर महादेव' का मंदिर भी कहा जाता है। यहाँ पर जो प्रतिमा स्थापित है, वह अति प्राचीन है। यहीं सरयू घाट के किनारे पर चंद्रहरि महादेव का मंदिर भी है।

घूमते-घूमते शाम हो आई है और हम थककर चूर, पर मन नहीं भरा है, और सबकुछ देख लेने की लालसा प्रबल है, फिर भी ठिकाने पर लौट आए हैं। एक ढाबे

पर खाना खाया और धर्मशाला लौटकर इसके बरामदे में लुंगी बिछाकर बैठ गए हैं। यहीं से संध्या आरती के घंटा-घड़ियाल की मधुर आवाज और रोशनी से जगमग मंदिरों की शोभा देख रहे हैं। इस समय के घंटनाद और शंख-ध्वनि के अलौकिक आनंद को शब्दों में कैसे व्यक्त करूँ, यह तो वर्णनातीत है। यह आनंद तो यहाँ रहकर ही लिया जा सकता है। अयोध्या के चारों ओर घंटों की यह मधुर ध्वनि दूर-दूर तक सुनी जा सकती है। सचमुच, कैसी अद्‌भुत है अयोध्या! हम दोनों मित्र अयोध्या की शोभा की चर्चा करते-करते ही फर्श पर कब गहरी नींद में सो गए, इसका पता ही नहीं चला।

श्रीहनुमान गढ़ी, अयोध्याजी

प्रात: जागे और रेलवे लाइन की तरफ खाली मैदान में निवृत्त होकर आए। वहीं पास में एक नल है, अच्छी तरह नहाए-धोए। चाय-नाश्ता कर मोहन तो फैजाबाद के लिए निकल गया, क्योंकि उसे अपना परीक्षा केंद्र भी तलाश करना था। मैं भी जल्दी ही निकल गया और बड़े आराम से घूमते-फिरते अपने परीक्षा केंद्र पर पहुँच गया। महाराजा इंटर कॉलेज के बाहर परीक्षार्थियों की भीड़ जमा है। नियत समय पर परीक्षा प्रारंभ हुई। साढ़े बारह बजे परीक्षा समाप्त कर मैं धर्मशाला लौट आया। घंटे भर बाद मोहन भी आ गया। हमारा विचार आगे बनारस जाने का था। परंतु मोहन ने बताया कि उसके भतीजे का जन्मदिन है। अत: दिल्ली लौटना जरूरी है। अंतत: हमने लखनऊ देखते हुए लौटने का निश्चय किया। उसी समय गाड़ी पकड़कर शाम तक लखनऊ आ लगे। स्टेशन के सामने बाजार में हमें एक धर्मशाला में कमरा मिल गया। सामान रखकर बाजार घूमने निकले। यहाँ तो महानगर जैसी ही चहल-पहल है, वैसे भी यह नवाबों का शहर कहा जाता है। यहीं एक शाकाहारी होटल में खाना खाया। लौटकर सोने का उपक्रम किया। कमरे में गरमी है, बरामदे में आकर सोए। यहाँ के ठंडे फर्श पर अच्छी नींद आई।

प्रात: जागकर स्नान-ध्यान से निवृत्त होकर सबसे पहले लखनऊ का चिड़ियाघर देखने गए। यहाँ कम घूमना पड़ता है और सारे जानवर बड़े स्वस्थ हैं। सफेद बाघ तो

लगातार दहाड़ें मार रहा है। यहाँ से इमामबाड़ा देखने के लिए निकले तो लखनऊ की सिटी बस में दिल्ली की डी.टी.सी. बस की तरह दौड़कर चढ़ गए। कंडक्टर नाराज हो गया। उसने बताया, चलती बस में चढ़ना सख्त मना है। यहाँ सब यात्री बस रुकने पर ही चढ़ते हैं। बस की टिकट लाटरी के टिकट के माफिक लंबी-चौड़ी है। खैर, भली तरह से इमामबाड़ा देखा, भूलभुलैया देखी।

मोहन को अब घर लौटने की जल्दी है, सो धर्मशाला लौट आए हैं। अपना सामान उठाया, धर्मशाला की दान-दक्षिणा से निबट स्टेशन आए हैं। कुछ देर बाद ही दिल्ली की ओर आनेवाली एक गाड़ी मिल गई, पीछे कहीं बिहार से आ रही है। जनरल बोगी खचाखच भरी है, जैसे-तैसे ऊपर की सीट पर चढ़ने में कामयाब हो गए हैं। चढ़ तो गए, पर भीड़ के मारे पानी-पेशाब सब बंद। गाड़ी रात भर दिल्ली की ओर दौड़ती रही। भोरे-भोर अलीगढ़ जंक्शन पर गाड़ी आकर लगी, तब बाहर निकलकर पानी पिया। मैं अलीगढ़ स्टेशन पर उतर गया, मुझे गाँव जाना था। मोहन दिल्ली चला आया। कॉलेज के दिनों में की गई इस अयोध्या यात्रा के बारे में याद करके आज भी रोमांच हो आता है।

□

पुरी-यात्रा के क्रम में कोणार्क सूर्यमंदिर

आषाढ शुक्ल द्वितीया, यानी पुरी में श्रीजगन्नाथ रथयात्रा महापर्व। इस वर्ष पुनः महाप्रभु का बुलावा आ गया। इस बार के यात्री-दल में मेरे साथ मेरे परम मित्र आनंद शर्मा, उनके मित्र दि.पु. से सेवा-निवृत्त हवलदार चौ. वीरेंद्र सिंह, इस यात्री-दल के मार्गदर्शक भाई जीत शर्मा तथा उनके बहनोई अनिलजी। सब में कदमताल जैसा तालमेल। 26 जून, 2014 को रात्रि दस बजे नई दिल्ली रेलवे स्टेशन से पुरुषोत्तम एक्सप्रेस में सवार हुए और 28 जून को प्रातः आठ बजे पुरी स्टेशन पर उतर गए।

स्टेशन से बाहर आते ही ऑटोवाले यात्रियों के पीछे लग जाते हैं और फिर औने-पौने दाम माँगते हैं। यहाँ पर थोड़ा सावधान रहने की जरूरत है। स्टेशन रोड पर भीड़ को पार कर थोड़ा आगे निकल आएँ तो उचित दाम में ऑटो मिल जाता है। आप जानते हैं, पूरे देश में ड्राइवरों की जाति एक ही है। यहाँ पर कुछ ठग टाइप पंडा आपको पुरी के तीर्थों या दर्शनीय स्थलों को दिखाने के लिए बड़ा आग्रह करते हैं। तरह-तरह से यात्रियों को अपने वाग्जाल में फँसाने की कोशिश करते हैं। हमारे मित्र आनंद शर्माजी को एक पंडे ने नल्ला नाला दिखाने को कहकर फँसाने की कोशिश की, लेकिन हमारे 'कहीं नहीं जाना है' कहने पर उसने एक सिगरेट लेकर आनंदजी का पीछा छोड़ा। अतः यहाँ थोड़ा सतर्क रहने की जरूरत रहती है। हमने एक ऑटो लिया और दस मिनट में लक्ष्मी होटल पहुँच गए। जीत भाई का यहाँ पुराना परिचय है, विगत दस वर्षों से वे लगातार रथयात्रा में आ रहे हैं, तो यहीं ठहरते हैं। यहाँ के व्यवस्थापक हैं—प्रकाशजी, बहुत ही समझदार और शालीन!

होटल में यहाँ एक कमरे में तीन लोगों का तीन दिन ठहरने का पैकेज होता है। पुराने परिचय का बहुत लाभ होता है। प्रकाश भाई होटल के दूसरे तल, यानी मंजिल पर पंक्ति में अंतवाला कमरा देते हैं और इसी में एक गद्‌दा अलग से लगाकर पाँच लोगों के रहने की व्यवस्था हो गई। कमरे के सामने बरामदे में बाहर की ओर बड़ी सी जाली लगी है, ठीक पीछे तालाब है, कमरे की खिड़की तालाब की ओर खुलती है। पिछले

वर्ष पहली मंजिल पर इसके बिल्कुल नीचेवाला कमरा मिला था। प्रकाशभाई को चाय लाने के लिए बोल दिया गया और हम लोगों ने अपना-अपना सामान जमा दिया। इस बार मैं प्लास्टिक की सुतली लेकर आया हूँ, सो एक रस्सी कमरे के अंदर बाँधी और एक बाहर। कपड़े टाँगने और सुखाने में दिक्कत आती है। जूते-कपड़े उतार दिए गए हैं।

विचार यह बना कि चाय पीने के बाद समुद्र-स्नान करें, फिर यहाँ आकर स्नान किया जाए। प्रकाशजी चाय ले आए और पीने का पानी भी। चाय पी ली गई। अब तौलिया आदि लेकर रख ली गई। नीचे उतरकर पैदल ही पुरी की गलियों से गुजरते हुए समुद्र के निकट पहुँचे। सब लोगों ने समुद्रदेव को प्रणाम किया और बालू पर किनारे-किनारे चलने लगे। नीलिया और दूधिया जल की लहरें किनारे से लगकर पछाड़ें खा रही हैं। बातों-बातों में ऐसा ज्वार आया कि जल देवता ने अँगड़ाई सी ली और हमारे जूता, चप्पल और पैंट भिगो दिए। सब लोग स्नान के लिए स्वर्गद्वार की ओर बढ़ रहे हैं। मित्र आनंद शर्मा हम सबसे कुछ आगे निकल गए हैं। समुद्र का पूरा किनारा स्नानार्थियों से भरा है, किसी मेले जैसा दृश्य है। स्त्री-पुरुष और बच्चे नहा रहे हैं। कुछ लोग लहरों में खड़े रहने की असफल कोशिश करते हैं और लहरें उन्हें पटक देती हैं। फोटो खींचनेवाले, असली मोती कहकर बेचनेवाले यहाँ बहुत हैं। लो जी, ऊँट की सवारी भी तैयार है। चाट-पकौड़ी और खोमचेवाले भी कम नहीं। यहाँ मल्लाह ट्यूब के सहारे समुद्र में अंदर तक ले जाते हैं और इसके लिए पचास रुपए शुल्क लेते हैं। लोग अंदर तक जा भी रहे हैं। साँय-साँय और समुद्र के हहराने का स्वर अजीब रोमांच पैदा कर रहा है। समुद्र से आनेवाली नमकीन (खारी) नम हवा से चश्मे के शीशे तुरत धुँधले पड़ जाते हैं। शरीर बिना नहाए भी चिपचिपा हो जाता है।

खैर, बीस रुपए में एक कुरसी किराए पर लेकर उस पर कपड़े रखे। मैं कपड़ों की रखवाली में ठहरा, बाकी लोग स्नान करने उतरे, जीत भाई इनके फोटो उतार रहे हैं। कुछ देर में अनिल शर्माजी नहाकर आ गए। मैं भी कपड़े उतारकर नहाने चला। आनंद शर्मा और चौ. साहब अब भी जमे हुए हैं और जल में खूब उठखेलियाँ कर रहे हैं। लहरों से लड़ना और इनकी मार खाना बड़ा अच्छा लग रहा है। पर आँख में खारा पानी बड़ा तीखा लगता है। पूरा शरीर बालू से भर जाता है। प्रयास करने पर भी सिर में से बालू नहीं निकल पाती। ताज्जुब होता है कि अंडरवीयर के नेफा में भी बालू न जाने कैसे भर जाती है। जब पानी की तेज लहर आती है, तो खड़े रहना असंभव हो जाता है, बल्कि किनारे पर बालू में पैर जमाए खड़े लोगों को भी अपने साथ बहा ले जाती है। मोटे बालू में रगड़ लगने से घुटने जख्मी हो जाते हैं, गिरने से अपने आपको रोकने के प्रयास में जाँघें भर जाती हैं, जो बाद में दर्द करती हैं और ज्यादा थकावट महसूस होती है। ऊपर बालुई किनारे पर चढ़ आया पानी पलक झपकते ही सूख जाता है या समुद्र में रिस जाता है। सच में, आदमी

दिनभर यहाँ यह सब देखता रहे, तो बोर नहीं हो सकता। हर लहर के साथ नया दृश्य और नई कहानी जन्म लेती है। यहाँ पर सब स्नानार्थी अपने खेल में इतने मगन हैं कि लहर आने पर कौन किसके पास या नीचे पहुँच जाए, पता ही नहीं चलता है। हँसमुख चेहरे, खिलखिलाते चेहरे, यहाँ व्यक्ति अपना सब गम भूल जाता है। वास्तव में यहाँ से निकलने को मन ही नहीं करता। हमें बंगाल की खाड़ी का यह जल कहाँ नसीब होता है। भारत की पूर्वी सीमा का अंतिम छोर, धरती का अंतिम सिरा। जहाँ तक दृष्टि जा रही है, जल-ही-जल, अथाह-असीम जलराशि का विराट् साम्राज्य फैला हुआ है। अंत में जीत भाई ने स्नान किया और फिर मैंने और जीत भाई ने जल-तरंगों के बीच रंग-बिरंगी सीपियाँ चुनीं। आखिर स्नान समाप्त कर एक ऑटो होटल आने के लिए पकड़ा।

ऑटो तो नया ही है, पर ड्राइवर ने उसके ऊपर मोमी ऑयल पोत रखा है। कपड़े गंदे हो गए। शिकायत करने पर उसने बताया कि यहाँ समुद्र के किनारे खारी-नम हवाएँ हमेशा चलती हैं, इससे ऑटो या गाड़ी की लोहे की बॉडी जल्दी गल जाती है। इसी से बचाने के लिए मोमी ऑयल लगाना पड़ता है। पर आप चिंता न करें, यह कपड़े से छूट जाएगा। खैर, होटल आ गए हैं। सबने बारी-बारी से स्नान किया। चौ. साहब ने तो कपड़े भी धो डाले। वास्तव में चौ. साहब इस मामले में बहुत चुस्त-दुरुस्त हैं, अपने निजी कार्यों के लिए आत्मनिर्भर होना अच्छी आदत है। दो-तीन दिन में ही उनका प्रसिद्ध तकियाकलाम 'जय हो भक्तां की' सुपरहिट हो गया है। होटल के पीछे तालाब का नजारा बड़ा सुखद होता है। प्रातः चार बजे से ही यहाँ स्नान करनेवालों की कतार टूटती नहीं, स्नान-मज्जन सब इसी में होता है। इसके बाईं ओर सरकारी पार्किंग है, सो ड्राइवरों आदि का निरंतर आना-जाना लगा रहता है। वास्तव में उड़ीसा का जनजीवन पानी के लिए तालाबों पर निर्भर है। लेकिन इन तालाबों की साफ-सफाई की उचित व्यवस्था का अभाव है।

दिन के लगभग बारह बज गए हैं। इसलिए पहले भोजन करने निकले। धूप बड़ी तीखी है, गरमी भी खूब। टहलते हुए मारवाड़ी भोजनालय पहुँचे। यहाँ पर शुद्ध शाकाहारी भोजन मिलता है। प्याज, लहसुन आदि का इस्तेमाल नहीं किया जाता। एक थाली 80 रुपए की है। गत वर्ष संभवतः यह 60 रुपए की थी। महँगाई निरंतर बढ़ रही है; दाल-सब्जियों के दाम बढ़े ही हैं, तो कोई कारण नहीं कि थाली का दाम न बढ़े, फिर भी दिल्ली शहर और उत्तर भारत के होटलों से सौ गुना अच्छा और सस्ता ही है। भोजन में रोटी, चावल, दाल, छोले-पनीर, दो सब्जियाँ, चटनी, पापड़, कच्चे आम की लौंजी तथा एक मिष्टान्न—खीर या गुलाबजामुन। भोजन जितना चाहें, जितनी बार चाहें ले सकते हैं। बड़े इत्मीनान से पेटभर खिलाते हैं। उत्तर भारत (हरिद्वार, ऋषिकेश, मथुरा, बनारस आदि) की तरह नहीं कि थाली में छोटी सी दो रोटी, चमचा भर चावल, पानीवाली

दाल और कोई बेस्वाद सब्जी। इससे ज्यादा की जरूरत है तो अलग से पैसे लगेंगे। कई बार तो रोटी का दाम कुछ बताते हैं और वसूलते हैं कुछ और। यहाँ भोजन को लेकर झगड़ा-टंटा करना आम बात है; परंतु पुरी में ऐसा कुछ नहीं है।

यह होटल नीचे बेसमेंट में है। साफ-सफाई पर विशेष ध्यान दिया जाता है। खाना बनाकर नहीं रखा जाता, निरंतर ताजा-ताजा बनता रहता है। दोपहर में अच्छी-खासी भीड़ हो जाती है। जगह खाली होने का इंतजार करना पड़ता है। पर अभी भीड़ नहीं है। हम लोग अंत में कोनेवाली सीट पर बैठ गए हैं। प्रवेश द्वार पर ही पाँच टोकन खरीद लिये गए थे। हमारे बैठते ही बेयरा आ गया और टोकन लेकर थालियाँ लगा दीं। परोसने वाले लोग अपनी-अपनी बालटी या बरतन थामे भोजन परोस देते हैं, जैसे गाँव में पत्तल पर बैठाकर और परोसकर खिलाया जाता है, ठीक वैसे ही। फर्क इतना ही है कि यहाँ टेबल-कुरसी पर खिलाया जाता है। बड़े रुचिपूर्वक हम सबने भोजन किया। आज दो-तीन दिन बाद घर जैसा स्वादु भोजन किया पूर्ण तृप्ति के साथ।

मारवाड़ी भोजनालय से बाहर निकल आए हैं, जगन्नाथजी मंदिर यहाँ से थोड़े से फासले पर ही है। सो टहलते हुए इधर आ गए हैं। तीनों रथ इधर ही खड़े हैं। दर्शक बिल्कुल निकट से और उनको स्पर्श कर दर्शन कर रहे हैं, इन पर माथा टेक रहे हैं। हम लोगों ने भी प्रणाम कर माथा टेका और फिर आगे बढ़कर जगन्नाथजी मंदिर के सामने दंडवत् प्रणाम किया। तेज धूप और खासी गरमी पड़ रही है, सो टहलते हुए अपने होटल लौट आए। कपड़े उतारकर सबने आराम किया।

लगभग पाँच बजे सब लोग जाग गए। मित्र आनंद शर्मा का विचार है कि आज लोकल, यानी पुरी के तीर्थ-स्थलों का दर्शन कर लिया जाए। एक ऑटोवाले से बात की तो उसने बताया कि कल पुरी रथयात्रा है, इसलिए ज्यादातर रास्ते बंद हैं, सो लगभग आधी पुरी का ही दर्शन हो सकेगा। हममें से ज्यादा लोगों का सोचना है कि रथयात्रा से अलगे दिन पुरी में घूमा जाए, क्योंकि हमारे पास पर्याप्त समय है। अंततः चाय पीने के बाद चंदन तालाब की ओर घूमने निकले। यह तालाब इतिहास-प्रसिद्ध है। इसकी अपनी महिमा है और काफी लंबा-चौड़ा है। रथयात्रा से पूर्व एक पखवाड़े भर भगवान् जगन्नाथजी इसी तालाब में जल-विहार करते हैं। निरंतर जलाभिषेक के कारण ही महाप्रभु अस्वस्थ हो जाते हैं। इन दिनों तालाब के आस-पास बड़ी संख्या में श्रद्धालु इकट्ठा होते हैं। उतने दिनों तक यहाँ मेला लगा रहता है। यहाँ खूब साज-सज्जा और रोशनी का प्रबंध किया जाता है। कई दिनों तक बड़े हर्षोल्लास के साथ उत्सव मनाया जाता है। भगवान् जगन्नाथ यहाँ लीला करते हैं, इसलिए यह बड़ा ही पवित्र स्थान है।

तालाब में अब भी स्त्री-पुरुष स्नान कर रहे हैं। हम लोगों ने भी नीचे सीढ़ियाँ उतरकर जल-आचमन किया। तालाब के बीच स्थित मंदिर को दूर से ही प्रणाम कर

लिया। इसके ठीक सामने, सड़क के बाईं ओर एक छोटा सा मंदिर है, यहाँ पर मुंडन संस्कार होते हैं। कई नाई इस कार्य में लगे हैं। बालों के ढेर से अनुमान होता है कि श्रद्धालु काफी बड़ी संख्या में यहाँ मुंडन कराने आते हैं। इस पंक्ति में और भी कई छोटे-छोटे मंदिर हैं। ये सब देखने के बाद हम पार्किंग के गेट से, जो हमारे होटल के बिल्कुल पीछे से रास्ता है, निकलकर जगन्नाथ मंदिर की ओर बढ़े। रथयात्रा वाली सड़क पर अब भीड़भाड़ बढ़ गई है। स्थानीय तथा दूर-दराज के इलाकों से आई संगीत तथा भजन-कीर्तन मंडलियाँ हरिकीर्तन करती हुई मंदिर की ओर बढ़ रही हैं। अब रथों को नियत स्थान पर ले जाने की तैयारियाँ हो रही हैं। सेना और पुलिस के जवान बारी-बारी से तीनों रथों को खींचकर उस स्थान पर ले जा रहे हैं, जहाँ से कल रथयात्रा प्रारंभ होगी। सैकड़ों पंडा रथों पर चढ़े हुए हैं और पूरा दम लगाकर थाली और बेला बजाकर जोश पैदा कर रहे हैं। यहाँ के पंडा सैकड़ों की तादात में जब एक साथ जोर लगाकर बेला बजाते हैं, तो यह दृश्य देखते ही बनता है। नंगे बदन, मात्र धोती बाँधे, नंगे पैर, खूब मगन होकर बेला बजाकर महाप्रभु को रिझाते हैं, तब पूरा बदन पसीने से नहा जाता है, जगन्नाथ प्रभु को अपने इन सेवकों द्वारा यह रिझाना शायद ज्यादा भला लगता है। पंडाओं में बाल, युवा और वृद्ध सभी आयु के हैं। बड़े आनंद का क्षण है, समय जैसे ठहर गया है। इस नील क्षेत्र का ऐसा प्रभाव है कि व्यक्ति भक्ति के अलावा कुछ सोच नहीं पाता। यहाँ जगन्नाथ प्रभु की साक्षात् उपस्थिति का आभास होता है।

इस समय आम लोगों को रथ खींचने में शामिल नहीं किया जाता। सैन्य और पुलिसकर्मी ही इस कार्य का अंजाम देते हैं। रथ खींचना न भी हो पाए, पर देखने में कौन सा कम आनंद आ रहा है। सूर्यदेव आज की यात्रा पूरी कर अस्ताचलगामी हो गए हैं। तीनों रथ व्यवस्थित ढंग से खड़े कर दिए गए हैं, साथ ही तेज प्रकाश की व्यवस्था कर दी गई है। रथों की साज-सज्जा को रातभर में अंतिम रूप दिया जाएगा, प्रातः देखने पर इनकी शोभा अलौकिक मालूम होगी। अब हम लोग मंदिर दर्शन के लिए बाईं ओर के दरवाजे से आगे बढ़ रहे हैं। मंदिर के हर दरवाजे पर भारी भीड़ तथा लंबी-लंबी कतारें लगी हैं। पूरा वातावरण बड़ा ही भक्तिमय है, मन प्रफुल्लित हो भक्ति-सागर में गोते लगा रहा है। दर्शकों का सैलाब अजीब सी हर्षमिश्रित सिहरन पैदा कर रहा है। मंदिर के प्रांगण में स्थित सभी छोटे-बड़े मंदिरों को देखते हुए हम लोग आगे बढ़े। मंदिर पर ध्वजा चढ़ाने का समारोह शुरू हो गया है। आनंद बाजार के निकटवाले प्रांगण में दर्शक बैठे हैं। हम लोग भी जगह बनाकर बैठ गए हैं। यहाँ पर 56 गज की ध्वजा संध्या समय नित्य चढ़ाई जाती है। यह अपने आप में रोमांच पैदा करनेवाली है। मंदिर की विशाल ऊँचाई पर ध्वजा लेकर जाते व्यक्ति को दर्शक दम साधे देख रहे हैं। ध्वजा फहराने पर सभी लोग जोर की हर्षध्वनि करते हैं।

मजे की बात है कि जगन्नाथ प्रभु की कोई भी चीज भक्त लोग अपने पास रखना चाहते हैं। नीचे उतर आने पर पंडे इस ध्वजा के टुकड़े-टुकड़े कर प्रसाद रूप में बेच देते हैं और भक्त भी खरीदने के लिए बेहिसाब टूट पड़ते हैं। ध्वजारोहण देखने के बाद हम सब आनंद बाजार में आ पहुँचे हैं। रथयात्रा की पूर्व संध्या पर महाप्रसाद (खट्टी-मीठी दाल-सब्जी के साथ चावल) बनता है।

मित्र आनंद शर्मा एक पंडा के पास ले आए, उसने हमें पत्तल पर परोसकर पेटभर प्रसाद खिलाया। इसके लिए उसने पचास रुपया प्रति पत्तल शुल्क लिया। इसमें मीठी दाल तो अत्यधिक स्वादु है, इसकी महक और स्वाद के बारे में क्या कहूँ! आखिर महाप्रसाद जो है, बीमार भी खाकर स्वस्थ हो जाए। जगन्नाथ प्रभु के दरबार में छुआछूत नहीं है, कोई छोटा-बड़ा नहीं है। प्रभु का यह प्रसाद तो नसीब वाला ही पाता है। इसके बाद दूसरी जगह पर हमने एक पाचक पेय 'प्रसाद' के रूप में पिया। परम तृप्ति प्राप्त हो गई है। इस आनंद को शब्दों में कैसे वर्णित करूँ। लाखों कृष्णभक्त इसीलिए तो यहाँ आते हैं और बड़े भक्तिभाव से जगन्नाथ प्रभु की भाव-गंगा में स्नान करते हैं।

हम लोग जगन्नाथ प्रभु के दर्शन करना चाहते हैं। कुछ देर पहले दर्शन को रोक दिया गया था। किसी ने बताया कि प्रभु का दर्शन नौ बजे तक हो सकेगा, पर अब नौ तो बजने ही वाले हैं। आनंद शर्मा यह कहकर कि मैं मंदिर के पीछे एकांत में बैठना चाहता हूँ, सो मुझे वहाँ से साथ ले लेना कहकर चले गए। हम लोग दर्शन करने के लिए पंक्ति में लग गए हैं। भीड़ इतनी ज्यादा है कि श्वास लेना मुश्किल हो रहा है। लेकिन बाल-वृद्ध, स्त्री-पुरुष सब जमे हुए हैं। एक ही बार के रेले में सैकड़ों लोग मंदिर में प्रवेश कर जाते हैं। सुरक्षाकर्मी रोक-रोककर आगे जाने देते हैं। व्यवस्था में पुलिसकर्मी भी पसीने से लथपथ बेदम हो रहे हैं। महिला पुलिसकर्मी बड़ी मुस्तैदी से अपने कार्य में जुटी हुई हैं। शॉर्टकट से किसी को मंदिर में नहीं जाने दिया जा रहा है। इस बार के धक्के में हम लोग भी मंदिर की सीढ़ियों के पास जा लगे। घोर आश्चर्य! देखते क्या हैं कि एकांत में बैठने गए आनंद शर्मा भगवान् के दर्शन कर बाहर आनेवाले दरवाजे से निकल रहे हैं और प्रसन्न तथा विजयी मुद्रा में हमें हाथ हिलाकर 'टाटा' कर रहे हैं। खैर, अगली बार के रेले में हम भी मंदिर के अंदर हो गए। ठसाठस भीड़ में पग-पग आगे बढ़ाते हुए जगन्नाथ प्रभु की एक झलक पा ही गए। दर्शक भले ही प्रभु को न देख पाए हों, पर बड़ी-बड़ी आँखोंवाले जगन्नाथ प्रभु तो सबको देख ही रहे हैं। इस धक्का-मुक्की और भीड़ का हिस्सा बनने में भी आनंदानुभूति कम नहीं है। पसीने में नहीं, जगन्नाथ प्रभु के कृपा-रस में सराबोर हैं। दुनिया के कोने-कोने से लोग आखिर आए किसलिए हैं?

हम लोग अब मंदिर के बाहर आ गए। जूता स्टैंड से जूता-चप्पल पहन लिये। लेकिन मित्र आनंद शर्मा का कहीं पता नहीं है। अब क्या किया जाए, दस बजनेवाले हैं।

बाहर इधर-उधर देखा, शायद आगे निकलकर खड़े हों। वैसे उनके मिलने की संभावना कम ही है। देखने में आया है कि मित्र आनंद शर्मा अपने आप में मगन आगे चलते चले जाते हैं, पीछे मुड़कर नहीं देखते हैं। बार-बार हम लोग ही उन्हें खोजते और उन पर नजर रखते हैं। सो विचार करके हम लोग होटल की ओर लौट पड़े। चारों ओर खूब रोशनी है। सड़क के दोनों ओर छतों पर दूरदर्शन और चैनलवालों के कैमरे अपनी-अपनी जगह मुस्तैद हो चुके हैं। रथयात्रा देखनेवालों के लिए टैंट तथा कुरसियाँ लगा दी गई हैं। प्रात: में छतों पर तिलभर जगह खाली न रहेगी।

लेकिन नीचे सड़क का नजारा कुछ और ही है। सड़क के दोनों ओर देश-विदेश तथा उड़ीसा के कोने-कोने से आए लोग भजन-कीर्तन मंडल तन्मय होकर गा-नाच रहे हैं। हरे रामा, हरे कृष्णा वालों का ग्रुप अपनी ओर आकर्षित कर रहा है। उनकी थिरकन और लयबद्ध कीर्तन वातावरण को भक्तिमय बना दे रहा है। उत्कल से स्थानीय और दूर-दराज से आई मंडलियाँ अपनी लय-तान से चलते दर्शकों को खड़े होकर सुनने को विवश कर रही हैं। हालाँकि हमें उनका गायन तो कुछ समझ में नहीं आ रहा है, पर उनकी लय-तान पर मन-पैर, दोनों थिरक रहे हैं। इन सबका आनंद लेते हुए आखिर हम अपने होटल आ गए। कपड़े उतारकर आराम तथा मित्र आनंद शर्मा का इंतजार करने लगे। करीब आधा घंटा बाद महोदय आ पहुँचे, थोड़ी खींचातान, थोड़ा मनो-विनोद हुआ। आखिर सब लोग थक ही गए थे, सो सोने का उपक्रम करने लगे। ऊपर बेड पर चौ. साहब, जीत भाई तथा अनिल शर्माजी सो गए, नीचे लगाए गद्दे पर मैं और आनंद शर्मा लेट गए। बस जी, पड़ते ही नींद आ गई।

प्रात: जागकर स्नान-ध्यान के बाद नाश्ता किया और रथयात्रा में शामिल होने के लिए निकल पड़े। बलभद्र, सुभद्रा और जगन्नाथ महाप्रभु के रथारूढ़ होने का अलौकिक दृश्य देखा। भयंकर गरमी में श्रद्धालुओं की संख्या और उत्साह में कोई गिरावट नहीं आई है। लाखों की संख्या में यहाँ आबालवृद्ध, नारी-नर महाप्रभु की एक झलक पाने के लिए उन्मत्त से हो उठते हैं। इस बार हमारे यात्री-दल में से बाजी मारी, हमारे मित्र आनंद शर्मा ने। भाईजी प्रात: से लेकर रात्रि आठ बजे तक चिलचिलाती भीषण गरमी में बिल्कुल नंगे पाँव बड़े भक्तिभाव से यात्रा में शामिल रहे। अब भी उनके चेहरे पर थकावट का कोई चिह्न दिखाई नहीं पड़ रहा है। सब जगन्नाथजी की कृपा है। हम सब थक तो गए ही थे, सो रात्रि में बड़ी अच्छी नींद आई।

प्रात: सब लोग समय से तैयार हो गए। रात भर पानी बरसा है, अब भी बूँदाबाँदी हो रही है। आज दिन भर घूमने का कार्यक्रम बनाया है। सबसे पहले तो गली के नुक्कड़ (नरेंद्र कोना) पर जाकर वड़ा-पकौड़ा आदि का नाश्ता किया। यहाँ चावल का वड़ा साबुत मटर की सब्जी के साथ मिलता है, वह भी दस रुपए प्लेट। बड़ा ही स्वादु और

चटपटा। यहाँ हर गली-नुक्कड़ पर राई के तड़के की सुवास हवा में तैरती बड़ी भली लगती है। मेरा काम तो एक प्लेट से ही हो गया, बाकी सबने इच्छानुसार खाया। यहाँ पास में ही ऑटो-स्टैंड है, वहीं से एक वाहन तय कर लिया गया। वह सात सौ पचास रुपए में दो जगह (साक्षीगोपाल मंदिर तथा कोणार्क सूर्यमंदिर) घुमाने पर तैयार हुआ। यहाँ के ऑटोवालों के लिए यह रथयात्रा का समय अच्छी कमाई का अवसर होता है, अत: यात्रियों से दिल खोलकर पैसे माँगते हैं। चूँकि अन्य दिनों यहाँ उतने पर्यटक या श्रद्धालु नहीं आते हैं, सो इनकी भी विवशता है, पर ज्यादा ठगी नहीं है।

हमारा पाँच सदस्यीय यात्री-दल साक्षीगोपाल मंदिर की ओर निकल पड़ा है। यह मंदिर पुरी से लगभग 15-16 किमी. दूर अंदर की ओर है। रास्ते के दोनों ओर खूब हरियाली है। जब तक ऑटो साक्षी गोपाल मंदिर की ओर दौड़ रहा है, तब तक हम आपको साक्षी गोपाल मंदिर के बारे में बताए देते हैं।

बताया जाता है कि पुराकाल में एक धनी वृद्ध ब्राह्मण एक गरीब युवक को साथ लेकर तीर्थयात्रा पर निकले। ब्राह्मण युवक ने यात्रा में उनकी बड़ी सेवा-शुश्रूषा की। यात्रा के क्रम में वृंदावन धाम में आ पहुँचे। ब्राह्मण युवक ने उन्हें ब्रज के सब तीर्थों के दर्शन कराए और भोजनादि से लेकर उनको किसी प्रकार का कष्ट न होने दिया। युवक की सेवा-शुश्रूषा से प्रसन्न होकर वृद्ध ने बिहारीजी के मंदिर में फुरसत के क्षणों में युवक से कहा कि वत्स, तुमने मेरी बड़ी सेवा की है। आचार-विचार तथा सब प्रकार से तुम उपयुक्त पात्र हो। मैं अपनी पुत्री का विवाह तुम्हारे साथ करना चाहता हूँ और घर पहुँच शीघ्र ही मैं इस कार्य को संपन्न करूँगा। युवक प्रसन्न हो गया। तीर्थयात्रा करते हुए दोनों कई महीनों बाद घर लौट आए।

वृद्ध ब्राह्मण ने अपना प्रण अपने युवा पुत्रों को सुनाया। लेकिन इस बात पर ब्राह्मण पुत्र भड़क उठे और बोले कि इस कंगाल युवक के साथ हम अपनी बहन का विवाह कदापि नहीं करेंगे। पुत्रों का तीव्र विरोध देखकर वृद्ध ब्राह्मण भी चुप्पी साध गए। लेकिन ब्राह्मण युवक चुप रहनेवाला नहीं था। उसने ब्राह्मण पुत्रों का प्रतिवाद किया। आखिर यह विवाद गाँव के मुखिया के पास पहुँचा, युवक ने उनसे फरियाद की। मुखिया और पंचों ने दोनों पक्षों की बात सुनी। पंच बोले कि आखिर इस बात का कोई साक्षी तो अवश्य होगा। किसी-न-किसी के सामने तो वृद्ध ब्राह्मण ने यह वचन दिया होगा। तब बिहारीजी के अनन्य सेवक युवक ने कहा, 'हाँ, साक्षी हैं, गोपाल प्रभु के सामने इन्होंने ऐसा कहा था।' पंच बोले, 'तब ठीक है, गोपाल को यहाँ बुला लाओ। दूध का दूध और पानी पा पानी हो जाएगा।'

आखिर विवश होकर ब्राह्मण युवक पुन: वृंदावन आया और गोपाल प्रभु को अपनी सब व्यथा कह सनाई। गोपाल प्रभु तो भक्तों के रखवाले हैं, भक्तों की पीड़ा उनसे

श्रीसाक्षी गोपाल मंदिर, पुरी

सही नहीं जाती। गोपाल प्रभु बोले, 'भक्त, मैं तुम्हारे साथ चलने को तैयार हूँ। परंतु मेरी एक शर्त है। मैं तुम्हारे पीछे-पीछे चलूँगा, मेरे घुँघरुओं की आवाज तुम्हें बराबर सुनाई देती रहेगी। तुम रास्ते में कहीं भी पीछे मुड़कर नहीं देखोगे, अगर तुमने पीछे मुड़कर देखा, तो मैं वहीं ठहर जाऊँगा। आगे नहीं जाऊँगा।' ब्राह्मण युवक तैयार हो गया। दोनों निरंतर चलते रहे। लेकिन इस क्षेत्र में उन दिनों रेत बहुत था, सो रेत में चलने से घुँघरुओं की आवाज आनी बंद हो गई। युवक ने समझा कि चितचोर, माखन चोर, छलिया, लगता है, मुझे झाँसा देकर लौट गया है। वह तो बड़ा नटखट है, शरारत किए बिना मानेगा कैसे? सो युवक ने पीछे मुड़कर देख लिया। गोपाल का विग्रह तो पीछे ही था। गोपाल प्रभु वहीं ठहर गए, आगे नहीं गए। फिर बोले, 'जिसको साक्षी लेनी है, उनको बुलाकर यहीं ले आओ।' निराश होकर युवक गाँव में पहुँचा और पंचों को सब घटना सुनाई। पंचों ने कहा कि जब गोपाल का विग्रह साक्षी देने के लिए स्वयं चलकर यहाँ आया है, तो युवक झूठ नहीं बोल रहा है। अब उनके साक्षी लेने की हिम्मत कौन दिखाए। वृद्ध और उसके पुत्रों ने युवक के साथ खुशी-खुशी अपनी बहन का विवाह कर दिया। तब से यही प्रभु 'साक्षी गोपाल' कहलाते हैं। कटक नरेश ने इस विग्रह को उठवाकर जगन्नाथजी के मंदिर में रखवा दिया।

यहाँ भी एक नई समस्या पैदा हुई। गोपाल प्रभु जगन्नाथजी का सारा भोग चट कर जाते और जगन्नाथ प्रभु भूखे ही रह जाते। एक दिन उन्होंने स्वप्न में राजा को यह सब घटना बताई तो कटक नरेश ने वर्तमान मंदिर बनवाकर गोपाल प्रभु के विग्रह को यहाँ स्थापित करवा दिया। जगन्नाथजी के दर्शन करनेवाले श्रद्धालु लौटते में यात्रा के साक्षी रूप में साक्षी गोपाल के दर्शन करने अवश्य आते हैं। लो जी, हम भी साक्षी गोपाल मंदिर के निकट आ पहुँचे हैं। मंदिर के मुख्य द्वार के सामने गरुड़-स्तंभ खड़ा है। इसका पत्थर धूसर-मटमैला हो गया है।

मंदिर के प्रांगण में प्रवेश किया। मुख्य द्वार के बाईं ओर पंडाओं के दल अपने-अपने ठीयों पर बही और कैशमीमो लिये बैठे हैं। कह रहे हैं, कह नहीं रहे हैं बल्कि दबाव बना रहे हैं कि अपना पंजीकरण कराइए। चौधरी साहब चूँकि हम सब में आगे थे और

वरिष्ठ भी, सो एक पंडा ने उन्हें बरबस अपनी चौकी पर बैठा लिया है। नाम, पता, गोत्र आदि का विवरण लिखवाने के बाद पंडा दान-स्वरूप इक्कीस हजार रुपए की रसीद कटवाने का हठ कर रहा है। पुस्तिका को बार-बार उलट-पलटकर पूर्व के दानदाताओं के नाम दिखा रहा है। आखिरकार, काफी हील-हुज्जत के बाद पाँच सौ रुपए देकर पिंड छूटा। मैं एक ओर खड़ा इन पंडाओं की ठग विद्या को बड़े कौतुक के साथ देख रहा हूँ। सच में, रोमांच मिश्रित आनंद भी आ रहा है। धन्य हैं प्रभु के सेवक और सेवादार!

मित्र आनंद शर्मा परोपकारी और पंडा-पुजारियों के कद्रदान ठहरे। एक श्रद्धालु में जो निश्छलता होनी चाहिए, वह उनके अंदर है, सो ये धूर्त पंडा उन्हें दूर से ही लपक लेते हैं। जैसे कि बिना टिकट यात्री को टी.सी. दूर से ही ताड़ लिया करते हैं, ठीक उसी तरह, सो दबी जबान से हम भाईजी को 'बिना टिकट' कहते हैं। इस निमित्त खूब नरम-गरम विनोद-वार्त्ता भी होती रहती है। यहाँ पर गर्भगृह में भगवान् (साक्षी गोपाल) की खड़ी प्रतिमा बड़ी मनोहर है। आकर्षण इतना है कि कुछ पलों तक अपलक उन्हें निहारता रहता हूँ। मित्र आनंद शर्मा भी प्रवेश द्वार की दीवार से सटे खड़े हैं और साक्षी गोपाल को अपलक निहारते हुए माला फेर रहे हैं। खैर, थोड़े इंतजार के बाद मंदिर में दर्शन हुए। मित्र ने दान-दक्षिणा में खूब उदारता बरती। सभी लोग भली प्रकार दर्शन कर और मंदिर परिसर में से भोग लगा प्रसाद खरीदकर बाहर निकल आए हैं। बाहर भी पंडा नाना प्रकार से श्रद्धालुओं को ठग रहे हैं। एक बुजुर्ग पंडा ज्यादा आग्रह करने लगा तो मित्र आनंद शर्मा ने उसे एक दुकानदार से दिन भर के भोजन का सूखा राशन दिलवा दिया।

यहाँ से अब हम कोणार्क के लिए निकल पड़े हैं। कोणार्क जाने के लिए यहाँ से कोई सीधा मार्ग नहीं है, अतः पुरी की ओर वापस लौटना पड़ता है। रास्ते में सड़क के किनारे एक किसान नारियल का ढेर लगाए खड़ा है। हम लोग यहाँ रुके तो किसी ने पानीवाला तो किसी ने मलाईवाले नारियल का स्वाद लिया। पानीवाला नारियल आकार में बड़ा और मलाईवाला छोटा होता है, इसमें पानी बहुत कम निकलता है। पुरी से चार-पाँच किलोमीटर पहले ही कोणार्क के लिए रास्ता कटता है। यह सड़क लगभग समुद्र के किनारे-किनारे चलती है। हमारे दाईं ओर के तटवर्ती क्षेत्र को उड़ीसा सरकार अभयारण्य के रूप में विकसित कर रही है। इसमें अभी अहिंसक वन्य पशु छोड़े गए हैं। यहाँ सड़क के दोनों ओर गत वर्ष आए समुद्री तूफान 'फेनिल' की तबाही के अवशेष भी दीख पड़ रहे हैं। इसकी चपेट में आकर जो विशाल वृक्ष भूशायी हो गए थे, वे सूखे कंकाल की तरह यत्र-तत्र दिखाई दे रहे हैं। यह ऐसा तटवर्ती क्षेत्र है, जहाँ अकसर समुद्री तूफान आते रहते हैं। इसमें समुद्र के जल के साथ बाहर आए बालू के टीले से खड़े हो जाते हैं, समुद्र का जल तो तूफान थमने पर वापस समुद्र में लौट जाता है, परंतु बालू

किनारों से काफी अंदर तक यहीं ठहर जाती है, यह मोटी बालू काजू के वृक्षों के लिए बड़ी उर्वर सिद्ध होती है। इसी कारण यहाँ के तटवर्ती क्षेत्र में काजू के बागान अधिक हैं। लगभग आधी दूरी चलने के बाद सड़क के दोनों ओर काजू के बाग लहलहा रहे हैं। वृक्ष इतने फैल गए हैं कि जमीन पर लेटे पड़ रहे हैं। कितना मनोरम है यह क्षेत्र! जहाँ तक नजर जाती है, वहाँ तक हरियाली-ही-हरियाली और काजू के बागान। जब तक हमारा ऑटो कोणार्क की ओर दौड़ रहा है, तब तक हम आपको कोणार्क मंदिर के इतिहास से परिचित करा देते हैं।

विश्वप्रसिद्ध कोणार्क का सूर्यमंदिर, जिसे दुनिया का अद्‌भुत मंदिर और वैज्ञानिक खगोलीय वेधशाला माना जाता है, अपने आप में बेजोड़ है। हमारे सौरमंडल के स्वामी सूर्यनारायण यहाँ आराध्य देव हैं। यहाँ ग्रह-नक्षत्रों की स्थिति, उनकी चाल तथा पृथ्वीलोक के जन-जीवन पर उनके पड़ने वाले प्रभावों का अध्ययन भी किया जाता है। 'कोणार्क' की नाम-उत्पत्ति के विषय में ऐसा माना जाता है कि पुरा काल में यहाँ 'कणय' नाम के राजा राज करते थे। उन्हीं दिनों 'अर्क' नाम का राक्षस बड़ा मायावी और शक्तिशाली था। चारों ओर उसका आतंक फैला हुआ था। राजा कणय ने उसके अत्याचारों के नाश के लिए सूर्य भगवान् की तपस्या की। सूर्यदेव से शक्ति प्राप्त कर उन्होंने अर्क राक्षस का दमन किया। उनके प्रहार से असुर धरती में धँस गया, इस कारण वहाँ (पृथ्वी में) एक बड़ी दरार पड़ गई। उन दोनों (कणय+अर्क) के नाम पर इस स्थान का नाम कोणार्क पड़ा। यह भी कहा जाता है कि उसी दरार में नींव बैठाकर भव्य सूर्यमंदिर का निर्माण हुआ। यह भी वर्णन आता है कि श्रीकृष्ण के पुत्र सांब को कुष्ठ रोग हो गया था। ऋषि-मुनियों की सलाह पर कुष्ठ निवारण के लिए सांब ने यहीं पर सूर्यदेव की आराधना की। सूर्यदेव की कृपा से सांब को कुष्ठ रोग से मुक्ति मिल गई। कालांतर में एक दिन सांब चंद्रभागा नदी में स्नान कर रहे थे तो उन्हें नदी में सूर्यदेव की एक सुंदर प्रतिमा (विग्रह) प्राप्त हुई। भगवान् भास्कर की प्रेरणा से सांब ने चंद्रभागा नदी के तट पर मंदिर बनवाकर उस विग्रह को स्थापित किया। ऐसा माना जाता है कि उसी समय से पृथ्वीलोक में सूर्यभगवान् की पूजा आरंभ हुई।

लेकिन शास्त्रों में मंदिर-निर्माण की कथा इस प्रकार कही गई है कि शिल्पविज्ञानी विश्वकर्मा की 'संज्ञा' नाम की रूपमती कन्या का विवाह सूर्यदेव के साथ हुआ। भगवान् भास्कर अपनी दैनिक यात्रा में पत्नी का सतत साहचर्य चाहते थे; परंतु समस्या ऐसी थी कि संज्ञा सूर्यदेव के असह्य तेज को सहन नहीं कर पा रही थी, अत: घबराकर वह दूर श्वेतद्वीप (ध्रुव क्षेत्र) में जाकर रहने लगी। सूर्यदेव वहाँ पहुँच ही नहीं पाते थे। अब तो वे पत्नी के वियोग में दु:खी रहने लगे। इसी कष्ट को लेकर एक दिन उन्होंने ब्रह्माजी से फरियाद की। समस्या का मूल जानने के लिए ब्रह्माजी ने उनके ससुर विश्वकर्मा को

बुलाया। विश्वकर्मा ने उन्हें सूर्यदेव के असह्य तेज की बात बताई और कहा कि संज्ञा के अलग रहने का यही मुख्य कारण है।

समस्या का स्थायी समाधान करने के लिए ब्रह्माजी ने सूर्य का शरीर पुनः बनाने की आज्ञा दी। विश्वकर्मा ने सूर्य को नए साँचे में ढाला और उनके जो हिस्से (अंग) साँचे से बाहर निकले रह गए, उन्हें काटकर अलग कर दिया गया। अब नए सूर्य का रूप बड़ा मनोहर और कमनीय हो गया, साथ ही उनका तेज भी पृथ्वीवासियों के लिए सह्य हो गया। अब पत्नी संज्ञा भी पति के साथ सुखपूर्वक रहने लगी। यह भी कहा जाता है कि सूर्यदेव के जो कटे हुए हिस्से थे, उनसे विश्वकर्मा ने विष्णु भगवान् के लिए चक्र, महादेव के लिए त्रिशूल, कुबेर के लिए गदा तथा कुमार कार्त्तिकेय के लिए भाला बनाया। और जो कुछ शेष बचा रह गया था, उससे सूर्यदेव का एक सुंदर विग्रह बनाकर चंद्रभागा नदी में छोड़ दिया। संयोग से स्नान करते हुए सांब को यही विग्रह (मूर्ति) मिला था।

लेकिन सूर्यमंदिर कैसे बना? इसके निर्माण की कथा भी कम रोचक नहीं है। भगवान् जगन्नाथ मंदिर का निर्माण करानेवाले गंगवंशीय राजा अनंगभीमदेव बड़े ही विष्णुभक्त और धर्मपरायण थे। राज्य का विस्तार दूर-दूर तक था, पर उनके कोई संतान न थी। संतान-प्राप्ति के लिए रानी ने खूब दान-पुण्य तथा दूसरे सब प्रयत्न किए, लेकिन उन्हें संतान-सुख न मिला। अंत में उन्होंने सूर्यक्षेत्र यानी कोणार्क में सूर्यदेव की घोर तपस्या की। सूर्यदेव प्रसन्न हुए, परंतु बोले, ''देवि! तुम्हारे भाग्य में संतान-प्राप्ति का योग नहीं है। अतः मैं तुम्हारी यह इच्छा पूरी करने में असमर्थ हूँ। परंतु तुम पवनपुत्र की शरण में जाओ तो शायद बात बन जाए।'' रानी ने हनुमानजी का कठोर तप किया। पवनतनय ने उनकी तपस्या से प्रसन्न होकर वरदान दिया, ''देवि! वैसे तुम्हारे प्रारब्ध में संतान नहीं है, परंतु मैं तुम्हारी यह इच्छा पूरी करने के लिए स्वयं तुम्हारा पुत्र बनकर आऊँगा। तुम किसी प्रकार की चिंता न करो।''

कुछ काल के उपरांत रानी गर्भवती हुई और नौ मासांत पुत्र का जन्म हुआ। परम रूपवान पुत्र के पूँछ देखकर रानी समझ गई कि 'महावीर' ने जन्म ले लिया है। बड़े हर्षोल्लास के साथ पुत्र का नाम 'नरसिंह' रखा गया। परंतु पूँछ के कारण लोग उन्हें 'लांगुला नरसिंह' कहने लगे। अपने युवाकाल में नरसिंहदेव बड़े प्रतापी राजा सिद्ध हुए, राज्य का खूब विस्तार किया और अपार धन-संपदा प्राप्त की। महारानी यानी नरसिंहदेव की माताजी की बड़ी इच्छा थी कि पुत्र नरसिंह कोणार्क क्षेत्र में एक भव्य सूर्यमंदिर का निर्माण कराए। आज्ञाकारी पुत्र माँ की इच्छा पूरी करने को तत्पर हुए, लेकिन तभी राजा नरसिंहदेव के जीवन में एक दुखद घटना घटी। उनका विवाह कश्मीर की राजकुमारी के साथ हुआ था, फिर भी वे एक सामंत की पुत्री 'माया' के रूप-गुणों में उलझ गए, लेकिन रानी को बुरा न लगे, इसलिए उससे दूरी बनाए रखी। लेकिन कहा गया है न—खैर खून

खाँसी खुशी वैर प्रीति मदपान। रहिमन दाबे ना दबै जानत सकल जहान। सो रानी को राजा के इस प्रेम-प्रसंग का पता चल ही गया। इधर राजा नरसिंहदेव को एक युद्ध अभियान पर जाना पड़ा। उधर राजा के वियोग में उनकी प्रेयसी माया मरणासन्न हो गई। यह बात भी रानी के कानों तक पहुँची, अतः दयालु रानी माया के यहाँ गई और उसे राजा नरसिंह के साथ विवाह कराने का आश्वासन देकर युद्धक्षेत्र में राजा के पास चल पड़ी। परंतु इस बीच माया का शरीरांत हो गया।

शिल्पकला का अद्भुत नमूना कोणार्क सूर्यमंदिर

इधर माया की इच्छा का मान रखते हुए उसके परिजनों ने उसकी मृत देह को एक पेटिका में बंद करके चंद्रभागा के जल में प्रवाहित कर दिया। माया की मृत्यु का दुःखद समाचार राजा के पास पहुँचा तो राजा युद्धक्षेत्र से वापस लौट पड़े। राजा ने अपने नगर पहुँचकर सब हाल सुना और फिर उसकी खोजबीन करवाई तो पेटिका, जहाँ चंद्रभागा नदी समुद्र में मिलती है, वहाँ मिल गई। उसे खोलकर देखा गया तो घोर आश्चर्य! माया के नेत्र खुले हुए थे। राजा के स्पर्श मात्र से माया के नेत्र सदा के लिए बंद हो गए, मानो वियोगिनी की चिर प्रतीक्षा पूर्ण हो गई। माया की याद में राजा ने वहाँ एक मंदिर बनवाया, जो 'मायादेवी मंदिर' के नाम से आज भी मौजूद है।

इसी तरह कुछ दिनों के बाद राजा टूटे दिल के साथ गुप्त वेश में राज्य के दौरे पर निकले। संध्या होने पर प्राची नदी के तीर पर बसे शिल्पियों के एक गाँव 'ओशलंग' में रात्रि विश्राम के लिए 'विशु राणा' नामक शिल्पी के घर के आगे रुके। उस समय शिल्पी विशु राणा एक घोड़े की प्रतिमा बनाने में इतना निमग्न था कि उसे राजा के घोड़े की टापों की आवाज तक सुनाई नहीं पड़ी। वह तो दत्तचित्त हो पाषाण खंड में प्राण फूँक रहा था। उसकी पत्नी ने लपककर अतिथि के आने की सूचना देनी चाही तो राजा ने रोक दिया, क्योंकि ऐसे में शिल्पी का ध्यान भंग करना बड़ी धृष्टता होती। गृहिणी ने ही अतिथि की खूब आवभगत की। प्रातःकाल बड़ी अजीब घटना घटी! राजा जैसे ही सोकर उठे तो सामने अपने अश्व को देखकर चकित रह गए। फिर दृष्टि अश्व के पैरों की ओर गई तो और भी आश्चर्य हुआ—हाथ में हथौड़ी-छेनी लिये शिल्पी उकडूँ ही

निद्रामग्न था। राजा के मुख से निकला, "अरे, इतनी सजीव मूर्ति! मैं भी धोखा खा गया। जैसा मैं चाहता हूँ, वैसा सूर्यमंदिर बनाने में यह शिल्पी ही सब प्रकार से समर्थ है।" राजा ने शिल्पी के कार्य को बहुत सराहा और फिर राजदरबार में आने का निमंत्रण देकर राजा अपने नगर लौट आए।

एक दिन राजा ने विद्वान् दरबारियों तथा मंत्रियों से गहन विचार-विमर्श कर भव्य सूर्यमंदिर के निर्माण का दायित्व शिल्पी विशु राणा को सौंप दिया। विशु कार्य में जुट गया और अपने बारह सौ शिल्पियों के साथ बारह वर्षों तक लगातार मंदिर को अंतिम रूप देने में लगा रहा। सब प्रकार से मंदिर तैयार हो गया, बस एक ही कमी रही कि शिखर पर मंदिर का कलश नहीं चढ़ पा रहा था। उसके लिए दूर-दूर से दक्ष कारीगर बुलाए गए, लेकिन सबके सब असफल ही रहे। अब तो राजा नरसिंहदेव भी बड़े चिंतित हुए, क्योंकि एक ओर तो इस पर गोंडवाना अभियान का सारा का सारा धन खर्च हो चुका था, दूसरे मंदिर की प्राण-प्रतिष्ठा का तय दिन भी नजदीक आ रहा था। विवश होकर राजा ने इस कार्य की पूर्णता के लिए खुली घोषणा कर दी—"जो भी शिल्पी या व्यक्ति मंदिर पर कलश चढ़ा देगा, उसे राज्य के प्रधानमंत्री का पद दिया जाएगा।"

यह घोषणा सुनकर कोशिश तो बहुतों ने की, पर कोई भी सफल न हो सका। एक दिन पिता का अपयश सुनकर शिल्पी विशु राणा का बारह वर्षीय पुत्र 'धर्मपद', जिसे शिल्पकला विरासत में मिली थी, वहाँ आया और अपनी बुद्धिकला से उसने रात ही रात में कलश मंदिर के शिखर पर स्थापित करा दिया। सब के सब कारीगर और शिल्पी बड़े प्रसन्न हुए, परंतु पुत्र धर्मपद उदास होकर सोचने लगा—'दुनिया क्या सोचेगी, जो काम बारह वर्षों में इतने दक्ष शिल्पी नहीं कर सके, उसे एक छोटे से बालक ने सहजता से कर दिया। इसका मतलब है कि ये सबके सब शिल्पी अकुशल हैं। मेरे पिता की प्रतिष्ठा तो धूल में ही मिल जाएगी; उनकी बड़ी बदनामी होगी...और अब तो उनकी प्रशंसा भी भर्त्सना में बदल जाएगी। मैंने तो पिता की प्रतिष्ठा बढ़ाने के लिए ही यह कार्य किया। मेरे ऐसे जीवन से लाभ ही क्या, जो पिता के अपयश का कारण बने!' अतः बालक धर्मपद ने भगवान् सूर्यदेव का स्मरण कर मंदिर के शिखर से ही समुद्र में छलाँग लगा दी और पिता को अपयश से बचाने के लिए अपना बलिदान कर दिया। उसके निधन से भारतीय शिल्पकला की अपूरणीय क्षति हो गई, और तभी से यह सूर्यमंदिर शापित हो गया, इसमें कभी कोई पूजा-अर्चना नहीं की गई।

अब हमारा वाहन भी कोणार्क पहुँच गया है, यहाँ मुख्य मार्ग पर वाहन खड़ा कर थोड़ा सा पैदल चलना है। बूँदाबाँदी रुकने के इंतजार में एक दुकान पर चाय पीने बैठ गए। चाय पी ली गई, परंतु बूँदाबाँदी नहीं थमी। भीगते हुए ही सूर्यमंदिर की ओर चल पड़े हैं। सड़क के दोनों ओर खोखेनुमा दुकानें सजी हैं। खैर, सूर्यमंदिर के पूर्वी द्वार पर

आ पहुँचे हैं, मित्र आनंद शर्मा प्रवेश टिकट ले आए। मूवी कैमरे का अलग से टिकट लेना पड़ा। यहाँ पर गाइड, फोटोग्राफर, हॉकर और घूम-घूमकर सामान बेचने वाले बार-बार आवाज लगाकर अपनी ओर आकर्षित कर रहे हैं। इन सबको नजरअंदाज कर हम प्रवेश-द्वार से अंदर घुसे हैं तो दीख पड़ा—मंदिर ललछौंही (ताँबई) चट्टानों को काटकर बनाया गया है। अरे! सबसे पहले तो यह सूर्यभगवान् का रथ मालूम पड़ता है, जिसमें हट्टे-कट्टे (खंडित) घोड़े जुते हैं। रथ में लगे ये चक्र समय के सतत गतिशील होने का संदेश दे रहे हैं। पूरब के द्वार पर ही दोनों ओर हाथी को पैरों में दबाए सिंह प्रतिमाएँ हैं, जो अब खंडित हो गई हैं। देखने से ऐसा लगता है कि इनको एक ही पत्थर को तराशकर बनाया गया होगा।

सूर्यरथ में सात घोड़ों की प्रतिमाएँ रही होंगी, जो अब खंडित हो गए हैं। सारथि के बैठने का स्थान भी अब अस्पष्ट सा दिखाई पड़ता है। इसमें चौबीस घंटे के सूचक कुल चौबीस चक्र (पहिए) हैं, हर पहिए में आठ-आठ अरें (पहर) हैं। इनकी गोलाई लगभग दस फुट तो होगी ही। प्रत्येक पहिए पर ब्रह्ममुहूर्त से प्रारंभ होनेवाले और देर रात तक चलनेवाले कार्यकलापों को प्रसंगानुसार उकेरा गया है। बूँदाबाँदी लगातार हो रही है, हम सब मंदिर के चारों ओर घूमकर इसे देख रहे हैं। इन चक्रों (पहिए) में से एक तो भारतीय मुद्रा में बीस के नोट पर स्थान पा चुका है। पूरे मंदिर पर नीचे से ऊपर तक स्त्री-पुरुष, पशु-पक्षी, राजा-प्रतिहारी, सैनिक-सेवक आदि तथा नृत्य, गायन-वादन में रत मूर्तियाँ तथा पारिवारिक झाँकियाँ उकेरी गई हैं। स्त्री-पुरुषों के शारीरिक सौष्ठव, अंतरंग और यौन संबंधों (प्राकृतिक-अप्राकृतिक) को प्रदर्शित करती मिथुन मूर्तियाँ पर्याप्त संख्या में हैं।

मंदिर की दक्षिण दिशा में अलंकृत दो भड़कीले योद्धा घोड़े, जो दस फुट लंबे और लगभग सात फुट चौड़े हैं, एक चबूतरे पर स्थापित हैं। मंदिर के मुख्य द्वार से उठाकर इन्हें यहाँ पर सुरक्षित रख दिया गया है। अब ये घोड़े उड़ीसा सरकार के कामकाज की सरकारी मुहर पर स्थान पा चुके हैं। ऊपर ध्यान दें तो दक्षिण दिशा में उदय होते सूर्य की लगभग आठ फुट ऊँची प्रतिमा, पश्चिम की ओर लगभग साढ़े नौ फुट की मध्याह्न के सूर्य की प्रतिमा तथा उत्तर दिशा में अस्ताचलगामी सूर्य की लगभग चार फुट ऊँची प्रतिमाएँ स्थापित हैं। मंदिर का मुख्य मंडप करीब सौ फुट चौड़ा तथा इतना ही ऊँचा है। तल से शिखर तक इसकी ऊँचाई 225 फुट बताई जाती है।

पूरबी दिशा से बाईं ओर चलते हुए अगर हम इन मूर्तियों का नीचे से ऊपर तक विभाजन करें तो बिल्कुल नीचे मनुष्य के जन्म एवं शिशुकाल से संबंधित चित्रांकन हैं तथा खेल-खिलौने उकेरे गए हैं। इनके ऊपर यौवन काल की झाँकियाँ हैं, और इसके ऊपर वृद्धावस्था तथा जप-तप, ध्यान-संध्या आदि की झाँकियाँ हैं। अधिकतर मूर्तियाँ खंडित हो गई हैं तो वहाँ सपाट पत्थर लगा दिए गए हैं। मूर्तियों की नक्काशी में छेनी

का काम इतना सधा हुआ और स्पष्ट है कि बारीक से बारीक बूटे तथा अंगों को बड़ी सजीवता से उकेरा गया है। जरा सी असावधानी पूरी-की-पूरी मूर्ति का काम तमाम कर सकती थी। शिल्पियों ने गोपन भावाभिव्यक्तियों को भी कितनी बारीकी से उकेरा है! ये शिल्पी कितने बड़े मनोवैज्ञानिक थे कि नर्तक, गायक और कलाकार के मन की विकृतियों को भी मूर्तिमान बना दिया है। मंदिर का एक इंच स्थान भी शिल्पकारी से अछूता नहीं है। परंतु यह अमूल्य धरोहर क्षण-क्षण नष्ट हो रही है। कम-से-कम जहाँ-तहाँ जो पत्थर लगाए जा रहे हैं, उन्हें नक्काशी करके लगाया जाए तो यह शिल्प-सौगात कुछ और काल तक जिंदा रह सकती है।

मंदिर का शीर्ष भाग खंडित हो गया है। इसके बारे में हमें एक गाइड ने बताया कि मंदिर का शीर्ष भाग एक विशाल चुंबक के सहारे जोड़ा गया था। जब अंग्रेज यहाँ पर आए तो समुद्र बिल्कुल निकट ही था, सो उन्होंने अपनी सुविधा के लिए यहाँ पर बंदरगाह विकसित किया। परंतु लोहे के जहाज और स्टीमर यहाँ से प्रस्थान करते तो उन्हें बंदरगाह छोड़ने में बड़ी दिक्कत पेश आती। आखिर पता चला कि मंदिर के शीर्ष में लगा चुंबक जहाजों को अपनी ओर खींचता है, अत: बंदरगाह छोड़ते समय जहाजों को बहुत ज्यादा शक्ति लगानी पड़ती है। अंग्रेजों ने उस चुंबक को निकाल दिया, जिससे मंदिर का शीर्ष भाग धराशायी हो गया। बताया जाता है कि यह भारी चुंबक आज भी लंदन के म्यूजियम में रखा हुआ है। शेष मंदिर सुरक्षित रहे, इसलिए उसमें समुद्री रेत भर दिया गया। हम लोगों ने पूरा मंदिर ऊपर चढ़कर भी देखा, वर्षा के कारण फिसलन हो रही है। पत्थरों पर काई जम गई है। मंदिर के बिल्कुल बाजू में सूर्यदेव की पत्नी का मंदिर है, जो अब खँडहर हो चुका है।

पूरा सूर्यमंदिर भले ही किसी भी हालत में है, पर इसकी स्थापत्य और शिल्पकला पल-पल दम तोड़ रही है। इसके ताँबई पत्थर में लौह अंश अधिक होने के कारण वर्षा-जल से जंग लगकर मूर्तियाँ पल-प्रति-पल क्षय हो रही हैं। जिन लोगों ने दस वर्ष पूर्व जो मंदिर देखा होगा, वैसा अब नहीं है। जैसा आज के समय में है, वैसा दस साल बाद नहीं रह जाएगा। मंदिर की इसी प्रकार अनदेखी होती रही तो सब मूर्तियाँ खिड़कर-झड़कर यह खँडहर मात्र रह जाएगा। अपनी शिल्प, स्थापत्य कला और अत्यंत सूक्ष्म नक्काशी के कारण ही यह देश-विदेश के लाखों पर्यटकों के आकर्षण का केंद्र है।

लगभग दोपहर हो गई है। बूँदाबाँदी लगातार हो रही है। मंदिर परिसर से बाहर निकल आए हैं, कपड़े लगभग भीग चुके हैं। चलते-चलते मित्र आनंद शर्मा ने पाषाण का नीलचक्र तथा चौधरी साहब ने एक पुस्तिका खरीद ली। बाहर निकलकर हम सब शर्मा भोजनालय में भोजन करने बैठ गए। विगत वर्ष भी हमने यहाँ भोजन किया था। वर्षा की फुहारें रुकने का नाम नहीं ले रही हैं। भोजन से निबट भीगते हुए अपने वाहन

की ओर चल पड़े हैं। हम तीन लोग तो जल्दी जाकर अपने वाहन में जा बैठे। पर चौधरी साहब तथा आनंद शर्मा पीछे रह गए थे। पता चला कि वे काजू खरीदने के लिए रुक गए हैं। यहाँ पर भूने काजू 330 रुपए किलो मिले। पुरी और दिल्ली की अपेक्षा काफी सस्ते। मुट्ठी भर काजू लेकर चबाए तो लगा—काजू स्वादिष्ट और अच्छी क्वालिटी के हैं। पुरी की ओर लौटते हुए बीच में चंद्रभागा नदी पर गाड़ी रुकवाई और उतरकर समुद्र देवता के दर्शन किए। चंद्रभागा नदी पहले यहाँ समुद्र में गिरती थी, अब यह विलुप्त हो गई है, संगम स्थान का नाम भर शेष है। जैसे-जैसे पुरी की ओर बढ़ रहे हैं, वर्षा तेज होती जा रही है। लगभग ढाई बजे हम अपने होटल आ गए।

आधे दिन पुरी के धार्मिक स्थल देखने का विचार बना था, पर लगातार वर्षा के कारण किंकर्तव्यविमूढ़ की स्थिति में हैं। लगभग साढ़े पाँच बजे वर्षा कुछ थमी तो एक ऑटो करके पुरी घूमने निकल पड़े। सबसे पहले राधामाधव मठ पहुँचे, यहाँ चैतन्य महाप्रभु रहा करते थे। उनके खड़ाऊ, लोटा, माला और उन्हीं के द्वारा प्रज्वलित ज्योति आज भी सुरक्षित रखे हैं। चैतन्य की आदमकद प्रतिमा यहाँ स्थापित है। एक ओर अंदर के बड़े कमरे में वाद्य-कीर्तन तो बाहर बड़े बरामदे में कथा-प्रवचन चल रहे हैं। बड़ा ही सुकून भरा अलौकिक वातावरण है। हम सभी ने दंडवत् प्रणाम किया। लेकिन यहाँ ज्यादा देर रुक नहीं पाए।

अच्छा, इस मठ की हमें कोई जानकारी नहीं थी, हम तो गोवर्धन पीठ आए थे, पर ड्राइवर ने यहाँ पर उतार दिया और बोला—यही पीठ है। चलो, अच्छा ही हुआ कि चैतन्य के निवास-स्थान और दिव्य वस्तुओं के दर्शन हो गए। यहाँ से थोड़ा आगे चलकर देश के चार मठों में से एक पीठ, यानी गोवर्धन मठ है। यहीं पर शंकराचार्य विराजते हैं। यहाँ सीढ़ियाँ उतरकर नीचे जाना पड़ता है। नीचे कई विग्रह तथा मंदिर हैं। यहाँ मठ के द्वारा विद्यालय के अलावा कई प्रकल्प चलाए जाते हैं। यहाँ मठ में हम कई बार आए हैं, पर यहाँ के शंकराचार्यजी के दर्शन कभी नहीं हुए। मठ की 'आदित्य वाहिनी' रथयात्रा के दौरान सेवा और व्यवस्था कार्यों में बढ़-चढ़कर भाग लेती है। परंतु इस बार रथयात्रा में आदित्य वाहिनी के स्वयंसेवक दिखाई नहीं पड़े। मठ में स्थापित विग्रहों को दंडवत् प्रणाम कर हम लोग ऑटो में आकर बैठ गए। यहाँ से ठीक सामने की गली में कृष्ण के परमभक्त श्रीहरिदास की समाधि है। यहाँ पर दर्शकों की अच्छी-खासी भीड़ है। यहाँ एक बड़ा हॉल है, इसमें चारों ओर चित्रांकन करके नाना लीला प्रसंगों को उभारा गया है। बाईं ओर हरिदास की समाधि है। यहाँ उनकी शयन-सामग्री को सँजोकर रखा गया है। सामने की जालीदार खिड़की से उनका दर्शन होता है। पीछे की ओर तथा प्रवेशद्वार के सामने कई विग्रह हैं। यहाँ पर दंडवत् प्रणाम किया, यहाँ एकदम शांति और तृप्ति का एहसास होता है।

इसके बाद यहाँ से लगभग तीन कि.मी. आगे हम लोग लोकनाथ मंदिर देखने पहुँचे। बादल छाए हुए हैं, शायद इसीलिए अँधेरा जल्दी घिर गया है। यह पुरी का सबसे प्राचीन मंदिर बताया जाता है। यहाँ रुद्र भगवान् साक्षात् विराज रहे हैं। ये भगवान् जगन्नाथजी के भंडारी कहे जाते हैं। पुरी में इनके भंडार को लोकनाथजी ही देखते-सँभालते हैं। यह मंदिर विस्तृत प्रांगण में फैला हुआ है। पहले कुछ सीढ़ियाँ उतरकर मंदिर का प्रवेश शुरू होता है। प्रवेशद्वार से बाहर यहाँ प्रसाद की एक दुकान है। यहाँ पर छोटी-छोटी गऊएँ विचरण कर रही हैं और यहाँ आनेवालों से कुछ खिलाने का आग्रह करती हैं, बिल्कुल पीछे ही लग जाती हैं। इस मंदिर में नारियल, केला, धूपबत्ती आदि का प्रसाद चढ़ता है। हम सबने यहाँ से प्रसाद खरीदा। प्रसाद की थैली में एक नारियल, तीन केले तथा एक धूपबत्ती का पैकेट है। दुकानदार इसके तीस-तीस रुपए लेता है।

अँधेरे में कच्चे आँगन से होकर मुख्य मंदिर की ओर बढ़े। यहाँ कई पंडा-पुजारी बैठे हैं, जो मंदिर दर्शनार्थ पाँच रुपए प्रति व्यक्ति टिकट काट रहे हैं। परचीनुमा टिकट लेकर अब हम छोटे दरवाजे से मंदिर के गर्भगृह में उपस्थित हुए। चारों ओर अगरबत्तियों का धुआँ अंदर के परिवेश को अजीब बना रहा है। यहाँ किसी भी श्रद्धालु को विग्रह के समीप नहीं जाने दिया जाता। मंदिर के दरवाजे के सामने ही पंडा एक-एक व्यक्ति का प्रसाद लेकर उसके नाम-गोत्र का उच्चारण कर प्रसाद भगवान् शिव के चरणों में चढ़ा देता है और भगवान् लोकनाथ से भक्त के परिवार के लिए सुख-शांति की कामना करता है। भक्त लोग पूजा के बाद पुजारी के चर्ण स्पर्श कर उसकी दक्षिणा वहाँ रखे परात में रख या डाल दे रहे हैं। जालीदार खिड़की में से सामने भगवान् रुद्र तथा काले ग्रेनाइट पत्थर के नंदी की प्रतिमा दिखाई पड़ रही है। भगवान् लोकनाथ को दंडवत् प्रणाम कर हम सब अपनी-अपनी अगरबत्तियाँ जला देते हैं।

अच्छा, देखने में आया है कि यहाँ दक्षिणा के लिए पंडाओं का ज्यादा आग्रह या जबरदस्ती नहीं है, श्रद्धा से जो जितना दे, शिरोधार्य है। यहाँ से निकलकर प्रांगण में गऊएँ फिर मिल गईं, अत: प्रसाद के केले इन्हें खिला दिए और फिर मंदिर परिसर से बाहर आ गए। मंदिर काफी प्राचीन तो है ही, पर साज-सज्जा पर भी ध्यान नहीं दिया जाता। साफ-सफाई का हाल भी कुछ वैसा ही है। जिस प्रकार से मंदिर की ख्याति तथा प्रतिष्ठा है, वैसा रखरखाव व सफाई की व्यवस्था भी तो होनी चाहिए।

अब पुरी के अंदर की ओर लौटते हुए हमारा ऑटो तोटा गोपीनाथ मंदिर के सामने रुका। इस मंदिर की बड़ी ख्याति है, यह चैतन्य महाप्रभु की लीला से भी जुड़ा है। हम लोग अंदर गए। पद्मासन में विराजमान भगवान् कृष्ण की प्रतिमा बड़ी मनोहारी है। और भी कई प्रतिमाएँ हैं। मित्र आनंद शर्मा ने बिहारीजी की सेवा में बैठे पुजारी से इस मंदिर की प्रतिष्ठा के बारे में बताने का आग्रह किया। हम लोग उनके सामने पालथी लगाकर

बैठ गए। उन्होंने लड़खड़ाती हिंदी में बताया कि पुरा समय में यहाँ चैतन्य प्रभु गजाधर पंडित से भागवत कथा सुनने आया करते थे। तब यहाँ चटक गिरि नाम का हरा-भरा पर्वत था। एक दिन चैतन्य को यहाँ मुरली की तान सुनाई पड़ी और श्रीकृष्ण की झाँई भी, जैसे कृष्ण यहीं-कहीं बाँसुरी बजा रहे हैं। बस फिर क्या था, चैतन्य उनके पीछे दौड़े, सब ओर खोजा, पर साँवरे की झलक तक न मिली। चैतन्य ने समझा कि श्रीकृष्ण इसी पर्वत में समा गए हैं। अतः उन्होंने पूरे पर्वत को ही खोद डाला। इस खुदाई में भगवान् कृष्ण की सात फुट की आदमकद प्रतिमा मिली।

तब से पुजारी उनकी पूजा, भोग आरती कर सब प्रकार से सेवा करने लगे। इस तरह आठों याम सेवा करते-करते पुजारीजी वृद्धावस्था को प्राप्त हुए। जब उम्र ज्यादा हो गई तो उन्हें उठने-बैठने में दिक्कत महसूस होने लगी। एक दिन बरबस उनके मुख से निकल गया—प्रभु, अब मैं अशक्त और बूढ़ा हो गया हूँ। सीधे खड़े होकर न आपको खिला पाता हूँ और न ही सेवा हो पाती है। पुजारी तो कृष्ण के परम भक्त थे, उनकी पुकार कैसे न सुनते। अगले दिन प्रातः मंदिर के कपाट खोले तो विस्मय से देखते ही रह गए। अब प्रभु आदमकद प्रतिमा की जगह पद्मासन में बैठे थे। दयालु प्रभु अपने भक्त की पीड़ा से बेखबर कैसे रह सकते थे! तब से ही तोटा गोपीनाथ प्रभु यहाँ पद्मासन में विराज भक्तों के कष्टों को दूर कर रहे हैं। यह कहानी सुनकर मन में बड़ा आह्लाद और रोमांच हो आया।

इसी शृंखला में अगला मंदिर है 'बेड़ी हनुमान मंदिर'। इसके बारे में बताया जाता है कि भगवान् राम ने पवनपुत्र को पुरी भेजा कि जहाँ भगवान् जगन्नाथ विराजमान हैं, वहाँ समुद्र कोई उत्पात न करे, पुरी से थोड़ा हटकर ही रहे। हनुमान ठहरे भगवान् राम के परम भक्त और लड्डू के शौकीन। सो मौका लगते ही अयोध्या जा पहुँचते। जब बार-बार ऐसा होने लगा तो विवश होकर भगवान् राम ने उनके पैरों में बेड़ी डाल दी और हाथ में लड्डू थमा दिया। अब खूब लड्डू खाओ, पर पुरी में ही रहो। तभी से इनका नाम 'बेड़ी हनुमान' प्रसिद्ध हो गया। अब हनुमान यहाँ इसी नाम से जाने जाते हैं। सड़क के बाईं ओर स्थित यह मंदिर ज्यादा बड़ा नहीं है। प्रवेश द्वार पर दर्शनार्थ प्रति व्यक्ति पाँच रुपए का टिकट लेना पड़ता है।

मित्र आनंद शर्मा नें इस मंदिर के बारे में सचेत तो किया था, पर होनी को कौन टाल सकता है! यहाँ एक ऊँचे चबूतरे पर सामान्य सा मंदिर बना है। इसके आगे खुला बरामदा है। अंदर कमरे में मूर्ति स्थापित है। यह मंदिर कम, ठगों का अड्डा ज्यादा है। मंदिर के दरवाजे के पास बरामदे में पंडे ने दुकान सजा रखी है। वह एक छोटी सी पुड़िया में चिड़वा तथा माचिस सरीखी एक सिंदूर की डिब्बी, जिसकी कीमत मुश्किल से पाँच रुपए भी न होगी, जबरन पकड़ा देता है और तीस रुपए झटक लेता है। यह तो रही मंदिर के बाहर की बात, अब अंदर चलिए। मंदिर में मूर्ति के सामने खड़े दो पंडा

इस पूजा-सामग्री को लेकर रख लेते हैं। फिर यह पूजा-सामग्री बाहर लगी दुकान पर वापस आ जाती है। इस तरह यह पूजा-सामग्री बार-बार तथा सारे दिन और रोजाना बिकती रहती है। इस तरह यह गोरखधंधा निरंतर चलता रहता है।

अब दोनों पंडों में से एक बिजली की गति से लोहे का एक सुनहरा चमकीला कड़ा जबरदस्ती दर्शनार्थी की कलाई में चढ़ा देता है। फिर इसे सोने का बताकर दस हजार, पाँच हजार या पाँच सौ रुपए माँगता है। दोनों पंडा व्यक्ति को घेर लेते हैं, न देने पर गाली-गलौज तथा बुरा-भला कहते हैं। जैसे राहजनी में डाकू डरा-धमकाकर आपका सबकुछ छीन लेते हैं, ठीक उसी अंदाज में। पहलवान टाइप पंडा से आप भिड़ने की नहीं सोच सकते, बल्कि अंदर अपने आपको अकेला घिरा देखकर अपने प्राण बचाना ज्यादा जरूरी समझते हैं। हनुमान का दर्शन तो आप भूल ही जाते हैं। लाख बार उनका सुमिरन करो, पर संकटमोचक अपने ही दरबार में आपका संकट दूर नहीं कर पाते। यहाँ तो पवनपुत्र स्वयं बेड़ी में बँधे पड़े हैं, तो आपकी मदद कैसे करें? हनुमान ने लंका में भले ही राक्षसों का सफाया करने में भगवान् राम की बड़ी मदद की; लेकिन यहाँ के राक्षसों से वे स्वयं दया की भीख माँग रहे हैं।

पाठकों को नेक सलाह है कि अगर यहाँ दर्शनार्थ आएँ तो मंदिर के बाहर से ही प्रणाम कर लेने में भलाई है। अंदर जाने की हिमाकत न करें। यहाँ न तो पवनपुत्र आपकी कोई मदद कर पाएँगे और न स्वयं भगवान् राम! अतः पैसे देकर संकट मोल लेने से बचें। यहाँ का प्रबंधन भी इस लूटपाट में बराबर का शरीक है। बाहर से आनेवाले श्रद्धालुओं के साथ होनेवाली इस लूटपाट को यहाँ के लोग मूक दर्शक बनकर देखते रहते हैं। हमने ऊँचे स्वर में अपना विरोध जताया, पर उनमें से कोई कुछ नहीं बोला। अतः यह मंदिर नहीं, लुटेरों का अड्डा मात्र है।

सच में यहाँ आकर मन खट्टा हो गया। मन में बार-बार यही विचार आ रहा है—संकटमोचक के दरबार में कैसा अनैतिक व्यापार चल रहा है। क्या पंडों की ऐसी ओछी हरकतों से हिंदुओं की भगवान् के प्रति आस्था कम न होगी? जरूर कम होगी। कोई यहाँ आना ही नहीं चाहेगा, ऐसे दर्शन और पूजा से तौबा कर लेगा। हिंदू धर्म पर वैसे ही कम कुठाराघात नहीं हो रहे हैं। पंडों के ये दुष्कर्म इसे रसातल की ओर ले जाएँगे। ऐसी अपमानजनक घटनाओं से हिंदू लोग देवी-देवताओं से विमुख हो, परधर्म की ओर आकर्षित होंगे। ऐसा हो भी रहा है। ईसाई मिशनरी सेवा और सम्मान के जरिए ही हिंदुओं का धर्मांतरण करा रहे हैं। संबंधित जिम्मेदार लोगों को इस मंदिर की गतिविधियों पर ध्यान देना चाहिए। उत्तेजित और दुःखी मन से हम मंदिर परिसर से बाहर आ गए हैं। अब अन्य कहीं जाने को मन नहीं हो रहा है।

फिर भी यहाँ से थोड़ा चलकर श्रीराम मंदिर है। यहाँ अभी मंदिर खुला हुआ है,

पर यहाँ पूरी तरह नीरवता छाई है। भगवान् श्रीराम के समक्ष घुटने टेककर यही फरियाद की—'प्रभु, आपके सेवक हनुमान संकट में हैं। इन पंडों का कुछ तो उपाय कीजिए; 'जब-जब होहि धर्म की हानि' वाला अपना वचन तो निभाइए। हनुमानजी की कीर्ति को धूमिल होने से बचाइए।' अब भी बूँदाबाँदी हो रही है। गहरा अँधेरा घिर आया है।

यहाँ से निकलकर हम लोग सोनार गोरांग मंदिर में पहुँचे। यहाँ चैतन्य महाप्रभु की सुंदर प्रतिमा शोभायमान है, कोई चहल-पहल नहीं है, शायद समय ज्यादा हो गया है। मैं और चौ. साहब पीछे रह गए थे, सो आगे नहीं जा पाए। इसी परिसर में अँधेरे में दो मंदिर और हैं। हम लोग ऑटो पर बैठे अपने साथियों का इंतजार कर रहे हैं। इस गली में सन्नाटा छाया हुआ है, बस झींगुरों की आवाज आ रही है।

अपने ठिकाने की ओर लौटते हुए स्वर्गद्वार से निकलना हुआ। समुद्र के किनारे लगनेवाली मार्केट आबाद है, यहाँ लाइटें ही लाइटें दिखाई पड़ रही हैं। बड़ी लाइटों की रोशनी में समुद्र में उछाल लेती श्वेत लहरें भी दीख पड़ रही हैं। समुद्र किनारे सैलानियों की अब भी अच्छी-खासी भीड़ दिखाई पड़ रही है। स्वर्गद्वार के सामनेवाली मार्केट रोशनी और लट्टुओं से जगमग हो रही है। यहीं रास्ते में जगन्नाथ भगवान् की ससुराल है। यहाँ पर रुके। यह अपना अंतिम पड़ाव है। यहाँ एक छोटा सा मंदिर है। कुछ सीढ़ियाँ चढ़कर ऊपर पहुँचे हैं। पंडाओं ने ठगी के नए-नए तरीके ईजाद कर लिए हैं। यहाँ भी मंदिर के बाहर खड़ा पंडा दस रुपया लेकर एक लोहे का लॉकेट थमा रहा है। ये लॉकेट बाजार में दस रुपया दर्जन के हिसाब से पुरी में ही मिल जाते हैं। बस अंदर जाकर मूर्ति का प्रणाम कर होटल की ओर निकल पड़े हैं। होटल पहुँचते-पहुँचते ही नौ-साढ़े नौ बज गए।

कमरे पर आकर हाथ-मुँह धोए और थोड़ा आराम किया। मंदिर जो अभी-अभी देखे, आपस में उनकी नरम-गरम चर्चा हुई। फिर साढ़े दस बजे भोजन करने गए। बारिश में भीगने से अनिल शर्माजी का जुकाम और बिगड़ गया है। भोजन करके होटल वापस लौट आए हैं। दिनभर घूमते रहने के कारण थक भी गए हैं। पहले सबने अपने-अपने घर फोन पर बात की, क्योंकि फोन कमरे पर छोड़कर गए थे। रात्रि को बिस्तर पर लेटते ही बड़ी गहरी नींद आई।

प्रात:काल बड़े आराम से जागे। नहा-धोकर तैयार हो गए। नाश्ता करने क बाद भगवान् जगन्नाथजी के दर्शन करने गुंडिचा मंदिर के लिए निकले। बारिश परसों रात से थमने का नाम नहीं ले रही है। अब भी रिमझिम बारिश हो रही है। मंदिर के आगे तमाम दुकानें सजी हैं। तीनों रथ व्यवस्थित रूप से एक ओर खड़े हैं। यहाँ काफी चहल-पहल तथा भीड़भाड़ है। यहाँ ठगी में माहिर पंडा दूर से ही साथ लग जाते हैं। आनंदजी ने एक हृष्ट-पुष्ट पंडा, जो बाहर ही खड़ा था, साथ ले लिया है। यहाँ जूता-चप्पल रखने

के लिए मंदिर की ओर से कोई व्यवस्था नहीं है। अत: एक निजी जूता-स्टैंड पर अपने जूते रखे, जो दस रुपया प्रति जोड़ी शुल्क ले रहा है।

पंडा महाराज हमें सीधे प्रसाद के पंडाल पर ले गए। ये लोग टेंडर पर लेकर प्रसाद विक्रय करते हैं। ये पंडा लोग दर्शकों को फँसाकर इनके लिए ग्राहक जुटाते हैं, दोनों में अच्छा तालमेल है। यहाँ बायकायदा प्रसाद की सूची और रेट लिस्ट रखी है। एक चौकोर डिब्बी (खजूर या नारियल का बना चौकोर ढक्कनदार बक्सा) 221 रुपए में तथा ऐसी तीन डिब्बी 451 रुपए की हैं। यहाँ प्रसाद की रसीद भी मिलती है। सारे पंडा भक्तों को यहाँ यह कहकर लाते हैं कि भगवान् के भोग के लिए प्रसाद खरीद लो। हमें पता चला कि यह प्रसाद पहले से ही भगवान् को भोग लगाया हुआ होता है। इस तरह पंडा प्रसाद में दर्शकों को ठगवाते हैं, क्योंकि वहाँ पर इनका कमीशन बनता है। अच्छा, इस एक डिब्बी में जितना प्रसाद होता है, उतना यहाँ के खुले बाजार में दस-पंद्रह रुपए में बड़ी सहजता से मिल जाता है। सो प्रसाद में भी अच्छा-खासा गड़बड़झाला है।

प्रसाद लेकर हम लोग आगे बढ़े। मुख्य द्वार से लेकर अंदर तक पंडा तुलसीदल की मालाएँ लटकाए खड़े हैं—पाँच माला सौ रुपए में। माला क्या है, तुलसीदल जगह-जगह धागे में बाँधकर बंदनवार जैसा बना दिया है। आखिरकार 10-10 रुपए में एक-एक माला भी खरीदी। यहाँ भगवान् के दर्शन में भी धाँधली चलती है। पचास रुपए का टिकट लेंगे तो जगन्नाथजी के निकट से दर्शन कर सकेंगे। मित्र आनंद शर्मा ने यह टिकट लेकर पंडा के साथ दर्शन किए। हम लोगों ने बिना टिकट के लंबी कतार में लगकर दूर से ही जगन्नाथजी के दर्शन कर लिये। मंदिर में तैनात एक पुलिस अफसर ने हमारा बड़ा मार्गदर्शन किया। यहाँ पंडों का इतना खौफ और आतंक है कि पुलिसवाले भी पंडों से डरते हैं। पंडों का यह गोरखधंधा यहाँ निर्बाध और बेरोक-टोक चलता है।

पाठकों के लिए सलाह है कि आप जब यहाँ दर्शनार्थ आएँ तो किसी पंडा-पुजारी के चक्कर में नहीं पड़ें। इच्छानुसार बाजार से प्रसाद खरीदें। यहाँ बाहर से आनेवाले तीर्थयात्री ही इन पंडों के शिकार बनते हैं। उड़ीसा से आनेवाले स्थानीय श्रद्धालुओं की ओर ये पंडा देखते तक नहीं हैं। इसीलिए बाहर से आनेवाले दर्शकों के पीछे लग जाते हैं। मंदिर से बाहर आकर हम सबने जूता-स्टैंड से अपने जूते पहने। हलकी बारिश पड़ रही है, प्रसाद रखने के लिए जीत भाई पॉलीथिन की थैलियाँ खरीदकर ले आए। थोड़ा आगे ऑटो चलकर पकड़ना चाहा तो इनके भाव आसमान छू रहे हैं; नरेंद्र कोना के कोई दो सौ रुपए माँगता है, कोई डेढ़ सौ। आखिर सौ रुपए में ऑटो लिया, जबकि अन्य दिनों में यहाँ मात्र पाँच रुपए किराया लगता है। खैर, अपने होटल आ पहुँचे हैं। आज हमारी वापसी का दिन भी है।

मित्र आनंद शर्मा अलारनाथ मंदिर जाने का प्रण किए बैठे हैं। उनके साथ मैं और

जीत शर्मा चल पड़े हैं। वहाँ आने-जाने के लिए 350 रुपए में एक ऑटो तय कर लिया है। यह मंदिर पुरी से लगभग 20 किलोमीटर दूर चिल्का रोड पर स्थित है। हमने देखा, इस रास्ते पर दोनों ओर बरगद के वृक्ष बहुत हैं। बीच में एक जगह ऑटो रुकवाकर आनंदजी ने अपने लिए सिगरेट तथा हमारे लिए बिस्कुट का पैकेट खरीदा। पीते और खाते हुए मैं आपको अलारनाथ और इस तीर्थ के बारे में कुछ बताए देता हूँ।

कहा जाता है कि लंबे समय तक ब्रह्माजी ने यहाँ पर तपस्या की, अत: यह 'ब्रह्मक्षेत्र' कहलाता है, इसे ब्रह्मगिरी भी कहते हैं। इसके बारे में बताया जाता है कि जब चैतन्य नवदीप से चलकर भगवान् जगन्नाथ के दर्शन करने पुरी आए तो उस समय जगन्नाथ प्रभु अस्वस्थ थे। मंदिर बंद था, इसलिए पंडों ने उन्हें दर्शन नहीं करने दिए। चैतन्य फूट-फूटकर रोने लगे। अपने आपको कोसने लगे कि 'मैं कितना पापी हूँ, जो जगन्नाथ प्रभु मुझे दर्शन नहीं दे रहे हैं। ऐसे जीवन को धिक्कार है।' ऐसा सोचते हुए चैतन्य अपनी प्राणहत्या करने के इरादे से समुद्र किनारे आए। जैसे ही वे समुद्र में छलाँग लगाने को तत्पर हुए कि उसी समय आकाशवाणी हुई, 'चैतन्य, मेरे प्यारे चैतन्य, रुक जाओ। तुम तो मेरे अनन्य भक्त हो। अगर तुम ऐसा करोगे तो मेरे ऊपर से भक्तों का विश्वास ही उठ जाएगा। मैं अस्वस्थ अवश्य हूँ, लेकिन तुम ब्रह्मगिरि में जाओ। मैं वहीं पर तुम्हें दर्शन दूँगा।'

आकाशवाणी सुनकर चैतन्य इस क्षेत्र में आए। जगन्नाथ प्रभु ने चतुर्भुजी रूप में उन्हें दर्शन दिए और बताया कि अब से वर्ष के पंद्रह दिन मैं भक्तों को यहीं दर्शन दूँगा। रथयात्रा से पूर्व पंद्रह दिन प्रभु जगन्नाथजी श्रीअलारनाथ के रूप में यहाँ विराजते हैं। इनके दर्शनार्थ उन दिनों भक्त यहाँ बड़ी संख्या में आते हैं। पंद्रह दिनों तक यहाँ भक्तों का ताँता लगा रहता है।

हमारा वाहन भी अलारनाथ आ पहुँचा है। मंदिर के बाहर एक दुकान के सामने अपने जूता-चप्पल उतार दिए। यहाँ इसका शुल्क 50 पैसा प्रति जोड़ी लिया जाता है। प्रवेश द्वार के साथ के खुले बरामदे में प्रसाद की एक दुकान है। प्रसाद पैकेट में बंद है। लेकिन यहाँ अनगिन मक्खियाँ भिनभिना रही हैं। प्रसाद के पैकेट के अंदर भी मक्खियाँ हैं। प्रसाद लेकर मंदिर परिसर में आ गए हैं। अभी कुछ देर बाद दर्शन होंगे। संभवत: प्रभु को भोग लगाया जा रहा है। यहाँ पर दो मंदिर हैं—एक अलारनाथ प्रभु का बड़ा और भव्य मंदिर, दूसरा चैतन्य का एक छोटा एवं अति साधारण मंदिर।

चैतन्य महाप्रभु के मंदिर में वह शिला आज भी मौजूद है, जहाँ जगन्नाथ प्रभु के दर्शन पाने के बाद चैतन्य भाव-विह्वल होकर लोटपोट हुए थे। उनके ताप से वह शिला पिघल गई थी। इस पर चैतन्य के छाती, घुटने, कुहनी, पैर आदि के निशान, यानी गड्ढे आज भी देखे जा सकते हैं। यह अत्यंत छोटा मंदिर है। ठीक सामने चैतन्य की खूबसूरत,

लुभावनी आदमकद प्रतिमा है और उसके ठीक सामने चैतन्यशिला। यहाँ के वृद्ध पुजारी अत्यंत साधारण एवं कृशकाय जरूर हैं, परंतु हैं बड़े ही मृदुभाषी और भक्तवत्सल। उनकी एक-एक पसली साफ दिखाई दे रही है। उन्होंने बड़े प्रसन्न मन और श्रद्धाभाव से चैतन्य प्रभु के यहाँ आने की कथा हिंदी-अंग्रेजी में सुनाई, फिर हरिनाम कीर्तन करवाया। सच में बड़ा आनंद और सुकून मिला। हिंदी-अंग्रेजी में उनके रस पगे उद्गार खचाखच भरे मंदिर के भक्तों-दर्शकों के मन को भिगो गए। सच्चे अर्थ में तो यही पुजारी भगवान् के वास्तविक सेवक हैं। अपने आप में परम संतुष्ट।

इसके विपरीत, अब विशाल अलारनाथ मंदिर का हाल सुनिए। यहाँ के पंडों का व्यवहार बड़ा ही शर्मनाक है। यहाँ भक्तों की लंबी कतार लगी है। मुख्य मंदिर के द्वार यानी अलारनाथ भगवान् की मूर्ति के सामने एक गब्बर सिंह जैसा पंडा अपनी कुहनी से रोककर एक-एक कर भक्तों को आगे जाने दे रहा है। सामने अलारनाथ भगवान् की चतुर्भुजी प्रतिमा विराजमान है, यहाँ जान-बूझकर प्रकाश नहीं किया गया है। काफी अंदर होने के कारण अँधेरा है। जो भक्त मोटा चढ़ावा नहीं चढ़ाता है तो यहाँ खड़े पंडा उसे हिकारत की नजर से देखते हैं, बल्कि कटु और अपमानजनक शब्द बोलते हैं। 'चल निकल, चल भाग यहाँ से' इस प्रकार बोलकर उसे दर्शन भी नहीं करने देते हैं।

भगवान् अलारनाथ मंदिर

दर्शन कर बाहर की ओर लौटने पर चौकोर बरामदे की दीवारों में पंडों ने नाना प्रकार की मूर्तियाँ जमा रखी हैं, यहाँ हर स्थान पर एक-एक पहलवान पंडा खड़ा हुआ है। वह सबको जबरदस्ती चढ़ावे के लिए हड़काता है। मंदिर न हो, ठगों का अड्डा ठहरा। अगर कोई हिंदू भारतीय देवता-देवियों से विमुख होता है, तो इन पंडों के कारण ही। हिंदू धर्म को विनाश की ओर ले जानेवाले ये पंडे ही हैं। देव-देवताओं की प्रतिष्ठा बढ़ाना उनका काम न होकर, हर अनैतिक तरीके से धन ऐंठना इनका प्रमुख कार्य बन गया है।

धर्म की प्रतिष्ठा तथा देवी-देवताओं का गौरव बढ़े, उसके लिए पूरे देश के सब विशिष्ट मंदिरों में वैष्णो देवी के श्राइन बोर्ड की तरह बोर्ड बनने चाहिए। खैर, यहाँ पर चैतन्य के मंदिर के दयनीय स्थिति में होने का एक कारण यह भी बताया जाता है कि

अलारनाथ मंदिर की व्यवस्था पुरी के राजा द्वारा संगठित ट्रस्ट करता है। जगन्नाथ तथा अलारनाथ प्रभु राजा के अधिकार क्षेत्र में हैं। परंतु अलारनाथ प्रभु ने यह छूट रखी कि मैं तो राजा के वश या अधिकार क्षेत्र में हो सकता हूँ, पर मेरे भक्तों पर राजा का कोई अधिकार न होगा। वे राजा के अधिकार क्षेत्र से स्वतंत्र रहेंगे। यही कारण है कि चैतन्य के इस मंदिर की व्यवस्था के लिए कहीं से कोई मदद नहीं मिलती। इसकी व्यवस्था भक्तों और यहाँ आनेवाले तीर्थयात्रियों की दान-दक्षिणा के सहारे ही चलती है। जबकि अलारनाथ मंदिर की व्यवस्था पुरी का ट्रस्ट देखता है, फिर भी यहाँ के पड़ा श्रद्धालुओं को लूटते हैं। इन्हें संतोष छू भी नहीं गया है, जबकि इनके हाथों और गले में लाखों रुपए का सोना लटका रहता है। खैर, मंदिर में और भी छोटे-छोटे दो मंदिर हैं। इन सबके दर्शन कर मैं तो सबसे पहले बाहर आकर खड़ा हो गया हूँ। मैं किसी पंडे के बुलाने पर भी उनके पास नहीं गया। यहाँ से दर्शन कर अब हम पुरी की ओर लौट पड़े हैं।

ऑटोवाला इतना लालची है कि हमारे तय करके ले जाने के बावजूद उसमें सवारियाँ बैठा रहा है। खूब घिचपिच हो गई है। अब इससे झगड़ा क्या किया जाए। आखिर देशभर के सब ड्राइवरों की जाति तो एक ही है, ये कभी संतुष्ट नहीं हो सकते। लगभग दो बजे दोपहर हम लोग होटल आ पहुँचे, चौ. साहब और अनिल शर्माजी भोजन कर आए थे, अत: हम तीनों भी मारवाड़ी होटल पहुँचे। खूब रुचकर भोजन किया, क्योंकि अब तो दो दिन बाद घर जाकर ही स्वादु भोजन मिल पाएगा। विचार बना कि यहीं से बाजार जाकर खरीदारी कर ली जाए। बाकी लोगों को होटल फोन किया कि हम लोग बाजार जा रहे हैं, आप लोग भी यहीं आ जाइए। पर उन्होंने कह दिया कि बाजार से हमारे लिए प्रसाद लेते आना और हम कमरे पर रहकर ही आराम कर रहे हैं।

आज रात को पौने दस बजे हमारी ट्रेन है, दिल्ली वापस लौटना है, सो हम तीनों लोग बाजार को निकल गए। आनंद शर्माजी ने पीतल का एक नीलचक्र खरीदा। यह सब लेकर हमने जगन्नाथ मंदिर के सामनेवाली गली में से 'खाजा' खरीदा। यहाँ खाजा बनता है और अच्छी क्वालिटी का होता है। भाव-ताव करने पर दुकानदार ने सौ रुपए किलो दिया। दूसरी जगहों पर यही 80 और 60 रुपए किलो मिल जाता है, पर क्वालिटी ठीक नहीं होती। 'खाजा' यहाँ का प्रमुख मिष्टान्न है। सड़कों पर जगह-जगह अस्थायी दुकानें लगती हैं। सब पर यह प्रसाद बहुतायत में मिलता है। आखिर हम लोग होटल लौट आए। कमरे पर आकर हम सबने सामान व्यवस्थित किया और कुछ देर आराम। जीत भाई होटल का हिसाब-किताब निपटा आए।

शाम को एक बार फिर टहलने के इरादे से जगन्नाथ मंदिर की ओर निकले। मंदिर के बाहर विशाल चौड़ी सड़क पर खूब रौनक है। मंदिर के मंच से उड़ीसा दूरदर्शन के कलाकार अपनी प्रस्तुति दे रहे हैं। हम भी खड़े होकर सुनने लगे। उड़िया भाषा होने

के कारण हमारी समझ में तो कुछ नहीं आ रहा है, पर उनकी लय-ताल और भाव में मन थिरक रहा है। भगवान् जगन्नाथजी के मंदिर के आगे हम सबने अंतिम बार दंडवत् प्रणाम किया।

अच्छा, उड़ीसा में हिंदी की स्थिति बड़ी दयनीय है। यहाँ के दुकानदार और आमजन बोल-समझ तो लेते हैं, पर लिख नहीं पाते। यहाँ सड़क पर लगे इक्का-दुक्का साइन बोर्ड भी बड़ी अशुद्ध हिंदी में लिखे हैं, जैसे रेस्टोरेंट को 'रष्टुशाण्ट'। टहलते हुए होटल आ पहुँचे। मौसम बहुत खुशगवार है। बादल छाए हैं, ठंडी हवा चल रही है, कभी बूँदाबाँदी भी हो जाती है। लगभग आठ बजे हम प्रकाश भाई से मिले और फिर हमने होटल छोड़ दिया। सड़क पर से ऑटो पकड़ दस मिनट में ही स्टेशन पहुँच गए।

मन वियोगी हो रहा है, परंतु रथयात्रा के दिव्य आनंद से सराबोर है। चूँकि हम लोग समय से पूर्व ही पहुँच गए हैं। अत: आनंद शर्मा हमें चाय पिलाने के लिए बाहर खोखे पर ले आए। चाय पी ली गई। मौसम अब भी नम है। स्टेशन को झलमलाती दीपमालाओं से सजाया गया है। दिपदिपाती रोशनी की कई आकृतियाँ बन-बिगड़ रही हैं। हमारी गाड़ी प्लेटफार्म पर लग चुकी है। हम स्टेशन के अंदर अपनी 'वर्थ' पर पहुँचे, इस बार चौ. साहब हमारे साथवाली बोगी में ही हैं। मन यहाँ ऐसा रम जाता है कि प्रभु का धाम छोड़ने की इच्छा ही नहीं होती। परंतु फिर भी घर लौटना ही पड़ता है। आखिर आप कहीं भी जाते हैं तो लौटकर घर ही आते हैं न! गाड़ी के सरकने के साथ ही हमारी वापसी की यात्रा प्रारंभ हो गई।

हमारे कोच में एक बुजुर्ग बैठे हैं, उनके पास बर्थ नहीं है। वे अपनी पूरी टोली के साथ आए हैं। इनमें कई महिलाएँ भी हैं, एक इनके समधी तथा एक मित्र, जो किसी इंटर कॉलेज में इतिहास के अध्यापक हैं। ये सब बलिया जिले के किसी गाँव के रहनेवाले हैं और इनका-हमारा साथ मुगलसराय तक है। आनंद शर्माजी उनको अपनी बर्थ देने को तत्पर हुए। तीर्थयात्रा को लेकर उनके साथ चर्चा चल पड़ी। खूब बातें हुईं। आनंद शर्मा ने उन्हें कई मंदिरों का माहात्म्य बताया और उन्हें सराहा कि इस उम्र में भी वे इतना घूम-फिर लेते हैं। बुजुर्गवार यादव समुदाय से हैं और विवाह आदि (बच्चों की) से निवृत्त हैं। इनके मित्र इतिहास के मास्टरजी गांधीजी के अंधभक्त हैं। हमारी इनसे खूब नरम-गरम बहस हुई। इतिहास के अध्यापक होकर उन्हें नहीं पता कि गांधीजी के कई लड़के थे। आखिर हमारी तर्कपूर्ण गरमागरम बहस के बाद वे शीर्षासन करने लगे। अन्य लोग हमारी बातों से बहुत प्रभावित हुए। जब उनको पता लगा कि हम पत्रकार हैं, तो वे अपना दु:खड़ा सुनाने लगे कि कुछ दबंग लोगों ने उनकी जमीन पर कब्जा कर लिया है और खूब कोर्ट-कचहरी के बाद भी कोई परिणाम नहीं निकला। मैंने कहा कि मुलायम सिंह सरकार में तो यादवों की अच्छी पहुँच है। तब वे विह्वल होकर बोले,

'नहीं बबुआ, सब बड़े लोगन की पूछ है। गरीबों की बात मुलायम सिंह के यहाँ कोई नहीं सुनता।' पुलिस के अफसरों द्वारा उनके साथ की गई नाफरमानी और अन्याय की खबर वे समाचार-पत्र में छपवाना चाहते हैं। सब सबूत होने के बावजूद उनको उनकी जमीन नहीं मिल पा रही है।

उन बुजुर्ग के साथ हुई बातचीत से पता चला कि पूर्वी उत्तर प्रदेश में अधिकांश जनसमुदाय आज भी मुकदमेबाजी में फँसा है। आज भी वहाँ दबंगई कायम है और जिसकी लाठी, उसकी भैंस वाला न्याय है। आखिर सायं को वे मुगलसराय स्टेशन पर उतरे तो बड़े भावुक हो गए। उनके मित्र अध्यापकजी ने भी क्षमा-याचना की। बाहर गहरा अँधेरा है तो सोने के अलावा और कोई कार्य नहीं है।

बोगी में बेहद गंदगी है तथा शौचालय की स्थिति बद से बदतर। गाड़ी में चलनेवाला सफाईकर्मी ढूँढ़ने पर भी नहीं मिला। आखिर टी.टी. को जाकर मिले, जो एक महिला टी. टी. हैं, इनकी ड्यूटी इलाहाबाद तक ही है। काफी नरमी-गरमी के बाद इन्होंने इलाहाबाद स्टेशन मास्टर को सफाई के वास्ते फोन किया। इलाहाबाद आने पर भी कोई सफाईकर्मी सफाई करने नहीं आया। आनंद शर्माजी ने स्टेशन मास्टर को फोन कर इसका एनाउंस करवाया, तब जाकर एक सफाईकर्मी आया। उसने शौचालयों को साफ किया। बिहार राज्य में गाड़ी का बुरा हाल बना दिया जाता है। फर्श पर महिलाएँ बच्चों को टट्टी-पेशाब कराती हैं। पुरुष तंबाकू, खैनी, गुटका आदि थूक-थूककर वास-बेसिन भी जाम कर देते हैं। इनका कोई इलाज नहीं है। इलाहाबाद में रेलवे से लेकर भोजन कर लिया गया और दो बोतल पानी भी भर लिया गया। रात हो गई है, सो अब तो सोना ही है। आनंदजी ने लोगों को सीट पर बैठ जाने दिया, सो सोते समय पैर भी नहीं फैला पा रहे हैं। नीचे-ऊपर बैठे मुसाफिर नींद में झूम रहे हैं। इलाहाबाद पर गाड़ी अनावश्यक रूप से काफी देर रुकी रही। आगे भी बिना स्टेशन बीच-बीच में रुकती रही।

अगले दिन प्रातः पाँच बजे आँख खुली तो देखा, गाड़ी हाथरस रोड पर खड़ी है। गाड़ी काफी लेट हो गई है। पाँच बजे इसे नई दिल्ली पहुँच जाना चाहिए था। आखिर रुकते-चलते गाड़ी आठ बजे नई दिल्ली पहुँच पाई। ट्रेन से उतरकर अजमेरी गेट की ओर आकर नांगलोई की डी टी सी बस मिल गई। इसमें सवार हुए और लगभग साढ़े नौ बजे नांगलोई उतर गए। चौ. साहब और आनंद शर्मा किराड़ी मोड़ पर उतरे। आगे बस पकड़कर घर आ लगे हैं। दिल्ली में तो खूब गरमी है, पर आज बादल छाए हुए हैं। मुझे सायं को मेरे बॉस पीयूषजी के विवाह-समारोह में भी जाना है। सच, पुरी यात्रा बड़ी आनंददायी रही। न यात्रा भुलाई जा सकती है और न ही जगन्नाथपुरी धाम!

□

मोक्षपुरी द्वारका में दो दिन

नव प्रसूता 2015 का सद्य:जात एक जनवरी का दिन। भगवान् द्वारकाधीश के दर्शनार्थ कार्यक्रम बन गया है। इस बार के चार सदस्यीय यात्री-दल में मेरे परममित्र आनंद शर्मा, उनके चाचाश्री रवि शर्मा और विहारीजी के अनन्य भक्त, अनुजवत् भाई जीत शर्मा। प्रसंग है—मित्र आनंद शर्मा की बिटिया के विवाह (26 जनवरी) का निमंत्रण-कार्ड द्वारका जाकर द्वारकाधीश भगवान् को निमंत्रण देने का। आनंद शर्मा से दो वर्ष छोटे रवि शर्मा चाचा-भतीजे तो हैं सो हैं, पर दोनों में दोस्ती है—असीम, अमर्यादित। लेकिन हमें चाचा अपनी जिम्मेदारियों के प्रति सजग, मिलनसार तथा हँसमुख व्यक्ति लगे। प्रात: 8:20 बजे सराय रोहिल्ला स्टेशन से पोरबंदर एक्सप्रेस शनैः-शनैः आगे बढ़ी। शीत लहर से त्रस्त दिल्ली को कई दिनों से कोहरे की चादर ने ढक रखा था, पर आज इसे कुछ समेट लिया है। दिल्ली ही नहीं, इन दिनों पूरा उत्तर भारत शीत लहर की चपेट में है। पश्चिम दिशा में मेरी यह पहली लंबी यात्रा है। रेलगाड़ी दिल्ली की सीमा से बाहर निकल आई है। हरियाणा राज्य में इसके मात्र चार स्टेशन हैं। रेवाड़ी के बाद राजस्थान राज्य में प्रवेश किया। रेल पटरी के दोनों ओर दूर तक खूब सारे बबूल तथा यत्र-तत्र मानसूनी वृक्ष दीख पड़ते हैं। यह पूरा क्षेत्र तिलहन उत्पादन में अग्रणी है, जहाँ तक दृष्टि जाती है, सरसों के फूलों की पीली चादर बिछी है। कहीं-कहीं गेहूँ के हरियाले खेत भी। यहाँ पानी की उपलब्धता कम होने के कारण छिड़काव विधि से सिंचाई हो रही है। देसी बबूल के अधिकांश पेड़ सिर मुँड़ाए उदास से खड़े हैं। शायद भेड़-बकरियों के चारे के लिए इनकी टहनियों को काट लिया गया है। जयपुर से पहले ही ऊँची-नीची पहाड़ियों की छितरी शृंखला शुरू हो गई है। कहीं-कहीं सीधे अकड़े खड़े पहाड़, एकदम सूखे, वनस्पति-विहीन। लगभग सायं चार बजे अजमेर आ लगे और रात के दस बजते-बजते आबू रोड पार कर राजस्थान की सीमा से बाहर निकल आए हैं।

इस रेलमार्ग पर पालनपुर जं. गुजरात राज्य का पहला स्टेशन है। रात का खाना हम सब ने रेलगाड़ी की किचिन का ही लिया। फिर सोने का उपक्रम किया। देखने में

आया कि इस मार्ग पर गाड़ी रुक-रुककर चलती रही, सामने से कोई गाड़ी पास करनी होती तो यह स्टेशन पर खड़ी कर दी जाती। हम तो कंबल तानकर सोए, पर गाड़ी रात भर अपनी मंजिल की ओर दौड़ती रही। प्रात: जागे तो गाड़ी बांकानेर जं. पर खड़ी थी। यह प्रसन्नता की बात है कि रेलवे के सफाई-कार्य में शुचिता आई है। सफाईकर्मी बोगी तथा शौचालय की बराबर साफ-सफाई करते रहे। सफाईकर्मी के लिए यह अनिवार्य कर दिया गया है कि वह जिस बोगी की साफ-सफाई करे, तो साक्षी के रूप में उस बोगी के कुछ यात्रियों के हस्ताक्षर लेकर उनका सीट तथा टिकट नंबर लिखवाए। शायद कामचोरी को रोकने के लिए ऐसा किया गया है। इसके लिए यात्रियों ने मुक्त कंठ से सरकार की प्रशंसा की।

लगभग सवा दस बजे हम लोग जामनगर स्टेशन पर उतर गए। हालाँकि हमारा आरक्षण पोरबंदर तक था, चूँकि पोरबंदर से द्वारका की दूरी पचहत्तर किमी. है और जामनगर से एक सौ चौवालीस किमी.। परंतु रेलगाड़ी जामनगर से पोरबंदर तक ही तीन घंटे का समय ले लेती है, अत: उतने समय में जामनगर से बस लेकर द्वारका जाना ज्यादा बेहतर समझा गया। अंततोगत्वा शिवशक्ति ट्रैवल्स की प्राइवेट बस में बैठे। गुजरात में हुए विकास की बानगी जामनगर में ही मिल गई। यहाँ चौड़ी और सपाट सड़कों के दोनों ओर रंगीन टाइलों से निर्मित पैदल-पथ, पत्थर के छतरीनुमा गुंबद, जहाँ यात्रियों के बैठने के लिए पत्थर की बेंच-कुरसियाँ बनी हैं। शानदार चौराहे, बीच की पटरी तथा किनारे हरियाली और फुलवाड़ी से हरे-भरे।

जामनगर से द्वारका का किराया है एक सौ बीस रुपए प्रति सवारी। बस में मैं और जीत शर्मा बाईं ओर सबसे आगे की सीट पर बैठे तथा चाचा-भतीजे दाईं ओर की तीसरी पंक्ति में। बस जामनगर का मोह छोड़ द्वारका की ओर दौड़ रही है। यहाँ सड़क के दोनों ओर अधिकतर जमीन पथरीली है। जगह-जगह कपास के खेतों में धवल-श्वेत कपास खिलखिला रही है तथा कहीं-कहीं धनिया के लंबे-चौड़े खेत भी हैं। सिंचाई की जहाँ सुविधा है, वहाँ गेहूँ भी उगाया जा रहा है। मुख्यत: इस क्षेत्र में कपास और मूँगफली अधिक पैदा होती है। यहाँ खेतों में फसल को परिंदों से बचाने के लिए किसानों ने चमकीली पन्नी की झंडियाँ, कहीं-कहीं चमकीली पट्टियाँ खेतों के बीच लगा रखी हैं। इन्हें यहाँ के 'बिजूका' कह सकते हैं।

रास्ते में एक होटल पर बस नाश्ता-पानी के लिए रुकी। यहाँ से आगे बस अपने गंतव्य की ओर दौड़ रही थी कि एक अजीब वाकया पेश आया। हुआ यों कि चलती बस में कंडक्टर युवक ने बोनट पर बैठते हुए सिगरेट की डिब्बी से एक सिगरेट निकाली। माचिस की तीली खींच अभी वह इसे सुलगाना ही चाहता था कि जीतभाई ने उच्चारा—अरे भाई साहब···और इशारे से सिगरेट न पीने का आग्रह किया। उसने

प्रश्नवाचक दृष्टि से हमारी ओर देखा और ड्राइवर को कुछ इशारा किया, दोनों हमारी ओर देखकर मुसकराए। अब कंडक्टर ने अपनी चप्पलें उतार दीं और सिगरेट सुलगा ली। मैंने इशारे से जीतभाई को समझाया—इनसे कुछ भी कहना बेकार है, यह नहीं मानेगा, ये लोग धूम्रपान के बिना नहीं रह सकते; किंतु देखते क्या हैं कि बस की गति मंद हुई और बस लगभग सड़क किनारे रुक गई। कंडक्टर झटपट सिगरेट लेकर नीचे उतरा और दाईं ओर सड़क किनारे स्थित एक छोटे से मंदिर में झुककर बड़े अदब से सिगरेट रख आया। इस छोटे से मंदिर के शीर्ष पर गुजराती में 'श्याम बाबा' ऐसा कुछ लिखा है। अन्य वाहनों के लोग भी वहाँ सिगरेट भेंट कर रहे हैं। कंडक्टर वापस आकर अपने स्थान पर बैठ गया और गाड़ी दौड़ पड़ी। अब उसने एक बार पुनः मुसकराकर हमारी ओर देखा। हम दोनों अपनी चंचलता पर शर्मिंदा थे। यह पूरी घटना कवि बिहारीलाल के एक दोहे की तर्ज पर घटी, 'भरे भौन में करत हैं नैनन ही सौं बात।' बाकी यात्रियों को इस बारे में कुछ भी पता न चला।

ज्यों-ज्यों हम द्वारका की ओर बढ़ रहे हैं, त्यों-त्यों जमीन पथरीली, कँटीली झाड़ियों तथा कैक्टस से अँटी पड़ी है। इस वीराने में गुजरात सरकार ने पवन ऊर्जा पैदा करने के लिए विशाल पँखुड़ियों वाले टावर बड़ी संख्या में लगा रखे हैं और ये मीलों तक फैले हुए हैं। लगभग दुपहर दो बजे हम द्वारका में उतर गए। मित्र आनंद शर्मा के परिचित तीर्थ-पुरोहित लालूजी गुग्गली आकर हमें ले गए और अग्रसेन भवन में ठहरा दिया। बड़ी ही साफ-सुथरी धर्मशाला है। यहाँ द्वारकाधीश मंदिर में पूजा-अर्चना का कार्य प्राचीन काल से ही गुग्गली ब्राह्मण करते-कराते आ रहे हैं। इनकी निकासी राजस्थान के सवाई-माधोपुर से है। कहा जाता है कि इस क्षेत्र में ब्राह्मण गुग्गल से हवन किया करते थे, इसलिए ये 'गुग्गली ब्राह्मण' कहलाते हैं। लालूजी से पूछने पर उन्होंने बताया कि भगवान् कृष्ण ने स्वयं इन्हें द्वारका में बसाया और द्वारका के निर्माण से पूर्व इन्होंने ही भूमि-पूजन कराया था। 'ब्राह्मणोत्पत्ति मार्तंड' ग्रंथ में गुग्गली ब्राह्मणों की उत्पत्ति का उल्लेख है। द्वारका में इनकी आबादी लगभग चार हजार है, लेकिन मंदिर में पुरोहित का कार्य बाईस परिवार ही करते हैं। लालू गुग्गली अभी तरुण हैं, पर पुरोहित कार्य में पूर्णतया दक्ष। आज का आधा दिन ही हाथ में है, सो द्वारका के आसपास घूम लेना तय हुआ। नहा-धोकर हम लोग चार बजे एक ऑटो लेकर मंदिरों के दर्शनार्थ निकल पड़े।

सर्वप्रथम द्वारका से दो किलोमीटर की दूरी पर स्थित रुक्मणी मंदिर पहुँचे। सफेद बलुआ पत्थर से बना यह मध्यम कद का मंदिर विशाल मैदान के बीच आयताकार चबूतरेवाले आधार पर खड़ा है। यहाँ मंदिर में ठीक सामने ही महारानी रुक्मणीजी की मूर्ति विराजमान है। यहाँ के पुरोहितजी ने मंदिर में लगे चित्रों के माध्यम से बताया कि जब भगवान् कृष्ण रुक्मणी को ब्याहकर रथारूढ़ हो द्वारका लौट रहे थे, तो मार्ग में

कुलगुरु दुर्वासा से भेंट की, द्वारकानाथ ने उन्हें प्रणाम कर निवेदन किया, 'मुनिवर, आप हमारे कुलगुरु हैं, अतः द्वारका चलकर हमारा पाणिग्रहण कराने के लिए आतिथ्य स्वीकार करें।' ऋषि बोले, 'ठीक है, लेकिन मैं किसी जीव को कष्ट देना नहीं चाहता। यदि तुम पति-पत्नी रथ को खींचकर ले चलो तो मैं द्वारका चलने को तैयार हूँ।' महारानी रुक्मणी और द्वारकानाथ रथ को खींचते हुए द्वारका की ओर बढ़े। चलते-चलते थकान और गरमी से कोमलांगी रुक्मणी को प्यास ने व्याकुल कर दिया। इस बीच दुर्वासा ऋषि को झपकी आ गई। दीनानाथ कृष्ण भगवान् ने रथ को रोककर पैर का अँगूठा दबाकर गंगा की धारा बहा रुक्मणी को जल पिलाया तथा स्वयं भी पिया। इसी को अब यहाँ 'चरण गंगा' कहा जाता है। रथ के रुकने से दुर्वासा की झपकी दूर हो गई और यह कौतुक देखकर वे रुष्ट हो गए। उन्होंने शाप दिया, 'अरे कृष्ण! एक ब्राह्मण की अवमानना करके और मुझे जल के लिए पूछे बिना ही अपनी पत्नी को जल पिलाया। जिससे तू इतना प्रेम करता है, तुझे ही नहीं, तुम दोनों को बारह वर्ष का वियोग सहना पड़ेगा। यहाँ का सब भूमिगत जल खारा हो जाएगा और जहाँ तक मेरी दृष्टि जाती है, यह क्षेत्र वीरान हो जाएगा।' उसी शाप के कारण आज भी यह इलाका वीरान तथा भूमिगत जल बेहद खारा है। मंदिर-स्थान पर कुटिया में रहते हुए महारानी रुक्मणी ने बारह वर्षों का वियोगी जीवन बिताया। यहाँ के तीर्थ-पुरोहितों का व्यवहार बड़ा मृदु तथा अपनत्व से भरा है। द्वारकाधीश का दर्शन करने आनेवाले तीर्थयात्रियों की यात्रा यहाँ का दर्शन किए बिना फलहीन तथा अधूरी मानी जाती है। महारानी रुक्मणी द्वारका यात्रा की मालिक कही गई हैं।

यहाँ से बाईं ओर लगभग चार किमी. दूरी पर हम नगलीवाले बाबाजी का मंदिर देखने आए हैं। यहाँ वीराने जंगल के बीच विशाल प्रांगण में कई छोटे-बड़े मंदिर हैं। इन्हीं में दक्षिण की स्थापत्य शैली में बना 'त्रिपुरसुंदरी माता' का अलौकिक मंदिर है। श्रीयंत्र भी यहाँ एक दीवार पर स्थापित है। मंदिर के पुजारी इसकी कहानी बड़े भक्तिभाव से सुनाते हैं। यहाँ भली प्रकार से दर्शन करने के बाद दंडवत् प्रणाम कर हम अब 'गोपीतालाब' के दर्शनार्थ चल पड़े। यह द्वारका से लगभग बीस कि.मी. दूर है। हमारा ऑटो गोपीतालाब की ओर दौड़ रहा है, तब तक मैं आपको गोपी-तालाब के माहात्म्य के बारे में बता देता हूँ। कहा जाता है कि महाभारत युद्ध-विजय के बाद अर्जुन को अपनी शक्ति पर घमंड हो गया था, भगवान् अपने प्रिय भक्त में यह दोष कैसे सहन कर सकते थे, सो जाते-जाते, यानी परलोक गमन से पूर्व लीलाधारी ने लीला रची। एक यह भी कथा आती है कि धर्मराज होने के नाते युधिष्ठिर इस लीला का थोड़ा ज्ञान रखते थे, सो उन्होंने अर्जुन को समझा दिया था कि तुम द्वारका जा तो रहे हो, पर सावधान रहना। तुम कृष्ण के प्रिय सखा हो, तुम पर उनका अनन्य स्नेह है। अतः अंतिम अवस्था में तुम्हारे प्रति उनका मोह प्रबल हो सकता है। चूँकि अब वे पृथ्वी लोक से अपनी लीला समेट गोलोक जाने

की तैयारी कर रहे हैं। स्वर्णमयी द्वारका को उन्होंने समुद्र देव के हवाले कर दिया है। यदुवंशी सब आपस में लड़कर मर-खप रहे हैं। तुम उनके स्पर्श मात्र से भी दूर रहना।

अर्जुन द्वारका आए तो भगवान् द्वारकाधीश ने कहा, 'हे पार्थ, यहाँ सबकुछ समाप्त होनेवाला है, अतः इन गोपियों को अपने साथ इंद्रप्रस्थ ले जाओ।' अर्जुन ने देखा, द्वारकानाथ कितने दुर्बल और क्षीणकाय हो गए हैं। तभी भगवान् श्रीकृष्ण ने पुकारा—'अर्जुन मुझे सहारा देकर खड़ा तो करो, मैं उठ पाने में असमर्थ हूँ।' यह सुनकर अर्जुन का मन द्रवीभूत हो गया, लेकिन तुरत ही धर्मराज की चेतावनी का समरण हो आया, अतः अर्जुन ने चुप्पी साध ली। कृष्ण ने कातर दृष्टि से देखते हुए फिर पुकारा—'अर्जुन, कम-से-कम अपने धनुष का सहारा तो मुझे दे ही सकते हो।' अपने परम इष्ट एवं सखा को इस अवस्था में देखकर अर्जुन का मन विचलित हो गया। हाय, हाय! मेरे हर संकट में, जीवन के हर प्रहर में, महाभारत युद्ध में पग-पग पर मेरा साथ देने वाले अपने सखा की मैं अनदेखी नहीं कर सकता और उन्होंने अपने गांडीव का एक सिरा द्वारकानाथ की ओर बढ़ा दिया। द्वारकानाथ के स्पर्श मात्र से अर्जुन की सारी दिव्य शक्तियाँ त्रिलोकीनाथ के पास लौट गईं। अब अर्जुन एक सामान्य योद्धा मात्र थे।

गोपियों को साथ ले अर्जुन आगे बढ़े तो इसी तालाब के समीप श्रीकृष्ण द्वारा प्रेरित काबा जाति के भीलों ने उन पर हमला कर गोपियों का अपहरण करना चाहा। भीलों और अर्जुन के बीच भयंकर युद्ध हुआ। भीलों पर अर्जुन का कोई वश न चला और गांडीव भी निस्तेज हो गया। अर्जुन को भीलों से पराजित होता देख गोपियों ने अपनी अस्मिता की रक्षा के लिए इस तालाब में छलाँग लगा दी और करुण-क्रंदन करते हुए श्रीकृष्ण को पुकारा, 'हे द्वारकानाथ! हमारी ऐसी गति क्यों? क्या हमारी भक्ति निष्फल ही जाएगी? क्या संसार से हमारा अस्तित्व ही मिट जाएगा?' तब भगवान् श्रीकृष्ण ने यहाँ गोपियों को दर्शन देकर परमगति प्रदान की और कहा, 'तुम्हारी निश्छल भक्ति के महाप्रताप से इस तालाब की मिट्‌टी को धारण करनेवाले को चंदन के समान शीतलता, शांति तथा सुख की प्राप्ति होगी। यह पवित्र माटी 'गोपीचंदन' कहलाएगी। इससे तुम्हारी कीर्ति सदा-सर्वदा बनी रहेगी। यह मेरा वचन अटल है।' यहाँ आनेवाले श्रद्धालु आज भी गोपीचंदन को धारण करते हैं। कहा जाता है कि यह चर्मरोग को भी ठीक करता है। यहाँ यह मंदिरों में भी चढ़ाया जाता है।

हमारा ऑटो भी यहाँ आ पहुँचा है। सबसे पहले हमने यहाँ तली हरी मिर्च के साथ पकौड़े तथा जलेबी का नाश्ता किया। अब दर्शन करने गोपीतालाब पर आ पहुँचे हैं। दूज के चंद्रमा के आकार के इस बड़े तालाब के पाट और घाट पक्के बनाए गए हैं। गरमियों में जब इसका पानी कम हो जाता है तो मिट्‌टी निकाल ली जाती है, फिर इसकी बत्तियाँ बनाकर वर्ष भर गोपीचंदन के रूप में बेची जाती हैं। यहाँ आनेवाले यात्री इसे खरीदकर

श्रीनागेश्वर ज्योतिर्लिंग (दारुका वन) पर हमारा यात्री दल

अपने साथ जरूर ले जाते हैं। हमने भी इसका एक-एक पैकेट खरीदा। यहाँ तीर्थयात्री मनौती के पटके भी बाँधते हैं। ऐसा विश्वास किया जाता है कि भगवान् द्वारकाधीश ने गोपियों की इच्छा पूर्ण की थी, अत: आपकी मनोकामना भी अवश्य पूरी होगी।

यहाँ से हम इसी मार्ग पर पीछे की ओर नागेश्वर ज्योतिर्लिंग के दर्शनार्थ लौटे। गोपीतालाब से यहाँ की दूरी तीन किमी. तथा द्वारका से सत्रह किमी. है। यहाँ हम सायं आरती के समय दर्शन करना चाहते थे, इसलिए पहले गोपीतालाब चले गए थे। जब तक यहाँ सायं आरती की तैयारियाँ हो रही हैं, तब तक इस ज्योतिर्लिंग के बारे में जान लेना ठीक रहेगा। पुराणों के अनुसार भगवान् शिव जहाँ-जहाँ स्वयं प्रकट हुए, उन स्थानों पर स्थित शिवलिंगों को ज्योतिर्लिंग के रूप में पूजा जाता है। नागेश्वर ज्योतिर्लिंग भारत के बारह ज्योतिर्लिंगों में से एक है। यह द्वारका-गोमती नदी के ईशान कोण में दारुका वन में स्थित है। शास्त्रों में भगवान् शिव नागों के देवता कहे गए हैं और नागेश्वर का अर्थ ही है—'नागों का ईश्वर'। अत: भगवान् भोलेनाथ का एक नाम 'नागेश्वर' भी है। शास्त्रों में इसकी महिमा बताते हुए कहा गया है कि जो व्यक्ति पूर्ण श्रद्धा तथा विश्वास से यहाँ दर्शनों के लिए आता है, उसे जीवन के समस्त पापों से मुक्ति मिल जाती है। वैसे तो अन्य स्थानों में स्थित ज्योतिर्लिंगों को भी नागेश्वर ज्योतिर्लिंग कहा जाता है, जैसे हैदराबाद में स्थित नागेश्वर ज्योतिर्लिंग, अल्मोड़ा (उत्तराखंड) में जागेश्वर ज्योतिर्लिंग; लेकिन 'शिवपुराण' में द्वारकापुरी के ज्योतिर्लिंग को ही नागेश्वर ज्योतिर्लिंग माना गया है। इसके अलावा

अन्य धर्मशास्त्रों में भी भारत के द्वादश ज्योतिर्लिंगों में 'नागेश दारुकावने' इस प्रकार का उल्लेख आता है। इसके बारे में यह कथा प्रचलित है कि यहाँ दारुका नाम की राक्षसी का बड़ा ही आतंक था। वह समुद्र-मार्ग से जानेवाले यात्रियों को लूटकर कैद में डाल देती थी। एक बार एक नौका को लूटा तो उसमें 'सुप्रिय' नाम का शिवभक्त व्यापारी भी था, उसे भी बंदी बना लिया गया। उसने जेल में पार्थिव शिवलिंग की पूजा शुरू कर दी, तब भगवान् शिव ने यहाँ नाग के रूप में प्रकट होकर दारुका राक्षसी का संहार किया। उसी समय से भगवान् शंकर का यह ज्योतिर्लिंग 'नागेश्वर' नाम से प्रसिद्ध हो गया।

आरती लगभग प्रारंभ होनेवाली है। हमने पंक्ति में लगकर पूजा-अभिषेक की थाली खरीदी। इसका शुल्क दो सौ रुपए है; इसमें है जल का एक लोटा, नारियल, बेल, फूलमाला, सिल्वर के नाग-नागिन तथा सिल्वर का कमल-पत्र। साढ़े छह बजे आरती प्रारंभ हो गई। बड़े-बड़े एवं भारी घंटे-घड़ियाल, जिनको हाथ में लेकर बजाना संभव नहीं है, बड़ी तरतीब से इन्हें दीवार के सहारे टाँग रखा है, जिन्हें पुजारी हाथ या उँगली में बँधी डोर के सहारे बजा रहे हैं। बड़े ही मधुर सुर-लय-ताल में आरती चल रही है। मुख्य पुजारी शिवलिंग तथा अन्य मूर्तियों की आरती उतार रहे हैं। इस अवसर पर श्रद्धालुओं की अच्छी-खासी भीड़ इकट्ठी हो गई है। सब तन-मन-प्राण से भोलेनाथ के ध्यान में निमग्न हो गए हैं। हम भी अपने आपको भुला बैठे हैं। पूरा परिवेश ही ऐसा तेजोमय और अलौकिक बन गया है, यह अनुभूति वर्णनातीत है। आरती के बाद पुजारियों ने समवेत स्वर में स्वस्तिवाचन किया। इसके पाँच मिनट बाद पूजा-अभिषेक का क्रम शुरू हुआ। यहाँ पर पूजा एवं अभिषेक के लिए धोती धारण करनी पड़ती है। शिवलिंग के दाईं ओर एक कमरे में बहुत सारी भगवा एवं पीली धोतियाँ रखी हैं। पैंट उतारकर हमने भी धोती धारण की। सर्वप्रथम मित्र आनंद शर्मा ने भोलेभंडारी को बिटिया की शादी का निमंत्रण कार्ड भेंट किया। हमें शिवलिंग के इर्दगिर्द अर्धवृत्त में बैठाकर पुजारीजी ने मंत्रोच्चार के साथ पूजा कराई। अपने-अपने नाम-गोत्र का स्मरण कर हमने शिवलिंग का जलाभिषेक किया। नारियल, फूलमाला, बेल क्रमशः समर्पित कर नाग-नागिन का जोड़ा भेंट किया। कमल-पत्र के बारे में पुजारीजी ने कहा कि इसे घर ले जाकर मंदिर अथवा तिजोरी आदि में रखना। दंडवत् प्रणाम कर हम लोग बाहर आए, धोती को यथास्थान रखा और अपने कपड़े पहन लिये।

पहले यह स्थान बहुत छोटा था। प्रसिद्ध धर्मकर्मी एवं गायक गुलशन कुमार ने एक ट्रस्ट बनाकर इस ज्योतिर्लिंग का जीर्णोद्धार करवाकर इसे स्थापत्य कला का अद्‌भुत नमूना बना दिया। शिवलिंग अपने पुरा-स्थान पर ही अवस्थित है, वहाँ तक जाने के लिए कुछ सीढ़ियाँ उतरनी पड़ती हैं। शिवलिंग गर्भगृह के ठीक सामने विशाल और भव्य सभामंडप बनवाया गया है। इसी में बाईं ओर गुलशन कुमार की मूर्ति तथा साथ ही ज्योतिर्लिंग

तीर्थ का मॉडल स्थापित है। इसके ठीक सामने प्रसाद तथा धार्मिक पुस्तकों की दुकान लगा ली गई है। मंदिर के बाहर बनवाई गई एक सौ पच्चीस फुट ऊँची तथा पच्चीस फुट चौड़ी भोलेभंडारी की मूर्ति आकर्षण का केंद्र है, जो दूर से ही दिखाई पड़ती है। पार्किंग तथा पीने के पानी की अच्छी व्यवस्था है। मंदिर में कैमरे लगाए गए हैं। श्रद्धालु आरती आदि के कार्यक्रम दीवारों पर लगे एल.सी.डी. टीवी पर भी देख सकते हैं। मंदिर प्रांगण से बाहर निकले तो देखा कि अँधेरे ने अपने साम्राज्य का विस्तार कर लिया है।

यहाँ से निकल अब हमारा ऑटो द्वारका की ओर दौड़ चला। जब तक हम द्वारकाधीश मंदिर पहुँचें, तब तक हम आपसे द्वारका और द्वारकाधीश के बारे में चर्चा करते हैं। सौराष्ट्र राज्य की प्राचीन नगरी द्वारका दो शब्दों का योग है—द्वार+का, 'का' मतलब ब्रह्म, अर्थात् ब्रह्म को पाने का द्वार, यानी कर्म के बंधनों से मुक्ति पाने का स्थान है द्वारका। इसीलिए द्वारका 'मोक्षपुरी' कहलाती है। चार पवित्र धामों में से एक तथा मोक्षदायिनी सप्त पुरियों में से एक है द्वारका। आदि शंकराचार्य द्वारा स्थापित चार पीठों (मठों) में सर्वप्रथम स्थापित शारदापीठ भी यहीं स्थित है। भगवान् कृष्ण की राजधानी द्वारका, जहाँ उन्होंने सौ वर्ष तक शासन कर आर्यावर्त्त की राजनीति को उँगली पर नचाया। भगवान् श्रीकृष्ण ने अपने एक सौ पच्चीस वर्ष के जीवनकाल के प्रथम ग्यारह वर्ष ब्रज क्षेत्र में नाना बाल-लीलाएँ करते हुए, गौएँ चराते हुए, ग्वाल-बालों के साथ खेलते तथा खेल-खेल में पूतना, बकासुर जैसे राक्षसों का संहार करते हुए बिताए। अगले चौदह वर्ष मथुरा में रहते हुए कुवलियापीड़, चाणूर और अपने मामा कंस का उद्धार किया, नाना उग्रसेन को मथुरा के सिंहासन पर आरूढ़ किया तथा बाद के सौ वर्षों में द्वारका में शासन करते हुए जरासंध, शिशुपाल का वध तथा महाभारत के युद्ध में 'गीता' का अमर ज्ञान देकर पांडवों के माध्यम से धर्म की प्रतिष्ठापना की।

पुराणों में उल्लेख है कि भगवान् कृष्ण ने द्वारका बसाने के लिए समुद्रदेव से भूमि उपलब्ध कराने की प्रार्थना की। समुद्रदेव तुरंत ही बारह योजन पीछे हट गए और फिर विश्वकर्मा ने इस पावन भूमि पर सोने की दिव्य द्वारका का निर्माण किया। द्वारकाधीश मंदिर लगभग 5235 वर्ष प्राचीन बताया जाता है, लेकिन पुरातात्त्विक निष्कर्षों में इसे 2200 वर्ष पुराना माना गया है। मंदिर का निर्माण भगवान् कृष्ण के प्रपौत्र (चौथी पीढ़ी) वज्रनाभ के द्वारा 'हरिगृह' यानी भगवान् द्वारकानाथ के निवास-स्थान पर कराया गया था। चूने की अधिकता वाले सफेद बलुआ पत्थर से निर्मित यह मंदिर बहत्तर स्तंभों पर सात मंजिल धारण किए हुए है। मंदिर की स्थापत्य शैली श्रीयंत्र के आकार में है। इसके आगे के चार कोने चार धामों का प्रतिनिधित्व करते हैं तथा पीछे का सुदीर्घ हिस्सा मोक्षपुरी को इंगित करता है। इसे 'जगत मंदिर' नाम से भी जाना जाता है। 'महाभारत' महाकाव्य में द्वारका को भगवान् श्रीकृष्ण की राजधानी बताया गया है, जो पवित्र गोमती तथा समुद्र

(अरब सागर) के संगम पर स्थित है। उत्तर के प्रवेश द्वार को 'मोक्षद्वार' तथा दक्षिण के द्वार को 'स्वर्गद्वार' कहा जाता है। स्वर्गद्वार की छप्पन सीढ़ियाँ पवित्र गोमती में उतरती हैं। मंदिर का शीर्ष भूतल से एक सौ पचास फीट ऊँचा है। पूरब से पश्चिम मंदिर की लंबाई अठासी फीट तथा उत्तर से दक्षिण चौड़ाई सत्तर फीट है। कुल मंदिर विमान गृह, भद्रपीठ, लाडवा मंडप तथा अर्धमंडप—इन चार भागों में बँटा है। इसकी तीसरी मंजिल पर शक्ति माँ का मंदिर है, जो भगवान् द्वारकानाथ की कुलदेवी कही गई हैं।

श्रीद्वारकाधीश मंदिर, द्वारका

मंदिर के शिखर पर फहराती ध्वजा पर सूर्य तथा चंद्रमा भगवान् द्वारकाधीश के राजचिह्न के रूप में अंकित हैं। बावन गज यानी चालीस मीटर लंबी ध्वजा पाँच या एक रंग की भी हो सकती है। ध्वजा फहराते समय ऊपर से श्रीफल फेंका जाता है, जिसे श्रद्धालु प्रसाद के रूप में ग्रहण करते हैं। मंदिर के ऊपर पच्चीस फुट लंबे ध्वज-स्तंभ पर दिन में चार बार यानी दो बार सुबह तथा दो बार सायं को नई ध्वजा को पूरे गाजे-बाजे तथा पूजा-अर्चना के बाद फहराया जाता है, यह समारोह भी कम दर्शनीय नहीं होता है। मंदिर के गर्भगृह में प्रतिष्ठापित भगवान् द्वारकाधीश का सवा दो फीट लंबा काले पत्थर का विग्रह सोलह कला संपन्न है। माता रुक्मणी ने इसी स्वरूप की पूजा की थी। इस विग्रह को यहीं स्थित सावित्री वापी (कुएँ) से प्राप्त किया गया था। मंदिर में प्रतिदिन प्रातः सात बजे मंगला आरती के साथ मंगला

दर्शन होता है, जिससे जीवन मंगलमय होता है। इसके बाद प्रभु का अभिषेक, भोग··· श्रृंगार दर्शन होता है। दुपहर 12:30 से सायं 5:00 बजे तक मंदिर के पट बंद रहते हैं। सायं में पट खुलने पर सांध्य आरती, उत्थान भोग···शयन आरती होती है। द्वारकानाथ भगवान् के वस्त्राभूषण धारण करने का विधान भी नियत है। सोमवार को उन्हें गुलाबी वस्त्र धारण कराए जाते हैं, मंगल को पीले, बुध को हरित, गुरु को केसरिया, शुक्र को श्वेत, शनि को नीले और रवि को लाल वस्त्र। बताया तो यह भी जाता है कि इससे पूर्व द्वारका छह बार समुद्र में डूब चुकी थी और यह सातवीं बार बसाई गई है। यहाँ मंदिर पुनर्निर्माण का कार्य निरंतर चलता रहता है। हमारे तीर्थ–पुरोहितजी का फोन आ रहा है और हम भी लगभग द्वारकाधीश यानी 'जगत मंदिर' के पास आ पहुँचे हैं। जूते–चप्पल तथा मोबाइल एक स्थान पर जमा करके हम लोग तुलसी की माला लेकर पुरोहितजी के निर्देशन में मंदिर के दर्शनार्थ आगे बढ़े।

मोक्षद्वार पर मत्था टेक मंदिर में प्रवेश किया। मंदिर में क्रमशः सत्यनारायण मंदिर, कुशेश्वर, कोरवा भगत का मंदिर, काशी विश्वनाथ, अंबा माँ, पुरुषोत्तम भगवान्, बलदेवजी का मंदिर, राधाकृष्ण मंदिर, दुर्वासा का मंदिर, भगवान् की पटरानियों सत्यभामा, जांबवती, लक्ष्मी, महालक्ष्मी आदि मंदिरों के दर्शन किए और पुरोहितजी ने इन सबका माहात्म्य बताया। भगवान् द्वारकाधीश के ठीक सामने देवकी माता का मंदिर है। प्रातः सर्वप्रथम इस मंदिर के पट खुलते हैं, उसके बाद द्वारकाधीश मंदिर के, क्योंकि भगवान् श्रीकृष्ण स्वयं सबसे पहले देवकी माता के दर्शन करते हैं। सायं आरती लगभग पूर्ण हो चुकी है। हम लोग दक्षिण की ओर से दर्शनार्थ पंक्तिबद्ध हो गए हैं। द्वारकाधीश भगवान् की भव्य–दिव्य झाँकी नेत्रों के सामने है। कतारबद्ध दर्शनार्थी द्वारकाधीश की जय–जयकार कर रहे हैं। दर्शन करते हुए आगे बढ़ रहे हैं। हम लोग किनारे की पहली पंक्ति में हैं। समय जैसे ठहर गया है। अपनी चार भुजाओं में शंख, चक्र, गदा, पद्म धारण किए द्वारकानाथ की अलौकिक छवि में हम अपनी सुध–बुध खो बैठे हैं। शरीर पुलकित हो रहा है, बार–बार रोमांच हो आता है। दर्शन की प्यास शांत नहीं हो रही है, नेत्र प्रभु के आकर्षण में बँध गए हैं। मन की स्थिति विचित्र हो गई है, कंगाल को जैसे अकूत खजाना मिल गया हो और वह सब प्रयत्नों के बाद भी उसे सहेज न पा रहा हो। इस दिव्य आनंद का, इस प्राप्य का, इस उपलब्धि का वर्णन वाणी से कर पाना संभव नहीं। यह तो गूँगे का गुड़ है। इसका स्वाद बताया नहीं जा सकता, केवल अनुभव किया जा सकता है।

द्वारकाधीश प्रभु के दर्शनों की वर्षों की साध आज पूरी हो गई। जीतभाई तो इतने विह्वल हैं कि यहाँ से हटना ही नहीं चाहते हैं। आखिर पंक्ति में आगे बढ़ते हुए हमें वहाँ से हटना पड़ा। अन्य भक्तों को भी दर्शन करने हैं, आखिर मंदिर की व्यवस्था को भी बनाए रखना है, उसमें किसी प्रकार का विघ्न पैदा न हो, इसका भी ध्यान रखना है।

भले ही आप द्वारकानाथ को भली प्रकार न देख पाए हों, पर प्रभु तो आपको भरपूर देख पा रहे हैं, इसमें कोई संदेह नहीं है। यहाँ से निकलकर हम लोगों ने बाईं ओर आरती शिरोधार्य की और किशमिश का प्रसाद ग्रहण किया। अब हमारे तीर्थ-पुरोहितजी मंदिर के पीछे की ओर शारदा पीठ में ले आए हैं। उन्होंने बताया कि आदि शंकराचार्य द्वारा स्थापित यह सबसे पहली पीठ है और यह लगभग 2525 वर्ष पुरानी है। इसका भवन स्थापत्य कला का बेजोड़ नमूना है। हम सब ने शंकराचार्यजी की गद्दी को साष्टांग प्रणाम किया। यहाँ के शंकराचार्य स्वामी स्वरूपानंदजी इन दिनों मध्य प्रदेश के प्रवास पर हैं, इस कारण उनके दर्शन नहीं हो सके।

मंदिर परिसर में स्थित लगभग सभी मंदिरों के दर्शन कर लिये हैं। दक्षिण द्वार के बाईं ओर काउंटर है, जहाँ प्रसाद की रसीद कटवाई जाती है। मित्र आनंद शर्मा तथा चाचाजी ने आज ही प्रसाद की रसीद कटवा ली है। देवकी माता मंदिर से पहले, थोड़ा पीछे की ओर प्रसादघर है, रसीद दिखाकर यहाँ से प्रसाद मिल जाता है। हम सब लोग मंदिर से बाहर की ओर चले, परंतु फिर-फिर चितचोर के दर्शन का लोभ सँवरण नहीं कर पा रहे हैं, सो चलते-चलते उचक-उचककर द्वारकाधीश प्रभु के दर्शन कर आगे-पीछे ही मंदिर से बाहर आ सके। अपने-अपने जूते पहनकर मोबाइल ले लिये। यहाँ जूते आदि रखने की अच्छी व्यवस्था है। टोकरियों में कपड़े के बड़े-बड़े थैले रखे रहते हैं, इनमें जूते-चप्पल डालकर जूता-स्टैंड पर जमा करा देते हैं, यह सेवा निःशुल्क है।

यहाँ से निकलकर सीधे 'आरती भोजनालय' में आए और भोजन कर धर्मशाला की ओर चले। रास्ते में द्वारका ट्रैवल्स में कल अहमदाबाद जाने के लिए स्लीपर बस में चार टिकट बुक कराए। यहाँ से अहमदाबाद की दूरी पाँच सौ किमी. है और किराया चार सौ साठ रुपया प्रति यात्री। खैर, धर्मशाला पहुँच अपने कमरे में आ कपड़े उतारे और सोने का उपक्रम करने लगे। लेकिन जीतभाई को समस्या खड़ी हो गई, इनके गले तथा छाती पर चकत्ते उभर आए, उनमें खुजली हो रही है। बाहर मेडिकल स्टोर तथा डॉक्टर के बारे में पूछा, कुछ पता न चला। यहाँ दुकानें जल्दी बंद हो जाती हैं। आखिर चाचा रवि शर्मा जीतभाई के साथ डॉक्टर की खोज में निकले। ढूँढ़ने पर दूर जाकर एक डॉक्टर मिल गया। दवाई लेकर दोनों धर्मशाला लौट आए। दवाई खाकर जीत भाई लेट गए, हम भी सो गए। दिन भर के थके-माँदे तो थे ही, सो बड़ी मीठी नींद आई।

प्रातः आरती में शामिल होना था, सो चाचाजी ने साढ़े पाँच बजे ही सबको जगाना शुरू कर दिया, पर आनंद शर्मा उठने में हीला-हवाली कर रहे हैं। लंबी हुज्जत के बाद आखिर उठे। हम लोग तो नित्यकर्म से निवृत्त हो ही गए थे, सो चाय मँगाई गई। चाय पीकर मंदिर पहुँचे। तीर्थ-पुरोहित लालूजी पहले ही वहाँ पहुँच गए थे। रात्रि की तरह प्रातः में भी तृप्तिदायक दर्शन हुए। आनंद शर्माजी ने द्वारकाधीश भगवान्

को शादी का निमंत्रण-कार्ड भेंट किया। दर्शन के बाद आरती को शिरोधार्य किया और किशमिश का प्रसाद पाया। मैंने और जीत भाई ने काउंटर पर रसीद कटवाकर प्रसादघर से प्रसाद लिया।

चूँकि हमने आज बेट-द्वारका जाना है, सो मंदिर से बाहर निकलकर आने-जाने के लिए छह सौ रुपए में एक ऑटो कर लिया। यहाँ से बेट-द्वारका लगभग पैंतीस किमी. दूर है। हमारा ऑटो अपनी मंजिल की ओर दौड़ चला। ओखा के करीब आ पहुँचे हैं। यह गुजरात का बहुत बड़ा औद्योगिक क्षेत्र है और यहीं पर टाटा नमक प्लांट स्थित है। यहाँ से बेट-द्वारका के लिए स्टीमर जाते हैं। हम लोग स्टीमर घाट पर हैं। यहाँ पक्षियों के लिए दाना बेचने वाले बहुत से फेरीवाले हैं, जो यात्रियों से आग्रह करते हुए अपना सामान बेच रहे हैं। यहाँ भारतीय नौवहन के बड़े-बड़े जहाज, गश्ती नौकाएँ, स्टीमर आदि खड़े हैं। भारतीय तट-रक्षक दल की एक पूरी यूनिट जहाँ तैनात है। इधर का क्षेत्र आम लोगों के लिए प्रतिबंधित है। समुद्र में स्टीमर-ही-स्टीमर, नौका-ही-नौकाएँ दीख पड़ रही हैं। लगभग सभी पर तिरंगा ध्वज तथा इसलामिक झंडे लहरा रहे हैं। नौकाओं, जहाजों से भरा समुद्र देख-देख मैं विस्मित हो रहा हूँ।

यहाँ एक के बाद एक स्टीमर घाटों पर लगते हैं, आनन-फानन में यात्रियों से भर जाते हैं और बेट-द्वारका की ओर चल पड़ते हैं। यहाँ किसी भी सामान की ढुलाई तथा आने-जाने का एकमात्र साधन स्टीमर ही हैं। लो अगला स्टीमर घाट पर लगा और हम भी इसमें चढ़ बैठे। हमें किनारे पर बैठने का स्थान मिल गया। इसमें अच्छी-खासी भीड़ हो गई है। एक यात्री का किराया दस रुपया है। अब हमारा स्टीमर भी आगे बढ़ा। अथाह नीलिया जलराशि पर स्टीमर मंथर गति से थिरक रहा है। यात्री खुशी के मारे चिल्ल-पों मचा रहे हैं। ऑस्ट्रेलिया के श्वेत-धवल प्रवासी पक्षी, जो बगुले की प्रजाति के हैं, बड़े ही सुंदर दिख रहे हैं, स्टीमर के ऊपर उड़ते चल रहे हैं। यात्री उन्हें खिलाने के लिए दाने, मुरमुरे आदि फेंक रहे हैं। ये पक्षी पानी में डुबकी लगाकर आपस में झीना-झपटी करते हुए दानों को अपनी चोंच में लपक लेते हैं। बड़ा ही मजेदार खेल चल रहा है। आगे-पीछे उड़-उड़कर भी ये पुनः-पुनः स्टीमर के डेक पर आ जाते हैं—'जैसे उड़ि जहाज कौ पंछी पुनि जहाज पे आवे'।

बेट-द्वारका सामने दिखाई पड़ रही है। गुजराती में टापू को बेट कहते हैं। दक्षिण-पश्चिम से पूर्वोत्तर यह टापू लगभग बारह किमी. विस्तृत है। कहा जाता है कि यहीं पर दीन सुदामा अपने सखा द्वारकाधीश भगवान् से मिलने आए थे। स्टीमर किनारे लगा। हम लोग उतरकर पैदल ही एक छोटा सा बाजार पार करते हैं। अधिकतर यात्री दर्शनार्थी ही हैं। एक खुले प्रांगण में जूते उतारकर मंदिर में प्रवेश किया। मंदिर जीर्ण-शीर्ष तथा बहुत प्राचीन है। पुराने जमाने की छत वाले बरामदे में एक ओर द्वारकाधीश प्रभु की

मूर्ति विराजमान है, इसके सामने ही वटुक श्लोक पाठ कर रहे हैं। जगह तंग है और दर्शनार्थी ज्यादा। यहाँ दर्शनार्थी दुपहर तक ही आते हैं, क्योंकि दुपहर के बाद एक बजे से स्टीमर इधर आना बंद हो जाते हैं। हमने द्वारकानाथ को दंडवत् प्रणाम किया। यहाँ से बाईं ओर निकलकर सुदामा मंदिर में दर्शन किए। यहाँ पुजारी सब यात्रियों को बैठाकर बड़े प्रेम से सुदामा-कृष्ण के मिलन की कथा सुनाते हैं और सुदामा के तंडुल प्रसाद-स्वरूप देते हैं। यहाँ से निकलकर आगे जाने के लिए एक वाहन लेकर हम आगे हनुमान-मकरध्वज का मंदिर देखने पहुँचे, यहाँ से दो-ढाई किमी. आगे चौरासी धूना अखाड़ा देखा। बस इसके बाद हम तुरंत लौट पड़े और बेट-द्वारका आकर स्टीमर भी तुरंत मिल गया। इधर ओखा में हमारा ऑटोवाला इंतजार कर ही रहा था, सो शीघ्र ही ऑटो में बैठ द्वारका की ओर वापस लौट पड़े।

द्वारका के प्रवेश करते ही बिल्कुल निकट यानी समुद्र में थोड़ा अंदर जाकर 'भड़केश्वर महादेव' का मंदिर देखने आए हैं। पहले समुद्र के पानी में होकर मंदिर तक जाना पड़ता था, परंतु अब सरकार ने पक्का और ऊँचा सीढ़ीनुमा पथ बनवा दिया है। यह मंदिर चट्टान पर काफी ऊँचाई पर है, इसके चारों नहीं, तीन ओर बड़े-बड़े शिलाखंड तथा पत्थर डालकर समुद्र की बेरहम लहरों से सुरक्षित कर दिया गया है। यहाँ तट की शिलाओं को समुद्र की अनवरत लहरों ने अंदर तक ऐसा काट दिया है कि ये प्राचीन गुफाएँ जैसी लगती हैं। कुछ सैलानी तट से नीचे उतरकर इनके बीच घूम-फिरकर शिला और समुद्र के बीच हुए संघर्ष की परिणाम इन अजीब रचनाओं का अवलोकन कर रहे हैं। यहाँ किनारे पर से जीत भाई ने मोबाइल से हमारे फोटो खींचे।

मंदिर के इस रास्ते पर एक-दो दुकानें पटरी पर सजी हैं। ये लोग मोती, सीप, घोंघा तथा समुद्र से निकलने वाली छोटी-मोटी चीजें बेच रहे हैं। हमारे पास समय की कमी है। चाचाजी और आनंद शर्मा ऑटो में बैठे हमारा इंतजार कर रहे हैं। लपककर हम भी ऑटो में सवार हो गए। अब हमारा एक और गंतव्य द्वारका में ही सिद्धेश्वर महादेव का मंदिर है। यहाँ पहुँचकर हम लोगों ने ज्ञान कुएँ (वापी) का जल पिया और सिद्धेश्वर महादेव के दर्शन किए। यहाँ पर शंकराचार्य स्वामी स्वरूपानंदजी ने तीन दिन तपस्या की थी, उन्होंने ही यहाँ मंदिर में मूर्ति की प्राण-प्रतिष्ठा कराई थी, इसलिए यहाँ इस मंदिर का बड़ा महत्त्व है। ऑटोवाले को विदा कर तीर्थ-पुरोहित लालूजी के साथ हमने भोजन किया। फिर धर्मशाला आकर मैंने और चाचाजी ने स्नान किया। घंटे भर आराम कर गोमती-स्नान तथा समुद्र-दर्शन करने निकले।

पर्यटन के क्षेत्र में गुजरात में बहुत विकास हुआ है। हम समुद्र के किनारे पक्के घाटों पर चल रहे हैं, जो बड़े ही कलात्मक ढंग से बनाए गए हैं, जगह-जगह बैठने के लिए पत्थर की बेंच, टहलने के लिए पक्के पैदल-पथ, इन्हीं के बीच-बीच में लगे शिलापट्टों

पर गीता के श्लोक, उनका हिंदी-अंग्रेजी में अर्थ उकेरा गया है। इनके बीच-बीच में छोटे-छोटे शोभादायी पौधे भी रोपे गए हैं। गोमती-समुद्र के संगम पर समुद्र-देवता का बड़ा ही भव्य मंदिर है। गोमती नदी के दोनों किनारे पक्के तथा चित्ताकर्षक घाट बनाए गए हैं। रंग-बिरंगे चित्रों में यहाँ पूरी कृष्णलीला प्रदर्शित है। लगता है कि वृंदावन और गोकुल उठकर यहीं आ गए हैं। गोमती में आज पानी ज्यादा नहीं है। श्रद्धालु मछलियों को आटे की गोलियाँ खिला रहे हैं। जीतभाई और आनंद शर्मा आगे निकल गए। रवि चाचा ने आटे के गोले खरीद लिये, हम दोनों जन सीढ़ियाँ उतरकर आटे की छोटी-छोटी गोलियाँ बनाकर मछलियों को खिलाने लगे। जैसे ही गोलियाँ डालते हैं, सैकड़ों मछलियाँ टूट पड़ती हैं, आपस में छीना-झपटी मच जाती है। यह कौतुक देखने में बड़ा आनंद आ रहा है।…गोमती के रेत में चाचाजी और जीतभाई ऊँट की सवारी करने को मचल उठे। एक चक्कर लगाने के बाद सवारी उतारने के लिए जब ऊँट बैठाया गया तो वह आगे के पैर मोड़कर कुछ देर यों ही ठहर गया। चाचाजी तो उलटे हो गए और लगा, चाचा गिरे कि अब गिरे। आखिर ऊँट बैठ गया और हमारे ये दोनों नन्हे-मुन्ने सकुशल नीचे उतर पाए।

आनंद शर्मा गोमती में स्थान कर रहे हैं और हम तीनों गोमती के उस पार 'पंचनदतीर्थ' देखने आ गए हैं। यहाँ खारे जल-जमीन के अथाह विस्तार में मीठे जल के पाँच कुएँ हैं, जिन्हें 'पांडवों के कुएँ' कहा जाता है। इनकी विशेषता है कि पाँचों का जल मीठा तथा अलग-अलग स्वाद का है। हम लोगों ने पानी पीकर देखा। वास्तव में पानी के स्वाद में अंतर था। खारे पानी के वीराने में मीठे पानी के ये कुएँ विस्मयकारी हैं।…जंगल में मंगल, रेगिस्तान में अमृत—और क्या कहूँ! यहाँ गोमती पर झूला-पुल का निर्माण युद्ध स्तर पर चल रहा है; गोमती के घाटों के सौंदर्यीकरण का कार्य भी प्रगति पर है। निकट भविष्य में द्वारका पर्यटकों की पहली पसंद बन जाएगी। यहाँ से लौटकर शाम को द्वारकाधीश मंदिर में दर्शन करने के बाद तुलादान किया। मित्र आनंद शर्मा ने तीर्थ-पुरोहितजी को दक्षिणा देकर विदा किया; चूँकि आज सायं आठ बजे हमें बस से अहमदाबाद निकलना है, सो धर्मशाला जाकर वहाँ भी दान-दक्षिणा दी और द्वारका ट्रैवल्स की स्लीपर बस में आकर बैठ गए। ठीक साढ़े आठ बजे यात्रा शुरू कर सोते-सोते साढ़े छह बजे प्रात: अहमदाबाद पहुँच गए।

हमें ऑटो में बैठा छोड़कर आनंद शर्मा रेलवे स्टेशन के सामने मैन रोड पर स्थित मणिलाल रणछोड़दास विश्राम भवन के विशाल फाटक के छोटे यानी खिड़की दरवाजे से प्रवेश कर कमरे की तलाश में गए। यहाँ का केयरटेकर आज शाम तक के लिए 350 रुपए में एक कमरा देने के लिए तैयार हो गया। आनंद शर्मा बाहर आए और फिर हमें बुलाकर अंदर ले गए। खुले बरामदे में स्थित ऑफिस, जहाँ कुरसियाँ पड़ी हैं, सामान

रखकर उन पर बैठ गए। यहाँ आई कार्ड की, यानी पहचान-पत्र की फोटोकॉफी की जरूरत है, इसके बिना कमरा नहीं मिल सकता। अधेड़ आयु का सींकिया केयरटेकर थोड़ा कड़क है। ठहरने के लिए हमारे बाद भी बहुत सारे यात्री आ रहे हैं। कमरा अभी खाली होनेवाला है, सो विवशता में हमें काफी देर इंतजार करना पड़ा।

बैठे-बैठे हम केयरटेकर का कौतुक देखते रहे। आनेवाले यात्री से सबसे पहले वह जाति पूछता है, अगर वणिक जाति का है तो कमरा तुरत दिया गया, यह हमने प्रत्यक्ष देखा। निम्न या पिछड़ा वर्ग से है तो उसे टरका दिया जाता, कहता कि कमरा खाली नहीं है, बराबर में स्थित दूसरी धर्मशाला में चले जाओ। हम सब ब्राह्मण हैं, यह जानकर बड़े बेमन से और लंबे इंतजार के बाद ऊपर की पहली मंजिल पर हमें कमरा दे दिया। हम लोगों ने अपना सामान उठाया और काठ की सीढ़ियाँ चढ़कर कमरे में पहुँचे। इसमें दो बेड पड़े हुए हैं। पीछे की ओर कमरे में ही शौचालय-कम-बाथरूम है। यहाँ अव्यवस्था का आलम यह है कि पानी की टूँटियों से अन्यथा पानी बह रहा है, लीकेज हैं, फिर भी इन्हें बदला नहीं गया है। तीन मंजिला धर्मशाला काफी प्राचीन है।

आनंद शर्माजी ने अपना पहचान-पत्र केयरटेकर को फोटोकॉपी कराने के लिए दे दिया था, चूँकि जब प्रात: हम लोग यहाँ आए थे तो फोटोकॉपी के लिए हमें बाहर दौड़ा दिया था, तब तक फोटोकॉपी की दुकान खुली न थी, इसके लिए भी उसने दस बातें सुनाई थीं। खैर, वह आकर पहचान-पत्र वापस दे गया। जीतभाई को चाय की तलाश में धर्मशाला से बाहर सड़क पर भेजा; कुछ देर बाद चायवाला चाय दे गया। यहाँ चाय पंद्रह रुपए की है। आखिर घंटे भर सुस्ती उतारने के बाद शौचालय से निवृत्त हो, नहाने-धोने का क्रम शुरू हुआ। आनंद शर्माजी ने सिगरेट में ऐसा कश लगाया कि धुएँ के कारण जीत भाई को काफी देर कमरे से बाहर रहना पड़ा। हजामत बनाने के बाद मैं भी नहाया-धोया। आनंद शर्मा सबसे बाद में तैयार हो पाए। लगभग दिन के ग्यारह बजने को हैं। अहमदाबाद घूमने के इरादे से हम लोग धर्मशाला से नीचे उतरे।

सबसे पहले धर्मशाला के ठीक सामने रेहड़ीनुमा दुकान पर वड़ा-साँभर का नाश्ता किया। स्टील के बड़े-बड़े और गहरे कटोरेनुमा प्लेट में वड़ा-साँभर डाल दिया जाता है, खाने में बड़ा स्वादिष्ट है, साँभर दोबारा भी लिया जा सकता है। एक प्लेट का दाम बीस रुपया है। चटपटी-स्वादु साँभर सुड़ककर तो आनंद ही आ गया। यहाँ से हमें सारबमती आश्रम जाना है, साबरमती के संत का आश्रम। चौराहा पार कर स्टेशन रोड से एक ऑटो ले लिया गया। आज रविवार का अवकाश है, फिर भी अहमदाबाद की सड़कें साफ-सुथरी हैं। कहीं पर गंदगी दिखाई नहीं दे रही। लगभग पच्चीस मिनट में इसने हमें साबरमती आश्रम के सामने उतार दिया। यह सड़क काफी चौड़ी है। यहाँ ऑटो वाले आगे सीट पर कोई सवारी नहीं बैठाते हैं, हम चार जन थे, सो खूब पिघपिच होकर बैठे।

अब हम इस ऐतिहासिक आश्रम के प्रवेश-द्वार पर हैं, जहाँ रहकर महात्मा गांधी ने भारतीय स्वाधीनता का युद्ध लड़ा; यही वह स्थान है, जो एक महापुरुष की कर्मस्थली बना। आश्रम के अंदर बहुत सारे दर्शक हैं, साथ में इसके समानांतर साबरमती नदी बह रही है। आश्रम में गांधी से संबंधित सभी यादों को संजोकर रखा गया है। महात्मा गांधी द्वारा छेड़े गए आंदोलन, उस समय के अखबारों, पत्रिका आदि में गांधी पर दुर्लभ समाचार, रिपोर्ट तथा तत्कालीन महापुरुषों और प्रसिद्ध लोगों की गांधी के बारे में विचार शिलापट्टों, काठबोर्ड आदि पर दरशाए गए हैं। गांधीजी का अध्ययन कक्ष अपने आप में विलक्षण है, गांधीजी का वह छोटा सा कमरा, जिसमें वे रहा करते थे, उनकी सादगी तथा शाश्वतता के दर्शन होते हैं। उनकी कथनी और करनी में अंतर नहीं था।

देश-विदेश के सैकड़ों लोग यहाँ नित्य अहिंसा के पुजारी की पावन स्थली के दर्शन करने आते हैं। यहाँ रहते हुए गांधीजी कितने सीमित साधनों से अपना काम चलाते थे, वह आज के राजनेताओं के लिए विचारणीय तथा अनुकरणीय है। आश्रम के एकदम पार साबरमती नदी है, जो अहमदाबाद शहर के बीच से बह रही है। कुछ वर्षों पूर्व यह नदी दिल्ली की यमुना नदी की तरह गंदगी को ढोनेवाला नाला बनी हुई थी, लेकिन गुजरात सरकार तथा नरेंद्र मोदी (तत्कालीन मुख्यमंत्री) के प्रयासों से एकदम शुद्ध तथा गंदगी से रहित कर दी गई है। कार्य कितना भी कठिन हो, यदि कार्य करने की नीयत तथा दृढ़ इच्छाशक्ति हो तो सफलता अवश्य मिलती है। शहर के बीच से गुजरते हुए आज इस नदी में स्वच्छ-साफ जल बह रहा है, इसमें आचमन किया जा सकता है।

प्रधानमंत्री के रूप में नरेंद्र मोदी साबरमती की तर्ज पर गंगा तथा यमुना नदियों को शुद्ध बनाने का अपना संकल्प दोहरा चुके हैं। बनारस में गंगा के सौंदर्यीकरण तथा नए घाटों के निर्माण का कार्य शुरू हो चुका है। साबरमती के दोनों किनारे पक्के तथा इसके किनारों पर पार्क बना दिए गए हैं। साबरमती आश्रम के भली प्रकार दर्शन किए, जीतभाई ने यहाँ से गांधीजी की आत्मकथा 'मेरे सत्य के साथ प्रयोग' खरीदी। यहाँ पर गांधी साहित्य बहुत सस्ता है। यहाँ से बाहर निकल हमने उस स्थान के लिए ऑटो लिया, जहाँ पतंग उत्सव आयोजित होता है। पार्क देखने के चक्कर में हम लोगों ने साबरमती के उस पार तक रास्ता पैदल ही नापा, यहीं से फिर हमने यह ऑटो लिया। यहाँ पर ऑटोवाले ने मुख्य सड़क से अंदर आकर साबरमती के बिल्कुल किनारे उतार दिया। यहाँ लंबे-चौड़े तट पर 'पतंग महोत्सव' के लिए बड़े-बड़े पंडाल सजाए जा रहे हैं तथा नदी तट की पटरी पर पत्थर बिछाने का काम चल रहा है।

पैदल चलते हुए ही हम साबरमती के ऊँचे तट से सीढ़ियाँ उतरकर नीचे एकदम किनारे पहुँच गए। यहाँ पर नदी में नौकायन होता है। खूब साफ-सफाई है। यहाँ पर सिक्योरिटी गार्ड लगाए गए हैं, जो गंदगी करनेवालों तथा अवांछित तत्त्वों पर नजर रखते

हैं। साबरमती का जल यहाँ एकदम साफ है। नदी के दोनों ओर पानी के साथ-साथ टहलने के लिए पैदल पथ बने हैं। रंगीन लट्टू तथा लड़ियों से किनारों को सजाया गया है, संभवत: रात्रि में यहाँ जगमग रोशनी की जाती है। दुनिया का ध्यान आकर्षित करनेवाला पतंग उत्सव बस आने ही वाला है।

सड़क पर चलते हुए हम लोगों ने गौर किया कि जगह-जगह कुछ लोग तारों का वी या यू आकार का फ्रेम लिये बैठे हैं। कहीं-कहीं मोटरसाइकिल वाले इसे आगे के यानी हैंडिल के सामने लगवा रहे हैं। पूछने पर पता चला कि जल्दी ही पतंग महोत्सव शुरू होनेवाला है। पतंगबाजी के दौरान पतंगे उलझती हैं, कटती हैं, तो माँझा पेड़ों, बिजली की तारों, से लटकता रहता है। यह दुपहिया चालकों के लिए दुर्घटना का कारण बनता है। कई बार तीखे माँझे से चालक का गला तक कट जाता है या गंभीर रूप से घायल हो जाता है। इस दुर्घटना से बचने के लिए ज्यादातर दुपहिया चालक तार का यह फ्रेम कसवा लेते हैं, अत: माँझा पहले इसी से टकराता है और चालक सुरक्षित रहता है। यहाँ देखने के लिए अभी खास कुछ नहीं है, सो यहाँ से निकलकर हमने ऑटो लिया और काँकरिया झील देखने आ गए हैं।

इसके अंदर बीड़ी-सिगरेट-माचिस ले जाना सख्त मना है। सो आनंद शर्मा और चाचाजी ने सिगरेट खत्म कर माचिस यहाँ एक दीवार पर छिपा दी। टिकट लेकर हम लोग अंदर घुसे। यहाँ प्रवेश द्वार पर लोहे के विशाल व ऊँचे फाटक लगे हैं। यह झील काफी लंबी-चौड़ी और ऐतिहासिक है, यहाँ के राजा के समय की यह झील विसनगर विधान सभा क्षेत्र में पड़ती है। झील के बीच में टापू है, जिस पर एक होटल स्थित है, यहाँ सैलानी अपनी भूख-प्यास मिटा सकते हैं। झील में मोटरबोट, बड़े गुब्बारे तथा नौका से सैर की जा सकती है। झील के चारों ओर ऊँची दीवार के साथ-साथ टहलने के लिए पैदल पथ बने हैं, जो पत्थरों से कलात्मक ढंग से बनाए गए हैं।

झील के नीचे समतल पटरी पर भी टहलने के लिए पैदल-पथ बनाया गया है। झील के चारों ओर तरह-तरह की दुकानें सजी हैं। यहाँ तरह-तरह के झूले लगे हैं। प्रवेश द्वार के साथ ही बच्चों की रेलगाड़ी का स्टेशन है, जो झील का एक चक्कर लगाती है। इसमें खुले डिब्बों में बैठने के लिए बेंच तथा कुरसियाँ हैं। रेलगाड़ी की सवारी करनेवालों की कतार बड़ी लंबी है। सैकड़ों बच्चा-यात्री अपने अभिभावकों के साथ अपनी बारी का इंतजार कर रहे हैं। बच्चों के लिए यहाँ बहुत कुछ है। इसे बच्चों का स्वर्ग कह सकते हैं। बच्चों के मनोरंजन के लिए यहाँ बहुत से खेल-तमाशे हैं, छुट्टी के दिनों में यहाँ काफी भीड़ रहती है। आजकल विद्यालयों में सर्दी की छुट्टियाँ चल रही हैं, तो यहाँ खूब चहल-पहल है, चारों ओर बच्चों की किलकारियाँ गूँज रही हैं।

पटरी के किनारे टहलते हुए हम लोग आगे बढ़े। अब लगभग दोपहर के दो बजने

को हैं, सो भूख भी महसूस हो रही है। यहाँ एक फास्ट फूड की दुकान पर बैठे, एक-एक प्लेट फ्राई-चावल, डोसा आदि खाया, भूख शांत हो गई। बैठते-टहलते हम लोगों ने झील का एक चक्कर लगाया; जीतभाई और चाचाजी ने तितली झूला की सैर की। सरकार ने झील को विकसित कर रोजगार से जोड़ दिया है। यह पर्यटन-स्थल सैकड़ों लोगों को रोजगार दे रहा है तथा सरकार की स्थायी आमदनी का जरिया भी बन गया है। यह दिल्ली के अप्पूघर का अति विकसित रूप है। इसकी ख्याति दूर-दूर तक फैल गई है। काँकरिया झील अहमदाबाद नगर की शान है। जो लोग किसी भी कारण से अहमदाबाद आते हैं, वे काँकरिया झील देखने अवश्य आते हैं।

इस झील के निकास और प्रवेश द्वार चारों दिशाओं में हैं। सुकून से कुछ घंटे बिताने के लिए, चिंतामुक्त होने के लिए यहाँ बच्चे ही नहीं, बड़े लोग भी आते हैं। अहमदाबाद शहर के आसपास के कस्बों, शहरों से भी परिवार यहाँ छुट्टी का आनंद उठाने आते हैं। लाल पत्थर से निर्मित इस झील के सौंदर्यीकरण का कार्य अब भी चल रहा है। झील के पानी पर मोटरबोट दौड़ रही हैं। धूप से बचने के लिए झील के चारों ओर छायादार वृक्ष हैं। प्रवेश शुल्क बड़ों का दस तथा बच्चों का पाँच रुपया है। अंदर का वातावरण साफ-स्वच्छ तथा प्रदूषण रहित है। आज धूप तेज है, सो गरमी लगने लगी है। ज्यादातर बच्चे और अभिभावक वृक्षों की छाया में डेरा डाले हुए हैं। कहने का अभिप्राय यह है कि यहाँ क्या-कुछ नहीं है, यानी सब कुछ है। हम लोग घूम-फिरकर जिस गेट से अंदर गए थे, उसी से बाहर निकल आए हैं।

यहाँ बड़ा ही आनंद आया। धर्मशाला लौटकर कुछ देर आराम करने के बाद अपना सामान उठाया और 'अहमदाबाद एक्सप्रेस' में जाकर बैठ गए। गाड़ी अपने नियत समय पर चली; इसके हिलने के साथ ही हमारी वापसी की यात्रा शुरू हो गई। रात्रि का खाना रेलगाड़ी में ही किया, जो बड़ा ही रुचिकर था। हम लोग तो अपने-अपने कंबल में दुबककर सो गए, पर रेलगाड़ी यात्रियों को उतारती-चढ़ाती रात भर दौड़ती रही। प्रात: अलवर से दैनिक यात्री चढ़ने लगे, अच्छी-खासी भीड़ हो गई। आखिर पौने दस बजे हम लोग कैंट-दिल्ली स्टेशन पर उतर गए। चाचाजी आगे चले गए, हमने यहाँ से ऑटो लिया और घर आ गए। यह एक अविस्मरणीय तीर्थयात्रा रही, जो मानस-यात्रा करते हुए आज भी रोमांचित कर देती है।

□

अथश्री जगन्नाथजी नवकलेवर कथा

हिंदू धर्म में चार धाम प्रसिद्ध हैं, इनमें भी पुरी धाम सर्वश्रेष्ठ माना गया है। पवित्र पुराणों में वर्णन आता है कि प्रभु जगन्नाथजी स्नान बदरीनाथ धाम में करते हैं, द्वारका में वेश (पोशाक) धारण करते हैं, पुरी में भोग (भोजन) ग्रहण करते हैं तथा रामेश्वरम् में शयन किया करते हैं। पवित्र धाम पुरी के बारे में ऐसा प्रचलित है कि कोई कितना भी वैभव-संपन्न और सामर्थ्यवान सही, वह अपनी इच्छा से यहाँ नहीं आ सकता है, वह तो जगन्नाथ भगवान् को अपने प्रिय बालकों (भक्तों) को जब-जब देखने, निहारने की इच्छा होती है, तब-तब उनको बुलाते हैं। सो जगन्नाथ प्रभु ने हमें बुलाया और हम निकल पड़े अपने प्रभु (पिता) से मिलने। इस बार के यात्रीदल में मेरे परम मित्र आनंद शर्मा, इनके समधीजी बनवारी लाल शर्मा, समधीजी के मित्र विनोद वशिष्ठजी, चाचा श्रीकृष्ण गोयलजी और आनंदजी के परम शिष्य-सखा नरेंद्र पाराशरजी; इस यात्रीदल के मार्गदर्शक भाई जीत शर्मा, इनके युवा मित्र क्रमशः अमित दहिया (सोनीपत), गिरिराज सिंह और इनके पिताश्री एवं पिताश्री के मित्र (कोटपुतली), भाईजी के पड़ोसी मित्र दीपचंद शर्मा एवं इनके पिताश्री, जांगिड़ दंपती, राममूरत यादव उर्फ बाबाजी तथा बाद में हवाई जहाज से पहुँचे व्यवसायी मित्र मूलचंद स्वामी।

आषाढ शुक्ल द्वितीया, जुलाई माह की अठारह तारीख। पुरी में नवकलेवर रथयात्रा महोत्सव। दुनिया के कोने-कोने से लाखों कृष्णभक्त रथयात्रा में सम्मिलित होने के लिए पुरी धाम की ओर जा रहे हैं। हम लोगों ने 15 जुलाई को सायं नौ बजे नई दिल्ली रेलवे स्टेशन पर मिलना तय किया। यात्रीदल का आकार काफी बढ़ गया था, स्वाभाविक रूप से अव्यवस्था की आशंका भी बढ़ गई थी, कुछ अंश में आशंका सच साबित हुई। जीतभाई के द्वारा सभी को फोन पर समय से निकलने की बार-बार हिदायत के बावजूद गिरिराज भाई समय से नहीं पहुँच सके। उनके स्टेशन पर पहुँचने के पूर्व ही पुरुषोत्तम एक्सप्रेस अपने गंतव्य की ओर निकल पड़ी, पहले शनैः-शनैः, फिर सरपट। गाड़ी तो चीखती-चिल्लाती दौड़ी जा रही है, अधिकांश यात्री भी निद्रादेवी के आगोश में हैं।

पर मैं जाग रहा हूँ और शायद आप भी जाग रहे हैं, तो क्यों न आपको पुरी धाम के माहात्म्य के बारे में बताऊँ।

पौराणिक काल की बात है कि एक बार नैमिषारण्य में शौनक आदि अट्ठासी हजार ऋषियों ने श्री सूतजी से विनयपूर्वक उत्तम पवित्र तीर्थों के बारे में पूछा। तब सूत महाराज ने प्रसन्न होकर पृथ्वी के तीर्थों में श्रेष्ठ श्रीक्षेत्र (जगन्नाथ पुरी) के माहात्म्य के बारे में बताया—हे शौनक आदि ऋषियो, सुनो! धरती के समस्त तीर्थों में श्रेष्ठ पुरुषोत्तम क्षेत्र में श्रीनारायण 'जगन्नाथ' नाम से वास करते हैं। यह क्षेत्र उड़ीसा देश में ऋषिकुल्या तथा वैतरिणी नदियों के मध्य दस योजन (चालीस कोस) में फैला है और जो धर्म, अर्थ, काम, मोक्ष एवं शांति देनेवाला है। हे मुनियो! इस स्थान पर जाकर जो भी कोई वैतरिणी नदी और विंदुह्रदय में स्नान, विरजा देवी, नीलकंठ महादेव के दर्शन, सूर्यक्षेत्र और चंद्रभागा नदी में स्नान करता है, वह ऋषितुल्य ही गिना जाता है।

और सुनो, श्रीक्षेत्र (जगन्नाथ पुरी) में शंख के आकार के स्थान नीलांचल में 'रोहिणी' नाम का कुंड है। यहीं पर कल्पवृक्ष आदि के दर्शन, स्पर्श, पूजन एवं दान आदि करने से यात्रियों के अनेक जन्मों के पाप नष्ट हो जाते हैं। इसके बिल्कुल निकट ही पृथ्वीरूप देवी के लक्ष्मीयुक्त रत्न सिंहासन पर नीलमाधव भगवान् विराजमान हैं। इनके दर्शन-पूजन मात्र से कोटि पुण्य प्राप्त होते हैं। यहाँ पर यदि कामादि के वशीभूत होकर यात्री पाप कर बैठे तो इस तीर्थ में स्नान करने मात्र से पाप मुक्त हो जाता है। स्वर्ग के देवता भी इस स्थान पर वास करने की इच्छा रखते हैं। इतना ही नहीं, हे मुनियो, एक बार की बात है, यहाँ के रोहिणी कुंड में एक प्यासे कौए ने जल पीकर शरीर त्याग दिया। घोर आश्चर्य कि वह चतुर्बाहु हो, दिव्य रूप धारण कर बैकुंठ को चला गया। तब यमराज ने भगवान् विष्णु से इसके बारे में पूछा; विष्णुजी की आज्ञा से श्रीलक्ष्मीजी ने इस क्षेत्र का माहात्म्य बताया, 'हे यमराज! इस विशिष्ट तीर्थस्थान पर तुम्हारा कोई अधिकार नहीं है। जो भी यात्री यहाँ क्षणमात्र भी रहता है, वह मोक्ष पा जाता है। मैं सत्य कहती हूँ, पूरे ब्रह्मांड में जगन्नाथ क्षेत्र के बराबर का अन्य कोई क्षेत्र नहीं है। जो यहाँ सदैव वास करते हैं, उन्हें यमराज (मृत्यु) का कोई भय नहीं रहता।' सूतजी बोले कि हे शौनकजी, दारु रूप ब्रह्मस्वरूप भगवान् जगन्नाथजी पुरी में वास करते हैं। इससे बढ़कर अन्य पवित्र स्थान तीनों लोकों में भी नहीं है। इस तीर्थ की महिमा तो अवर्णनीय और असीम है। 'स्कंद पुराण' में स्पष्ट कहा गया है कि जो श्रद्धालु श्रीजगन्नाथ रथयात्रा में जगन्नाथजी के नाम का कीर्तन करता हुआ गुंडिचा नगर (मंदिर) तक जाता है, वह पुनर्जन्म के बंधन से मुक्त हो जाता है।

रात्रि अब अपने पूरे यौवन पर है। निद्रादेवी ने मुझे भी आ घेरा है, अतः आप भी मीठी नींद लें। मैं अभी सोया ही था कि टी.टी. महाशय आ पहुँचे, उन्हें अपने टिकट

दिखाए, फिर तो आँख मींचते ही सवेरा हो गया। गाड़ी कानपुर पार कर चुकी है। पूरा दिन बिहार-झारखंड में बीता और निशा बंगाल में। भोरे-भोर हमारी गाड़ी उड़ीसा में दौड़ रही है। इस तरह हम लोग 17 जुलाई के प्रातः सात बजे पुरी पहुँच गए। इस बार भारी संख्या में कृष्णभक्तों के आने का असर साफ दिखाई दे रहा है। होटल के किराए में चार गुना इजाफा हो गया है। उड़ीसा सरकार का अनुमान है कि नवकलेवर महोत्सव में 50 लाख श्रद्धालु पुरी पहुँचनेवाले हैं। कहते हैं न कि हारिए न हिम्मत बिसारिए न राम, और गिरिराज भाई ने हिम्मत नहीं हारी, उन्होंने अगले दिन हावड़ा एक्सप्रेस पकड़ी और कोलकाता पहुँचे, कोलकाता से वापस पुरी की ट्रेन पकड़कर 17 जुलाई की मध्य रात्रि (दो बजे) पुरी (हमारे पास) पहुँच गए। दोनों बुजुर्गों को काफी कठिनाइयाँ उठानी पड़ीं, परंतु रथयात्रा में शामिल होने का जोश इतना तारी रहा कि कोई परेशानी गिनती में नहीं आई।

अपना सामान कमरों में व्यवस्थित कर हम लोग समुद्र-स्नान करने निकल पड़े। समुद्रदेव को प्रणाम कर खूब स्नान हुआ। बनवारी लालजी ने मोबाइल से खूब फोटो खींचे और फिल्म भी बनाई। होटल लौटकर सभी ने स्नान किया। फिर ग्यारह बजे बालाजी भोजनालय में घर जैसा सुस्वादु भोजन किया। चूँकि आज मंदिर दर्शनों के लिए बंद है, अतः हम सात लोगों का अपना दल चिलका झील की सैर के लिए निकल पड़ा। ऑटोवाले भी मनमाना किराया वसूल रहे हैं। चिलका झील पुरी से पचास किलोमीटर दूर है। यहाँ अंदर मोटरबोट से जाते हैं। यहाँ के व्यवस्थापक केकड़े, डॉल्फिन तथा दो समुद्रों का मिलन-स्थल दिखाने का दावा करते हैं और इसका 300 रुपए प्रति व्यक्ति शुल्क वसूल करते हैं। पर्यटक यहाँ डॉल्फिन देखने के लालच में आते हैं, पर समुद्री सैर-सपाटे के अलावा कुछ हाथ नहीं लगता है। यात्रियों को समुद्रनुमा झील में अंदर ले जाया जाता है, वहाँ इनके लोग सच्चे मोती, पुखराज, पन्ना आदि रत्न सीपियों से ताजा-ताजा निकालकर यात्रियों को दिखाते हैं और फिर उनसे इन्हें खरीदने की मनुहार करते हैं। यात्रियों का कई घंटों का कीमती समय ये लोग अपने व्यापार के लिए बरबाद कर देते हैं। केकड़े तो लाल-पीले कई रंग के खूब देखे, पर डॉल्फिन कहीं दिखाई नहीं दी। मेरी दृष्टि में यह पिकनिक स्पॉट नहीं, बिजनिस स्पॉट है। मोती और रत्नों के शौकीन लोगों के लिए यह अच्छी जगह है। कम-ज्यादा हमारे सभी साथियों ने मोती, रत्न आदि खरीदे। यहीं पर हमने जैली फिश भी देखी। पूरा दिन इस झील की भेंट चढ़ गया। शाम ढल आई। जल्दी-जल्दी वापस लौटे। अमित भाई का पेट खराब हो गया, तो एक पेट्रोल पंप पर ऑटो रुकवाया और फिर भाईजी निवृत्त होकर आए।

इसी मार्ग पर लगभग आधे रास्ते में स्थित अलारनाथ भगवान् के मंदिर में दर्शनार्थ आ पहुँचे हैं। यहीं पर चैतन्य प्रभु का मंदिर तथा चैतन्य-शिला स्थित है। सभी ने बहुत

अच्छी तरह से दर्शन किए। यहाँ काफी साज-सज्जा है, क्योंकि रथयात्रा से पहले भगवान् जगन्नाथ अलारनाथ के रूप में कुछ दिन यहाँ विराजते हैं। अब हम पुरी की ओर लौटते हुए साक्षीगोपाल मंदिर में दर्शन करने आए हैं। रात्रि के लगभग आठ बज रहे हैं। यहाँ पर पूर्व की भाँति एक तीर्थपुरोहित ने मंदिर के बाहर ही अपने भक्त (शिकार) को पहचान लिया, सो अंदर ले जाकर रसीद कटवाई और भक्त (आनंदजी) को ग्यारह सौ रुपए की चपत लगाई। यहाँ भगवान् श्रीकृष्ण की मूर्ति बड़ी मनोहारी है, सभी लोगों ने पंक्तिबद्ध होकर भगवान् के दर्शन कर दंडवत् प्रणाम किया। इस बार बड़े इत्मीनान और शांतिपूर्वक दर्शन हुए। यहाँ दर्शन करके चिलका झील में हाथ लगी खीज तिरोहित हो गई, मन प्रसन्न हो गया। अंधकार के साम्राज्य के बीच से अब हमारा ऑटो पुरी की ओर दौड़ रहा है। ऑटोवाले ने हमें जगन्नाथ मंदिर के पास ही उतार दिया। रात्रि के नौ बज गए हैं। मंदिर में ध्वजारोहण हो चुका है, तीनों रथ भी अपनी-अपनी नियत जगह खड़े कर दिए गए हैं।

मंदिर बंद होने के कारण अंदर नहीं जा सकते। अब तो खिचड़ी का महाप्रसाद पाने की साध है। आनंदजी ने एक तरुण पंडा से हम सभी के लिए प्रसाद मँगवाया, उसने 650 रुपए में प्रसाद तथा पत्तल लाकर दे दिए। होटल के कमरे में नीचे बैठकर पत्तल पर हम सबने महाप्रसाद का आनंद लिया। मीठी दाल के स्वाद के क्या कहने! यह महाप्रसाद वर्ष में एक ही बार रथयात्रा की पूर्व संध्या पर बनता है। हमारे इस दल में आपसी सामंजस्य तथा एक-दूसरे के प्रति कृतज्ञ भाव है। लगा ही नहीं कि हम सब पहली बार मिले हैं। बनवारी लालजी और विनोदजी की विनोदप्रियता ने हमें गहरे तक प्रभावित किया। हर माहौल को अनुकूल बना लेना और कहीं भी दोस्ती गाँठ लेना बनवारी लालजी का सहज स्वभाव है। अमित भाई हरि चर्चा में रम जाते हैं। प्रसाद पाने के बाद देर रात तक खूब भगवत्-चर्चा हुई। जीतभाई दूसरे ग्रुप का नेतृत्व कर रहे हैं, उनका चोट लगा घुटना अभी तक सहज-सामान्य नहीं हो पाया है। देर रात्रि सोने का उपक्रम किया। पाराशरजी बेचैन नजर आ रहे हैं, पर अंततः बेचैनी की दवा लेकर वे भी घोड़े बेचकर सोए।

प्रातः नहा-धोकर विग्रहों के रथारूढ़ होने का उत्सव देखने के लिए तैयार हुए। इस बार नवकलेवर उत्सव है तो भारी भीड़ को देखते हुए उड़ीसा सरकार द्वारा भारी बंदोबस्त किए गए हैं। रथयात्रा का उत्सव दिखाने के लिए पूरे शहर में बड़े-बड़े डिजिटल स्क्रीन लगाए गए हैं। ग्रांड रोड (जिस पर रथयात्रा निकलती है) पर भी कई जगह स्क्रीन लगे हैं। भक्तों की भारी भीड़ का हिस्सा बनने से पहले मैं आपको 'नवकलेवर' के बारे में बताए देता हूँ।

'गीता' के द्वितीय अध्याय के बाईसवें श्लोक में कहा गया है—

वासांसि जीर्णानि यथा विहाय नवानि गृह्णाति नरोऽपराणि।
तथा शरीराणि विहाय जीर्णान्यन्यानि संयाति नवानि देही॥

कुरुक्षेत्र के मैदान में भगवान् श्रीकृष्ण द्वारा कहा गया यह अमर सत्य उनपर भी लागू होता है। जगन्नाथ प्रभु का दारु-विग्रह जीर्ण-शीर्ण हो जाने पर उसका भी घट-परिवर्तन किया जाता है, इस घट-परिवर्तन को ही 'नवकलेवर' कहते हैं। पुराने दारु-विग्रह अर्थात् प्राचीन घट के कुछ अंश क्षीण हो जाने पर इन अंशों का संस्कार किया जाता है, इसे यहाँ 'श्रीअंग फिटा' कहा जाता है। यानी भगवान् जगन्नाथ, बलभद्र, सुभद्रा और सुदर्शनजी पुराना शरीर त्यागकर नया शरीर धारण करते हैं। लेकिन इसका भी एक विधान है। हिंदू पंचांग के अनुसार आषाढ महीने में जब मलमास या अधिमास होता है, अर्थात् जिस वर्ष में दो आषाढ मास पड़ते हैं, उसी वर्ष श्रीजगन्नाथजी के नवकलेवर का महोत्सव मनाया जाता है। यह पर्व कम-से-कम आठ और अधिक-से-अधिक उन्नीस वर्ष में पड़ता है। इस वर्ष यह उन्नीस वर्ष बाद पड़ा है, इससे पूर्व 1996 में श्रीजगन्नाथजी का नवकलेवर महोत्सव मनाया गया था।

श्रीजगन्नाथजी नवकलेवर रथयात्रा

नवकलेवर अर्थात् नए विग्रह एक विशेष प्रकार की नीम की दारु (लकड़ी) से बनाए जाते हैं, जिसे 'दारु ब्रह्म' कहते हैं। चैत्र मास से ही इस उत्सव की तैयारियाँ प्रारंभ हो जाती हैं। नवकलेवर बनाने की प्रक्रिया बड़ी नियमबद्ध, पवित्र तथा जटिल है। चैत्र मास में शुक्ल पक्ष की दसवीं को भगवान् जगन्नाथ की विशेष पूजा के बाद दुपहर को यह प्रक्रिया आरंभ होती है। भगवान् जगन्नाथ, बड़े भाई बलभद्र तथा बहन सुभद्रा के लिए विशेष रूप से बारह फुट की एक माला, जिसे 'धन्व' कहा जाता है, तैयार की जाती है। विधि-विधान से पूजा के बाद यह माला विग्रह के लिए दारु खोजने जानेवाले 'पतिमहापात्र'

को सौंप दी जाती है। गजपति महाराज के राजगुरु दइतापति के मस्तक पर साफा (साड़ी) बाँधकर तथा उन्हें सुपारी अर्पण कर दारु की खोज में निकलने की आज्ञा देते हैं। सुपारी लेकर दइतापति श्रीजगन्नाथ वल्लभ मठ में जाकर विश्राम करते हैं, विश्राम के बाद वे अपने दल के साथ 'देउल मठ' पहुँचते हैं, फिर यहाँ स्थित प्राची नदी में स्नान करते हैं। मंगला देवी के सेवक बड़े गाजे-बाजे के साथ इन्हें मंगला मंदिर लेकर जाते हैं। मंगला माता का मंदिर काकतपुर में है। दइतापति के दल द्वारा श्रीक्षेत्र से साथ लाई गई सामग्री से मंगला माता की पूजा की जाती है। माँ को नई साड़ी, गहने तथा फूलमाला आदि पहनाए जाते हैं, तब ब्राह्मण लोग यहाँ चंडीपाठ करते हैं। सोने से पूर्व स्वप्नावती मंत्र का जाप किया जाता है। सबसे बड़ा दइतापति (सेवक) रात्रि को मंदिर में शयन करता है।

ऐसा माना जाता है के जाप से प्रसन्न होकर मंगला माता स्वप्न में आकर उन दारु वृक्षों की सही दिशा और जगह की जानकारी देती हैं तथा पहचान के कुछ विशिष्ट चिह्न भी बताती हैं। जिन दारु वृक्षों की लकड़ी से विग्रह बनाए जाने हैं, उसके लिए कुछ नियम तथा शर्तें होती हैं, जैसे—दारु वृक्ष के तने की मोटाई 2 से 3 मीटर के मध्य तथा लंबाई 7 से 10 फुट के बीच होनी चाहिए। जगन्नाथजी के विग्रह की लकड़ी का रंग श्याम, बलभद्र की दारु का श्वेत, सुभद्राजी की दारु का रंग पीत तथा सुदर्शनजी के दारु का रंग रक्त (लाल) होना चाहिए। उस दारु वृक्ष के समीप जलाशय, श्मशान तथा दीमक की बाँबी होनी चाहिए। इतना ही नहीं, वृक्ष की जड़ में साँप का बिल हो तथा वृक्ष पर किसी पक्षी का घोंसला नहीं होना चाहिए। वृक्ष की कोई शाखा टूटी-फटी या कटी हुई न हो। वह दारु वृक्ष किसी तिराहे के पास या तीन पहाड़ों से घिरा होना चाहिए। वृक्ष के निकट वरुण, सहादा और बेल (ये तीनों वृक्ष अत्यंत विरल होते हैं) वृक्ष हों और एक अनिवार्य शर्त कि वृक्ष के निकट शिवमंदिर या शिवाला होना चाहिए।

स्वप्न में मिले दिशा-निर्देश तथा संकेत की दिशा में दइतापति की अगुआई में खोजी दल निकल पड़ता है और उपर्युक्त शर्तोंवाले दारु वृक्षों का चयन कर लेता है। दारु वृक्ष का पता चलने पर विश्वकर्मा वहाँ जाकर इसका नाप-जोख करते हैं, फिर यथाविधि विष्णु का पूजन-हवन होता है। इसके बाद आचार्यगण सोने की कुल्हाड़ी विद्यापति को, चाँदी की कुल्हाड़ी विश्ववसु और लोहे की विश्वकर्मा को देते हैं और वे दारु वृक्ष पर पहला आघात करते हैं, फिर अन्य विश्वकर्माओं द्वारा वृक्ष काटा जाता है। काट-छाँट करके इस दारु को कपड़े पहनाए जाते हैं। इसके बाद दइतापति काठ की गाड़ी पर इस दारु को पूरे गाजे-बाजे के साथ जगन्नाथ मंदिर के उत्तर द्वार से 'कोयल बैकुंठ' तक लाते हैं। वृक्ष के बाकी अंगों को वहीं जमीन में समाधि दे दी जाती है। यह आयोजन एक बड़े जुलूस के रूप में समारोहपूर्वक होता है, जगह-जगह लोग इसका स्वागत करते हैं, अतः लगभग एक सप्ताह इसे पुरी पहुँचने में लग जाता है। पुरी में गजपति इसका

स्वागत-सम्मान करते हैं। सबसे पहले सुदर्शनजी का दारु, फिर क्रमशः बलभद्र, सुभद्रा एवं जगन्नाथजी के दारु पुरी पहुँचते हैं। परंतु ये दारु देवस्नान पूर्णिमा से पूर्व पुरी अवश्य पहुँच जाने चाहिए। कोयल बैकुंठ में गुप्त पीठ स्थित है, जहाँ विश्वकर्मा बड़े गुप्त रूप से दारु को तराशकर मूर्तियाँ बनाते हैं। पहले देवस्नान पूर्णिमा को तीनों देवों को स्नान कराने के साथ-साथ इस दारु को भी स्नान कराया जाता है। कृष्ण चतुर्दशी से महाप्रभु के विग्रह का सप्ताभरण शुरू होता है और शुक्ल पक्ष की नवमी तक अंगों का शृंगार किया जाता है। हर एक विधि अपने आप में एक समारोह होती है, जैसे काजल लगाने का नेत्रोत्सव, इसे 'नवयौवन दर्शन' भी कहते हैं; गणेश शृंगार (हाथी शृंगार) उत्सव आदि।

इस बार दारु खोजी दल को सुदर्शनजी का दारु खुरदा जिले के गाँव हीरापुर मौजा (गॉड कुंटुनिया) में मिला और इसका छेदन 18 अप्रैल, 2015 को हुआ। श्री बलभद्रजी का दारु जगतसिंहपुर जिले के कनकपुर गाँव में सारला देवी मंदिर के सामने से प्राप्त हुआ, जिसका दारु छेदन 24 अप्रैल को हुआ। सुभद्राजी का दारु जगतसिंहपुर जिले के अड़ंगगढ़ गाँव में नील कंठेश्वर महादेव के मंदिर में मिला, इसका दारु छेदन 2 मई, 2015 को हुआ। श्रीजगन्नाथजी का दारु जगतसिंहपुर जिले के ही खीर पड़िया गाँव, रघुनाथपुर मौजा में प्राप्त हुआ, इसका दारु छेदन 9 मई, 2015 को हुआ।

मूर्तियाँ बदलने अर्थात् ब्रह्म परिवर्तन का कार्य रथयात्रा से तीन दिन पहले कर लिया जाता है। पहले विग्रहों को पवित्र स्नान कराया जाता है। बड़े ही गुप्त तरीके से रात्रि की शुभ वेला में पतिमहापात्र द्वारा पुराने तीनों विग्रहों से 'ब्रह्म पिंड' निकालकर नए विग्रहों में स्थापित किया जाता है, इसे ही 'घट परिवर्तन' या 'ब्रह्म परिवर्तन' कहा जाता है। इस कार्य में बड़े संयम, सुचिता, पवित्रता तथा कड़े नियमों का पालन किया जाता है। नियमानुसार घट परिवर्तन करनेवाले पतिमहापात्र की आँखों पर पट्टी बाँध दी जाती है, पिंड बदलने से पहले कपड़े से उनके हाथ बाँधे जाते हैं। दारु की खोज शुरू होने के पहले दिन से इन्हें बाल कटवाना, दाढ़ी बनाना या मूँछ काटना निषिद्ध होता है। मध्य रात्रि के घोर अंधकार में पतिमहापात्र नव विग्रह में पिंड को स्थापित कर देते हैं। इस रस्म को कोई देख नहीं सकता, यदि कोई देखने का प्रयास करे तो उसकी मृत्यु निश्चित है। इसी कारण पूरी सावधानी बरतते हुए उड़ीसा सरकार के आदेश से इस रस्म के दौरान पुरी नगर की बिजली गुल कर दी जाती है। इस दौरान मंदिर के चारों द्वार बंद रहते हैं। मंदिर के अंदर दइतापति और पति महापात्र के अलावा और कोई नहीं रहता है। मंदिर के बाहरी भाग में मंदिर के कायस्थ अकेले ही जगन्नाथजी की तलवार (पाटखंडा) लेकर पहरा देते हैं।

ब्रह्म परिवर्तन के बाद मध्य रात्रि में ही पुराने विग्रहों के साथ उनके सारथि, घोड़े, पार्श्वदेवता, तोता, द्वारपाल, ध्वज दंड और महाप्रभु के पलंग-शय्या आदि को जमीन में

समाधि दे दी जाती है। अगले दिन नवकलेवर (नवविग्रह) को रत्न सिंहासन पर बैठाया जाता है। पिंड परिवर्तन के तीसरे दिन प्रभु अपने बड़े भाई तथा बहन के साथ रथयात्रा पर निकलते हैं। इस बार 15 जून (आषाढ कृष्ण चतुर्दशी) को मध्यरात्रि में ब्रह्म परिवर्तन का कार्य संपन्न हुआ था और आज (18 जुलाई) प्रभु रथयात्रा पर निकल रहे हैं। हम सब लोग भी अब ग्रांड रोड पर उमड़े कृष्णभक्तों के महासागर में उतर गए हैं। कुछ दूरी तक तो सब साथ-साथ थे, पर भारी भीड़ के कारण सब एक-दूसरे से बिछुड़ गए। मैं और आनंद शर्मा नंगे पैर साथ-साथ ही बने हुए, डटे हुए हैं। भीड़ के जोर को सह पाना कठिन हो रहा है, अब हम सड़क के किनारे की ओर खिसक रहे हैं। पसीने से तरबतर हो कुछ ही देर में हिम्मत जवाब दे गई और हम इस जन-सैलाब से बाहर निकल आए।

हालाँकि इस बार नवकलेवर उत्सव में सरकार द्वारा भारी बंदोबस्त किए गए हैं। पर्याप्त संख्या में सैन्यबल, पुलिस बल, भारतीय रेलवे के साथ-साथ राष्ट्रीय स्वयंसेवक संघ, अखिल भारतीय विद्यार्थी परिषद्, विश्व हिंदू परिषद्, अन्य संगठनों तथा अनेक एन.जी.ओ. के वॉलंटियर सैकड़ों-हजारों की संख्या में इस कार्यक्रम को निर्विघ्न संपन्न कराने में जुटे हुए हैं। इस विशाल आयोजन की व्यवस्था में लगभग एक हजार स्वास्थ्यकर्मी, 30 हजार उड़ीसा पुलिस के जवान, ग्यारह सौ विभिन्न विभागों के पुरी से बाहर के अधिकारी तथा उड़ीसा सरकार के इस आयोजन से संबंधित विभागों के 8 कैबिनेट मंत्री पुरी में रहकर सारी व्यवस्था पर नजर रखे हुए हैं। पुरी के तीनों ओर खुले स्थानों में यात्रियों के लिए बड़े-बड़े 'नवकलेवर गाँव' बनाए गए हैं, जहाँ साफ-सफाई, बिजली आदि की पर्याप्त सुविधाएँ हैं। इसके अलावा 100 प्राथमिक चिकित्सा केंद्र, 120 एंबुलेंस, 20 बड़ी पार्किंग, नया बस अड्डा तथा पानी, दूध, सब्जी आदि की जरूरी व्यवस्था को चाक चौबंद किया गया। उड़ीसा सरकार के साथ-साथ इस आयोजन की व्यवस्था में लगे सभी जवानों, कर्मियों, वॉलंटियर की कर्मठता, सेवा-भावना देखते ही बनती है। इन रणबाँकुरों को सलाम है। उड़ीसा से बाहर कहीं इतना विशाल और भव्य आयोजन इतनी कुशलता के साथ संपन्न करा पाने में संदेह है।

भीड़ से निकलकर हम लोग होटल आ गए। भोजन के बाद विश्राम किया और फिर चार बजे रथ खींचने के लिए भीड़ के समुद्र में उतर गए। पाराशरजी भीड़ को देख पस्त हो गए और होटल की छत पर से ही रथों के दर्शन कर संतुष्ट हुए। बनवारीलालजी भी भीड़ देखकर लौट आए, पर जीतभाई ने उन्हें साथ ले जाकर रथ खिंचवाया। मैंने आनंदजी के साथ नंगे पैर तीनों रथ खींचे। वृद्ध चाचाजी भी हिम्मत नहीं हारे और रथों को खींचने में आगे रहे। बेला (वाद्य) की टंकार और 'हरि बोल', 'जय जगन्नाथ' के गगनभेदी नारों से आज ग्रांड रोड पर अलौकिक दृश्य उपस्थित हो रहा है। भक्तिरस में सराबोर इस भीड़ का हिस्सा बनने में जो सुख और आनंद है, उसका वर्णन कैसे करूँ!

इसकी अनुभूति तो यहाँ आकर ही होती है। भक्तों की भारी भीड़ के कारण सूर्यास्त तक तीनों रथ अपने गंतव्य तक नहीं पहुँच सके। हम लोग पसीने से लथपथ और थककर चूर हो गए हैं। सब लोग होटल लौट आए। रात्रि में बालाजी भोजनालय में भोजन कर रात्रि को बड़ी गहरी नींद सोए।

प्रातः सभी बड़ी फुरसत से जागे। मैं नहा-धोकर तैयार हुआ, बाकी सब लोग समुद्र-स्नान करना चाहते हैं। लगभग ग्यारह बजे कोणार्क सूर्य मंदिर देखने के लिए निकले। कोणार्क के लगभग आधे रास्ते में 'पंचमुखी हनुमानजी' के दर्शन किए, फिर थोड़ा आगे 'रामचंडी' माता के दर्शन हुए। त्रेता युग में भगवान् राम जब माता सीता को खोजते हुए इधर आए थे, तब चंडी माता ने उन्हें सीताजी के बारे में बताया था, यह अत्यंत प्राचीन मंदिर उन्हीं माता का है। कोणार्क पहुँचकर पहले नारियल का पानी पिया, फिर विश्वप्रसिद्ध कोणार्क मंदिर देखने पहुँचे। सबसे पहले नृत्य मंडप है, इसमें अंदर-बाहर चारों ओर सभी प्रकार के नृत्यों की मूर्तियाँ हैं। यह सूर्य मंदिर 24 पहियोंवाले चबूतरे पर बना है, जो वर्ष के 24 पक्ष यानी 12 शुक्ल और 12 कृष्ण का संकेत हैं। इन 12 चक्रों (पहियों) में स्त्री मूर्तिया हैं तथा 12 में पुरुष मूर्तियाँ। प्रत्येक चक्र में आठ तीली आठ पहर की निशानी हैं, जिनमें अष्टावतार की मूर्तियाँ उकेरी गई हैं। यह पूरा मंदिर ज्योतिष के अनुसार बनाया गया है। अब यह धरोहर प्रतिपल खँडहर हो रही है। कला-नक्काशी दम तोड़ रही है। मंदिर को चारों ओर से देखकर अब हम वापस लौट पड़े। रास्ते में लुप्त हो चुकी चंद्रभागा के संगम पर इन सब साथियों ने स्नान किया और ढेर सारी सीपियाँ निकालीं।

विलुप्तप्राय चंद्रभागा नदी (कोणार्क) के संगम पर

स्नान के बाद पुरी की ओर लौटे, तीन बज रहे हैं, भूख भी लग रही है। यहीं रास्ते में एक होटल पर वाहन रोका। यह नया खुला है, कल रथयात्रा के दिन ही इसका उद्घाटन हुआ है। यहाँ चावल, दाल, सब्जी, सलाद मिलता है, रोटी नहीं। पाराशर भाईजी ने स्वयं रोटियाँ बनाकर हम सबको खिलाईं और वहाँ के खानसामा को रोटियाँ बनाना सिखाया। यह अपने आप में अचंभा है कि हम सबकी उपस्थिति में पाराशर भाई ने ऑटो ड्राइवर को अपनी दवाई लाने के लिए कब सेट कर लिया! लागी लगन नहिं छूटे राम। काश, ऐसी ही लगन अगर प्रभु के प्रति लग जाए तो क्या कहने!

होटल पहुँचकर एक घंटा विश्राम किया, फिर जगन्नाथजी मंदिर देखने निकले। आज मंदिर पर काफी भीड़ है, लेकिन हम सब लोग मुख्य प्रवेश द्वार से अंदर आ गए। भगवान् जगन्नाथजी के गुंडिचा चले जाने के कारण यहाँ सूना-सूना तथा मंदिर श्रीहीन लग रहा है। घूम-फिरकर बड़े इत्मीनान से पूरा मंदिर देखा। विमला देवी शक्तिपीठ में भी दंडवत् प्रणाम किया। जगन्नाथ मंदिर के चार भाग हैं—विमान या वत्सखंडशाल, नाट मंदिर, जगमोहन तथा भोग मंडप। जगन्नाथजी का विमान मंदिर 192 फीट ऊँचा है। मादला पंजिका ग्रंथ के अनुसार इस मंदिर में 64 उपचारों के साथ जगन्नाथजी की पूजा तथा नैवेद्य आदि कार्य संपन्न होते हैं। यहाँ जगन्नाथजी के सेवक हजारों की संख्या में हैं, जो सैकड़ों वर्षों से सेवाकार्य तथा व्यवस्था में लगे हैं, सभी के अलग-अलग कार्य हैं। पुरी के महाराजा गजपति श्रीमंदिर के प्रधानसेवक हैं, इनके अलावा राजगुरु, पाटयोषी, महापात्र, तलिछ महापात्र, भंडार मेकाप, पालिआ मेकाप, पुरोहित, मुदिरथ, पुष्पालक, बड़पंडा, महाजन, प्रतिहारी, खुंटिआ, पति महापात्र, गरावडु, विमानवडु, दइता, गोछिकार, सुना गोस्वामी, महासुआर, पाइक, रोष पाइक, पुराण पंडा, चित्रकार, रूपकार, घंटुआ आदि हैं। ये सब श्रीमंदिर की व्यवस्था सँभालते हैं।

जगन्नाथजी के भोग के लिए तैयार अन्न पहले विमला माता (शक्तिपीठ) को समर्पण के बाद ही यह महाप्रसाद बनता है। देवताओं को अर्पण से पूर्व कोई वस्तु या अन्न 'नैवेद्य' और अर्पण के बाद इसे 'निर्माल्य' कहा जाता है। जो भाव से ग्रहण किया जाता है, उसे 'कैवल्य' कहते हैं। कैवल्य और महाप्रसाद में अंतर यह है कि कैवल्य को दो अंगुलियों से थोड़ा सा खाते हैं और महाप्रसाद को आकंठ खाया जाता है। अटका मंदिर के पंडाजी ने हमें जगन्नाथजी के घट-परिवर्तन की पूरी कथा सुनाई। फिर मंदिर के प्रांगण में स्थित आनंद बाजार में आनंदजी ने सभी को प्रसाद, मालपुआ आदि खिलाए तथा चरणामृत पिलवाया। स्कंद पुराण में वर्णन है कि प्रभु जगन्नाथजी का निर्माल्य (भोग लगा प्रसाद) अमृत के समान है, इसमें कोई छुआछूत नहीं है। इसके बाद टहलते हुए हम लोग अपने होटल लौट आए।

विमला देवी शक्तिपीठ, पुरी

पुरी में मात्र जगन्नाथ रथयात्रा का ही भव्य उत्सव नहीं होता है, इसके अलावा भी यहाँ अनेक भव्य उत्सव होते हैं। वापसी की रथयात्रा का उत्सव भी उतना ही भव्य-दिव्य होता। ज्येष्ठ शुक्ल पूर्णिमा को जगन्नाथजी का जन्मदिन होता है, इसके पंद्रह दिन तक मंदिर बंद रहता है; आषाढ शुक्ल द्वितीया को रथोत्सव, आषाढ शुक्ल एकादशी को शयन, श्रावण शुक्ल पूर्णिमा को वार (यात्रा) उत्सव, भाद्रपद शुक्ल एकादशी को प्रभु का करवट बदलना, कार्तिक शुक्ल एकादशी को उत्थापन, मार्गशीर्ष शुक्ल षष्ठी को शृंगारोत्सव, पौष शुक्ल पूर्णिमा को पुष्याभिषेक, वैशाख शुक्ल और फाल्गुन शुक्ल पूर्णिमा को झूलोत्सव, चैत्र शुक्ल तृतीया को भव्य चंदनयात्रा होती है। यानी हर माह में कोई-न-कोई उत्सव जरूर होता है।

रात्रि को हरिचर्चा करते हुए सो गए। प्रात: आनंदजी और पाराशरजी बनवारीलालजी और विनोदजी को भुवनेश्वर छोड़ने गए। मैं प्रात: चार बजे जीतभाई की टोली के साथ गुंडिचा मंदिर के दर्शन कर आया। आनंदजी के वापस आने पर हम लोग पुरी में स्थिति सोनार गोरांग, टोटा गोपीनाथ, हरिदास समाधि तथा लोकनाथ मंदिर आदि के दर्शन कर आए। आज वापसी का दिन है, सो बाजार जाकर प्रसाद आदि खरीदा। फिर होटल आकर वहाँ का हिसाब-किताब चुकता किया। लगभग आठ बजे हमने होटल छोड़ दिया और दस मिनट में स्टेशन पहुँच गए। स्टेशन लट्टुओं की रोशनी में जगमगा रहा है। नियत समय गाड़ी प्लेटफॉर्म पर लगी। सबकी सीट एक ही बोगी में हैं। सब लोग बैठ गए। गाड़ी के मचलने के साथ ही हमारी वापसी की यात्रा शुरू हो गई। 22 जुलाई को प्रात: हम नई दिल्ली उतर गए। और क्या कहूँ इस यात्रा के बारे में—'हरि अनंत हरि कथा अनंता।'

□

आध्यात्मिक-साहित्यिक तीर्थ श्रीनाथद्वारा

हिंदी दिवस के अवसर पर भक्ति और शक्ति की पावन भूमि श्रीनाथद्वारा की यात्रा का सुयोग बना। कारण—श्रीनाथद्वारा की अग्रणी साहित्यिक-सांस्कृतिक-शैक्षणिक संस्था साहित्य मंडल 'हिंदी लाओ, देश बचाओ' एक तीन दिवसीय समारोह का आयोजन करती है, जिसमें देशभर से हिंदी के लेखकों, रचनाकारों एवं पत्रकारों का चयन कर सम्मानित किया जाता है। मुझे भी वर्ष 2015 के लिए 'संपादक रत्न' की मानद उपाधि के लिए चुना गया, सो 13 सितंबर, 2015 को सायं 7:40 पर मैं दिल्ली सराय रोहिल्ला स्टेशन से 'चेतक एक्सप्रेस' में सवार हुआ। अपने नियत समय पर गाड़ी मचली और शनैः-शनैः चलकर सरपट दौड़ पड़ी। बाहर घुप्प अँधेरा है। बोगी में भीड़-भाड़ नहीं है। मेरी सीट ऊपर की है। रेवाड़ी तक मैं नीचे ही बैठकर बाहर कुछ देखने-समझने की असफल कोशिश करता रहा, फिर ऊपर जाकर लेट गया। छत के पंखे हवा कम, शोर ज्यादा कर रहे हैं। खैर, नींद आ गई। प्रातः सवा पाँच बजे ही जाग गया, बाहर झाँककर देखता हूँ तो गाड़ी चित्तौड़गढ़ के स्टेशन पर खड़ी है। अहा! यह चित्तौड़ की वही वीरप्रसूता भूमि है, जो अपनी मातृभूमि की आन-बान और शान पर मर-मिटनेवाले रणबाँकुरों को जन्म देती रही है। यह देशभक्तों का वही पावन तीर्थ है, जिसके संबंध में एक राष्ट्रवादी कवि ने अपनी कविता में प्रातः की वेला में पूजा-सामग्री से सजा थाल लेकर चले जा रहे संन्यासी से पूछा है—

इधर प्रयाग न गंगासागर, इधर न रामेश्वर कासी।
कहाँ किधर है तीर्थ तुम्हारा, कहाँ चले तुम संन्यासी?

देशभक्ति की गंगा में स्नान कर चुके उस संन्यासी का जवाब भी कितना सुंदर है—

मुझे न जाना गंगासागर, मुझे न रामेश्वर कासी।
तीर्थराज चित्तौड़ देखने को मेरी आँखें प्यासी॥

राजपूताने की ऐसी पावन भूमि तथा वीरों के अद्‍भुत तीर्थ को मैं बारंबार प्रणाम करता हूँ।

बाहर अभी अँधेरा व्याप्त है। दैनिक कर्मों से निवृत्त हो, नीचे ही खिड़की पर बैठ

गया। अब बोगी बिल्कुल खाली सी ही है, ज्यादातर यात्री अजमेर स्टेशन पर ही उतर जाते हैं। झुटपुटे में ही आँखें फाड़-फाड़कर बाहर के वनस्पति-जगत् को पहचाने की कोशिश कर रहा हूँ। छोटे-बड़े वृक्ष तथा झाड़ियाँ बड़ी संख्या में हैं, बहुलता बबूल-कीकर की है। खेतों की मेंड़ों पर बाड़ के लिए लगाए कैक्टस तथा झाड़ियाँ भोर की वेला में उनींदी सी शांत खड़ी हैं। ज्यादातर खेतों में मकई, ज्वार की फसल सिर पर श्वेत कलगी धारण किए एक-दूसरी पर झुकी मानो बतिया रही हैं। जैसे-जैसे आगे बढ़ रहे हैं, तम का साम्राज्य छिन्न-भिन्न हो रहा है। गाड़ी पश्चिम दिशा में दौड़ रही है। पूरब के क्षितिज में पौ फट रही है, मैं दूसरी ओर आकर बैठ गया हूँ, ताकि पीछे की ओर सूर्योदय के दर्शन कर सकूँ। बालरवि अपनी रक्त-पीत देह के साथ शनैः-शनैः कंचन-शैल पर चढ़ रहा है। यहाँ की लाल-काली मिट्टी फास्फेट, नाइट्रोजन, कैल्सियम आदि तत्त्वों से संपन्न है। यह पूरा क्षेत्र वन-संपदा से मालामाल है। धेकड़, खैर के साथ-साथ पलाश, नीम, वट, गूलर, पीपल, शीशम आदि के पर्णपाती वृक्ष भी पर्याप्त संख्या में हैं।

ठीक सवा छह बजे भोरे-भोर मैं मावली जं. पर उतर गया। स्टेशन के बाहर दाईं ओर निकलकर चौक पर खड़ी बस में चढ़ गया हूँ। राजस्थान रोडवेज की यह बस श्रीनाथद्वारा तक जाएगी। बस की सब सीटें भर चुकी हैं। खड़े होने के लिए भी पर्याप्त स्थान नहीं है। इस समारोह में शामिल होने आए कुछ साहित्य-रसिक साहित्य-चर्चा में निमग्न हैं। खैर, कंडक्टर के आते ही बस में सरगर्मी बढ़ गई। सब लोग टिकट के लिए पैसे निकालने लगे। राजस्थान सरकार महिलाओं तथा बुजुर्गों, यानी सीनियर सिटीजंस पर बड़ी मेहरबान है। पुरुषों से श्रीनाथद्वारा का किराया पच्चीस रुपए वसूला जा रहा है, तो महिला यात्रियों से सत्रह रुपए और बुजुर्ग यात्री एकदम मुफ्त, पर मुफ्त यात्रा का आनंद वही ले पा रहे हैं, जिनके पास सीनियर सिटीजंस का स्मार्ट कार्ड है। कुछ भी हो, राजस्थान सरकार की यह अच्छी पहल है। अब यह छोटी बस कीकर की झाड़ियों के बीच से डाबर सड़क पर अपने गंतव्य की ओर दौड़ रही है, तब तक हम 'श्रीनाथद्वारा' के बारे में ही कुछ जान लेते हैं।

भगवान् श्रीनाथजी के यहाँ आगमन से पूर्व यह पूरा क्षेत्र ऊँची-नीची अरावली पर्वत-शृंखलाओं से घिरा बीहड़ वन-प्रदेश था। आधे कोस की दूरी पर बनास नदी आज भी कल-कल बह रही है। इसी क्षेत्र में एक पीपल वृक्ष के निकट देवी का मंदिर था, जिसे 'खेड़ा की माता' पुकारा जाता था। स्थानीय लोगों में इसकी बड़ी मान्यता तथा श्रद्धा थी। यहाँ से थोड़ी ही दूरी पर पंद्रह-बीस घरोंवाला 'सिंहाड़ गाँव' बसा हुआ था। विक्रमी संवत् 1715 के लगभग गुसाईं श्री विट्ठलनाथजी के पौत्र श्री हरिरायजी महाप्रभु यहाँ पधारे और खेड़ा माता मंदिर के पृष्ठभाग में कुटिया बनाकर निवास करते हुए 'वेणुगीत' पर प्रवचन करने लगे। स्थानीय भक्तजन भगवन्नाम सुनने के लिए आने लगे। यहाँ उनकी खूब प्रतिष्ठा तथा ख्याति फैल गई।

मेवाड़ का यह क्षेत्र अपनी शूरवीरता तथा मान-मर्यादा की रक्षा के लिए प्रसिद्ध रहा है। इसी काल में सनातन धर्म पर भारी संकट आ पड़ा। क्रूर औरंगजेब ने धर्म के नाम पर हिंदुओं पर 'जजिया कर' लगा दिया। उसके कठोर आदेश से आलमगीर के अनुचर और सैनिक भगवद्-विग्रहों को खंडित करने लगे। औरंगजेब की कुदृष्टि ब्रज में गोवर्धन पर्वत पर विराजमान श्रीकृष्णजी के विग्रह 'श्रीनाथजी' पर भी पड़ी। ऐसी विकट स्थिति में गोवर्धनधारी श्रीनाथजी की आज्ञा से ब्रज को चुपचाप छोड़ देने में ही भलाई समझी गई। बताया जाता है कि विक्रमी संवत् 1726, आश्विन शुक्ल पूर्णिमा को शयन आरती के बाद सेवकजन श्रीनाथजी को रथ में बिठाकर आगरा की ओर निकल पड़े। सेवकजन ही रथ को खींचते थे, रुकते-चलते लक्ष्यविहीन यात्रा चल रही थी। सर्दी, गरमी, बरसात की मार तथा आँधी और झंझा सहते हुए शनैः-शनैः आगे बढ़ते हुए राजपूताने की ओर निकल आए।

मार्ग में हिंदू और राजपूत राजाओं ने इनका खूब आदर-सत्कार किया तथा अपने यहाँ स्थायी रूप से रहने का आग्रह भी किया। पर कुछ-कुछ दिन वहाँ ठहरकर आगे बढ़ते रहे और चलते-चलते मेवाड़ की पावन भूमि खेड़ा माता के परिसर में आ पहुँचे। यहाँ स्थित पीपल के वृक्ष के नीचे रथ को रोक रात्रि को विश्राम किया। अगले दिन प्रातः श्रीनाथजी का रथ जैसे ही आगे बढ़ा कि एक विचित्र घटना घटी, रथ का पहिया जमीन में धँस गया। पहिया निकालने की सारी जुगत-कोशिशें निष्फल रहीं। इस घटना से यही समझा गया कि प्रभु श्रीनाथजी यहीं पर विराजना चाहते हैं। बस फिर क्या था, महाराणा को इसकी सूचना दी गई। उन्होंने ईश्वर की कृपा और हरि-इच्छा जानकर देलवाड़ा-नरेश को इनके रहन-सहन की व्यवस्था का सारा भार सौंप दिया। उन्होंने तुरत-फुरत मंदिर का स्थान नियत कर आस-पास की सारी जमीन का पट्टा श्रीनाथजी के नाम कर दिया। फिर महाप्रभु श्री हरिरायजी की देखरेख में मंदिर का निर्माण-कार्य आरंभ हुआ और उनकी भावनानुसार श्रीनाथजी का भव्य मंदिर नौ माह में बनकर तैयार हुआ। फिर इसकी साज-सज्जा की गई।

प्रभु श्रीनाथजी के आगमन से इस पूरे क्षेत्र में हर्षोल्लास छा गया। विक्रमी संवत् 1728, फाल्गुन कृष्ण सप्तमी को बड़ी ही धूमधम से श्रीनाथजी पाट पर विराजे। इस दिन पूरे मेवाड़ में भारी उत्सव मनाया गया। उसी दिन से इस धाम का नाम 'श्रीनाथद्वार' पड़ा। 'श्रीनाथ' शब्द आनंददायी होने के साथ-साथ दुःख निवारक भी है। इसमें दो शब्द हैं, 'श्री' और 'नाथ'। 'श्री' शब्द लक्ष्मीजी का वाचक होने के कारण 'राधाजी' का भाव प्रकट करता है, जो प्रभु की आह्लादिनी शक्ति हैं। 'नाथ' शब्द स्वामी वाचक होने के कारण श्रीकृष्ण का भाव प्रकट करता है। दोनों ही अभिन्न रूप हैं। इसलिए यह 'नाथद्वार' दोनों (भगवान्) को पा लेने का 'द्वार' है। राजसमंद जिले का यह समृद्ध

कसबा मावली जं. से उनतीस कि.मी. तथा उदयपुर से अड़तालीस कि.मी. की दूरी पर है। भक्ति और शक्ति की यह पावन भूमि अब मेवाड़ की मुकुटमणि है। भारत के चार पावन तीर्थस्थान (पुरी, पंढरपुर, श्रीरंगम्, तिरुपति) पूजा-प्रवाह वाले कहे गए हैं, किंतु श्रीनाथद्वारा इन सबसे निराला है। यहाँ पूजा-प्रवाह नहीं, भाव-प्रवाह है। पूजा-प्रवाह में स्वस्थ तन, मन, धन के अलावा पूजा-सामग्री की आवश्यकता होती है, परंतु श्रीनाथद्वारा में श्रीनाथजी के यहाँ तो खाली हाथ ही सही, पर भाव भरे मन से आइए, श्रद्धाभाव से बस 'तवास्मि' बोलिए और कृतार्थ हो जाइए। आज सारे भारतवर्ष में श्रीनाथद्वारा की इतनी प्रसिद्धि है, तो उसका एकमेव कारण प्रभु श्रीनाथजी ही हैं।

सड़क के दोनों ओर ऊँची-नीची पहाड़ियों के बीच से हमारी बस अब श्रीनाथद्वारा की पावन भूमि पर आ पहुँची है। कंडक्टर ने हमें बस अड्डे के इस ओर ही उतार दिया। यहाँ से ऑटो में बैठ मंदिर की ओर चले। सुप्रसिद्ध कवि-आलोचक डॉ. राहुल भी इसी ऑटो में हैं। हम दोनों मंदिर चौक पर उतर गए। यहाँ से पूछते-पाछते हम सब्जी मंडी स्थित समारोह स्थल पर आ पहुँचे। यहीं पर स्थित बालासिनोर सदन 'बी' विंग में आगतों के आवास की व्यवस्था की गई है। भूतल पर स्थित 25 नंबर कमरे को इस समारोह का कार्यालय बनाया गया है। 'साहित्य मंडल' के प्रधानमंत्री श्री श्याम प्रकाश देवपुराजी से सर्वप्रथम यहीं पर भेंट हुई। हम दिल्लीवालों यानी डॉ. राहुल, मैं तथा श्री देवेंद्र गोयल 'माँझी' को प्रथम तल पर चार बिस्तरोंवाला ग्यारह नंबर का कमरा आवंटित किया गया है। कमरे साफ-सुथरे तथा ठंडे हैं। दो बिस्तर अंदर, दो बाहरवाले कमरे में तथा बीच में शौचालय तथा शानदार स्नानघर और इसके आधे भाग में बड़ी सी स्लिप पर साबुन, तेल आदि रखे हैं। बाहरवाले कमरे के आधे भाग में दो कुरसियाँ तथा मेज लगी हुई हैं। बारी-बारी से हम तीनों ने स्नान किया। इस बीच नाश्ता आ चुका है। नाश्ता शायद राजस्थानी खुराक को ध्यान में रखकर परोसा गया है, इसमें हलवा, ब्रेड पकौड़ा तथा हलवा जैसा नमकीन व्यंजन है। इतना तो हम लोग भोजन ही कर पाते हैं। खैर, मैंने अपना नाश्ता पूरा निपटाया, माँझी भाई साहब की तबीयत ठीक नहीं है, सो उनका मिष्टान्न डॉ. राहुलजी ने शेयर किया। आज कार्यक्रम का पहला सत्र नौ बजे 'नगर परिक्रमण' से शुरू होनेवाला है। जब तक नीचे इसकी तैयारियाँ चल रही हैं, तब तक 'साहित्य मंडल' संस्था के बारे में जान लेना जरूरी है।

देशभर में श्रीनाथद्वारा की प्रसिद्धि का पहला कारण भगवान् श्रीनाथजी हैं, तो द्वितीय प्रमुख कारण यहाँ की साहित्यिक-सांस्कृतिक-शैक्षणिक संस्था 'साहित्य मंडल' है। इसमें कोई अतिशयोक्ति नहीं है। दशकों पूर्व यहाँ के विचारकों एवं साहित्य-साधकों के गहन विचार-विमर्श के बाद यह निश्चित हुआ कि ब्रज संस्कृति के इस आध्यात्मिक केंद्र पर एक साहित्यिक संस्था स्थापित की जाए। सो संवत् 1994 (सन् 1937) में

साहित्य मंडल, श्रीनाथद्वारा में पुस्तक भेंट करते हुए

प्रताप जयंती के अवसर पर डॉ. नायक की अध्यक्षता में एक विशाल सार्वजनिक सभा में 'साहित्य मंडल' प्रतिष्ठान का नामकरण किया गया। नगर की जनता में साहित्यिक एवं सांस्कृतिक अभिरुचि उत्पन्न करने के लिए साहित्य-गोष्ठियों एवं कवि-सम्मेलनों का आयोजन किया जाता रहा, इसके बाद वाचनालय, पुस्तकालय भी प्रारंभ किए गए।

सन् 1938 में मेवाड़ सरकार ने संस्था के सदस्यों के राष्ट्रीय विचारों से ओतप्रोत होने एवं राजनैतिक आंदोलनों में सक्रिय रहने के कारण 'साहित्य मंडल' संस्था पर दो वर्ष का प्रतिबंध लगा दिया। वर्ष 1941 में मेवाड़ राज्य के तत्कालीन राजस्व मंत्री जब श्रीनाथद्वारा पधारे तो उन्होंने साहित्य मंडल की गतिविधियों को प्रत्यक्ष देखा, समझा और इनसे प्रभावित होकर प्रतिबंध को हटवाया। श्री शिवकुमार शास्त्री सर्वसम्मति से साहित्य मंडल के प्रथम अध्यक्ष बनाए गए। श्रीमद्वल्लभाचार्य वंशावतंश गोस्वामी तिलकायत श्री 108 श्रीगोविंदलालजी महाराज ने दो सौ रुपया नॉमिनल नजराने पर बड़े बाग में इसके लिए भूमि प्रदान की। लेकिन साहित्य मंडल की देशव्यापी प्रसिद्ध के पीछे महान् सरस्वती उपासक एवं कर्मयोगी स्व. श्री भगवती प्रसाद देवपुरा की सतत साधना तथा जुझारू संघर्ष ही कारण रहा है। इस महान् आत्मा ने अष्टछाप के संपूर्ण साहित्य के संचयन, संपादन तथा प्रकाशन का अद्भुत कार्य किया। श्रीनाथजी एवं श्रीनाथद्वारा से परिचय करानेवाली 'नाथद्वारा-दर्शन' कृति के साथ-साथ विशाल ग्रंथ 'पुष्टिमार्ग के जहाज कवि सूरदास', 'सूरसागर' की टीका (दो खंड लगभग 1500-1500 पृष्ठ) के अलावा अज्ञान का अंधकार मिटाने के लिए विभिन्न रूपों में विपुल साहित्य रचकर ज्ञान का प्रकाश

आलोकित किया। सत्येश पुस्तक भंडार, साहित्य मंडल माध्यमिक विद्यालय, प्राचीन पांडुलिपियों का संग्रहालय, ज्ञान का आगार विशाल पुस्तकालय सब इसी के अंग हैं।

साहित्य-पुरोधा देवपुराजी ने अपने प्रधानमंत्री-काल में हिंदी भाषा की अलख जगाने के लिए 'हिंदी लाओ, देश बचाओ' समारोह की शुरुआत की, जो प्रतिवर्ष हिंदी दिवस के अवसर पर भव्य और विशाल रूप में आयोजित किया जाता है। इतना ही नहीं, उन्होंने स्वयं देश की चारों दिशाओं में कार्यक्रमों में शामिल होकर देशभर के साहित्यकारों, हिंदी-हितैषियों को मंडल के साथ जोड़ा, उन्हें अपनी मुहिम में शामिल किया। मंडल की कार्यप्रणाली और कर्मठता से प्रभावित होकर राजस्थान ब्रजभाषा अकादमी ने अपने समारोह का भार साहित्य मंडल को सौंपकर इसे और भी गरिमा प्रदान की है। पहले इसका संचालन मोती महल खुर्रे से होता था, परंतु अब सार्वजनिक उद्यान में नया भवन बन जाने से मंडल की समस्त गतिविधियाँ यहीं से संचालित होती हैं। वर्तमान में श्रीनाथजी मंदिर के बड़े ठाकुर (सेवानिवृत्त) श्री नरहरि ठाकरजी साहित्य मंडल के अध्यक्ष तथा स्व. श्री भगवती प्रसाद देवपुरा के सुपुत्र श्री श्याम प्रकाश देवपुरा प्रधानमंत्री हैं। साहित्य मंडल के तत्त्वावधान में बड़े-बड़े साहित्यिक-सांस्कृतिक-धार्मिक कार्यक्रम आयोजित होते हैं। इस संस्था ने नगर में अनेक ख्याति प्राप्त कवि और लेखक उत्पन्न किए हैं।

नीचे 'नगर परिक्रमण' की तैयारी पूर्ण हो चुकी है, वाद्य और बैंड की स्वर लहरी सुनाई पड़ रही है। अतः हम सब लोग नीचे उतर आए। यह नगर-परिक्रमा संस्था के परिसर से प्रारंभ होकर नगर के अनेक गली-मोहल्लों से होती हुई आगे बढ़ रही है। इसमें विद्यालय के छात्र-छात्राएँ, शिक्षक-शिक्षिकाएँ तथा इस समारोह में पधारे साहित्यकार, कवि, पत्रकार एवं हिंदी-प्रेमी जन साथ-साथ चल रहे हैं। मैं इस नगर-परिक्रमण का अंग बनकर अत्यंत रोमांचित हूँ और यह देखकर अभिभूत हूँ कि यहाँ मंडल के कार्यों के प्रति कितना सम्मान है कि स्थानीय स्त्री-पुरुष अपने घरों की खिड़कियों, दरवाजों, छज्जों पर खड़े हो हाथ जोड़कर अपना सम्मान प्रकट कर रहे हैं; इतना ही नहीं, रास्तों के किनारे खड़े स्त्री-पुरुष तथा दुकानदार भी पुष्पवर्षा कर अपना आभार प्रकट कर रहे हैं। वास्तव में हिंदी के प्रति ऐसा सम्मान कहीं और देखने-सुनने में नहीं आता। यह अद्‌भुत नजारा है श्रीनाथजी की नगरी में! मन गद्‌गद और शरीर पुलकित हो गया है। 'होगी कोई भाषा रानी, हिंदी तो पटरानी है', 'हिंदी बने विश्व की भाषा', 'हिंदी सबको प्यारी होगी, इसकी छवि उजियारी होगी' आदि और भी अनेक नारे लिखी पट्टिकाएँ और बैनर बाल-बालिकाएँ उठाए हुए हैं। माइक पर उठते ये नारे आकाश में गुंजायमान हो रहे हैं। कितने जोश-उत्साह परंतु अनुशासित ढंग से हिंदी की अलख जगाकर यह नगर-परिक्रमा लगभग ग्यारह बजे संस्था परिसर में संपन्न हुई।

ग्यारह से एक बजे तक भोजन का समय नियत था। संस्था के परिसर में लता-वृक्ष

कुंजों की शीतल छाया में पारंपरिक ढंग से जमीन पर कतारबद्ध पंगत बैठ गई। थाली-कटोरियों में व्यंजन परोसे गए। अरहर की दाल, गट्टे की सब्जी, भिंडी-आलू की सूखी सब्जी, पुलाव, सलाद, पकौड़े, पूड़ी, रायता, हलवा। अहा! प्रेमरस पगे इन व्यंजनों के स्वाद के क्या कहने! इतना ही नहीं, भाई श्यामजी स्वयं मनुहार करके मिष्टान्न परोस रहे हैं। भाईजी की आत्मीयता ने सभी को अभिभूत कर दिया। अपराह्न तीन बजे तृतीय सत्र में साहित्य मंडल माध्यमिक विद्यालय की बालिकाओं ने 'हिंदी रानी' नाटिका प्रस्तुत की। भाई श्यामजी समय के बड़े पाबंद हैं। सुई की नोक पर कार्यक्रम प्रारंभ हो जाता है। जो साहित्यकार बंधु कार्यक्रम में देर से आने के आदी हैं, उन्हें खरी-खरी सुनाने में भाईजी हिचकते नहीं हैं। इस पूरे कार्यक्रम के संयोजक श्री विट्ठल पारीक उद्भट विद्वान् तो हैं ही, मंच संचालनकर्ता भी कमाल के हैं। भाई श्यामजी की व्यवस्था में कहीं कोई शिथिलता देखने में नहीं आती है। इन दोनों कर्मयोगियों को बला की फुरती बख्शी है ऊपरवाले ने।

चतुर्थ सत्र के 'हिंदी उपनिषद्' कार्यक्रम में दर्जन भर साहित्यकारों ने हिंदी की सूरत, सीरत और वस्तुस्थिति पर अपने आलेख पढ़े। पाँचवें, छठे एवं सातवें सत्र में अलग-अलग राशिवाले सम्मानों-पुरस्कारों से देशभर से चुने गए रचनाकारों को सम्मानित किया गया। 7 से 8 बजे तक सायं का भोजन हुआ। प्रातः से एकदम अलग, दूसरे राजस्थानी-गुजराती स्वादु व्यंजन परोसे गए। रात्रि नौ बजे से आठवें सत्र में 'हिंदी हुंकृति' कार्यक्रम में अनेक लेखकों ने भाग लिया। इसके बाद के नौवें सत्र में 'हिंदी साहित्य शिरोमणि', दसवें सत्र में 'हिंदी साहित्य भूषण' तथा ग्यारहवें सत्र में 'हिंदी काव्य भूषण' की मानद उपाधि से देशभर से चुने हुए महानुभावों को सम्मानित किया गया। यह कार्यक्रम लंबा खिंचा और रात्रि एक बजे तक चला। आज कार्यक्रम ज्यादा थे, सो एक के बाद एक सिलसिलेवार कार्यक्रम गतिमान रहे। भाई श्यामजी के दृष्टि-जाल से कोई बाहर नहीं रह सकता। 'साहित्य मंडल' के अध्यक्ष श्री नरहरि ठाकरजी के हिंदी के प्रति अनन्य प्रेम और निष्ठा के आगे मैं नत और अभिभूत हूँ कि इतनी वृद्धायु में भी वे लगातार पाँच-छह घंटे कार्यक्रमों की अध्यक्षता करते हुए समारोह को गौरव प्रदान कर रहे हैं। 'साहित्य मंडल' के उत्तरोत्तर विकास में ऐसे ही दधीचियों का तपोबल सहायक रहा है।

कार्यक्रम की समाप्ति पर सभी हिंदी-बंधु अपने कमरों में लौट आए। देर रात तक मैं और डॉ. राहुलजी चर्चा करते हुए ही सो गए। प्रातः सात बजे जागे तो जल्दी-जल्दी दैनिक कर्म, स्नानादि से निवृत्त हो हम दोनों भगवान् श्रीनाथजी के दर्शन के लिए निकले। हम सब्जी मंडी से निकलकर अभी मुख्य सड़क पर पहुँचे ही थे कि हि.प्र. के मेरे मित्र पवन चौहानजी का फोन आ गया कि वे आवास स्थल पर पहुँच गए हैं। मैं राहुलजी को

वहीं रुकने को कहकर दौड़कर आया, मैं उन्हें अपने कमरे पर रखना चाहता हूँ, इनके साथ इनके बड़े भाई भी हैं। इनसे तन से पहली बार मिलना हुआ, पर मन से कई वर्ष पूर्व ही मिल चुका हूँ। हमारे कमरे में एक बिस्तर कल से ही खाली है, और माँझी भाई साहब आज दोपहर में ही दिल्ली लौटनेवाले हैं, सो इन्हें यहाँ ठहराकर मैं पुनः दौड़ गया। डॉ. राहुल मेरा इंतजार कर रहे थे। मंदिर चौक पर खासी चहल-पहल है, दुकानें जगमगा रही हैं। मंदिर चौक के सामने की गली में बाईं ओर मंदिर का बाह्य विशाल द्वार है, जिस पर पुराने जमाने का काठ का मजबूत फाटक शान से खड़ा है।

फाटक के अंदर लगभग चौकोर स्थान है, जिसमें दाईं ओर निःशुल्क जूता स्टैंड है। वैसे भक्तजन यहाँ-वहाँ कहीं भी जूता-चप्पल छोड़ जाते हैं। इसके सामने चबूतरे पर लोहे की बेंचें पड़ी हैं, जिन पर तीर्थयात्री बैठे सुस्ता रहे हैं या ध्यान-मनन कर रहे हैं। बाईं ओर बिल्कुल कोने में मोबाइल रखने का स्थान है, यह सेवा भी निःशुल्क है। यहाँ पर मोबाइल जमा करके हम आगे बढ़े। मंदिर के इस मुख्य प्रवेश-द्वार को नक्कारखाना भी कहते हैं। इसके ऊपर प्रभु के दर्शन खुलने पर दुंदुभियाँ बजाई जाती हैं, श्रीनाथजी के साथ आई नौवत आज भी यहाँ रखी हुई है। मंदिर सीढ़ियों पर मैंने मत्था टेका। मंदिर के मुख्य प्रवेश-द्वार पर गहन जाँच-पड़ताल हो रही है। खैर, जाँच के बाद हरि-दर्शन के लिए आगे बढ़े। इस द्वार को पार करते ही विशाल आँगन है, जहाँ से महिला एवं पुरुषों की पंक्तियाँ अलग-अलग आगे बढ़ रही हैं। जब पुरुष तीर्थयात्री दर्शन करते हैं तो महिलाओं की पंक्ति रोक दी जाती है। कुछ देर में महिलाएँ दर्शन के लिए आगे बढ़ती हैं, तो पुरुषों की पंक्ति रोक दी जाती है।

इस मंदिर के चार कोठे (मंदिर) बड़े महत्त्वपूर्ण हैं। आँगन में पंक्तिबद्ध बढ़ते हुए हम लोग बाईं ओर स्थित 'निज मंदिर' की ओर बढ़े। इसी में ऊँची पाषाण चौकी पर आनंदकंद भगवान् श्रीनाथजी विराजमान हैं। आसपास में आभूषण वस्त्रादि रखने के लिए कई गवाक्ष हैं। प्रातःकाल में भक्तों की भीड़ काफी है, अब हम भगवान् श्रीनाथजी के एकदम सामने लकड़ी के ऊँचे फर्श पर खड़े हैं। श्रद्धावश हाथ अपने आप जुड़ गए हैं। मनमोहिनी अलौकिक झाँकी को आँखों में समा लेना चाहता हूँ। श्यामवर्णी प्रभु रक्ताभा से द्योतित हो रहे हैं, बाईं भुजा ऊपर उठी हुई, जो गोवर्धन धारण की भावना से है। कटि प्रदेश पर स्थित दाईं भुजा भक्तों और शरणागत को शरण में आने का संकेत जैसी है। यहाँ खड़ा हर भक्त नेत्र बंद कर अपने हृदय-स्थल में प्रभुजी की झाँकी के दर्शन कर रहा है, नहीं तो नेत्र बंद करने का क्या उद्देश्य हो सकता है। भीड़ के बढ़ते भारी दबाव के बीच न चाहते हुए हम आगे बढ़ गए और नीचे उतरते ही फर्श पर श्रीनाथजी को दंडवत् प्रणाम किया। इस निज मंदिर के दाईं ओर 'शय्या मंदिर' है, जिसमें प्रति संध्या शय्या बिछती है और प्रभु श्रीनाथजी इसी में शयन करते हैं। निज मंदिर के ठीक आगे

श्रीनाथजी का मंदिर (नंदालय), श्रीनाथद्वारा

'मणि कोठा' है, जिसमें छड़ीदार श्रीनाथजी के सम्मुख खड़ा रहता है। समय-समय पर दर्शनों के लिए इसके खुलने पर यहाँ कीर्तनियाँ भजन-कीर्तन किया करते हैं। इसी के बराबर में 'छठी घर' है, जिसमें जन्माष्टमी के अवसर पर छठी अंकित की जाती है। इसे 'मंजूषा घर' भी कहा जाता है। इन चारों कोठों के ऊपर बड़ा सा छप्पर छाया हुआ है। इन कोठों के ठीक बीच में ध्वज-दंड तथा श्री सुदर्शनजी विराजमान हैं।

मणि कोठे के बाहर निकलते ही 'गोल देहरी' है। ऐसा कहा जाता है कि भगवान् कृष्ण के अनन्य भक्त भोलाभंडारी ने यहीं से प्रभु के दर्शन किए थे। 'बड़ी तिवारी' भी इसी जगह पर है, इसे 'डोल तिवारी' भी कहते हैं। यहाँ से बड़ी संख्या में भक्तजन प्रभु श्रीनाथजी के दर्शन करते हैं। वैष्णव भक्त दर्शन करते समय डोलने-कूदने लग जाते हैं, इसीलिए इस स्थान का नाम 'डोल तिवारी' पड़ा। इसी को 'जगमोहन' भी कहते हैं। जग को मोहनेवाले प्रभु का दर्शन यहीं से किया जाता है। यहाँ भी भक्त लोग ठसाठस भर गए हैं। उचक-उचककर प्रभु की एक झलक पा लेना चाहते हैं। अरे भाई, आप बेशक प्रभु को न देख पाए हों, पर वे तो आपको भरपूर देख पा रहे हैं। डोल तिवारी से आगे बढ़ते हैं, इसके बाहर चौक है, जिसमें संगमरमर जड़ा हुआ है। यहाँ बैठकर-लेटकर आराम किया जा सकता है। ऐसा करने से प्रभु के विरह का ताप शांत हो जाता है। इसी चौक में 'कमल चौक' के दरवाजे की ओर एक लंबोतरा ताला लटका हुआ है, जिसे भक्तजन छूकर अपने नेत्रों को पवित्र कर रहे हैं। क्योंकि इसी ताले के खुलने से आमजनों को श्रीनाथजी के दर्शन सुलभ होते हैं। इस चौक में दस गवाक्ष हैं।

रतन चौक से आगे बढ़े तो कमल चौक है, इसमें चारों ओर काले पत्थर जड़े हुए हैं और बीच में सफेद संगमरमर का 'कमल' भी बना है। इस कमल में चौबीस

पँखुड़ियाँ हैं। इनको गायत्री का स्वरूप माना जाता है। अत: भक्तजन इस पर पैर रखने से बचते हैं। इस कमल के चारों ओर आठ पाटियाँ और सोलह लहरियाँ हैं, ये रास के भाव कहे जाते हैं। इस कमल चौक में अठारह गवाक्ष हैं। इसी चौक में डोल तिवारी की एक खिड़की खुलती है, जिसे 'ध्रुव बारी' पुकारा जाता है। ऐसी मान्यता है कि ध्रुवतारा इसी के सामने उदय होता है। यहीं एक ओर तुलसी का बिरवा भी है। इस कमल चौक से रतन चौक में निकलनेवाले दरवाजे को 'हथिया पोल' कहा जाता है। इस दरवाजे के दोनों ओर भीमकाय पत्थर के गजराज अपनी सूँड़ समेटे खड़े हैं। कमल चौक से जब धौलीपटिया पर आने के लिए जिस दरवाजे से आते हैं, उसे 'सिंह पोल' कहा जाता है। इसी तरह यहाँ पर 'प्रियतम पोल', 'सूरज पोल' आदि हैं। 'प्रियतम पोल' ब्रज बीथिका के समान श्रीनाथजी को अत्यंत प्रिय है, इसलिए इसे 'प्रियतम पोल' कहा जाता है। 'सूरज पोल' तो गोवर्धन चौक के ठीक सामने है। इसकी तथा धौलीपटिया की आमने-सामने नौ-नौ सीढ़ियाँ हैं, जो 'नवधा भक्ति' के भाव से बनाई गई हैं। राजा, रानी तथा संभ्रांत पुरुष इसी द्वार से प्रवेश कर श्रीनाथजी के दर्शन करते हैं। मंगला दर्शन के बाद यहीं पर कबूतरों के लिए मक्की डाली जाती है। इससे थोड़ा आगे बढ़ें तो कीर्तनिया गली के बाहर और प्रसादी भंडार के आगे 'अनार चौक' है, यहीं पर 'कुबेर की गादी' स्थित है, इसे 'समाधनी की बैठक' नाम से भी पुकारा जाता है।

मंदिर बहुत विशाल आकार में है। इसके एक भाग में 'वस्त्रघर' है, जिसमें श्रीनाथजी के शृंगार के लिए नाना प्रकार के कपड़े रखे जाते हैं। 'गहनाघर' में अनेक प्रकार के आभूषण, विविध रत्नादि सुरक्षित रखे हैं, जिनसे अलंकार आदि बनाए जाते हैं। 'फूलघर' में बड़ी-बड़ी फूलमालाएँ बनाई जाती हैं। 'पानघर' में श्रीनाथजी के लिए पान की सेवा संपन्न होती है। वैष्णव जन यहाँ श्रीनाथजी के लिए सुपारी, लौंग, इलायची, गुलाबजल आदि से पान के बीड़े तैयार करते रहते हैं। 'शाकघर' से श्रीनाथजी के लिए शाक-फलों की सेवा संपन्न होती है। 'दूधघर' में गौशाला की गायों का दूध दुहकर यहाँ इकट्ठा किया जाता है, जिससे श्रीनाथजी के लिए अनेक स्वादु मिठाइयाँ बनाकर सेवा में दी जाती हैं। 'पातलघर' में सोने-चाँदी के अनेक बरतन रखे हैं, जिनमें श्रीनाथजी को राजभोज की विभिन्न सामग्रियाँ अरोगाई जाती हैं। मंदिर के 'रसोईघर' में नौ चूल्हे जलते हैं, इनमें से पाँच चूल्हों पर राजभोग की सखड़ी, दो चूल्हों पर शयन भोग की सखड़ी तथा शेष दो पर गोपी वल्लभ की सामग्री तैयार की जाती है। पातलघर के बराबर में 'जलपान की कोठरी' है, यहाँ से श्रीनाथाजी के जलपान हेतु यमुना जल से झारी भरी जाती है। यहीं से श्रीनाथजी को जगाने के लिए शंख बजाया जाता है। चूँकि 'बालभोग' में प्रभु के लिए सामग्री तैयार होती है, अत: इसे बालभोग कहा जाता है।

मंदिर का वास्तुशिल्प टिकाऊ तथा मंदिर की सभी आवश्यकताओं को पूरा

करनेवाला है। इसमें मालागली है, पंखागली—गरमियों में यहीं से श्रीनाथजी के लिए पंखा खींचा जाता है। कीर्तनिया गली, शाकघर की गली, आड़ीगली—जो श्रीनाथजी के निजमंदिर के पीछे और अन्नकूट रसोईघर के आगे है। श्रीकृष्ण भंडार—जहाँ मंदिर की सारी आमदनी का लेखा-जोखा रखा जाता है। इस भंडार के ऊपर चाँदी-सोने की चक्कियाँ रखी हुई हैं, जहाँ पर प्रभु की सेवा के लिए कस्तूरी और केसर पीसी जाती है। खर्च भंडार—यहाँ श्रीनाथजी के भोग की सब सामग्रियाँ जुटाई जाती हैं। यहीं अनाज के गोदाम, घी-तेल के कुएँ लबालब भरे रहते हैं। अच्छा, श्रीनाथजी का रथ जिस पीपल के नीचे रुका था, वह अब भी इसी भंडार में है। खासा भंडार—यहाँ श्रीनाथजी के भोग की सामग्री की साफ-सफाई, बिनाई आदि करके तैयार की जाती है। प्रसादी भंडार—यहाँ श्रीनाथजी के अरोगने के बाद महाप्रसाद लाकर रखा जाता है। यहाँ एक लाल दरवाजा भी है, श्रीनाथजी इसी जगह से आगे बढ़े थे। हर वैष्णव इस दरवाजे से ही प्रभु का अनुरागी (लाल) हो जाता है, इसीलिए उसे 'लाल दरवाजा' कहा जाता है। ये सब स्थान तो हैं ही, मंदिर निर्माण के समय तिलकायत महाराज के लिए एक बैठक और एक छोटा सा जनानखाना भी बनवाया गया था। मंदिर निर्माण के बाद मंदिर के शिखर पर एक कलश, सात पत्थरों का चक्र बनवाया गया तथा उस पर चक्र सुदर्शनजी तथा सात ध्वजाओं की स्थापना की गई। लाल कलश के नीचे एक छोटे से चबूतरे पर चार सिंह चारों वेदों का भाव प्रकट करने के लिए बनवाए गए।

एक महत्त्वपूर्ण बात यह है कि जब श्रीनाथजी गोवर्धन (मथुरा) से यहाँ के लिए चले थे तो कुछ देव भी उनके साथ यहाँ आए। इनमें सिंहाड़ के हनुमानजी, श्रीकालभैरव, घाटीवाले महादेव तथा गुर्जरपुरा के श्रीलालजी प्रमुख हैं। मोतीमहल नगर का राजप्रासाद है। इसकी उच्च अट्टालिकाएँ हैं, जिसमें वल्लभ वंशावतंश निवास करते हैं। इसी महल के अंदर महाप्रभुजी की बैठक है। इसी के निकट कच्चे आँगन में आचार्यश्री की ओर से ग्यारह ब्राह्मण नित्य भोजन किया करते हैं। चौपाटी बाजार से मंदिर परिक्रमा में जाते समय 'रथखाना' पड़ता है, यहाँ वह पावन रथ आज भी सुरक्षित रखा हुआ है, जिस पर चढ़कर श्रीनाथजी मथुरा से यहाँ पधारे थे। मंदिर के लगभग सब स्थानों के दर्शन कर हम बाहर की ओर लौट रहे हैं तो कुछ महत्त्वपूर्ण जानकारी आपको और देते हैं। यहाँ एक अनोखी बात यह है कि मंदिर में श्रीनाथजी के दर्शन लगातार नहीं, रोक-रोककर होते हैं, इसके पीछे भाव यह है कि यहाँ श्रीनाथजी की सेवा बालभाव, शिशुभाव से होती है। अत: बालक पर किसी की कुदृष्टि न पड़े और बालक थक न जाए, इसलिए बीच-बीच में दर्शन खुलते हैं। इस तरह दिन में लगभग 7-8 दर्शन ही होते हैं। जैसे बालक को जल्दी-जल्दी भूख लगती है, सो प्रभु को बार-बार भोग भी लगाया जाता है।

प्रारंभ में श्रीनाथजी केवल दुग्धपान किया करते थे। गोवर्धन पर्वत पर श्रीवल्लभाचार्य

साहित्य मंडल में अष्टछाप-कक्ष का अवलोकन करते हुए

और श्रीनाथजी का प्रगाढ़ मिलन हुआ, तो आचार्यश्री ने अपने हाथों से नैवेद्य तैयार करके प्रभु को अरोगाया। उसी दिन से प्रभु श्रीनाथजी अन्न का नैवेद्य ग्रहण करने लगे। देश के अन्य मंदिरों से अलग यहाँ एक नई बात यह भी है कि सर्दियों में श्रीनाथ प्रभु जल्दी उठते हैं तो मंदिर जल्दी खुलकर मंगला दर्शन जल्दी होते हैं, और गरमियों में प्रभु देर से उठते हैं, तो मंगल दर्शन देर से होते हैं, इसके पीछे भाव यह है कि जिस प्रकार गरमी में प्रातःकाल में शीतल मंद पवन बहती है तो बालक को मीठी सुखद नींद आती है, परंतु सर्दी में जल्दी उठकर बालक कुछ खाना चाहता है। इसीलिए गरमी में प्रभु के मंगला दर्शन देर से तथा सर्दी में जल्दी होते हैं। गरमी में प्रभु को गरमी न सताए, इसलिए पंखे की सेवा निरंतर चलती रहती है तथा सर्दी में प्रभु को ठंड से बचाने के लिए अँगीठी उनके आगे हमेशा रखी रहती है। एक दिन में प्रभु का एक ही श्रृंगार होता है, परंतु जिस दिन मुकुट-काछनी का श्रृंगार होता है, उस दिन शयन श्रृंगार में परिवर्तन किया जाता है।

प्रातः में श्रीनाथजी को शंखनाद करके जगाया जाता है। सर्दी में प्रातः चार बजे मंगला आरती के साथ मंगला दर्शन होते हैं। इस समय माखन, मिसरी, औटाया हुआ दूध तथा शीतकाल में गरमागरम हलवा का भोग लगाया जाता है। मंगला दर्शन के बाद प्रभु को स्नान कराकर वस्त्रालंकार धारण कराए जाते हैं। इस समय सूखे मेवे का भोग लगाया जाता है। श्रृंगार के बाद भक्तों के लिए दर्शन खुल जाते हैं। इसके बाद प्रभु को खरखरी (लच्छेदार रबड़ी), बाटी, सखड़ी, (कच्ची रसोई), दाल-भात, सेब के लड्डू, बासौंदा और दूध आदि का भोग लगाया जाता है। इसे ग्वाल दर्शन कहते हैं। इसी समय राजभोग की तैयारियाँ शुरू हो जाती हैं। माला के आह्वान के साथ ही नक्कारखाने में नक्कारे बज उठते हैं। प्रातः के ये सबसे बड़े दर्शन होते हैं। इसमें सखड़ी व अनसखड़ी (कच्ची व पक्की रसोई) दोनों प्रकार का भोग लगाया जाता है। प्रभु के समीप एक मंजूषा में ठोर, मक्खन, बीड़ा आदि रख दिए जाते हैं। फागुन माह में तो इनके साथ ही खेल का पूरा सामान, सूखे मेवे, फल-फूल तथा शाकघर और दूधघर के व्यंजन रखे जाते हैं। संध्या तीन बजे उत्थापन दर्शन होते हैं। इसमें भी भोग अरोगाने के बाद भोग के दर्शन खुलते

हैं। गोधूलि वेला में आरती उतारी जाती है। इसके बाद तो सीधे शयन भोग की तैयारी शुरू हो जाती है। सुदर्शनजी को भी इसी समय भोग लगाया जाता है। शयन आरती के बाद दर्शन खुलते हैं। प्रातः से रात्रि तक भक्तजनों का प्रवाह जारी रहता है। इसीलिए तो श्रीनाथद्वारा को 'राजस्थान का वृंदावन' कहा गया है।

श्रीनाथजी को अरोगाए जानेवाले छप्पन भोग के बारे में जानने की सभी को उत्कंठा रहती है। 'वृहद् नारदपुराण' में उल्लेख आया है कि भगवद्-चरित्र के अनुसार श्रीगिरिराजजी के निकुंज में प्रमुख ब्रजवासियों ने अन्य सखीजनों के साथ मिलकर अपने-अपने हाथ से एक-एक भोग तैयार कर भगवान् श्रीकृष्ण को अरोगाया। इन छप्पन सखिजनों में नौ नंद, नौ उपनंद, छह वृषभानु, आठ मुख्य सखियाँ, नंद एवं उपनंद की सब पत्नियाँ, छह वृषभानु की पटरानियाँ, इस प्रकार कुल मिलाकर छप्पन महानुभावों ने छप्पन व्यंजन बनाकर भगवान् को समर्पित किए। एक विशेष बात यहाँ यह भी है कि पूरे देश में देवस्थानों को देवालय या मंदिर कहा जाता है, परंतु श्रीनाथद्वारा में श्रीनाथजी का निवास मंदिर नहीं, 'नंदालय' कहलाता है। देवता के लिए सभी जगह कुछ-न-कुछ प्रसाद बनता ही है, पर यहाँ षट् रसपूर्ण अगणित पक्वान्न आज भी श्रीनाथजी को अरोगाए जाते हैं, जिसे 'प्रसाद' कहते हैं। इस प्रसाद की ऐसी महिमा है कि यह जिस घर में प्रवेश पाता है, वहाँ के सभी पाप-ताप भाग खड़े होते हैं। चूँकि यहाँ पर पूजा-अर्चना नहीं, सेवा चलती है, अतः भक्तजन अपनी श्रद्धा-सामर्थ्यानुसार शाक, फल, दूध, नहीं तो पान की सेवा अर्पण कर सकते हैं। जिसकी जैसी क्षमता, जैसा भाव, उसके अनुसार वह अपनी सेवा प्रेषित कर सकता है। किसी प्रकार की कोई जोर-जबरदस्ती नहीं है। अपने कान्हा को, अपने नंदलाला को चाहे जैसे रिझा सकते हैं। श्रीनाथद्वारा परम-पुनीत तीर्थ करोड़ों श्रद्धालुओं के आकर्षण का केंद्र है। अपनी युग-प्रसिद्धि के कारण ही श्रीनाथद्वारा भारतवर्ष का प्रधान यात्रा-पीठ माना गया है। अनेक महापुरुषों ने इसकी महिमा का गुणगान किया है। ऋषि गर्गाचार्य ने भी इसकी महिमा का गान करते हुए कहा है—

जगन्नाथो रङ्गनाथो द्वारकानाथ एव च,
बदरीनाथश्चतुष्कोणे भारतस्यापि वर्तते।
चतुर्णां भुविनाथानां कृत्वा यात्रां नरः सुधी,
न पश्यद्देव दमनं न स यात्रा फलं लभेत्।

अर्थात् भगवान् तो जगन्नाथ, रंगनाथ, द्वारकानाथ और बदरीनाथ के रूप में भारत के चारों कोनों में विराजते हैं। परंतु इन सब की यात्रा-दर्शन करके भी जो भक्त और तीर्थयात्री श्रीनाथजी के दर्शन तथा श्रीनाथद्वारा की यात्रा नहीं करता है, उसे तीर्थयात्रा का फल (पुण्य) प्राप्त नहीं होता है।

मंदिर की ड्योढी पर पुनः-पुनः प्रणाम कर तथा अपने जूते-चप्पल और मोबाइल

'हिंदी लाओ, देश बचाओ' कार्यक्रम में सहभागिता

लेकर हम अपने आवास पर लौट आए। मंदिर में विलंब हो जाने के कारण आज कक्ष-पुस्तकालय का निरीक्षण नहीं कर पाए। नाश्ता कर सीधे नौ बजे से प्रारंभ 'ब्रजभाषा परिवाद' कार्यक्रम में शामिल हुए। ब्रजभाषा पर आधारित तीन सत्रों में आलेख पाठ आदि हुए, फिर बारह बजे भोजन हुआ। अपराह्न कार्यक्रम के बीच में ही देशभर से आए विभिन्न लेखक-कवियों ने साहित्य मंडल के पुस्तकालय के लिए अपनी पुस्तकें भेंट कीं। जो पुस्तक इस पुस्तकालय में स्थान पाती है, वह दीर्घजीवी हो जाती है, अत: मैंने भी अपनी कुछ पुस्तकें भेंट कीं। सायं को 'ब्रज काव्य संध्या' और फिर नौ बजे से 'अखिल भारतीय कवि-सम्मेलन' शुरू हुआ। बीच में जिलाधीशजी की उपस्थिति में नगर की विलक्षण प्रतिभा सुश्री मनस्वी व्यास ने अपने सुरीले आध्यात्मिक गायन से समस्त श्रोताओं को भाव-विभोर कर दिया। इसके बाद भी यह 'कवि-सम्मेलन' रात्रि दो बजे तक चला।

यहाँ से उठकर तो बस शय्या की ही दरकार थी, सो बिस्तर पर पड़ते ही नींद आ गई। प्रात: जल्दी उठकर स्नान आदि कर मैं, पवन चौहान और उनके बड़े भाई श्रीनाथजी प्रभु के दर्शन करने गए। आज भीड़ कुछ कम थी, बड़े ही शांतिपूर्ण आनंददायक दर्शन हुए। वापस लौटकर नाश्ता किया। डॉ. राहुल भी अब स्नान कर तैयार हो गए हैं। आज समारोह का अंतिम दिन है, सो आज हमने ग्रंथ कक्ष, महापुरुषों एवं पांडुलिपि कक्ष तथा वृहद पुस्तकालय का अवलोकन किया। प्राचीन पांडुलिपियों को कितने करीने से वाटरप्रूफ पन्नी से ढककर और भी सुरक्षा प्रदान की गई। वास्तव में सबकुछ अद्‌भुत है। यह दर्शकों में भी कुछ अलग करने की प्रेरणा जगाता है। धन्य हैं यहाँ के कर्मचारी, जो

अपने कार्य को नौकरी की तरह नहीं, श्रद्धा तथा अपनेपन के भाव से कर परम संतुष्ट होते हैं। प्रात: ठीक नौ बजे 'हिंदी हुंकृति' सत्र शुरू हुआ। प्रस्तोताओं द्वारा कई अच्छे आलेख पढ़े गए। इसके बाद देशभर से चुने गए संपादकों को 'संपादक रत्न' की मानद उपाधि से विभूषित किया गया। इसके बाद सामूहिक भोजन हुआ।

भोजन के बाद सम्मान कार्यक्रम तथा बाद में साहित्य मंडल की त्रैमासिक पत्रिका 'हर सिंगार' के 'हिंदी लाओ, देश बचाओ' विशेषांक का लोकार्पण संपन्न होना निश्चित था। आज मेरी गाड़ी मावली जं. से सायं छह बजे की है, सो मैं राहुलजी को प्रणाम कर तथा संस्था कार्यालय में पत्रिका का सदस्यता शुल्क जमा करके साढ़े तीन बजे ही निकल पड़ा। पवनजी और उनके भाई मुझे मंदिर के पास ऑटो में बैठाने आए। मैं उनके प्रति कृतज्ञ हूँ। बस अड्डे से प्राइवेट बस लेकर मावली जं. आ गया। तीन नं. प्लेटफार्म पर बैठकर अपनी गाड़ी का इंतजार कर रहा हूँ। यह स्टेशन एकदम खुले इलाके में है। मेरे ठीक सामने विशाल मैदान में वृक्षों की लंबी होती छाया में एक राजस्थानी यायावर परिवार खाना पका रहा है। एक स्त्री तीन पत्थरों से बने चूल्हे पर रखे अल्युमिनियम के भगोने में संभवत: दाल या कुछ पका रही है, एक पुरुष आस्तीन चढ़ाकर आटा गूँध रहा है। दो स्त्रियाँ तथा चार पुरुष और दो बच्चे कुछ दूर छाया में बैठे बतरस का आनंद ले रहे हैं। कितने बेफ्रिक! कितने निर्द्वंद्व! ये लोग हर स्थिति में जिंदगी का आनंद लेना जानते हैं।

मेरी गाड़ी की उद्घोषणा हो रही है, गाड़ी प्लेटफार्म नं. एक पर आ रही है, मैं उधर चला जाता हूँ। यहाँ मेरी तरह ही समारोह में आने वाले कई बंधु दिल्ली जा रहे हैं। निश्चित समय पर चेतक एक्सप्रेस प्लेटफार्म पर रुकी और मैं गाड़ी में चढ़ गया, मेरी सीट नीचे की है। बाईं ओर सामने की सीट पर एक युवा नवदंपती है। सामने एक राजस्थानी युवा गुड़गाँव जा रहा है।

चित्तौड़गढ़ तक मैं खिड़की पर बैठकर बाहर का नजारा देख रहा हूँ। पालतू पशु गाय-बकरियाँ गाँव की ओर चल पड़े हैं। सूर्यदेव अस्ताचलगामी हो रहे हैं। परसों जिस प्रकार यहाँ का सूर्योदय देखा, उसी तरह आज यहाँ का सूर्यास्त भी देख रहा हूँ। चित्तौड़गढ़ में गाड़ी रुकने पर प्लेटफार्म पर उतरा, यहाँ की भूमि को फिर नमन किया। इसके बाद कुछ बिस्कुट और नमकीन खा, पानी पीकर सो ही गया। कब गाड़ी कहाँ पहुँची, मुझे खबर नहीं। मैं तो प्रात: साढ़े चार बजे गुड़गाँव आने पर ही जागा। दैनिक कर्म से निवृत्त हो, अपना सामान समेट तैयार हो गया। ठीक 5:10 बजे मैं सराय रोहिल्ला स्टेशन पर उतरा। यहीं से मुझे रोहतक पैसिंजर मिल गई और प्रात: छह बजे नांगलोई स्टेशन पर उतर गया। तीर्थ-सेवन का धार्मिक महत्त्व तो है ही, परंतु मनोवैज्ञानिक दृष्टि से तीर्थों का वातावरण निराश, हताश, मन:-पीड़ितों को स्वस्थ, आशान्वित तथा अंतर्बल प्रदान करता है। अत: जब भी अवकाश मिले, तो तीर्थ-सेवन अवश्य करना चाहिए।

□

सौराष्ट्र की तीर्थ-परिक्रमा

नववर्ष 2016 के दूसरे ही दिन सौराष्ट्र यात्रा का कार्यक्रम बन गया। इस बार चाचा रवि की बिटिया की शादी का कार्ड भगवान् द्वारकाधीश को भेंट करना है। सो सात सदस्यीय यात्री-दल में हैं—मेरे मित्र आनंद शर्मा, इनके चाचा हरिप्रसाद शर्मा, रवि शर्मा के अलावा चौ. वीरेंद्र सिंह, नवीन कांडपाल एवं भाई जीत शर्मा। 2 जनवरी को दिल्ली से आश्रम एक्सप्रेस में सवार हुए और रुकते-चलते अगले दिन सायं सात बजे हम द्वारका स्टेशन पर उतर गए। तीर्थ-पुरोहित लालूजी हमें लेने आ पहुँचे और उन्होंने अग्रसेन धर्मशाला में ठहरा दिया। रात्रि को शयन आरती में शामिल हो द्वारकाधीश भगवान् के दर्शन किए। अगले दिन प्रातः गोमती में स्नान कर द्वारकानाथ के पुनः दर्शन किए। इसके बाद हम लोग प्रातः में रुक्मणि मंदिर, माँ त्रिपुरसुंदरि के दर्शन कर बेट द्वारका निकल गए। लौटते में नागेश्वर ज्योतिर्लिंग, गोपी तालाब आदि तीर्थों के दर्शन किए। दोपहर के बाद द्वारका के स्थानीय मंदिरों के दर्शन कर सायं को समुद्र तट पर सूर्यास्त देखा। अगले दिन यानी 6 जनवरी को प्रातः आनंदजी ने द्वारकाधीश प्रभु को माखन-मिसरी का भोग लगवाया तथा रवि चाचा ने शादी-कार्ड भेंट किया और तीर्थपुरोहित लालूजी ने विधि-विधान से तुलादान करवाया।

छह जनवरी को रात्रि 8:40 पर ओखा-सोमनाथ एक्सप्रेस से सोमनाथ के लिए प्रस्थान किया और प्रातः छह बजे सोमनाथ स्टेशन पर उतर गए। सड़क मार्ग से सोमनाथ की दूरी रेल की अपेक्षा काफी कम है, रेल काफी लंबा रास्ता तय कर सोमनाथ पहुँचती है। अस्तु, ऑटो पकड़ हम सोमनाथ मंदिर की ओर चले, जो स्टेशन से एक-डेढ़ कि.मी. से ज्यादा दूर नहीं है। चौराहे पर कमरों के मालिक यात्रियों की तलाश में रहते हैं, सो यहाँ खड़े एक गृहस्थ पंडितजी छह सौ रुपए में दो कमरे देने को तैयार हो गए। परंतु आज भोर से ही यहाँ बिजली नहीं है। कमरे पर सब लोग जब तक दैनिक कर्मों से निवृत्त हों, तब तक मैं आपको 'सोमनाथ' के बारे में बताए देता हूँ।

भारत के एकदम पश्चिमी छोर पर समुद्र तट पर झुकी हुई अटारी सा यह प्रदेश

अत्यंत रमणीय है, जिसे हम सब 'सौराष्ट्र' के नाम से जानते हैं। यह भारत देश की पश्चिम सीमा है, यहाँ से आगे दक्षिणी ध्रुव तक समुद्र-ही-समुद्र है, कोई स्थल नहीं है। पूरा सौराष्ट्र पवित्र प्रभास क्षेत्र में फैला है। पहले इसका नाम 'कुशव्रत' था। इसे सोरठ, सौराष्ट्र या काठियावाड के नाम से भी जाना जाता है। पुरा काल में यह पूरा प्रदेश 'आनर्त देश' भी कहा जाता था। सौराष्ट्र तो शूर, संत और सती की भूमि है। एक प्रसिद्ध लोकोक्ति में यहाँ के पंचरत्नों की महिमा इस प्रकार बताई गई है—

सौराष्ट्र पञ्चरत्नानि—नदी, नारी, तुरङ्गमा: ।
चतुर्थं सोमनाथ च पञ्चमं हरि दर्शनम् ॥

सुप्रसिद्ध सोमनाथ मंदिर पवित्र प्रभास क्षेत्र में ही स्थित है। एक समुद्री बंदरगाह के रूप में प्रभास की ख्याति पूरी दुनिया में रही। इसका प्राचीन नाम 'देवपट्टन' था। दूर-दूर से आनेवाले व्यापारी प्रभास आकर सोमनाथ ज्योतिर्लिंग के दर्शन कर खूब भेंट चढ़ाया करते थे, अत: सोमनाथ मंदिर की समृद्धि अपार थी। व्यापारियों के द्वारा इसकी ख्याति भी देश-विदेश में फैल गई। प्रभास शब्द का अर्थ है, 'अति प्रकाशमान'। सूर्य-चंद्र दोनों प्रकाश के प्रमुख स्रोत हैं, जिनसे पृथ्वी पर जीवन-चक्र चलता है। अत: सोमनाथ स्वयंभू ज्योतिर्लिंग है। सूर्य के नाम पर इसे 'भास्कर-तीर्थ', 'सूर्य-तीर्थ', 'अग्नि-तीर्थ' और चंद्र के नाम पर इसे 'सोम-तीर्थ' कहा गया है। लेकिन इसका नाम 'सोमनाथ' क्यों पड़ा? इसके बारे में महाभारत में एक कथा आती है कि दक्ष प्रजापति ब्रह्मा के मानस पुत्र हुए। उनकी सत्ताईस कन्याओं में से रोहिणी बड़ी सुंदर तथा बुद्धिमान थी, सब बहनों में बड़ा स्नेहभाव था। विवाह के बाद सब बिछुड़ न जाएँ, इसलिए सबने मिलकर निश्चय किया कि हम सब एक पति से विवाह करेंगी। यह निर्णय उन्होंने अपने पिता को भी बता दिया। ऋषि दंपती अत्रि व अनसूया के पुत्र सोम की उस समय बड़ी ख्याति थी, उनके तीन महा तेजस्वी पुत्र थे—दत्तात्रेय, दुर्वासा और चंद्र। चंद्र (सोम) रूपवान, प्रतापी तथा बुद्धिमान थे। रोहिणी उनके प्रति आकर्षित थी। पुत्री की इच्छा जानकर दक्ष ने सभी कन्याओं का पाणिग्रहण चंद्र के साथ कर दिया।

समय के साथ सोम की प्रीति रोहिणी के प्रति बढ़ती गई। दूसरी सब कन्याएँ इससे दुखी होकर पिता के पास गईं तथा अपनी पीड़ा एवं चंद्र के पक्षपात के बारे में बताया। दक्ष ने सोम (चंद्र) को बुलाकर समझाया, लेकिन सोम के व्यवहार में कोई बदलाव नहीं आया। एक पिता के नाते अपनी पुत्रियों की पीड़ा तथा सोम की उद्दंडता पर दक्ष को बड़ा क्रोध आया। उन्होंने शाप दिया, 'सोम, तेरा क्षय होगा।' क्षय से ग्रस्त होने पर सोम का रूप-सुंदरता तथा तेज प्रतिदिन क्षीण होने लगा। बहुत इलाज के बाद भी कोई लाभ न हुआ। इससे प्रभावित सृष्टि की दारुण दशा देखकर देवता भी चिंतित हो गए। तब देवताओं की उपस्थिति में चंद्र ने दक्ष के सामने पश्चात्ताप किया। लेकिन दक्ष बोले,

'मेरे शाप को महेश्वर के अलावा कोई भी मिटा नहीं सकता। अतः सरस्वती के उत्तरतीर्थ में स्नान कर महेश्वर की तपस्या करो तो कोई बात बने।' चंद्र ने शिवलिंग बनाकर एक सहस्र वर्ष तक शिव की आराधना की। शिव ने प्रसन्न होकर कहा, 'तुम दक्ष की सब कन्याओं के साथ समान व्यवहार करना, मैं दक्ष के शाप को पूरी तरह मिटा तो नहीं सकता। हाँ, इतना अवश्य है कि तुम्हारा तेज पूर्ववत् हो जाएगा, पर मास के एक पक्ष में वृद्धि तथा दूसरे पक्ष में क्षय होता जाएगा।'

इस शाप से मुक्ति के बाद सोम ने महेश्वर से विनती की कि मैंने जिस शिवलिंग की पूजा की है, इसमें आप हमेशा के लिए निवास करें। भोलेशंकर ने सोम की विनती स्वीकार कर ली, तब से भोलेनाथ यहाँ शिवलिंग रूप में विराजमान हैं, उसी समय से यह तीर्थ 'सोम' के नाथ यानी 'सोमनाथ' ज्योतिर्लिंग के रूप में प्रसिद्ध हो गया। चूँकि चंद्र (सोम) को यहाँ पुनः प्रभा (तेज) प्राप्त हुई, सो उसी दिन से इस क्षेत्र का नाम भी 'प्रभास क्षेत्र' हुआ। इससे इतर खगोलीय दृष्टि से चंद्र और उसके 27 नक्षत्रों की बात इस कथा को सार्थक बनाती है कि अन्य क्षेत्रों की अपेक्षा प्रभास क्षेत्र में सूर्य तथा चंद्र की किरणें कुछ ज्यादा प्रकाशमान होती हैं, इससे इसका 'प्रभास' नाम सार्थक है।

चंद्र द्वारा निर्मित इस भव्य मंदिर का वैभव तथा संपन्नता इसके लिए अभिशाप बन गई। आक्रांता मोहम्मद गजनवी ने सन् 1000 से 1026 के बीच भारत पर सोलह बार आक्रमण किए। अंतिम आक्रमण में उसने सोमनाथ मंदिर को निशाना बनाया और इसे लूटकर खंडित कर दिया। इस युद्ध में सौराष्ट्र के सहस्र वीरों ने प्राणाहुति दी, पर वे मंदिर को बचा न सके। लगभग दस करोड़ दीनार की संपत्ति उसने सोमनाथ मंदिर से लूटी, शिवलिंग को खंडित कर मंदिर को आग के हवाले कर दिया। इसी से उसे संतोष न हुआ, उसने पूरे प्रभास क्षेत्र को लूटा। कुछ काल पश्चात् मालवा के राजा भोज परमार, पाटण के भीमदेव सोलंकी और सोरठ के नरेश रानवघणा के सहयोग से मंदिर का पुनर्निर्माण हुआ। अब सोमनाथ मंदिर का यश-वैभव पहले से भी ज्यादा हो गया था। दिल्ली के क्रूर शासक अलाउद्दीन खिलजी की वक्रदृष्टि इस ओर हुई, उसके साले अलफखान ने गाजी सेना लेकर सोमनाथ को लूटा, मंदिर का विध्वंश कर डाला तथा

श्रीसोमनाथ ज्योतिर्लिंग

शिवलिंग खंड-खंड कर दिया। हालाँकि गुजरात के हिंदू राजा वीरतापूर्वक लड़े। विजय उन्माद में गाजी सेना ने गाँव-के-गाँव जला डाले। 1308 ई. में रानवघणा (चतुर्थ) के नेतृत्व में सोमनाथ मंदिर का पुन: उद्धार हुआ। महमूद तुगलक ने फिर इसे लूटा। इस तरह कई बार मंदिर का विनाश हुआ और हर बार मंदिर का निर्माण होता रहा।

अठारहवीं सदी में रानी अहल्याबाई के द्वारा छठी बार सोमनाथ मंदिर का भाग्योदय हुआ। सोमनाथ मंदिर के अवशेषों से कुछ दूर रानी ने दो मंजिला शिव मंदिर का निर्माण कराकर भूगर्भ में शिवलिंग की स्थापना करा दी, ताकि यह आततायियों के आक्रमण से बचा रहे। ऊपर के तल पर अहल्येश्वर महादेव की प्राण-प्रतिष्ठा हुई। यह मंदिर आज भी तीर्थयात्रियों के आकर्षण का केंद्र है; यहाँ तीर्थयात्री अपने हाथ से जलाभिषेक कर सकते हैं। सन् 1947 में भारत आजाद हुआ, तब भारत के लोकप्रिय नेता लौहपुरुष वल्लभ भाई पटेल ने इसकी दुर्दशा को देखा तो 13 नवंबर, 1947, दीपावली के दिन वहीं पर समुद्र जल को हाथ में लेकर सोमनाथ मंदिर के निर्माण का संकल्प लिया। उनके निर्देश तथा मुरारजीभाई के नेतृत्व में सोमनाथ ट्रस्ट की स्थापना हुई और विधि-विधान से इसका शिलान्यास हुआ। 13 मई, 1951 को नव-निर्मित गर्भगृह में ज्योतिर्लिंग की प्राण-प्रतिष्ठा भारत के राष्ट्रपति डॉ. राजेंद्र बाबू के कर-कमलों से संपन्न हुई। इस अवसर पर 22 तोपों की सलामी के साथ मंदिर के शिखर पर ध्वजारोहण हुआ। इसके सामने सरदार पटेल की आदमकद प्रतिमा स्थापित की गई। 1 दिसंबर, 1995 को राष्ट्रपति डॉ. शंकर दयाल शर्मा द्वारा यह मंदिर राष्ट्र को समर्पित किया गया।

सब लोग लगभग शौचादि से निवृत्त हो चुके हैं, सो चाय पीकर यहाँ से एक-डेढ़ कि.मी. दूर स्थित हिरण, कपिला और सरस्वती नदी के संगम पर स्नान के लिए पैदल ही चल पड़े। हरिहर वन मार्ग से चलते हुए संगम आ पहुँचे हैं। यहाँ पक्के घाट बने हैं। पानी खूब ठंडा, लेकिन मीठा है। बड़े भक्तिभाव से स्नान किया। सूर्योदय हो रहा है, बालरवि को संगम-जल से अर्घ्य दिया। पौराणिक काल से ही इस त्रिवेणी संगम का बड़ा महत्त्व रहा है। प्राचीन ग्रंथों के अनुसार तो यहाँ पाँच नदियों का संगम होता था, समयांतर में उनमें से 'रजनी' तथा 'नेन्कु' नदियाँ लुप्त हो गईं, सो वर्तमान में हिरण, कपिला तथा सरस्वती का ही संगम है। अरब सागर का जल इस पवित्र जल से मिल जाने के कारण यह और भी महिमापूर्ण तीर्थ बन गया। इस संगम पर मातृ-पितृ श्राद्ध, सर्वपितृ श्राद्ध, नारायण बलि आदि विधियाँ संपन्न होती हैं। अस्थि-विसर्जन के लिए बड़ी संख्या में लोग यहाँ आते हैं। श्राद्ध पक्ष में तो यहाँ भारी भीड़ होती है। पूजाविधि के लिए पंडा-तीर्थ पुरोहित भी यहाँ उपलब्ध हैं। यहीं पर पूर्व प्रधानमंत्री मोरारजी देसाई की अस्थियाँ विसर्जित की गई थीं। यहाँ घाट पर उनकी प्रतिमा भी स्थापित है। यह संगम भी स्नानार्थियों की बुरी प्रथा का शिकार है। स्नान के बाद लोग अपने गीले कपड़े यहीं छोड़ जाते हैं।

दिनभर घूमने के लिए सवेरे ही एक गाड़ी कर ली गई थी, सो यहाँ से जल्दी लौटकर सब लोग सोमनाथ ज्योतिर्लिंग के दर्शन के लिए चल पड़े। मंदिर के सामने लंबा-चौड़ा विशाल पक्का मैदान जालीदार रेलिंग से घेर दिया गया है। यहाँ कोई शॉर्टकट नहीं है, हजारों की संख्या में कबूतर दाना चुग रहे हैं, तीर्थयात्री इनके लिए बाजरा आदि डाल रहे हैं। अनेक शौकीन यात्री इनके साथ फोटो भी खींच रहे हैं। जूता-चप्पल रखने के लिए निशुल्क व्यवस्था है, फिर भी तीर्थयात्री यत्र-तत्र जूते-चप्पल छोड़ जाते हैं। सोमनाथ का विशाल भवन स्वर्णाभा से देदीप्यमान हो रहा है। दर्शनार्थी कतारबद्ध अंदर जा रहे हैं, प्रवेश-द्वार पर जाँच-पड़ताल की जा रही है। चमड़े की कोई भी चीज तथा मोबाइल अंदर नहीं जा सकता। भगवान् महेश्वर के जलाभिषेक के लिए परची ले ली गई है, इसके साथ प्रसाद के दो लड्डू भी हैं। परची दिखाकर आगे एक लोटा जल मिलेगा। पंक्ति आगे खिसक रही है। सामने लिंगरूप भोलेनाथ विराजमान हैं, साज-सज्जा इतनी मोहक है कि मैं तो अपलक निहारता रह जाता हूँ। मेरी बारी आने पर पुजारीजी ने जल का लौटा मुझे थमाया। मेरे ठीक सामने घड़े के मुँह जितना छेद है, मैं श्रद्धाभाव से 'ॐ नमः शिवाय' का जप करते हुए उसमें जल गिराता हूँ, ठीक सामने कुछ दूर शिवलिंग पर जल की धार गिर रही है। कमाल की व्यवस्था है, आप जलाभिषेक करते-करते जलाभिषेक होते हुए भी देख सकते हैं। भोलेशंकर की अलौकिक आभा यहाँ चहुँ ओर व्याप्त है। अजब लीला है भोलेभंडारी! सब लोग इसी तरह जलाभिषेक करते हैं, मैं पंक्ति से बाहर आकर बाईं ओर बैठ दंडवत् प्रणाम करता हूँ, नमन करता है—करुणावतारं संसारसारं भुजगेन्द्रहारं, सदा बसन्तं हृदयारविन्दे भवं भवानि सहितं नमामि। मंदिर में स्थित विभिन्न देव-मूर्तियों को प्रणाम किया, दाईं ओर स्थित दीया सोमनाथ, यानी अखंड ज्योति को प्रणाम कर मंदिर की एक प्रदक्षिणा की।

इस सोमनाथ मंदिर की विशेषता यह भी है कि विगत आठ सौ वर्षों में मंदिर-स्थापत्य की नागर शैली में बना यह देश का पहला मंदिर है। इस सात मंजिला मंदिर में शिखर सहित गर्भगृह, सभामंडप तथा नृत्यमंडप बने हैं। भूतल से शिखर की ऊँचाई 155 फीट है। शिखर पर ध्वजा तथा डमरूयुक्त ध्वजदंड ही 37 फीट लंबा है, जिसकी परिधि एक फुट की है। ध्वजा 104 फुट लंबी है। गर्भगृह तथा उसके ऊपर की मंजिल शामिल करें तो यह भव्य मंदिर नौ मंजिला है। शिखर पर जो कलश दिखाई पड़ रहा है, वह पत्थर को तराशकर बनाया गया है और इसका वजन दस टन है। सभागृह तथा नृत्यमंडप तीन-तीन मंजिल के हैं। इनके गुम्मद पर पत्थर के 1001 छोटे-छोटे कलश तराशे गए हैं। पूरा मंदिर नक्काशीदार सुंदर मजबूत 72 स्तंभों पर टिका है, जिनकी नींव जमीन में तीस फुट नीचे रखी गई है। सायं को यहाँ लाइट ऐंड साउंड शो होता है, जिसे हम आज सायं को देखनेवाले हैं। मंदिर के ठीक सामने दिग्विजय-द्वार भी

कम दर्शनीय नहीं है, इसका निर्माण राजमाता गुलाब कुँवर बा द्वारा अपने पति निजाम साहब की याद में कराया गया, इसका अनावरण सत्य साईं बाबा ने किया था। मंदिर के तीन ओर रत्नाकर हहराता है, किंतु शांत-मौन। पुनः-पुनः दंडवत् प्रणाम कर मंदिर से बाहर निकल सरदार पटेल की प्रतिमा को भी प्रणाम किया। इसके ठीक सामने स्थित अहल्येश्वर महादेव मंदिर में भी दर्शन कर आए। अब हम अपने वाहन में बैठ अन्य तीर्थ-स्थली के दर्शन के लिए निकल पड़े।

हरिहर वन मार्ग पर लगभग एक डेढ़ कि.मी. दूर तथा संगम से थोड़ा आगे बाईं ओर कामनाथ महादेव, नृसिंह भगवान्, पांडवों की गुफा, जहाँ माता हिंगलाज विराजमान हैं, कहा जाता है कि यहाँ पर भी पांडवों ने अज्ञातवास किया था, के साथ-साथ सिद्धनाथ महादेव के दर्शन किए। यहाँ से दो कि.मी. आगे चलकर 'श्रीगोलोकधाम तीर्थ' है, इसे 'देहोत्सर्ग तीर्थ' भी कहते हैं। यह विशाल प्रांगण में विस्तृत है। यहीं पर भगवान् श्रीकृष्ण ने योग समाधि लेकर इस धरती पर से अपनी लीला का समापन कर गोलोकधाम को प्रस्थान किया था। उनके पार्थिव शरीर का अंतिम संस्कार यहीं हिरण नदी के तट पर किया गया था। यहाँ नदी के घाट पर भगवान् के चरण-चिह्न स्थापित हैं। यहीं पर शेषावतार बलदाऊ की गुफा है, जहाँ से उन्होंने अपना मूल शेषनाग स्वरूप धारण कर निजधाम को प्रस्थान किया था। यहाँ थोड़ा नीचे उतरना पड़ता है, लेकिन दर्शन भली प्रकार होते हैं। यहाँ महाप्रभु की बैठक भी है।

यहाँ के सब पवित्र स्थलों के भली प्रकार दर्शन कर बाहर निकले कि मुख्यद्वार के ठीक सामने एक शबरी माँ मोटे-मोटे बेरों की टोकरी लिये बैठी है। बेर खरीद लिये गए। बेर खाते हुए आगे बढ़े तो 'श्रीभालका तीर्थ' में आ पहुँचे। यह वेरावल और सोमनाथ पाटण के बीच स्थित है। महारानी गांधारी के शापवश और श्रीकृष्ण की इच्छा से जब यादव मदिरा पी उन्मत्त हो एक-दूसरे को मारने लगे तो देखते-ही-देखते यादव कुल नष्ट हो गया। इस विनाश के बाद श्रीकृष्ण यहाँ विश्रांति के लिए पीपल वृक्ष के नीचे उसका सहारा लेकर घुटने पर पैर रखकर लेट गए। उसी समय 'जरा' नाम के शिकारी ने उनके चरण-कमल को हिरण समझकर बाण चला दिया, जो उनके दाहिने पैर के तलवे में लगा और उनकी अंतिम लीला का कारण बना। जब व्याध अपने शिकार के पास पहुँचा तो मृग की जगह यादव पीतांबरधारी पुरुषोत्तम को देखकर भयभीत हो अपने अपराध के लिए क्षमा माँगने लगा। तब भगवान् श्रीकृष्ण ने उसे समझाया, 'तू दुःखी न हो, जो कुछ हुआ है, वह मेरी इच्छा से ही हुआ है।' व्याध को क्षमा कर उन्होंने निजधाम को प्रस्थान किया। यहाँ व्याध ने भल्ल (बाण) मारा था, इसलिए यह स्थान भल्ल या 'भालका तीर्थ' कहलाता है। हमने देखा, भगवान् कृष्ण विश्राम मुद्रा में लेटे हुए हैं तथा दाहिने पैर में बाण लगा है, सामने विनयावनत एवं दुखी शिकारी बैठा है। यह प्रतिमा

श्रीभालका तीर्थ (सोमनाथ-पाटण)

अत्यंत सुंदर है, मैं इसे अपलक निहारता रह जाता हूँ। इस मूर्ति की प्राणप्रतिष्ठा 19 मई, 1967 में तत्कालीन उप-प्रधानमंत्री श्री मोरारजी देसाई के द्वारा हुई। हम देख रहे हैं कि यहाँ श्रीकृष्ण मंदिर निर्माण का कार्य युद्ध स्तर पर चल रहा है। पीपल का वह पुराण-वृक्ष आज भी हरा-भरा है। इसे 5500 वर्ष पुराना यानी कृष्ण-काल का बताया जाता है। यहाँ पर ट्रस्ट द्वारा 'भालका कुंड' का निर्माण भी कराया जा रहा है। इसके बाईं ओर प्रकटेश्वर महादेव मंदिर स्थित है।

यहाँ भली प्रकार दर्शन कर हमारा काफिला आगे बढ़ा। रास्ते में ही भीरभंजन महादेव तथा उस स्थान पर स्थित शिवलिंग के दर्शन किए, जहाँ से व्याध ने बाण चलाया था। यहाँ तीन शिवलिंग बिल्कुल समुद्र के अंदर हैं। सिंधुजल की जलतरंगें बराबर इनका अभिषेक करती रहती हैं। यहाँ से लौटकर अब हमारा वाहन सोमनाथ-दीव राजमार्ग पर दौड़ रहा है। लगभग दोपहर हो चला है, भूख भी लग रही है, सो सड़क के दाईं ओर स्थित 'जलराम गेस्ट हाऊस' ढाबे पर खाना खाया—दाल-रोटी। खाना एकदम स्वादु है। खाने से निबटकर अब हम दीव की ओर बढ़े। यहाँ सड़क के दोनों ओर गहन खेती हो रही है। अचंभित-विस्मित मैं रबी और खरीफ की फसल एक साथ फलते-फूलते हुए देख रहा हूँ। गेहूँ और बाजरा की बालियाँ साथ-साथ लहरा रही हैं। गन्ना, नारियल, ज्वार के खेत हैं तो धनिया के बड़े-बड़े खेत भी दिखाई पड़ रहे हैं। यहाँ उत्तर भारत की अपेक्षा गेहूँ की फसल जल्दी तैयार हो जाती है। कृषि की दृष्टि से यह बड़ा संपन्न इलाका है। बाहर प्रकृति की सुंदरता तथा चहुँ ओर बिखरा वैभव देखकर मेरा मन रोमांचित है, पर गाड़ी के अंदर राजनीतिक बहस छिड़ी हुई है। नवीनभाई बड़े प्रफुल्लित हैं। फोन पर जुटे हैं, संभवत: उनके विवाह के संबंध में बात हो रही है।

हम लोग दीव आ पहुँचे। यहाँ क्रमश: किला, निर्मल माता चर्च, दीव म्यूजियम, पाँच पांडवों द्वारा स्थापित पाँच शिवलिंग, गंगेश्वरी मंदिर, पारसी बँगली आदि देखे, फिर नागवा बीच पर आनंदजी और जीतभाई ने स्नान किया। इसी बीच पर सब लोगों ने चाय का आनंद लिया। छह बजे ड्राइवर को छोड़ना था, सो यहाँ से तुरंत वापस लौट पड़े। रास्ते में एक जगह गुड़ की महक आ रही थी; देखते हैं कि दाहिनी ओर क्रेशर चल रहा है, गुड़ बन रहा है। ड्राइवर को भेजकर गुड़ मँगवाया। यहाँ का गुड़ हमारे यहाँ की तरह सूखकर सख्त नहीं होता, मुलायम ही रहता है, इसलिए डिब्बों में मिलता है, पर गुड़ बड़ा स्वादिष्ट है। सब लोगों ने गुड़ खाया। खाकर बड़ा आनंद आया।

करीब सायं सवा सात बजे हम वापस सोमनाथ मंदिर परिसर में आ पहुँचे और लाइट ऐंड साउंड शो देखने के लिए तुरत-फुरत टिकट लेकर सुविधाजनक स्थान पर बैठ गए। मंदिर के खुले प्रांगण के एक कोने में स्टेडियम जैसा बना है और ठीक पीछे रत्नाकर रात-दिन भगवान् भोलेनाथ की अभ्यर्थना करता रहता है। शो शुरू हुआ। समुद्रदेव ने गुरुगंभीर मगर करुण आवाज में मंदिर पर पड़नेवाली लाइट की दृश्यावलियों के माध्यम से आद्योपांत मंदिर के उत्थान-पतन तथा पुनर्निर्माण की गाथा को बड़े ही सुंदर ढंग से पेश किया। पचपन मिनट के इस शो को दर्शकों ने साँसें रोककर सुना। यह अपने आप में बहुत रोचक और जिज्ञासा पैदा करनेवाला शो है, यहाँ जानेवाले तीर्थयात्रियों को इसे अवश्य देखना चाहिए। मंदिर के बाईं ओर सारे ज्योतिर्लिंग प्रदर्शित किए गए हैं। रंग-बिरंगी रोशनी में रात्रि को इनकी शोभा देखते ही बनती है। शो देखने के बाद अपनी समृद्ध आध्यात्मिक-सांस्कृतिक विरासत पर कैसा गर्व और रोमांच हो आया, उसे शब्दों में कैसे व्यक्त करूँ!

रात्रि साढ़े नौ बजे तक कमरे पर लौट आए। फिर सब भोजन करने निकले। एक दुकानदार ने बताया कि केशुभाई पटेल द्वारा अपनी पत्नी की याद में स्थापित ट्रस्ट में अच्छा भोजन मिलता है। वास्तव में वहाँ का भोजन बढ़िया था, साठ रुपए थाली, यानी भरपेट भोजन। कमरे पर लौटकर सोने का उपक्रम करने लगे। चौधरी वीरेंद्र सिंह, जीत शर्मा तथा मैं एक कमरे में सोए, बाकी सब दूसरे कमरे में। दिनभर के थके-माँदे थे, सो बड़ी मीठी नींद आई। प्रात: शौचादि से निवृत्त हो स्नान किया। नवीन भाई आज सबसे पहले तैयार हुए, वैसे उनकी तैयारी सबसे बाद तक चलती है। उनके साथ आनंदजी तथा अन्य लोगों ने अहल्येश्वर महादेव का दुग्धाभिषेक किया। आचार्य की पोशाक में होने के कारण तीर्थ पुरोहित जल्दी ही उनसे प्रभावित हो जाते हैं। मैं और जीतभाई स्नान कर एक बार पुन: सोमनाथ ज्योतिर्लिंग के दर्शन करने गए, वापसी में प्रसाद भी लिया। फिर हम दोनों भी अहल्येश्वर महादेव मंदिर में दूध से शिवलिंग का अभिषेक करने के लिए पंक्तिबद्ध हो गए। आज भीड़ ज्यादा है। जीतभाई आगे हैं, उन्होंने लंबा

हाथ कर दुग्धाभिषेक किया। मेरे आगे एक महिला दुग्धस्नान करा रही है, पुजारियों द्वारा जोर-जोर से मंत्रोच्चार हो रहा है। महिला आगे नहीं खिसक नहीं है। 'बड़ी भीड़ है, मैं···अभिषेक नहीं कर पाऊँगा?' मैं आगे की ओर झुका हुआ पूरी कोशिश करता हुआ इन्हीं विचारों में खोया था कि अचानक वह महिला थोड़ा आगे बढ़ी, कि कोई सपोर्ट न होने के कारण मैं धड़ाम से शिवलिंग पर गिरा, शिवलिंग का पूरा-का-पूरा आलिंगन हो गया। इस अचानक घटना से पुजारी भी दो कदम पीछे हट गए। मैं भी सकपकाकर उठ बैठा। सब बोले, चोट तो नहीं लगी। जीतभाई आगे निकल आए थे। मैंने उन्हें बताया कि भाई, गजब हो गया, दूध क्या, मैं तो पूरा ही शिवलिंग पर चढ़ गया—कहाँ तो स्पर्श करने का मौका भी नहीं मिल पा रहा था! तो ऐसी लीला है भोलेशंकर की! घट-घटवासी भोलेबाबा बड़े दयालु हैं, सबकी सुनते हैं, औघड़दानी जो ठहरे!

आज प्रातः 9:40 पर हमें जूनागढ़ के लिए गाड़ी पकड़नी है, सो अपना सामान बाँध नौ बजे ऑटो पकड़ स्टेशन के लिए निकल पड़े। स्टेशन पर टिकट खिड़की खाली थी, सो टिकट लेकर सोमनाथ-जबलपुर एक्सप्रेस में बैठ गए। जब तक गाड़ी जूनागढ़ पहुँचे, हम आपको वहाँ के माहात्म्य के बारे में बताए देते हैं। जूनागढ़ का पुराना नाम 'सोरठ प्रदेश' है। यह गिरिनार तथा दातार की तराई में फैला है। युगों से यह साधु-संतों तथा तीर्थयात्रियों का प्रिय स्थल रहा है। 'स्कंद पुराण' में भी गिरनार का उल्लेख आया है। भगवान् कृष्ण को एक नाम 'रणछोड़' यहीं पर मिला। कान्हा के बड़े भ्राता बलदाऊ की यह ससुराल है। भगवान् कृष्ण के महान् भक्त नृसिंह महेता का जन्मस्थान भी है। सिंहों के लिए प्रसिद्ध गिरिवन यहीं पर है। जूनागढ़ सिद्ध क्षेत्र है। इसके बारे में एक कहावत प्रचलित है—

सोरठ देश सुहावनो सुंदर गढ़ गिरनार।
वीर, शेर, पर्वत, गुफा योगी तपे निहार॥

दो घंटे की यात्रा में ही हम जूनागढ़ आ पहुँचे। स्टेशन पर लॉकर में सामान रख दिया गया, चूँकि दिनभर घूम-फिरकर शाम को गाड़ी पकड़नी है तो सबसे पहले अहमदाबाद जाने के लिए रात्रि 8:45 बजे का आरक्षण कराया, फिर स्टेशन के बाहर आकर चाय-नाश्ता किया। यहीं से शाम तक के लिए एक बड़ा ऑटो कर लिया गया। रेलवे स्टेशन के ठीक सामने वास्तु-शिल्प का बेजोड़ नमूना 'सरदार पटेल द्वार' सीना ताने खड़ा है। जूनागढ़ का सक्कारबाग चिड़ियाघर देखते हुए हम उस पावन स्थल पर आ पहुँचे हैं, जहाँ कृष्णभक्तों के सिरमौर नृसिंह महेता का जन्म हुआ, यानी 'नृरसिंह महेता चौरा'। नरसी अकेले ऐसे भक्त हैं, जिन्हें भगवान् कृष्ण ने बावन बार दर्शन दिए, उनकी मुसीबत में संकटमोचक बने। यह स्थान बस्ती के अंदर जगमाल चौराहे के पास है। प्रवेश-द्वार के बाईं ओर नरसीजी का पुराना निवास-स्थान है। इसमें भक्तराज नरसी तथा भगवान् दामोदर

भक्तशिरोमणि नरसी का जन्मस्थान, जूनागढ़

की मूर्तियाँ विराजमान हैं। दोपहर में यह मंदिर बंद मिला, पर मंदिर के चबूतरे पर हमारी हलचल सुनकर पुजारीजी आ गए, उन्होंने अंदर से ही हमें विस्तार से नरसी की कथा तथा इस स्थान का माहात्म्य बतलाया। उन्होंने ही नरसीजी के मूलचित्र का फोटो खींचकर दिया तथा भोग लगा प्रसाद भी।

पुजारीजी इस बात से बड़े दुःखी थे कि भक्तजन भी यहाँ बहुत कम आते हैं। यहाँ हम काफी देर रुके। सच में, यहाँ बैठकर बड़ा सुकून मिला। यह सुनकर ही मन में रोमांच हो आया कि भगवान् कृष्ण बावन बार इस पवित्र स्थल पर नाना रूप धर अपने भक्त नरसी के काम संपन्न करने आए। कितना पावन और अद्भुत है यह स्थान! इसके बाईं ओर वह स्थान है, जहाँ नरसीजी अपने कीर्तनियों के साथ हरि-कीर्तन करते हुए सबकुछ भूल जाते थे। यहाँ आजकल निर्माण कार्य चल रहा है। नरसी-निवास के ऊपर नरसीजी का जीवन-चरित्र चित्रों तथा रेखांकनों के द्वारा दरशाया गया है। श्रीनृसिंह महेता चौरा टस्ट इसकी देखरेख कर रहा है। यहाँ पर दर्शन कर मन गद्गद हो गया।

बड़े हर्षित मन से हम यहाँ से निकले और चलकर सीधे दामोदर तीर्थ पर आ पहुँचे। रवि चाचा को दस्त की शिकायत हो गई है, सो वे ऑटोवाले को लेकर दवाई लेने चले गए। यहाँ स्थित दामोदर कुंड में नरसीजी नित्य स्नान करने आया करते थे। इस पावन तीर्थ के बारे में एक कथा आती है कि एक बार ब्रह्माजी को यज्ञ करने की इच्छा हुई, सो उन्होंने इस रेवताचल क्षेत्र में यज्ञ करने के लिए ऋषि-मुनि तथा देवताओं को आमंत्रित किया। सब लोग आए भी, तो सायंकाल में उन सबने अपने-अपने तीर्थ में स्नान करने की इच्छा व्यक्त की। उसी समय ब्रह्माजी ने सब नद-तीर्थों का आह्वान किया। उनके पुकारते ही सब तीर्थदेव उपस्थित हो गए तो ब्रह्माजी ने अपने कमंडलु से गंगाजी को भी प्रकट किया। इस तरह उस दिन इस यज्ञ-स्थल पर गंगा, यमुना, सरस्वती, नर्मदा, कावेरी, क्षिप्रा, चर्मवती, गंडकी, तापी, सरयू, गोदावरी इत्यादि पवित्र तीर्थ तथा ब्रह्मा, विष्णु, महेश, इंद्र आदि सब देव इस पवित्र क्षेत्र में वास करने लगे। यह देखकर सभी ऋषि-मुनि बड़े प्रसन्न

हुए। ब्रह्माजी का वह यज्ञ पूरे विधि-विधान से संपन्न हुआ। यज्ञ समाप्ति पर सब देवता अपने-अपने धाम को लौटने लगे, उसी समय ब्रह्माजी ने भगवान् विष्णु से हमेशा के लिए इस तीर्थ में बस जाने की विनती की। दयालु प्रभु मान गए, अतः तभी से विष्णुजी यहाँ 'भगवान् दामोदर' के रूप में विराजमान हैं। उन्हीं के नाम पर इस तीर्थ का नाम 'दामोदर तीर्थ' पड़ा। इसी को 'ब्रह्मकुंड' या 'ब्रह्मतीर्थ' भी कहा जाता है। इस कुंड के किनारे पर ही प्राचीन राधादामोदर मंदिर स्थित है। प्रारंभ में इसका निर्माण भगवान् कृष्ण के वंशज वज्रनाभ ने कराया था, बाद में यानी 462 ई. में इसका जीर्णोद्धार राजा स्कंदगुप्त द्वारा कराया गया। हम यहाँ दोपहर में पहुँचे हैं, तो चौरासी खंभोंवाला यह मंदिर बंद है, सायं चार बजे खुलेगा। इसके चौरासी खंभे चौरासी योनियों को इंगित करते हैं। यहाँ दामोदर भगवान् के साथ राधाजी, प्रद्युम्न (श्रीकृष्ण के पुत्र), लक्ष्मीजी, इसी परिसर में बलदाऊ, रेवती, यानी एक स्थान पर दुर्लभ सात स्वरूपों के दर्शन होना बड़े सौभाग्य की बात है।

यह ब्रह्मकुंड इतना ख्यातिप्राप्त तथा चमत्कारी है कि दूर-दूर से लोग यहाँ पिंडदान तथा अस्थियाँ विसर्जित करने आते हैं। इस जल की विशेषता है कि इसमें अस्थियाँ पूरी तरह गल जाती हैं, जबकि गंगाजी में अस्थियाँ काई रूप हो जाती हैं। इस बात से इस तीर्थ का महत्त्व और बढ़ जाता है कि भगवान् कृष्ण ने अंतिम बार दर्शन देते हुए अपने भक्त नरसी को यहाँ माला पहनाई थी। आजकल इस कुंड के जीर्णोद्धार का कार्य प्रगति पर है। हमने सीढ़ियों से नीचे उतरकर पतली सी धार से जल लेकर शिरोधार्य किया। इस मंदिर में एक महिला सेवादार ने बड़े अपनेपन से हमें यहाँ की बहुत सी जानकारी दी। बातों से पता चला कि वे एक डॉक्टर की अच्छी-भली नौकरी छोड़कर भगवान् की सेवा कर रही हैं। यहीं पर महाप्रभु की बैठक भी है। दामोदर कुंड के पीछे, यानी ऊपर की ओर रेवतीकुंड है। यहीं के रेवतक महाराज की पुत्री रेवती से श्रीकृष्ण के बड़े भाई बलदाऊ का विवाह हुआ था, अतः यह दाऊ का ससुराल भी है।

जब एक बार बलराम अपनी पत्नी रेवती के साथ गिरनार यात्रा पर आए थे, तब गर्ग ऋषि के कहने पर रेवतीकुंड का जीर्णोद्धार रेवती के हाथों करवाया और यहाँ सत्ताईस नक्षत्रों की स्थापना की, तब से यह कुंड बड़ा प्रसिद्ध है। सौभाग्यवती स्त्रियाँ इसमें श्रद्धापूर्वक स्नान करती हैं और बैकुंठ की अधिकारी बनती हैं। इसी के ठीक सामने मुचुकुंदेश्वर महादेव मंदिर तथा मुचुकुंद गुफा है। भगवान् श्रीकृष्ण ने कालयवन को यहाँ लाकर गुफा में सोए राजा मुचुकुंद के द्वारा भस्म करवाया था। जिस राक्षस के कारण उन्हें मथुरा से रण (युद्ध स्थल) छोड़कर भागना पड़ा, इससे उनका एक नाम 'रणछोड़' ही पड़ गया। गुजरात में वे इस नाम से ज्यादा जाने जाते हैं। इस घटना के बाद श्रीकृष्ण ने यहाँ महादेव की स्थापना की, जिससे यह 'मुचुकुंदेश्वर महादेव' के नाम से प्रसिद्ध हो गया। हम सब लोग एक-एक कर गुफा में घुसे और फिर उल्टे होकर बाहर

निकले। यहाँ पुजारी वृद्धा माँ ने हमें प्यार से बैठाकर राजस्थानी-गुजराती मृदु भाषा में बड़े भाव-विभोर होकर राजा मुचुकुंद की कथा सुनाई, फिर प्रसाद दिया। हम सबने उनके चरण-स्पर्श कर आशीर्वाद लिया। हम लोग यहाँ पर काफी देर रुके, फिर आगे चल पड़े।

अब हमारा ऑटो सीधे गिरनार पर्वत की तलहटी में आ पहुँचा है। इस पर्वत पर चढ़ने के लिए 9999 सीढ़ियाँ हैं। इसके आने-जाने में पाँच घंटे से कम नहीं लगते हैं। हमारे पाँच साथी 101 सीढ़ियाँ चढ़े, पर मैं और जीतभाई काफी आगे तक गए। पहाड़ पर पेड़-पौधे भरपूर हैं। खूब अच्छी-खासी गरमी पड़ रही है। 151 सीढ़ियाँ चढ़कर हम लोग भी यहाँ एक टेंटनुमा दुकान पर बैठ गए। यहाँ पर जोड़ों के दर्द का शर्तिया तेल बेचा जा रहा है। जीतभाई ने दोनों घुटनों पर तेल मलवाया और फिर सौ रुपए में तेल की एक शीशी खरीद ली। ऊपर से नीचे तक यहाँ तमाम दुकानदार अपनी दुकानें सजाए बैठे हैं। गिरनार पर्वत पर अंबा माता, दत्तात्रेय भगवान्, दिगंबर जैन आदि अनेक मंदिर हैं।

यहाँ से निकल अब हमारा ऑटो भवनाथ महादेव मंदिर पर आ पहुँचा है। यह बड़ा ही भव्य मंदिर है, मंदिर के स्तंभों को चाँदी से मढ़ने का कार्य चल रहा है। हम सबने भगवान् महेश्वर को दंडवत् प्रणाम किया। इसके बाईं ओर मृगीकुंड है। कहा जाता है कि इसकी स्थापना भोज राजा ने कराई थी। शिवरात्रि पर यहाँ भारी मेला लगता है। यहाँ पर नागा साधु ही ज्यादा आते हैं। रात्रि में इन नागा संतों का जुलूस निकलता है, जिसे यहाँ के लोग 'रवाड़ी निकालना' कहते हैं। रात्रि में ही मृगीकुंड में स्नान तथा महादेव की महापूजा कर सब वापस लौट जाते हैं। हमने देखा कि इस कुंड को मजबूत लोहे के जाल से ढका हुआ है, यह शिवरात्रि में ही खोला जाता है। यहाँ दर्शन कर हमने स्वामी नारायण मंदिर देखा, तत्पश्चात् जूनागढ़ संग्रहालय देखने गए, जल्दी से टिकट लेकर दो-चार कमरे ही देख पाए कि इसके बंद होने का समय हो गया। हालाँकि यह बड़ा दर्शनीय संग्रहालय है। मजबूरन यहाँ से लौटना पड़ा। ऑटो भी छोड़ना था, परंतु उसको सौ रुपए अतिरिक्त देकर शहर के बाहर और जूनागढ़ कृषि विश्वविद्यालय के सामने स्थित भव्य स्वामी नारायण मंदिर में दर्शन किए। यहाँ की सजावट तथा भगवान् का शृंगार अद्‍भुत है। यह मंदिर विशाल प्रांगण में फैला है, तराशे गए सुंदर-सुंदर उद्यान हैं, यहाँ खूब फोटो खींचे गए, फिर यहीं मंदिर की दुकान से खरीदारी भी की और सीधे रेलवे स्टेशन लौट आए।

स्टेशन के बाहर आधा घंटा बैठकर खुले में विश्राम किया, फिर आठ बजे स्टेशन रोड पर स्थित 'गीता लॉज' में भोजन करने गए। इस भोजनालय में सफाई, शुद्धता तथा सेवाभाव बेमिसाल है। थाली सौ रुपए क़ी है, इसमें तीन सब्जी, दाल, चटनी, सलाद, छाछ, रोटी (मक्का, बाजरा, गेहूँ), जो इच्छा हो, खाओ; पापड़, अचार—क्या नहीं है भोजन में। ऐसा स्वादु शुद्ध भोजन हमें पूरी यात्रा में कहीं नहीं मिला। चारों ओर भगवान् श्रीनाथजी की शीशे में जड़ी तसवीरें लगी हैं, वातावरण बड़ा सुगंधित और आभामय

है। यहाँ के बैरे बड़े सेवाभावी हैं, बार-बार पूछकर, मनुहार करके खाना परोसते हैं, न कोई हड़बड़ी, न कोई शोर-शराबा, सब मशीन चालित से अपना-अपना काम बखूबी कर रहे हैं।

भोजन के बाद स्टेशन पर लॉकर से अपना सामान लिया। रात्रि के सवा आठ बज रहे हैं, 8:45 पर अहमदाबाद के लिए हमारी गाड़ी है, पता चला कि सब टिकटें कन्फर्म हो गई हैं। ठीक समय पर गाड़ी प्लेटफॉर्म नंबर एक पर आ लगी और हम सब इसमें सवार हो गए। कुछ देर गपशप चली, नवीनभाई वाट्सअप पर व्यस्त हो गए हैं। रात्रि को सब लोग ठीक से सोए और प्रातः छह बजे ही गाड़ी ने हमें अहमदाबाद स्टेशन पर उतार दिया। आनंदजी और जीतभाई की नींद पूरी नहीं हो पाई, सो दोनों आकर वेटिंगरूम में फर्श पर ही सो गए। बाकी हम सब एक-एक कर शौचादि और स्नान से निवृत्त हो लिये। नवीनभाई मोबाइल चार्ज कर रहे हैं, चौधरी साहब चाय पीने निकल गए हैं। आखिर साढ़े आठ बजे जीतभाई को जगाया, वे भी नहा-धोकर तैयार हुए, बाद में आनंदजी को भी उठना पड़ा, वे भी स्नान कर तैयार हुए। सामान यहाँ के लॉकर में रखकर स्टेशन के बाहर चाय-नाश्ता किया, फिर यहीं से बस पकड़कर पहले साबरमती आश्रम देखने के लिए निकले। हमें पता नहीं था, बस ने हमें नदी के इस पार ही उतार दिया।

पैदल चलकर नदी पार की। रास्ते में पहले स्व. मुरारजी देसाई की समाधि पर प्रणाम किया, गांधी आश्रम देखा, साबरमती नदी के दर्शन किए, आश्रम के सामने स्थित खादी ग्रामोद्योग में खरीदारी की। फिर यहीं से ऑटो लेकर काँकरिया झील देखने निकल गए। चौधरी साहब और चाचाजी ने रेल की सवारी, रवि चाचा और नवीनभाई ने झील में मोटरवोट से सैर की। जीतभाई और मैंने झील का पैदल एक चक्कर लगाया। यह सब घूम-फिरकर पाँच बजे हम स्टेशन लौट आए। लॉकर से अपना सामान लेकर ठीक साढ़े छह बजे आश्रम एक्सप्रेस में सवार हुए और फिर दिल्ली की वापसी यात्रा शुरू हो गई। रुकते-चलते गाड़ी प्रातः साढ़े दस बजे पुरानी दिल्ली स्टेशन पर आ लगी। यहाँ से सब अपने-अपने घर निकल गए और मैं अपने कार्यालय। अभी कितना कुछ अनदेखा पड़ा है। सौराष्ट्र राज्य के तीर्थ बेमिसाल हैं। सच में, एक अनोखे अहसास, अद्भुत आनंद की अनुभूति हो रही है, जिसे शब्दों में व्यक्त कर पाना कठिन है।

□

अथ श्रीगोवर्धन तीर्थ-कथा

तेईस जनवरी स्वातंत्र्य समर के अद्‌भुत योद्धा नेताजी सुभाष चंद्र बोस की जन्मतिथि के साथ-साथ एक और विभूति, मेरे मित्र आनंद शर्मा की भी जन्मतिथि है। भाईजी ने नियम सा बना लिया है कि अपना जन्मदिन किसी तीर्थस्थल पर ही मनाते हैं। सो इस बार जन्मदिन वृंदावन धाम में मनाना तय हुआ। शीघ्र ही पाँच मित्रों का एक दल तैयार हो गया—मेरे मित्र आनंद शर्मा, इनके समधीजी बनवारीलाल शर्मा, आनंदजी के शिष्यवत् अमितजी और भाई जीत शर्मा। भाई बनवारीलालजी ने अपनी गाड़ी तैयार कर ली और इस पूरी यात्रा में वे ही हमारे सारथि बने, हम सबके तारनहार! सर्दी का मौसम होने के कारण घर से निकलते-निकलते ही नौ बज गए। बल्लभगढ़ से आगे एक ढाबे पर भोजन किया, फिर अपनी यात्रा पर आगे बढ़े। बातें हो रही थीं, मेरे मुख से निकला, मैंने गोवर्धन, नंदगाँव नहीं देखा है। आनंदजी तुरत बोले, भाई, चिंता मत कर, पहले वहीं पर चलते हैं और फिर हमारी गाड़ी मथुरा राजमार्ग को छोड़ दाईं ओर नंदगाँव-बरसाना मार्ग पर मुड़ गई। लगभग नौ किलोमीटर चलकर हम कोकिला वन आ पहुँचे। इस सड़क के दाईं ओर लगभग ढाई कि.मी. की दूरी पर शनिदेव का प्राचीन मंदिर है। इस पूरे इलाके में विलायती बबूल बहुतायत में हैं।

इस शनि मंदिर के बारे में बताया जाता है कि द्वापर युग में जब श्रीहरि ने ब्रज में नंदबाबा-यशोदा मैया के घर कृष्ण के रूप में जन्म लिया तो स्वर्ग के सारे देवता किसी-न-किसी रूप में उनके बालरूप के दर्शन करने की इच्छा से गोकुल में आए। शनिदेव भी माता यशोदा के द्वारे हरि-दर्शन की इच्छा लेकर पहुँचे, तो मैया यशोदा ने उनके भयंकर रूप को देखकर अपने लाला के दर्शन कराने से साफ मना कर दिया। अब मैया ने मना कर दिया तो बस कर दिया। शनिदेव चाहे किसी को भी क्षण भर में मटियामेट करने की ताकत रखते हों, पर मैया यशोदा के आगे उनकी क्या बिसात! शनिदेव तो छोड़ो, देवादिदेव भोलेशंकर को भी माता यशोदा ने तीन दिन प्रतीक्षा कराने के बाद ही कान्हा के दर्शन कराए थे, वह भी तब, जब अपने भक्त को विवश देखकर लाला जार-जार

रोने लगा। लेकिन शनिदेव की विवशता और तीव्र इच्छा देखकर कान्हा ने चुपचाप इशारा किया कि आप कोकिला वन में मेरी प्रतीक्षा करो, मैं वहीं आपको दर्शन दूँगा। भगवान् कृष्ण ने इस स्थान पर शनिदेव को दर्शन देकर उनकी मनोकामना पूरी की थी। तभी से शनिदेव यहाँ विराजमान हैं और यहाँ आनेवाले भक्तों की मनोकामना पूरी करते हैं।

गाड़ी बाईं ओर एक खुली जगह में खड़ी कर, जूता-चप्पल गाड़ी में ही रख छोड़े। शनि मंदिर के प्रांगण में प्रवेश कर यहाँ की धूली को मस्तक पर लगाया। शनि मंदिर विशाल और भव्य है। मंदिर-परिसर में प्रसाद की बहुत सी दुकानें सजी हैं। सजी क्या हैं, दुकानदार सब्जी बाजार की तरह आवाज लगाकर, मनुहार करके दर्शनार्थियों को अपनी दुकान की ओर बुला रहे हैं। एक दुकान के आगे हाथ धोकर प्रसाद की थैली ले ली गई। पचास रुपए की थैली में दो सौ मिली. तेल की एक बोतल, एक टीन का व एक मिट्टी का दीवा, उड़द, काले तिल, काला कपड़ा, धूपबत्ती, अगरबत्ती, माचिस तथा चार-पाँच छोटी-छोटी कीलें हैं। मंदिर के प्रवेश-द्वार से अंदर घुसे तो देखा कि मंदिर की दीवार के समानांतर काली टायल लगी लंबी बैंच जैसी बनी हुई हैं। इन्हीं के पीछे खड़े पंडा सब चीजें काले कपड़े में रखवाकर, तेल का दीया जलाकर पूजा कराते हैं। इन पंडों में बाल, वृद्ध, युवा, तरुण सभी हैं। देखने से लगता है, ये पुस्तैनी पंडा नहीं हैं, न ही सब ब्राह्मण हैं, मात्र कमाई के लिए पंडा बने हैं, इन्हें मंत्रों का कोई ज्ञान भी नहीं है। खैर, तीर्थ-पुरोहित जो ठहरे, जैसी भी हुई, पूजा कराकर हम आगे बढ़ गए। अब अगरबत्ती-धूपबत्ती के पैकेट, माचिस और तेल की बोतल हमारे साथ है। मुख्य मंदिर में शनिदेव के पार्श्व में सैकड़ों अगर-धूपबत्ती आदि जल रही हैं, यहीं पर हमने अपनी-अपनी धूप और अगरबत्तियाँ जलाकर शनिदेव को समर्पित कर दीं—धूपं-दीपं-सुगन्धिं समर्पयामि। फिर अन्य भक्तों की तरह हमने भी इत्मीनान से शिवलिंग रूपाकार शनिदेव का तेल से अभिषेक कर दंडवत् प्रणाम किया। इनके दाईं ओर बने छोटे मंदिरों में भी दंडवत् किया। यहाँ पर बड़ी संख्या में भक्त लोग आते हैं, यह सिद्ध मंदिर है। इसकी ख्याति और मान्यता दूर-दूर तक फैली हुई है। मंदिर का फर्श तेल से चिपचिपा रहा है।

शनि मंदिर के सामने के आधे भाग में नवग्रह मंदिर, वंशीवट, वनखंडी बाबा का मंदिर है। बिल्कुल उत्तर की दिशा में जनाना-मरदाना दो तालाब हैं, जिनमें तीर्थयात्री स्नान कर रहे हैं, कहा जाता है कि इसमें स्नान करने से खाज-खुजली आदि मिट जाती है। स्नान के चलते यहाँ एक बुरी प्रथा प्रचलित है कि स्नान के भीगे कपड़े यहीं छोड़ दिए जाते हैं। कुछ लोग इन कपड़ों को यहाँ चारों ओर खड़े पेड़ों पर ही टाँग जाते हैं। यह सब बहुत बुरा और अशोभनीय लगता है। इस प्रथा को बदलना चाहिए। इन सबके दर्शन कर अब हम अपनी गाड़ी की ओर बढ़ रहे हैं, एक-दो जगह भक्तों द्वारा लंगर-भंडारे चलाए जा रहे हैं। सैकड़ों जूठे पत्तल-दोने इधर-उधर उड़ रहे हैं। इतने पवित्र स्थल पर इतनी गंदगी,

यह बड़ी शर्मिंदगी की बात है। तीर्थस्थल पर अन्नसत्र चलाना अच्छी बात है, मगर इससे होनेवाली गंदगी का भी निपटारा साथ-साथ करें तो उससे मिलनेवाला पुण्य बढ़ेगा ही। जीतभाई हर तीर्थ के बारे में गहराई से जानकारी रखते हैं, उन्होंने केवल तेल की बोतल खरीदकर शनिदेव का अभिषेक किया, इस तरह वे फालतू की अंट-शंट से बच गए।

यहाँ से चलकर अब हमारा वाहन नंदगाँव आ पहुँचा है, जो मात्र तीन कि.मी. की दूरी पर ही है। वाहन सड़क के बाईं ओर खड़ा कर दिया। ठंडक बढ़ गई है। मुख्य सड़क से रास्ता मंदिर की ओर जाता है, जो आगे-आगे सँकरा होता गया है। इक्का-दुक्का चाय-मिठाई की दुकानें हैं, नहीं तो आज भी यह गाँव ही है। पैदल चलते हुए नंदबाबा के मंदिर तक आ पहुँचे हैं। यह काफी ऊँचाई पर है। इस मंदिर में नंदबाबा, माता यशोदा, बलदाऊ, श्रीकृष्ण, राधिका आदि की मूर्तियाँ विराजमान हैं। तीर्थ-पुरोहित यात्रियों को बैठाकर यहाँ की कथा सुना रहे हैं कि जब गोकुल में मथुरा के राजा कंस के अत्याचार बहुत बढ़ गए और वह बालकृष्ण को मारने के लिए नाना रूपधारी राक्षसों को वहाँ भेजने लगा, तब नंदबाबा कान्हा की प्राणरक्षा के लिए यहाँ आकर बस गए। इसी नंदभवन में कान्हा ने परमसुखकारी बाललीलाएँ कीं। यहीं पर रहकर कान्हा ने गौएँ चराईं, गोप-ग्वालों के साथ नाना लीलाएँ कीं। यह पूरा क्षेत्र कान्हा की पद-रज से पवित्र होकर पावन तीर्थ बन गया है। यह नंदभवन तो काफी विशाल है, लेकिन तीर्थयात्रियों को अधिक संख्या में आकर्षित करने में असमर्थ है। पेयजल तथा जन-सुविधाओं का यहाँ सर्वथा अभाव है। पंजाब से आया एक यात्री परिवार यहाँ गुरुद्वारे जैसी सुविधा न पाकर दुःखी है। दूर-दूर से आनेवाले यात्रियों के लिए कुछ तो सुविधा होनी चाहिए। संभवतः मंदिर समिति इस जरूरत को समझेगी।

दर्शन के बाद सड़क किनारे चाय की दुकान पर हम सबने चाय पी। फिर यहाँ से थोड़ी दूर पर इस सड़क के किनारे स्थित कृपालुजी महाराज की एक और विरासत 'रंगीली महल' देखने आ पहुँचे। यह मंदिर बरसाने की रंग-रँगीली और कान्हा की प्राणाधार श्रीराधाजी को समर्पित है। चप्पल-जूते उतारकर मंदिर में प्रवेश किया। श्रीराधा-कृष्ण की युगल छवि देखकर ठगे से खड़े रह गए, साज-सज्जा और शृंगार अद्भुत है। मंदिर काफी लंबा-चौड़ा है, यहाँ ठहरने की व्यवस्था भी है। जगद्गुरु कृपालु परिषद् द्वारा यहाँ राधारानी की माताश्री कीर्तिजी का भव्य मंदिर बनवाया जा रहा है। मंदिर के प्रांगण में तराशे गए पेड़-पौधे तथा फुलवारी बड़ी मनोहारी है। यहाँ एक कमरेनुमा सभाभवन में आरती हो रही है, सो हम इसमें शामिल हुए। यहाँ के भक्तिमय वातावरण में मन सुखद अनुभूति से भर गया।

जब तक हमारा वाहन बरसाने की ओर दौड़ रहा है, तब तक हम आपको बरसाने के बारे में बताते हैं। बरसाना यहाँ से पाँच-छह कि.मी. तथा मथुरा से 35 कि.मी. दूर

है। पहले इसे बृहत्सानु, फिर ब्रह्मसानु तथा वृषभानुपुर कहा जाता था। यह श्रीराधाजी की पितृभूमि है, जो दो सौ फुट ऊँचे पहाड़ी ढलान पर अवस्थित है। इस पहाड़ी को साक्षात् ब्रह्माजी का स्वरूप माना जाता है। ठीक उसी तरह जैसे नंदगाँव की पहाड़ी को महेश्वर का तथा गिरिराजजी को विष्णु का स्वरूप माना गया है। इस पहाड़ के चारों शिखर ब्रह्मा के चार मुख माने गए हैं। इन्हीं शिखरों में से एक पर 'मोरकुटी' है, जहाँ पर कृष्णकन्हाई श्रीराधाजी को रिझाने के लिए मोर बनकर नाचे थे। दूसरे शिखर पर 'मानगढ़' है, जहाँ कन्हैया ने किशोरीजी को मनाया था। तीसरे शिखर पर 'विलासगढ़ है, जो श्रीजी का विलासगृह है और चौथा शिखर 'दानगढ़ है, जहाँ प्रिया एवं प्रियतम की दानलीला संपन्न हुई।

बरसाने के दूसरी ओर एक पहाड़ी और है, इन दोनों पहाड़ों की खोह में बरसाना गाँव बसा है। इस सँकरी जगह को 'साँकरी खोर' कहा जाता है। यहीं पर किशोरीजी के जन्मदिन भादों की अष्टमी यानी राधाष्टमी को विशाल मेला लगता है तथा फागुन शुक्ल अष्टमी, नवमी एवं दशमी को होली-लीला संपन्न होती है। पहाड़ी पर कई मंदिर हैं, जिनमें मुख्य मंदिर सेठ हरगुलालजी द्वारा पुनर्निर्मित श्रीलाड़िलीजी का प्राचीन मंदिर

श्रीलाड़िलीजी मंदिर, बरसाना

है। सीढ़ियों के रास्ते में वृषभानुजी का मंदिर भी दर्शनीय है। यहीं पर 'भानोखर' यानी भानुपुष्कर नामक पक्का तालाब है, जो किशोरीजी के पिता वृषभानु द्वारा निर्मित बताया जाता है। इसके अलावा दो सरोवर और हैं, जिनमें एक का नाम 'मुक्ताकुंड' है तथा दूसरे को 'पीरी पोखर' यानी प्रियाकुंड कहते हैं। बताया जाता है कि यहाँ विवाह के बाद किशोरीजी ने अपने पीले हाथ धोए थे, इसलिए इसका नाम 'पीली पोखर' पड़ गया।

बातों-ही-बातों में बरसाने पहुँच गए। तीर्थयात्रियों की चहल-पहल यहाँ हमेशा बनी रहती है। होली का पूरा महीना रंगों से सराबोर रहता है। बरसाने की लट्ठमार होली तो जगप्रसिद्ध है। सड़क से ही मंदिर दिखाई पड़ रहा है, क्योंकि यह काफी ऊँचाई पर है। पैदल के रास्ते में मंदिर तक 235 सीढ़ियाँ चढ़नी पड़ती हैं, तो दूसरे रास्ते से गाड़ियाँ ऊपर तक चली जाती हैं। लेकिन यह रास्ता थोड़ा आगे से है। बरसाना गाँव के तंग रास्ते पर जब आमने-सामने से गाड़ियाँ आ जाती हैं, तो बड़ी दिक्कत पेश आती है। गाड़ी ऊपर ले जाने के लिए गाँव में टोल टैक्स लगता है दस रुपया और ऊपर पार्किंग में खड़ी करने के तीस रुपए। ऊपर जाने का रास्ता सँकरा है, पर आने-जाने की लाजबाव व्यवस्था बना रखी है। मोड़ पर खड़ा गार्ड तभी ऊपर जाने का संकेत करता है, जब ऊपर से किसी वाहन के नीचे न आने का संकेत उसे मिल जाता है। ऊपर मंदिर में स्थित पार्किंग की दीवार की खिड़की से गार्ड आने-जाने का संकेत करता है, जिसे नीचेवाला गार्ड समझ जाता है। कमाल का है न यह देसी वॉकी-टॉकी!

खैर, हमारी गाड़ी भी सर्पाकार मोड़ लेती हुई पार्किंग स्थल पर आ लगी। यहाँ पर भरतपुर के राजा द्वारा बनवाया गया विशाल मंदिर है, इसी के परिसर में पार्किंग है। पुराने जमाने का विशाल मजबूत फाटक मंदिर के प्रवेशद्वार पर शान से खड़ा है। यहाँ देखने को ज्यादा कुछ नहीं है, सो यहाँ दंडवत् प्रणाम कर लाड़िलीजी का मंदिर देखने चल पड़े। रास्ते के दोनों ओर भिक्षुक कतारबद्ध बैठे हैं—कुछ शांत कुछ वाचाल! इनमें महिला भिक्षुकों की संख्या ज्यादा है। वृषभानुकुमारी श्रीराधाजी का यह मंदिर भव्य और विशाल है। मंदिर में प्रवेश करते ही अजीब सुकून महसूस हो रहा है। जीतभाई लघुशंका करने गए थे तो हम दोनों पीछे छूट गए, सो पहले-पहल खाली हाथ ही दर्शन कर लिए, क्योंकि ऊपरवाले दरवाजे पर कुछ नहीं मिलता है। फिर हम दोनों नीचे जाकर सीढ़ियोंवाले द्वार से दो-दो पुष्पहार लेकर आए—एक अपने कन्हैया के लिए और एक कान्हा की प्राणाधार श्रीराधाजी के लिए। पुजारीजी ने पुष्पहार श्रीराधा-कृष्ण के चरणों में अर्पित कर दिए और फिर मुट्ठी भर-भर मिसरी का प्रसाद दिया। दर्शनार्थियों की भीड़ बराबर आ-जा रही है, पंक्ति टूटती नहीं है, सो हम लोग वहाँ से हट गए और मंडप में मूर्तियों के ठीक सामने दंडवत् प्रणाम किया। यहाँ का वातावरण बड़ा अलौकिक तथा सुकून देनेवाला है। आखिर संसार की स्वामिनी के यहाँ शोक कैसा!

मित्र आनंद शर्मा, भाई बनवारीलालजी तथा अमित भाई हमसे पहले ही पुष्पहार भेंट कर दर्शन कर चुके हैं, बस हमारी ही प्रतीक्षा कर रहे हैं। लाड़िलीजी के सामने के विशाल सभामंडप में अनेक तीर्थयात्री और भक्त बैठे अपने-अपने तरीके से श्रीराधाजी का गुणगान, चिंतन-ध्यान कर रहे हैं। लाड़िलीजी के धाम में आज भी वैभव चहुँओर बिखरा पड़ा है। 'राधारानी की जय, कृष्ण कन्हैयालाल की जय' बोलते हुए हम जिस

रास्ते से आए थे, उसी रास्ते से लौटकर पार्किंग स्थल पर आ गए। यहाँ चाय की दुकान से चाय और पकौड़े का नाश्ता किया और फिर तरोताजा हो उल्लसित मन से गोवर्धन की ओर निकल पड़े।

सूर्यास्त हो रहा है, ताँबई बड़ा थाल क्षितिज के पीछे लुढ़क गया है। हलकी धुंध पड़ रही है, खुला इलाका है, बाहर अँधेरे में कुछ दिखाई नहीं पड़ रहा है। गाड़ी के अंदर का वातावरण बड़ा सत्संगी हो गया है, सब लोग मग्नमन भजन का आनंद ले रहे हैं। जब तक हमारी गाड़ी गोवर्धन की ओर दौड़ रही है, तब तक हम आपको यहाँ के बारे में भी कुछ बताए देते हैं। यहाँ से मतलब बरसाने से गोवर्धन 14 मील तथा मथुरा से 16 मील दूर है। गोवर्धन एक छोटी पहाड़ी के रूप में है, जिसकी लंबाई लगभग 4 मील है। इस पहाड़ की ऊँचाई बहुत थोड़ी है, कहीं-कहीं तो अब जमीन के बराबर रह गई है। गिरिराजजी की परिक्रमा हमेशा होती रहती है, जिसकी कुल लंबाई 14 मील है। गोवर्धन बिल्कुल बसावट के बीच में है। गिरिराजजी के उत्तर-पूरब में जतीपुरा गाँव फैला है, तो दक्षिण-पूरब में आन्यौर गाँव।

लगभग साढ़े सात बज रहे हैं और हम गोवर्धन आ पहुँचे हैं। पहले यहाँ ठहरने की व्यवस्था करनी है, सो दानघाटी से आगे, चौक से बाईं ओर स्थित श्री गौड़ीय वेदांत समिति ट्रस्ट के श्री गिरिधारी गौड़ीय मठ अतिथि सदन में कमरा मिल गया। गाड़ी अंदर मंदिर प्रांगण में खड़ी कर दी गई। बड़ा शांतिमय वातावरण है यहाँ! लगभग साढ़े आठ बजे यहीं के भोजनालय में भोजन किया। फिर गिरिराजजी की परिक्रमा के लिए निकले, पर पहले दानघाटी मंदिर में दर्शन करने लगे। इसे दानघाटी मुखारविंद गोवर्धन मंदिर कहते हैं। कहा जाता है कि गोपियों से यहीं पर नटखट कान्हा ने दधि का दान लिया था, सो यहाँ दूध चढ़ाया जाता है। हम देख रहे हैं कि यहाँ सूखे नीम-तने की जड़ में बने मंदिर में दूध अरोगाया जा रहा है। मंदिर खुलने-बंद होने का यहाँ कोई समय नियत नहीं है। पंडा और दुकानदार रात भर दुकानें खोले बैठे रहते हैं। पंडों को इतनी फुरसत नहीं कि भगवान् के ऊपर से दूध के खाली गिलास-दोने भी हटा सकें। खाली दोनों और गिलासों से भगवान् अँटे पड़े हैं। दूध के निकलने की समुचित व्यवस्था न होने के कारण भगवान् को चढ़ाया गया दूध भक्तों के पैरों को ही पावन कर रहा है। भक्त भी ऐसे कि कहीं भी दूध के भरे गिलास रखकर इतराते हुए चलते बनते हैं। हाय! गौओं का ताजा दूध पीने वाले कान्हा को सिंथेटिक दूध पिला रहे हैं। कैसी शर्म की बात है! लेकिन एक बात सच्ची है कि ये सब कान्हा के प्रेम के वशीभूत हो यहाँ तक चलकर आए हैं।

दर्शन कर हम भी परिक्रमा-पथ पर आ गए और दंडवत् कर परिक्रमा शुरू कर दी। नौ बज रहे हैं, उधर गोपालजी का फोन आ रहा है कि कहाँ तक पहुँचे, वे मुखारविंद पर हमारा इंतजार कर रहे हैं। गोपाल कौशिकजी आनंद शर्माजी के सालेसाहब के

सालेसाहब हैं। यहीं पर उनका पुश्तैनी निवास है। नोएडा में एक कंपनी में जॉब करते हैं। शनिवार-रविवार के अवकाश में अपना तीर्थ-पुरोहित का कार्य भी कर लेते हैं। सो जल्दी-जल्दी पग बढ़ाते हुए हम आगे बढ़े। सैकड़ों स्त्री-पुरुष गिरिराजजी की परिक्रमा कर रहे हैं। परिक्रमा के दो मार्ग हैं—एक बाहरी मार्ग, दूसरा अंदर का। बाहरी मार्ग पर प्रकाश की व्यवस्था है तथा इस पर पर्याप्त आवागमन भी रहता है, पर अंदर का परिक्रमा मार्ग गिरिराज पर्वत के साथ-साथ चलता है, यहाँ प्रकाश की व्यवस्था नहीं है, सो यहाँ रात्रि को परिक्रमा नहीं लगती है। हम लोग बाहर वाले मार्ग से ही आगे बढ़ रहे हैं। देख रहे हैं कि परिक्रमा-पथ पर यात्रियों के एक दल के यात्री ने अपनी पीठ पर स्पीकर बाँध रखा है और ऊँची आवाज में भजन सुनते हुए दल पूरी मस्ती में तेज गति से आगे बढ़ा चला जा रहा है। कुछ यात्री हमें पीछे छोड़ जाते हैं तो कुछ को हम पीछे छोड़ देते हैं। इस परिक्रमा मार्ग पर मंगतों की भरमार है। हृदय-विदारक नाना रूप बनाए, तरह-तरह की दर्द भरी आवाजें निकालकर भीख माँग रहे हैं, वो भी अकेले नहीं, फैमिली के साथ। अधिकतर पेशेवर भिखमंगे हैं, जरूरतमंद शायद ही कोई हो!

अहा! 'कृष्ण कुंड' पर आ गए। परिक्रमा-पथ पर जगह-जगह गायक अपनी मंडली के साथ अलाव जलाकर कड़ाके की ठंड में अपने इष्ट को अपनी कला प्रस्तुत कर भजन, कथादि सुना रहे हैं। इनसे परिक्रमा-पथ चैतन्य बना हुआ है। अब 'संकर्षण कुंड' पर आ गए हैं। यह कुंड श्रीकृष्ण के बड़े भाई बलदाऊ को समर्पित है, पास में ही दाऊजी का मंदिर है। और भी तीर्थ-स्थल यहाँ हो सकते हैं, अँधेरे में दिखाई नहीं पड़ रहे हैं। अब यहाँ से राजस्थान की सीमा में प्रवेश कर रहे हैं और 'पूछरी का लौठा' पर आ लगे। इस स्थान को परिक्रमा मार्ग का मध्य भाग कहा जाता है। लौठा के बारे में बताया जाता है कि जब भगवान् श्रीनाथ गोवर्धन से नाथद्वारा के लिए प्रस्थान करने लगे तो पूछरी का उनका एक भक्त प्रभु के दर्शनों की प्रतीक्षा में अपनी लाठी टेककर यहीं पर बैठ गया, जो आज तक उनकी प्रतीक्षा कर रहा है। आज भी इसे उनके लौटने का इंतजार है। यहाँ इस भक्त का छोटा सा मंदिर है। हम लोगों ने यहाँ रुककर दंडवत् किया, फिर आगे के लिए तेज-तेज कदम बढ़ाए। देख रहे हैं कि कड़क ठंडी में लोग नंगे पैर चल रहे हैं। हमारे मित्र आनंद शर्मा नंगे पैर हैं। कभी हम लोगों से काफी आगे निकल जाते हैं, कहीं मत्था टेकते हुए या भिक्षुकों को सिक्के देने के चक्कर में हम से पीछे रह जाते हैं। खूब जोरों की ओस पड़ रही है, धुंध भी। पर हमारे शरीर में गरमी आ गई है। बातों-बातों में 'सुरभि कुंड' पर आ गए हैं। जतीपुरा की ओर जाते हुए यह पूछरी के बाद पड़ता है। कहा जाता है कि जब भगवान् कृष्ण अहंकारी इंद्र पर रुष्ट हो गए और उसकी कोई अनुनय-विनय नहीं सुनी तो ब्रह्मा ने इंद्र की मदद के लिए स्वर्ग से गौमाता सुरभि को यहाँ भेजा, सुरभि की विनती पर श्रीकृष्ण ने इंद्र को माफ कर दिया

और फिर सुरभि भी वृंदावन में वास करने लगी। तभी से इसका नाम भी 'सुरभि कुंड' पड़ गया। यहाँ पर परमानंददासजी का द्वार हुआ करता था तथा इसके ठीक उधर गिरिराज पर्वत पर 'धुकादाऊजी' पवित्र स्थल है। बताया जाता है कि भगवान् कृष्ण जब गोपियों के साथ रास रचाते थे तो दाऊ को रास देखने की इच्छा हुई, सो वे गिरिराज पर्वत की कंदरा में छिपकर (धुककर) बैठ गए और फिर यहीं से रास देखा। अत: इस स्थान का नाम 'धुका दाऊ' पड़ गया। अब यहाँ एक छोटा सा मंदिर भी है। कुल मिलाकर यहाँ 14 कंदराएँ हुआ करती थीं, पर अब उनका कहीं अता-पता नहीं है। यहीं पर भगवान् कृष्ण गऊओं को चराते हुए अपने गोप सखाओं के साथ बैठते और नाना खेल खेला करते थे।

यहाँ से थोड़ा आगे बढ़े ही थे कि देखा, सामने उस ओर दूध की कई दुकानें लगी हैं। हम भी एक दुकान पर लगी कुरसियों पर बैठ गए। नीचे अलाव जल रहा है, अपने घर के सामने लगी इस दुकान को एक बुढ़िया सँभाल रही है। उसका जवान लड़का कड़ाही के पास बैठा दूध तैयार कर रहा है। हमसे पहले तीन-चार यात्री और बैठे थे और वे दूध पी चुके थे। हम सब ने दूध के कुल्हड़ थाम लिये और जलेबी भी ले लीं। सब लोगों ने जलेबियाँ खाईं और उन यात्रियों को भी खिलाईं। कुछ देर बाद वे लोग उठकर चले गए। इतने समय में ही दुकानदार बुढ़िया तीन-चार बार पैसों के लिए कलप चुकी थी, 'यहाँ दो जने बैठे काए, तुमाए संगए का! अरे पईसा दए के नाँय दए।' हमने कहा, 'अम्माँ, वे हमारे साथ नहीं थे, और वे तो पैसे देकर गए हैं। हम पाँच लोग हैं, और तुम्हारे सामने बैठे हैं।' इसके बावजूद बुढ़िया का कलपना जारी रहा। अविश्वास इसके मन में गहरे बैठ चुका है। इसकी बातों से ऐसा लग रहा है, जैसे यहाँ यात्री लोग खा-पीकर बिना पैसा दिए ही चले जाते हों। वैसे भी ये लोग संतोषी जीव नहीं हैं, लालच के पुतले हैं। एक द्वारका नगरी ठहरी, जहाँ पिछले साल की यात्रा में हम चार जन होटल में खाना खाकर बाहर निकल गए, काउंटर पर बैठे व्यक्ति ने हमें टोका तक नहीं। बाहर सड़क पर खड़े अपने साथियों से मैंने पूछा कि तुमने पैसे दे दिए कि नहीं! उन्होंने कहा कि नहीं। तब मैं वापस लौटा और उन सज्जन को पैसे चुकाए। कितना अंतर है दोनों में! यहाँ बुढ़िया ने हमारा दूध पीना हराम कर दिया। कैसी दूध की जली है या आदत से मजबूर कि इसे हर यात्री बेईमान और चोर नजर आता है। जबकि इन यात्रियों के सहारे ही इनकी रोजी-रोटी चल रही है। तनिक भी लज्जा नहीं आती इन लोगों को कि दूध के नाम पर यात्रियों को सफेद पानी पिला रहे हैं। गलती इनकी नहीं है। पाप से ये लोग तनिक नहीं डरते, कन्हैया जो इनका हिमायती है। यात्रियों से ये लोग झगड़ा कर बैठते हैं—हमारी परवरिश का ठेका तो कन्हैया ने ले रखा है, तुम न सही, कोई और सही। बोलो, जय कन्हैयालाल की!

खैर, हमने दूध के पैसे चुकाए और अपनी यात्रा पर आगे बढ़ चले। हम लोगों के

बीच शुरू से ही हरि-चर्चा चल रही है। जीतभाई अपने अनुभव तथा पौराणिक आख्यान अमित भाई को सुनाते चल रहे हैं। इससे रास्ते का पता ही नहीं चल रहा है। 'हरजू कुंड' तक आ पहुँचे हैं, कान्हा के एक गोप सखा थे हरजू, यह उन्हीं के नाम पर है। यहीं पर कृष्ण श्रीराधाजी के साथ कुंड में स्नान किया करते थे। अब तो जतीपुरा मात्र दो कि.मी. रह गया है। जलेबियाँ बच गई थीं, कोई खा नहीं रहा था, सो भाई बनवारीलालजी ने जलेबी बंदरमामा के हवाले कर दीं। इस पूरे मार्ग पर प्रकाश तो अपर्याप्त है ही, पर शौचालय-मूत्रालय जैसी जन-सुविधाओं का सर्वथा अभाव है। तीर्थयात्रियों से हमेशा गुलजार रहनेवाले इस परिक्रमा मार्ग के प्रति उत्तर प्रदेश सरकार की बेरुखी चुभनेवाली है। अच्छा होता कि सरकार द्वारा परिक्रमा मार्ग पर जगह-जगह बैठने के लिए यात्री-शेड, मूत्रालय, शौचालय आदि बनवाकर पेयजल की व्यवस्था भी कर दी जाती तो यहाँ आनेवाले तीर्थयात्रियों की संख्या में शर्तिया इजाफा होता। इससे शासक का नाम तो होता ही, सरकार को प्रचुर मात्रा में राजस्व की प्राप्ति होती—एक पंथ दो काज!

रात्रि के लगभग साढ़े दस बज रहे हैं और हम लोग भी मुखारविंद (जतीपुरा) पहुँच गए हैं। यहीं इंद्र का मान-मर्दन कर बालकृष्ण ने इंद्र पूजा बंद कर गिरिराजजी की पूजा शुरू करवाई थी। इंद्र ने यहाँ प्रायश्चित्त किया तथा इंद्राणी सहित गिरिराजजी की परिक्रमा कर अपने पापों के लिए क्षमा माँगी। आज भी भक्तजन अपने पापों के शमन के लिए गिरिराजजी की परिक्रमा करते हैं। यहीं पर 'दंडवती शिला' भी है। गोपालजी सोए नहीं, हमारा इंतजार करते रहे। एक दुकान के आगे जूता-चप्पल उतारकर हाथ धोए। उन्होंने गिरिराजजी के भोग के लिए आलू की जलेबियाँ ले लीं, फिर हमें मुखारविंद के दर्शन कराने ले गए। गोपालजी ने संभवत: मुख्य पुजारीजी को हमारे बारे में बता दिया था। सो हम सबने बारी-बारी से मुखारविंद पर दंडवत् किया और पुजारीजी ने पीले पटके पहनाकर हमें आशीर्वाद दिया। फिर दाईं ओर स्थित ऊँचे चबूतरे पर बिछी दरी पर बैठे। गोपालजी ने गिरिराज पर श्रीनाथजी के प्रकट होने की कथा सुनाई कि यहीं गिरिराजजी की दक्षिणी तलहटी में बसे आन्यौर गाँव के सद्दू पांडे की नरो नाम की बेटी यहाँ अपनी गौएँ चराने आया करती थी। उसकी एक गाय चुपचाप गिरिराजजी की एक कंदरा में अपना सारा दूध गिरा देती। घर जाती तो उसके स्तन खाली होते। नरो इस बात से चिंतित हुई कि हमारी गाय का दूध कौन पी रहा है? इस रहस्य को जानने के लिए वह चुपचाप गाय का पीछा करने लगी। उसने देखा कि एक नियत स्थान पर खड़ी होकर गाय अपना दूध गिरा रही है। उस स्थान पर वैसे कुछ दिखाई नहीं दे रहा था, लेकिन थोड़ी सी खुदाई करने पर भगवान् श्रीनाथजी की भुजा दिखाई दी। सद्दू पांडे ने मूर्ति निकालकर उस कंदरा में स्थापित कर दी और तब से श्रीनाथजी की पूजा होने लगी। मुखारविंद वही स्थान है, जहाँ प्रभु का प्राकट्य हुआ। यहाँ श्रीनाथजी को दूध का

श्रीगोवर्धन परिक्रमा करते हुए हमारा यात्री दल

ही भोग लगाया जाता था, पर जब वल्लभाचार्यजी को श्रीनाथजी के प्राकट्य का भान हुआ, तब वे वहाँ आए और दोनों का प्रगाढ़ आलिंगन हुआ। उन्होंने अपने हाथ से नैवेद्य बनाकर अरोगाया, तब से प्रभु श्रीनाथ अन्न का भोग भी ग्रहण करने लगे।

इस प्रकार गोपाल भाई ने प्रभु के प्राकट्य की कथा सुनाई और प्रात: सात बजे सब स्थानों के दर्शन कराने का वादा कर हमसे विदा ली और हमने आगे बढ़कर अपनी परिक्रमा पूरी की। बड़ी परिक्रमा की समाप्ति पर गिरिराजजी को दंडवत् प्रणाम किया और फिर अपने डेरे की ओर लौट पड़े। लगभग बारह बजे हम लोग अपनी रजाइयों में दुबक गए। थके हुए थे, सो खूब मीठी नींद आई, आनंद शर्माजी के खर्राटों ने भी कोई बाधा नहीं डाली। प्रात: सात बजे गोपालजी का फोन आ गया, पर यहाँ सब अभी रजाइयों के आगोश में हैं। अमित भाई तथा बनवारीलालजी ने स्नान किया। तैयार होते-करते नौ बज गए। बाहर कड़ाके की ठंड तथा घना कोहरा पसरा हुआ है, सो गाड़ी में बैठ सीधे जतीपुरा जा पहुँचे। गाड़ी एक गली में खड़ी कर दी और पैदल चलकर मुखारविंद पर गोपालजी से मिले। वे हमें पीछे के रास्ते से गोवर्धन पर्वत पर स्थित श्रीनाथजी के दर्शन कराने ले जा रहे हैं। पहाड़ के पत्थर चिकने हो जाने से पैर फिसलते हैं, सो बड़ी सावधानी से आहिस्ता-आहिस्ता पैर जमाते हुए श्रीनाथ मंदिर के प्रवेश द्वार पर पहुँच गए। नंगे पैरों में ठंड भी लग रही है। पुरानी इमारत वाले इस छोटे से मंदिर में श्रीनाथजी विराजमान हैं और बाहर के बरामदे में ऊपर दीवारों पर अष्टछाप के कवियों के चित्र सजे हैं। तीर्थ पुरोहितजी ने प्यार से बिठाकर हमें श्रीनाथजी के प्राकट्य और फिर नाथद्वारा जाने की कथा सुनाई। पुजारीजी का दावा है कि श्रीनाथजी नित्य रात्रि में यहाँ शयन करने आया करते हैं। अंदर के कमरे में उनकी शैया लगी हुई है, इसी कमरे में सुरंग का द्वार खुलता है। हमने भी अंदर जाकर शैया और सुरंग देखी। इन सब चीजों को स्पर्श करना मना है।

शैया वाले कमरे में ऊपर छत से कुछ नीचे एक झरोखा है। बताया जाता है भगवान् का एक अछूत भक्त नित्य दर्शन करने आया करता था, पर पंडा-पुजारी उसे दर्शन नहीं करने देते थे। प्रभु ने उसे दर्शन देने के लिए यह झरोखा निकलवाया। वह अछूत भक्त यहीं से नित्य श्रीनाथजी के दर्शन किया करता था। इसे 'वाल्मीकि झरोखा' कहते हैं। इन सबके दर्शन और पुजारीजी को प्रणाम कर हम मंदिर से बाहर आ गए। यहाँ ऊपर महाप्रभु की 15वीं बैठक तथा 14वीं बैठक पहाड़ से नीचे है। मंदिर के बाईं ओर गोपालजी ने हमें बहुत सारे पवित्र चिह्न दिखाए। फिर ठीक सामने की गली में निकलते हुए जतीपुरा में दंडौतिया कचौड़ी वाले की दुकान पर गरमागरम कचौड़ी का नाश्ता किया।

अब गोपालजी हमें पूछरी के पास स्थित मूल मुखारबिंद पर लेकर जा रहे हैं, यहीं से पूजा की सब सामग्री पाँच लीटर दूध, धूप-दीप, धोती, पटका आदि ले लिया गया। यह वह स्थान है, जहाँ भगवान् कृष्ण ने इंद्र का मान-मर्दन करने के लिए इस शिला पर खड़े होकर गोवर्धन पर्वत को नख पर धारण किया था। यहाँ मुखारबिंद स्वरूप छोटे से मंदिर में मुख जैसी शिला विराजमान है। हम सभी ने गिरिराजजी का दुग्धाभिषेक किया, फिर स्वच्छ जल से धोया, गिरिराजजी को तिलक लगाया। उन्हें धोती पहनाकर पटका सजाया गया। फिर यहीं पर गिरिराजजी की सात परिक्रमा कर अपनी गलतियों के लिए क्षमा माँगते हुए दंडवत् प्रणाम किया। गोपालजी ने बताया कि पहले गिरिराजजी की इतनी ऊँचाई थी कि यहाँ से 5-6 कि.मी. दूर परासौली गाँव में स्थित चंद्र सरोवर तक इनकी परछाईं पहुँचती थी। गिरिराजजी लगातार पृथ्वी में समाते जा रहे हैं, अत: अब ऊँचाई बहुत कम रह गई है। वास्तव में कृष्णकाल के आज दो ही प्रत्यक्ष साक्ष्य रह गए हैं—एक गोवर्धन पर्वत और दूसरी माँ कालिंदी।

एक और बात खास है कि यहाँ धै के पेड़ या अन्य वृक्षों के शिखर ऊपर की ओर न जाकर नीचे की ओर झुके रहते हैं, कहा जाता है कि ये सब वृक्ष श्रीनाथजी के श्रीचरणों में झुके अपना प्रणाम निवेदित कर रहे हैं। यहाँ से लौटकर हम पूछरी आ गए। यहाँ पर गिरिराज पर्वत का आखिरी छोर यानी पूँछ है, इसलिए इसे 'पूछरी' कहा जाता है। यहाँ हमने 'नवल' और 'अप्सरा कुंड' के दर्शन किए। नवल कुंड को 'पूछरी कुंड' भी कहते हैं। एक बार गोवर्धन पर्वत पर देवताओं द्वारा 108 पवित्र नदियों का आह्वान कर भगवान् श्रीकृष्ण का अभिषेक किया गया था। उस समय इस समारोह में स्वर्ग की सात अप्सराओं ने यहाँ नृत्य किया था, भगवान् कृष्ण के अभिषेक से जो पवित्र जल इकट्ठा हुआ, उसी को 'अप्सरा कुंड' कहा जाता है। फिर हमने राघव पंडित की गुफा देखी, जो यहाँ स्थित श्रीनाथजी के मंदिर के पीछे है। दोपहर का एक बज गया है और मंदिर में श्रीनाथजी की आरती हो रही है। आरती में शामिल होकर बड़ा आनंद आया। श्रीनाथजी की साज-सज्जा तथा श्रृंगार मन को अभिभूत कर गया। प्रभु की बड़ी मनोहारी झाँकी

है। आरती के बाद यहाँ के पुजारीजी से मिले तो उन्होंने श्रीनाथजी के बारे में बहुत सी बातें बताते हुए कहा कि यहाँ उनकी आज भी अष्टयाम सेवा हो रही है। पुजारीजी बड़े मृदुभाषी हैं। उनके आग्रह पर हमने यहीं पर भंडारे में भोजन (प्रसाद) ग्रहण किया। रोटी, पूरी, मिश्रित सब्जी, छाछ, कढ़ी और मिष्टान्न, सब परम स्वादु। आखिर भगवान् का प्रसाद क्या बेस्वाद हो सकता है, कभी नहीं। मन परम प्रसन्न हो गया।

जतीपुरा से निकलकर अब हम लोग परासौली गाँव में सूरदासजी की समाधि पर आ पहुँचे हैं। यहीं पर चंद्र सरोवर है। चंद्र सरोवर वह स्थान है, जहाँ महाप्रभुजी पधारे, चंद्र सरोवर में स्नान किया और एक छौकर वृक्ष के नीचे बैठ भागवत का पारायण किया था। उन्होंने वैष्णवन को बताया था कि कैसे उन्होंने दिव्य रासलीला तथा श्रीगिरिराजजी के दर्शन किए। पुराने समय में ब्रज में चंद्रसरोवर को 'सरस्वती कल्प' भी कहा जाता था। यहाँ मुरली की तान पर शरद पूर्णिमा की चाँदनी में गोपियों ने श्रीकृष्ण संग रास रचाया था, इसीलिए इस ग्राम को 'परासौली' कहा जाता है। यहीं पर सूरकुटी है। श्रीबिहारीजी के गुणगायक और परमभक्त सूरदासजी चिरनिद्रा में लीन हैं। इस अनन्य भक्त की समाधि पर हमने दंडवत् किया और सरोवर के जल से आचमन कर वापस लौट पड़े। गोपालजी हमें अपने घर पर ले गए। बड़े आग्रहपूर्वक और स्नेह से हमें चाय पिलाई, फिर अपने पिताजी से मिलवाया। आनंदजी के पूछने पर उन्होंने ब्रज की कई चमत्कारी बातें बताईं कि कृष्ण को समझना है तो कुछ दिन ब्रज में वास करो। अधिकतर लोग परिक्रमा करने आते हैं और मंदिर में प्रणाम कर लौट जाते हैं। भगवान् और उनके स्थानों के बारे में जानने की जिज्ञासा कोई नहीं दिखाता। ज्यादातर आयाराम-गयाराम का खेल दिन-रात चलता रहता है। उन्होंने हमें वृंदावन में दंडौती बाबा तथा कश्मीरी बाबा के बारे में बताया। इनकी बातों में ऐसा रस आ रहा है कि यहाँ से उठने को मन ही नहीं कर रहा है। आखिर उनका आशीर्वाद लेकर और गोपालजी से पुनः मिलने का वादा कर हम लोग ब्रह्मांड घाट की ओर निकल पड़े। यहाँ से मिट्टी का प्रसाद लेकर वृंदावन में बाँकेबिहारीजी के दर्शन किए। तुरत-फुरत गाड़ी में बैठ एक्सप्रेस-वे की ओर बढ़ चले।

श्रीगोवर्धन परिक्रमा का समापन मानसी गंगा

आनंदजी ने कहा, किसी ढाबे पर भोजन करते चलें, अन्यथा उस रास्ते पर भोजन नहीं मिलेगा। यहाँ कई सारे

होटलनुमा ढाबे हैं। गुलशन ढाबे पर गाड़ी रोक दी गई। यहाँ पर बड़ी सजधज, जंगल में मंगल है। मैं और जीतभाई पानी की बोतल लेकर खेतों में निवृत्त होने चले गए। लौटकर देखा कि आनंदजी ने पालक-सरसों का साग और मक्की की रोटी का ऑर्डर दिया है। सलाद और अचार के साथ गरमागरम साग-रोटी खाने में बड़ा मजा आया। खाना खाकर ढाबे से बाहर निकले तो देखते क्या हैं कि कुहरे में हाथ को हाथ नहीं सूझ रहा है। अब रात्रि के आठ बज रहे हैं। चार-पाँच गाड़ियाँ उधर से निकलीं, सो हमारी गाड़ी भी उनके पीछे चल पड़ी। विश्वास इतना भर था कि कोई गाड़ी तो एक्सप्रेस-वे पर जरूर जाएगी, पर जल्दी ही यह विश्वास कोरा भ्रम साबित हुआ। हम एक्सप्रेस-वे पर नहीं चढ़ पाए और आगे निकल गए। हालाँकि हमारी पाँच जोड़ी आँखें भी मुस्तैदी से रास्ते को ढूँढ़ रही थीं। आखिर एक सब-वे के बाहर निकलते ही गाड़ी रोकी और बराबर में कोई कार्यालय है, उसका दरवाजा पीटा, एक व्यक्ति अपने बिस्तर से बाहर आया। उसने बताया कि 'एक्सप्रेस-वे पर जानेवाला कट पीछे छूट गया है, लेकिन इसी रास्ते पर आगे चलकर रेलवे फाटक पार कर एक्सप्रेस-वे पर पहुँचा जा सकता है।' इतने में एक मोटर साइकिल सवार उधर आ निकला। उसने कहा कि मेरे पीछे चले आओ, मैं रास्ते पर छोड़ दूँगा।

आगे वह रास्ता बताकर चला गया कि एक मोड़ पर फिर फँस गए, कुछ सूझ नहीं रहा है कि किधर जाएँ। गाड़ी से बाहर निकल वाहन को हाथ देते हैं तो कोई रोकता नहीं है। बड़ी मुसीबत में फँसे। गाड़ी की तेज रोशनी में भी दो हाथ आगे का भी रास्ता दिखाई नहीं पड़ रहा है। आखिरकार जीतभाई ने जीपीएस पर दिल्ली की दिशा ढूँढ़ निकाली। इस बीच हमारी तरह भटकी हुई एक गाड़ी और आ गई। कोई आगे चलने को तैयार नहीं। अंततः ठाकुरजी के दम पर बनवारीलालजी ने धीरे-धीरे गाड़ी आगे बढ़ाई और हम एक्सप्रेस-वे पर आ गए। गाड़ी दिल्ली की ओर बढ़ने लगी। धीरे-धीरे आधा रास्ता पार कर चुके, तब कुहरा कुछ कम हुआ। गाड़ी में भजन चलते रहे, कोई सोया नहीं, दस आँखें बराबर चौकसी करती रहीं। लेकिन भाई बनवारीलालजी अनुभवी चालक हैं, हमें गहन कुहरे के काल-समुद्र से सकुशल बाहर निकालकर रात्रि के लगभग साढ़े ग्यारह बजे हमारे घर अध्यापक नगर छोड़ दिया। अमित भाई और बनवारीलालजी को आनंदजी ने अपने यहाँ ठहरा लिया। रात को जाने नहीं दिया। अगले दिन समाचार-पत्र में हमने पढ़ा कि एक्सप्रेस-वे पर धुंध में दर्जन भर एक्सीडेंट हुए, कई लोगों की जानें गईं, पर ठाकुरजी की हम पर असीम कृपा रही। मित्र आनंद शर्मा का जन्मदिन मनाने का यह तरीका अनुकरणीय है। ठाकुरजी से विनती है, मेरे मित्र के जीवन में ऐसे अनेक जन्मदिन बराबर आते रहें। बकौल आनंद शर्मा, ठाकुर अपने टहलुआ पर कृपा बनाए रखें। जय श्रीकृष्ण, जय गिरिधारी, जय बाँकेबिहारी!!

☐

महाकाल की नगरी उज्जयिनी में दो दिन

उज्जयिनी में कलकल प्रवाहित क्षिप्रा के पावन तट पर सिंहस्थ महाकुंभ-2016 के अंतिम शाही स्नान के साथ कल इस महापर्व का समापन हो रहा है। सो 20 मई, 2016 को हम इंदौर इंटरसिटी से यात्रा पर निकल पड़े हैं। हमारे यात्री-दल में मेरे अभिन्न मित्र आनंद शर्मा, जीतभाई और उनकी माताजी व मौसी, मेरी श्रीमतीजी सहित छह लोग हैं। परंतु सराय रोहिल्ला स्टेशन पर चौ. वीरेंद्र सिंह और उनकी श्रीमतीजी, भाई विनोद सिंह और उनकी माताजी, बुराड़ी से जीतभाई के जानकार शर्मा दंपती भी हमारे साथ जुड़ गए। ठीक 9.35 पर गाड़ी अपनी मंजिल की ओर सरकने लगी। भीषण गरमी पड़ रही है, परंतु कुंभ-स्नान के उछाह में इसकी भीषणता का अहसास नहीं हो रहा है। क्षिप्रा में स्नान और महाकाल के दर्शन की हर्ष-उमंगें हिलोरें मार रही हैं। गाड़ी चीखती-चिल्लाती दौड़ती चली जा रही है। रात्रि के ग्यारह बज रहे हैं, सो सोने का उपक्रम किया। पूरी रात गाड़ी राजस्थान की भूमि को रौंदती-नापती रही और हम लोग रुकते-चलते प्रात: सवा नौ बजे नागदा जं. पर पहुँच गए। यहाँ गाड़ी में इंजन आगे से खोलकर पीछे लगाया जाता है। जिस दिशा में अब तक गाड़ी आ रही थी, यह रूट वडोदरा को जाता है, यहाँ नागदा से गाड़ी ठीक पूरब दिशा में उज्जैन की ओर लौटती है।

गाड़ी काफी देर खड़ी रही, यहाँ एक स्वयंसेवी संस्था के लोग पूरी गाड़ी में आगे-पीछे दौड़-दौड़कर यात्रियों को पानी पिला रहे हैं। अब गाड़ी आगे बढ़ी। लेकिन यह क्या, अब तो गाड़ी कहीं भी खड़ी हो जा रही है। नागदा से उज्जैन मात्र 56 कि.मी. दूर है। रबी की फसल कटने के बाद खेत खाली पड़े हैं, गहरी काली मिट्टी को देखकर लगता है, जैसे मिट्टी भीगी हुई हो! पता चला है, इस ट्रैक पर पाँच-सात गाड़ियाँ आगे-पीछे चल रही हैं, कहीं-कहीं दो गाड़ियाँ समानांतर खड़ी हैं। मेला स्पेशल गाड़ियों को प्राथमिकता दी जा रही है, क्योंकि ये गाड़ियाँ ही मेले की भीड़ को बराबर हल्का कर रही हैं। सामने से आनेवाली सब रेलगाड़ियाँ तीर्थयात्रियों से बेतरह भरी हैं, लोग पायदानों पर भी लटके-बैठे हैं। परंतु यहाँ छोटे-छोटे स्टेशनों पर भी पेयजल की व्यवस्था है।

जहाँ गाँव और बसावट है, वहाँ के लोग भी बाल्टियाँ ढो-ढोकर ला रहे हैं और प्यासे यात्रियों को पानी पिलाने का पुण्य कमा रहे हैं। यात्रियों की बोतल जल्दी भरे और पानी बेकार न गिरे, इसके लिए प्लास्टिक के कीप इनके पास हैं। पानी-सेवा करनेवाले बालक-बूढ़े-जवान सभी हैं। छोटे से स्टेशन 'उन्हेल' पर आधा घंटे से गाड़ी खड़ी है। दोपहर के बारह बज रहे हैं। लगता है, और भी लंबा समय लगनेवाला है, तब तक हम आपको मोक्षदायिनी उज्जयिनी के बारे में कुछ बताते हैं।

'उज्जयिनी' का शाब्दिक अर्थ है—उत्+जयनि, अर्थात् 'उत्कर्ष के साथ विजय करनेवाली'। इसे अवंति और अवंतिपुर भी कहा जाता है। परंतु त्रिपुरी की शासक जाति पर विजय के फलस्वरूप लोगों ने इसका नाम 'उज्जयिनी' रखा। इसके पहले छह कल्पों में इसके छह नाम हो चुके हैं। प्रथम कल्प में 'स्वर्णश्रृंगा', द्वितीय कल्प में 'कुशस्थली', तृतीय में 'अवंतिका', चौथे कल्प में 'अमरावती', पाँचवें में 'चूड़ामणि' और छठवें में 'पदस्वती' नाम से पुकारा गया। कल्पों में नाम बदलते रहने के कारण विद्वान् लोगों द्वारा इसे 'प्रतिकल्पा' भी कहा जाता है। यह पृथ्वी का नाभि-स्थल कहा गया है। ज्योतिष के देशांतर की शून्य रेखा भी यहीं से शुरू होती है। देश के आजाद होने पर उस समय के उद्भट विद्वान् पं. सूर्यनारायण व्यास ने उज्जयिनी को सबसे सुरक्षित नगर बताते हुए इसे देश की राजधानी बनाने का सुझाव किया था। उज्जैन को मंगल ग्रह की जन्मस्थली होने का गौरव प्राप्त है। यह सात मोक्षदायिनी पुरियों में से एक है। बारह ज्योतिर्लिंगों में से एक महाकाल ज्योतिर्लिंग के रूप में भगवान् भूतनाथ साक्षात् विराजमान हैं। देश के 51 शक्तिपीठों में एक 'हरसिद्धि शक्तिपीठ' यहाँ विराजित है, यहाँ सती की कोहनी का पात हुआ था। इतना ही नहीं, द्वापर में यह नगरी भगवान् श्रीकृष्ण और बलदाऊ की शिक्षा स्थली रही, जहाँ क्षिप्रा के तट पर ऋषि सांदीपनि के आश्रम में भगवान् ने अक्षर-ज्ञान प्राप्त किया। धरा पर गिरी अमृत की चार बूँदों में से एक ने इस स्थान को अमर कर दिया।

न्याय की इस धरा पर विक्रमादित्य जैसा दूसरा शासक आज तक नहीं हुआ। उनके राज्यकाल में उज्जयिनी भारत की राजधानी रही। कविकुलगुरु कालिदास की यह कर्मस्थली है। सम्राट् बिंदुसार के शासन काल तथा सम्राट् अशोक की न्यायप्रियता की साक्षी रही है यह नगरी। भगवान् महावीर भी धर्म-प्रवर्तन के लिए यहाँ आए; बौद्ध धर्म ने अपनी ऊँचाइयों को यहीं प्राप्त किया। पवित्र नदी क्षिप्रा इसे तीन ओर से घेरे हुए है। उज्जैन का अतीत अत्यंत उज्ज्वल और वैभव-संपन्न रहा है। भर्तृहरि के 'शतक त्रय' ने यहीं पर आकार लिया; कालिदास की विश्वप्रसिद्ध रचनाएँ 'अभिज्ञान शाकुंतलम्', 'रघुवंश' और 'मेघदूत' यहीं पर जनमीं; बाणभट्ट की 'कादंबरी', चारूदत्त का 'मृच्छकटिक' और कल्हण की 'राजतरंगिणी' जैसे ग्रंथरत्नों ने यहीं जीवन धारण किया। इस नगरी का माहात्म्य बताते हुए 'स्कंद पुराण' में कहा गया है—

महाकालः सरिच्छिप्रा गतिश्चैव सुनिर्मला।
उज्जयिन्यां विशालाक्षि वासः कस्य न रोचयेत्॥
स्नानं कृत्वा नरो यस्तु महानद्यां हि दुर्लभम्।
महाकालं नमस्कृत्य नरो मृत्युं न शोचयेत्।
मृतः कीटः पतङ्गो वा रुद्रस्यानुचरो भवेत्॥

अर्थात् जहाँ भगवान् महाकाल हैं, क्षिप्रा नदी है और जहाँ सुनिर्मल गति प्राप्त होती है, ऐसी उज्जयिनी में रहना भला किसे अच्छा नहीं लगेगा! जिस पवित्र क्षिप्रा में स्नान करना सौभाग्य की बात है तथा महाकाल को प्रणाम-नमन कर लेने पर मृत्यु की चिंता नहीं सताती है। कीट-पतंगा भी मरने पर रुद्र का अनुचर होता है, ऐसी उज्जयिनी की महानता के क्या कहने!

विलंब से ही सही, गाड़ी अब उज्जैन की सीमा में प्रवेश कर रही है। अपराह्न के 3.30 बज रहे हैं। दूर से ही मेले के टैंट-पंडाल दिखाई पड़ रहे हैं। पटरी के दोनों ओर तीर्थयात्रियों का रेला दीख पड़ रहा है। क्षिप्रा के पुल पर उतरना तय हुआ था, सो आगे-पीछे लदर-पदर जैसे-तैसे उतर पड़े। यहाँ रेलवे पुल के नीचे सबको इकट्ठा होने में काफी समय लगा। हमारी बोगी के दो सहयात्री तथाकथित भाई-बहन भी मान न मान, मैं तेरा मेहमान की तरह हमारे साथ लग गए। अब यह दल पंद्रह यात्रियों का हो गया है। आनंदजी का कहना है कि स्नान 'रामघाट' पर ही करेंगे, सो तीर्थयात्रियों की भीड़ के साथ क्षिप्रा के किनारे-किनारे रामघाट की ओर बढ़ने लगे। कुंभ स्नान के लिए क्षिप्रा पर लगभग आठ किलोमीटर लंबे कंक्रीट के नए पक्के घाट बनाए गए हैं। कपड़ा बदलने, स्नान करने की सब घाटों पर अच्छी व्यवस्था है। हमारे दल के कुछ यात्री चाहते हैं कि यहीं स्नान कर लिया जाए, पर पुराने अनुभवी यात्री कहते हैं कि स्नान रामघाट पर ही करेंगे। अतः धीरे-धीरे रामघाट की ओर बढ़ रहे हैं, लू के थपेड़े तो यहाँ नहीं लग रहे हैं, पर गरमी तीखी है। जहाँ भी वृक्षों और इमारतों की छाया है, वहाँ तीर्थयात्री अँटे पड़े हैं। सब दिशाओं में सब रास्तों पर बेशुमार यात्री आ रहे हैं, जा रहे हैं। मार्गों के किनारे जगह-जगह सरकारी प्याऊ लगे हैं, पर आज इनमें पानी गायब है। सफाईकर्मी मुस्तैदी से अपना काम कर रहे हैं। जब तक हम रामघाट पहुँचें, तब तक आपको क्षिप्रा के माहात्म्य के बारे में बताते हैं।

पावन क्षिप्रा किसी पर्वत या गोमुख से नहीं, धरा के गर्भ यानी शिप्र सरोवर से निकलकर धरातल पर उत्तर दिशा की ओर प्रवाहित होती है, इसलिए यह 'लोकसरिता' है। अपने आराध्य महाकाल का युगों-युगों से अभिषेक करती हुई यह हिंदू जनमानस की आस्था का केंद्र बन गई है। हर बारह वर्ष के अंतराल पर यहाँ आस्था का महामेला 'सिंहस्थ कुंभ' सजता है। पुराणों में इसके चार नाम उल्लिखित हैं—क्षिप्रा, पापघ्नी,

ज्वरघ्नी और अमृतसंभवा। क्षिप्रा का उल्लेख तो यजुर्वेद में भी आया है। 'शिप्रे: अवे: पत्र:' कहकर वैदिक ऋषियों ने इसका स्मरण किया है। महाभारत, भागवतपुराण, ब्रह्मपुराण, अग्निपुराण, शिवपुराण, लिंगपुराण तथा वामनपुराण में भी क्षिप्रा की महिमा गाई गई है। महर्षि वसिष्ठ एवं महाकवि कालिदास ने भी क्षिप्रा की स्तुति की है। क्षिप्रा की उत्पत्ति के संबंध में कई किंवदंतियाँ प्रचलित हैं।

एक किंवदंती के अनुसार एक बार उज्जयिनी में अत्रि ऋषि ने अपने दोनों हाथों को ऊपर उठाए कई हजार साल तक तपस्या की। तपस्या पूरी होने पर जब उन्होंने अपने नेत्र खोले तो क्या देखा कि उनके शरीर से प्रकाश की दो धाराएँ प्रवाहित हो रही हैं। एक धारा आकाश की ओर गई, जिसने चंद्रमा का रूप धारण कर लिया और दूसरी ने जमीन पर क्षिप्रा नदी का आकार पाया। इसी से इसे 'सोमवती' भी कहा जाता है। एक दूसरी कथा के अनुसार एक बार आदिदेव शिव ने किसी कारणवश विष्णुजी की उँगली काट दी। रक्त की धार प्रवाहित होकर क्षिप्रा नदी बन गई। विष्णुजी से उत्पत्ति होने के कारण यह प्रेत आदि से मोक्ष दिलानेवाली, स्नान करनेवाले श्रद्धालुओं की मनोवांक्षा पूरी करनेवाली कही गई है। इसकी उत्पत्ति विषयक और भी कथाएँ जनमानस में प्रचलित हैं। कुंभ का शाही स्नान इसके प्रसिद्ध रामघाट पर होता है। पवित्र क्षिप्रा के किनारे-किनारे 28 तीर्थ हैं, इनमें कर्कराज, नृसिंहतीर्थ, पिशाच मुक्ति, गंधर्वतीर्थ, केदारतीर्थ, सोमतीर्थ, चक्रतीर्थ, कालभैरवतीर्थ, मंगलतीर्थ और शक्तिभेद तीर्थ प्रमुख हैं।

आगे-पीछे ही सही, चलते-चलते हम लोग रामघाट पर आ पहुँचे। जन-सैलाब को देखकर हमारे और भी पसीने छूटने लगे। चूँकि आज अंतिम शाही स्नान है, सो पूरे घाट पर तिल धरने को भी जगह नहीं है। पुलिस के जवान तथा व्यवस्था में लगे वॉलंटियर तीर्थयात्रियों को एक स्थान पर ठहरने नहीं देते, बराबर आगे बढ़ाते जाते हैं, घाट से बाहर निकलनेवालों के लिए रास्ता बना रहे हैं। हम अपना सामान और कपड़े कहाँ रखें, पूरा घाट भीगा तथा हल्की कीचड़ से पच-पच हो रहा है। सूखे स्थान की तलाश में थोड़ा और आगे बढ़े। डर यही है कि इस भीड़ में कोई बिछुड़ न जाए। लाउडस्पीकर पर बिछुड़े लोगों की बराबर उद्घोषणा हो रही है। सामने उस पार जूना अखाड़े का भवन दिखाई पड़ रहा है। आखिर इसी के सामने घाट पर चबूतरेनुमा बने छोटे से मंदिर के स्थान पर अपना सामान जमा दिया। महिलाएँ पहले स्नान करने गईं। कुछ पुरुष भी स्नान कर आए। इनके लौटने पर मैं, जीतभाई, आनंदजी, विनोदजी स्नान करने गए। घाट पर स्नानार्थियों के ठट्ट के ठट्ट खड़े हैं, पानी में घुसने के लिए जगह बनानी पड़ रही है। पानी के अंदर सीढ़ियाँ बनी हैं, प्रशासन ने एक सीमा के अंदर पानी की बाड़बंदी कर दी है। वालंटियर उससे आगे यात्रियों को जाने नहीं देते, बराबर वहाँ से हटाते रहते हैं। पानी तो ठंडा ही है।

सुना है, इन दिनों क्षिप्रा में पानी नहीं रहता, यह तो म.प्र. सरकार द्वारा कुंभ स्नान के लिए नर्मदा का जल इसमें लाया गया है। जगह-जगह पानी को साफ करनेवाले यंत्र लगे हैं। इस पार से उस पार जाने के लिए कितने सारे पंटून पुल बना दिए गए हैं, कोई असुविधा नहीं है। मैंने क्षिप्रा में डुबकी लगाई—पूर्वजों के नाम की, माता-पिता के नाम की, परिवार जनों के नाम की, मित्रों तथा सुहृदों के नाम की और अंत में अपने सभी भूले-बिसरे बंधु-बांधवों के लिए भी। जहाँ हम स्नान कर रहे हैं, यहाँ एक ओर धर्मराज चित्रगुप्त मंदिर, पिशाच मुक्तेश्वर महादेव तथा और कई छोटे-छोटे मंदिर हैं। बड़ी गरमी लग रही थी, खूब स्नान किया, तन-मन दोनों शीतल हो गए। यह सोचकर ही रोमांच हो आया कि कई महीनों से क्षिप्रा में कुंभ-स्नान की जो साध लिये हुए थे, आज पूरी हो गई।

यहाँ घाट पर तीखी धूप लग रही है। स्नान तो हो ही गया, सो घाट से बाहर की ओर निकल पड़े। अब एक ठिकाने की दरकार है। सभी के अपने-अपने दावे थे कि मैं अपने फलाने परिचित के यहाँ चला जाऊँगा, कि आश्रम में चला जाऊँगा। लेकिन अब उनमें से किसी का भी फोन पर संपर्क नहीं हो पा रहा है। मेरे एक पाठक बंधु ने भी मुझे अपने यहाँ आकर ठहरने का आग्रह किया था, परंतु मैं बड़े धर्मसंकट में हूँ, पंद्रह लोगों का दल लेकर किसी के यहाँ कैसे जा सकता हूँ! धीरे-धीरे चलते नहीं, घिसटते हुए आखिर नृसिंह घाट तक आ गए हैं। सब लोग थकावट और भूख से बेहाल हैं। यहीं क्षिप्रा के बाएँ तट पर क्षत्रिय सभा की एक धर्मशाला निर्माणाधीन है, विशाल प्रांगण में यात्रियों के विश्राम के लिए टैंट में दरियाँ बिछी हैं। सो इन्हीं दरियों पर पसर गए। धर्मशाला के दूसरे सिरे पर भंडारा भी चल रहा है, सो सब लोग भोजन करने चले गए, आंनदजी सामान के पास रह गए। स्वयं थाली उठाकर उसमें खाना लिया। अब खाने में पूरी, चावल तथा तरीदार सब्जी ही बची है। भोजन का स्वाद तो भूख में ही आता है। यह भोजन ही परम स्वादु लग रहा है। भोजन कर थाली धोकर यथास्थान रख पानी पिया। महाकाल की नगरी में किसी चीज का अभाव नहीं। सबके बाद में आनंद शर्मा भोजन करने गए। फिर सब लोगों ने लंबे होकर कुछ देर आराम किया।

ठौर-ठिकाने की समस्या अब भी बरकरार है। कोई भी दल को छोड़कर जाने को तैयार नहीं। आखिर आनंद शर्माजी ने अपने गुरु जूनागढ़ अखाड़े के नागाबाबा अगस्त्य गिरीजी को फोन किया। उन्हें अपनी समस्या बताई। नागा अखाड़े में दिक्कत महिलाओं को लेकर है, वहाँ महिलाओं का रहना वर्जित होता है। कुछ देर बाद ही अगस्त्य गिरीजी का फोन आ गया कि आ जाओ, सबकी व्यवस्था हो जाएगी। चूँकि स्थान के बारे में पता नहीं था, मेला विशाल क्षेत्र में फैला है। नागा डेरे का पता पूछते-चलते पैर जवाब दे गए, ऊपर से आनंद भाईजी विदाउट ब्रेक ठहरे, ज्यादातर लोग पिछड़ गए, मैं और मेरी श्रीमती ही आनंदजी के साथ लग पाए। बाकी लोग निराश हो नृसिंह घाट के किनारे बैठ

गए, जबकि इसके ठीक सामने ही जूनागढ़ नागा अखाड़े का पंडाल लगा है। पूरे चार-पाँच किलोमीटर का चक्कर लग गया। जिस स्थान से हम चले थे, यह अखाड़ा तो इसके ठीक सामने क्षिप्रा के इस पार ही स्थित है। खैर, सब लोगों ने नागा अखाड़े में आश्रय पाया।

नागाबाबा गिरीजी ने पूरा एक टैंट खाली करवाकर हमारे हवाले कर दिया। इसके पीछे शौचालय तथा स्नान आदि की व्यवस्था है। बाईं ओर रसोई में खाना तैयार हो रहा है। सब लोगों ने हाथ-मुँह धोकर आश्वस्ति की साँस ली। पंडाल के बिल्कुल सामने, सड़क के किनारे धूना रमा हुआ है, यहाँ एक युवा नागाबाबाजी दिगंबर अवस्था में तीर्थयात्रियों को पीठ पर कपड़े का कौड़ा मारकर आशीर्वाद तथा धूने की भभूत का प्रसाद दे रहे हैं। कुंभपर्व ही वह दुर्लभ अवसर है, जब इन महा तपस्वी, कठोर साधना करनेवाले नागा साधुओं के दर्शन हो पाते हैं, बाकी दिनों में तो इन्हें ढूँढ़ना भी मुश्किल होता है। नागा बाबा भी कुंभ के अवसर पर विभिन्न अखाड़ों तथा साधना-स्थलों से आकर गृहस्थ-दर्शनार्थियों, तीर्थयात्रियों को आशीर्वाद से लाद देते हैं; इनका आशीष पाना अपने आप में बड़े सौभाग्य की बात होती है। अपनी कठोर साधना से ये अपने तन और मन पर विजय प्राप्त कर लेते हैं। इन्हें सांसारिक चीजों में कोई रुचि नहीं होती। इस बार देश के तेरह अखाड़े तो इस महाकुंभ में आए ही हैं, एक चौदहवाँ 'किन्नर-अखाड़ा' भी पहली बार शामिल हुआ है। किन्नरों की महामंडलेश्वर आचार्य लक्ष्मीजी इसका नेतृत्व कर रही हैं। हमारा सौभाग्य ऐसा कि दो दिन हमें नागा बाबाओं से बातचीत करने, उनके चरणों में बैठने, नागा रसोई का प्रसाद पाने का पुण्य प्राप्त हुआ।

रात्रि को भोजन के बाद हम चार जन मेला की शोभा देखने निकल गए। नृसिंह घाट से लेकर रामघाट तक विभिन्न नागा अखाड़ों के पंडाल लगे हैं। देर रात्रि को भी यात्रियों की चहल-पहल और भीड़ में कोई कमी नहीं आई है। हम क्षिप्रा पुल से इसके किनारे-किनारे टहलते हुए घाटों की शोभा देखते हुए लौट रहे हैं। रंग-बिरंगी लड़ियाँ और फुहारों के बीच लकदक रोशनी अलौकिक दृश्य उपस्थित कर रही है। अब भी लोग स्नान कर रहे हैं। घाटों पर पुलिसकर्मी, वालंटियर तथा सफाईकर्मी मुस्तैद खड़े हैं। पूरा मेला क्षेत्र सी.सी.टी.वी. की निगरानी में है। अँधेरे को मार भगा दिया गया है, घाटों के किनारे ही हजारों तीर्थयात्री मीठी नींद ले रहे हैं। क्षिप्रा के तट पर वास, यहीं स्नान, यहीं पर पूजन-ध्यान, धन्य हैं ये तीर्थयात्री! रात्रि में बड़ी तेज हवा चल रही है, जो जैसे लेट गया, वैसे ही नींद ने धर दबोचा। हम भी जाकर लेट गए। सच में बड़ी मीठी नींद में बेसुध था कि प्रातः साढ़े तीन बजे जीतभाई ने जगा दिया कि प्रातः चार बजे महाकाल के दर्शन करने हैं। सब लोग झटपट तैयार हो गए। एक पैर से विक्लांग अखाड़े के एक युवा बाबाजी हमें दर्शन कराने के लिए आगे-आगे चल पड़े। बैसाखी के सहारे वे शॉर्ट रास्ते से तेज-तेज चले जा रहे हैं, हममें से एक-दो यात्री ही उनके साथ लग पाता है,

आगे ठहरकर वे बाकी लोगों के पहुँचने का इंतजार करते हैं, सब के आते ही पुनः उसी गति से चल पड़ते हैं। आखिर मंदिर पर पहुँच महाकालेश्वर के दर्शनार्थ लगी कतारों में पंक्तिबद्ध हो गए। इतने प्रातः भी भारी भीड़ है, देश के कोने-कोने से लोग आए हुए हैं। पुलिस माइक पर पंक्ति को आगे बढ़ाने, धक्का-मुक्की न करने, बुजुर्गों तथा बच्चों का अपने आगे रखने की सलाह जारी कर रही है। पंक्ति के बीच-बीच में भी पुलिसवाले खड़े हैं। भीड़ को नियंत्रित करने के लिए रास्ते को काफी घुमावदार बना दिया गया है, इससे पंक्तियाँ निरंतर चलती रहती हैं। पंक्तिबद्ध आगे बढ़ते हुए हम आपको महाकालेश्वर के माहात्म्य के बारे में बताते चलते हैं।

लोक मान्यता है कि महाकाल ज्योतिर्लिंग स्वयंभू आवेष्टित है। इसकी उत्पत्ति विषयक एक कथा स्कंद पुराण में आती है, जिसमें कहा गया है कि पुराकाल में उज्जयिनी के राजा चंद्रसेन शिव के परम भक्त और उपासक थे। इन्हीं के नगर में 'श्रीकर' नाम का एक गोप बालक भी रहता था। राजा चंद्रसेन की भक्ति से प्रसन्न होकर श्रीमणिभद्र ने उन्हें एक मणि भेंट की। मणि का चमत्कार ऐसा था कि उसके समक्ष उच्चारण करने मात्र से मनोवांछित वस्तु प्राप्त हो जाया करती थी। आसपास के अन्य राजा अब इस मणिधारी चंद्रसेन से भारी ईर्ष्या करने लगे। मणि को छीनने के इरादे से उन्होंने संगठित होकर कई बार उज्जयिनी पर चढ़ाई की। मणि के लिए एक के बाद एक युद्ध हो रहे थे तो इस स्थिति से दुःखी होकर राजा चंद्रसेन भगवान् भोलेनाथ की आराधना करने लगे। इसी समय विधवा ग्वालिन तथा उसका एक गोप बालक उधर आ निकले। राजा द्वारा किए जा रहे शिव-पूजन को वह बालक बड़े कौतुक और श्रद्धाभाव से देखता रहा।

श्रीमहाकालेश्वर ज्योतिर्लिंग, उज्जैन

बालक जल्दी ही बड़ों का अनुकरण करने लग जाते हैं, सो घर जाकर बालक ने एक पत्थर उठा उसे शिवलिंग मानकर भूमि पर स्थापित कर दिया। उस पत्थर रूपी शिव को श्रद्धाभाव से स्नान कराकर शिव-उपासना में तल्लीन हो गया।

जब बार-बार पुकारने पर भी बालक भोजन के लिए नहीं आया, तो काफी विलंब जानकर ग्वालिन उसे बुलाने आई। कई बार पुकारने पर भी बालक हिला तक नहीं, तब उसने झुँझलाकर उस पत्थर रूपी शिव को उठाकर एक ओर फेंक दिया। जब बालक का ध्यान टूटा तो यह सब देखकर वह जार-जार रोने लगा, माँ की पुचकार और समझाने का भी उस पर कोई असर न हुआ, बल्कि रोते-रोते बालक बेहोश हो गया। लंबी मूर्च्छा के बाद जब उसे होश आया तो उसने अपने आपको एक शिवालय में पाया, जहाँ पर मणि खचित स्तंभ थे और दरवाजे स्वर्ण के। बालक ने उठकर शिवलिंग को प्रणाम किया और देखा कि मंदिर के समीपवाले भवन में रत्नाभूषणों से अलंकृत उसकी माँ सोई हुई है। उसने झटपट माँ को जगाया, यह सब देख माँ भी विस्मय-विमुग्ध हो गई। आनन-फानन में यह समाचार पूरी उज्जयिनी में फैल गया।

यह घटना सुनकर राजा चंद्रसेन भी शिवालय में आए और ऐसा चमत्कार हुआ कि हमलावर सब राजाओं के मन ही बदल गए। सब के हृदय में भक्तिभाव हिलोरें लेने लगा। उसी समय भगवान् भोलेनाथ प्रकट हुए, उनके साथ वीर हनुमान भी थे। करुणार्द्र हो पवनपुत्र बोले, 'हे गोप बालक! तुम्हारी भक्ति निश्छल और अनन्य है, तुम्हारी ही आठवीं पीढ़ी में श्रीहरि का कृष्ण के रूप में अवतार होगा और तुम श्रीकर के नाम से प्रसिद्ध होगे, ऐसा मेरा आशीर्वाद है।' इतना कहकर पवनपुत्र अंतर्धान हो गए। बालक की प्रार्थना पर भगवान् भूतेश्वर उसके द्वारा स्थापित शिवलिंग में विराजमान हो गए, और उज्जयिनी में महाकालेश्वर ज्योतिर्लिंग के रूप में प्रसिद्ध हुए। इस ज्योतिर्लिंग मंदिर का बराबर जीर्णोद्धार होता रहा। वर्तमान में सामने जो महाकालेश्वर मंदिर दिखाई पड़ रहा है, इसका नवनिर्माण लगभग 276 वर्ष पूर्व राणोजी शिंदे के दीवान बाबा रामचंद शेणवी द्वारा कराया गया था। मंदिर में प्रतिष्ठित महाकाल की प्रतिमा दक्षिणमुखी है। आजकल इस मंदिर की देखभाल 'महाकाल मंदिर समिति' कर रही है।

मंदिर में वर्ष भर में कई उत्सव मनाए जाते हैं। प्रात: चार बजे भगवान् महाकाल की भस्म आरती होती है, इसी भस्म आरती में शामिल होने के लिए हम सब आगे बढ़ रहे हैं। पूरा एक बड़ा हॉल घूमने के बाद अब सीढ़ियाँ कुछ नीचे उतर रही हैं। महाकाल ज्योतिर्लिंग नीचे गर्भगृह में स्थापित है। मंदिर प्रशासन द्वारा ज्योतिर्लिंग दर्शन की व्यवस्था बाहर, यानी थोड़ा दूर से कर दी गई है, एक बार में सैकड़ों तीर्थयात्री दर्शन करते चलते हैं। इस समय पूरे दर्शन नहीं, झलक दर्शन हो रहे हैं। महाकाल की झलक पाते ही मस्तक स्वत: नत हो गया। होंठ बुदबुदा उठे—कर्पूरगौरं करुणावतारं संसारसारं···हृदयारविंदे भवं

भवानि सहितं नमामि। हाथ जोड़कर प्रणाम करते हुए आगे बढ़ गया हूँ। सभी लोगों ने इसी प्रकार दर्शन किए।

दल के सब लोग दर्शन कर गर्भगृह से बाहर आ गए। महाकालेश्वर ज्योतिर्लिंग के ठीक ऊपर श्रीओंकारेश्वर महादेव मंदिर अपने कलात्मक नक्काशीदार खंभों के कारण आकर्षण का केंद्र है। यहाँ दर्शन करने के बाद सब लोग मंदिर के विशाल आँगन में एक ओर बैठ गए। मैं देख रहा हूँ, मेरे दाहिनी ओर पंडित सूर्यनारायण व्यास अतिथि भवन स्थित है। ओंकारेश्वर मंदिर के लगभग सामने वटवृक्ष के नीचे प्रसाद एवं दान का काउंटर है। बाईं ओर महाकालेश्वर का विशाल भवन सिर उठाए खड़ा है। वालंटियर तथा पुलिस के सिपाही यहाँ भी तीर्थयात्रियों को ठहरने नहीं दे रहे हैं, बैठे हुए सब लोगों का एक फोटो खींचकर हम लोग उठ खड़े हुए और भोलेनाथ को पुनः प्रणाम कर बाबाजी के पीछे-पीछे डेरे की ओर लौट पड़े। हम चार लोग ही बाबाजी के साथ लगते हुए डेरे तक पहुँच पाए, बाकी तो क्षिप्रा में स्नान करने लगे। जब वे लौटकर आए तो मैं, मेरी श्रीमतीजी, चौधरी साहब और उनकी श्रीमतीजी नृसिंह घाट पर स्नान करने गए। सूर्योदय हो रहा है, क्षिप्रा के जल से बालरवि को अंजलि से अर्घ्य दिया। जीभर स्नान किया। प्रातः का मौसम बड़ा सुहावना हो रहा है। हाँ, लौटते में एक चीज अखर रही है, रात्रि में जो तीर्थयात्री क्षिप्रा तट पर विश्राम करते हैं, वे शौचादि से यहीं निबट लेते हैं, अतः घाट के ऊपर बदबू चारों ओर पसरी हुई है। हम शीघ्र ही डेरे पर लौट आए।

रात्रि के बाद अब आनंदजी के दर्शन हुए। मैं इन्हें स्नान कराने ले गया। स्नान से लौटकर तैयार हो शीघ्र किन्नर अखाड़ा के लिए पैदल ही निकल पड़े। आनंदजी के साथ हैं—मैं, मेरी श्रीमती, जीतभाई तथा बुराड़ी के शर्मा दंपती। थोड़ा आगे चलकर भूखी माता का मंदिर है, यह ज्यादा बड़ा नहीं है, क्षिप्रा के लगभग किनारे पर ही है, परंतु यहाँ भी दर्शनार्थियों की भीड़ लगी है। हम लोगों ने यहीं से चलते-चलते हाथ जोड़कर प्रणाम कर लिया। किन्नर अखाड़ा की ओर चलते-चलते ही हम आपको 'भूखीमाता' के बारे में बताते हैं कि पूर्वकाल में यहाँ का राजा एक दिन से ज्यादा जीवित नहीं रह पाता था। नगर में विचरण करनेवाली देवियाँ उसे अपना ग्रास बना लेती थीं। इस विपदा के समाधान-स्वरूप अवंति में हर घर से एक व्यक्ति प्रतिदिन राजा बनने लगा। परंतु एक दिन एक वृद्धा के इकलौते पुत्र की बारी आई। बेटे की मृत्यु निश्चित जान वृद्धा जोर-जोर से रोने लगी। उसी समय युवा विक्रमादित्य वहाँ से गुजर रहे थे। उन्होंने वृद्धा के विलाप का कारण जान उस दिन वृद्धा के पुत्र की जगह स्वयं राजा बनने का निश्चय किया। बुद्धि से संपन्न विक्रमादित्य ने नाना प्रकार के स्वादु पक्वान्न-मिष्टान्न और अपना एक पुतला देवियों के आने के नियत स्थान पर रखवा दिया। भूख से व्याकुल देवियाँ स्वादु व्यंजन

खाकर तृप्त हो गईं, उनकी भूख शांत हो गई; परंतु कुछ देवियाँ विक्रमादित्य का पुतला खाने लगीं तो दूसरी देवियों ने उन्हें ऐसा करने से रोक दिया।

अंत में देवियों ने कहा कि हम तुम्हारी सेवा से प्रसन्न हैं, जो इच्छा हो, सो माँग लो। पास ही में छिपे राजा विक्रमादित्य सामने आकर बोले, 'हे माताओ! अगर आप प्रसन्न हैं तो यह नगर छोड़कर चली जाओ।' देवियों ने तथास्तु तो कहा, परंतु बोलीं कि हम सिंहस्थ में अवश्य आएँगी। विक्रमादित्य ने अनुमति देते हुए कहा कि माँ, आप यहाँ एक पल के लिए ही आ सकती हैं। देवियाँ मान गईं। एक पल में ये देवियाँ कितना कहर बरपा सकती हैं, यह राजा अच्छी तरह से जानते थे। अत: उन्हें संतुष्ट करने के लिए राजा विक्रमादित्य ने सिंहस्थ से पूर्व देवी-पूजन की परंपरा शुरू की, जो आज तक निर्बाध रूप से जारी है। शासन की ओर से जिलाधीश एवं संभागायुक्त द्वारा भूत-पूजा आयोजित की जाती है, जिसमें शराब तथा अन्य सामग्री को नगर के मुख्य मार्गों पर परोसा जाता है और सिंहस्थ के आरंभ के पूर्व भूखीमाता मंदिर में विशेष पूजा की जाती है।

काफी लंबा चलने के बाद आखिर किन्नर अखाड़ा के पंडाल पर पहुँचे। यह रेलवे लाइन के पास है, परंतु महामंडलेश्वर दीदी देर रात तक जागरण के कारण अभी सो रही हैं। दर्शनार्थियों से उनका मिलने का समय ग्यारह बजे से है। आनंदजी के अनेक प्रयास करने के बावजूद उनसे भेंट न हो सकी, अत: यहाँ से एक ऑटो में नागा डेरे से होते हुए 'मंगलनाथ' मंदिर के लिए निकले। बाकी बचे लोग डेरे से दूसरे ऑटो में सवार हुए। थोड़ी ही देर में मंगलनाथ मंदिर पहुँच गए। यहाँ ऑटोवाले भी यात्रियों को खूब लूट रहे हैं। चार कि.मी. दूरी के पाँच-पाँच सौ रुपए झटक लिये। खैर, मंदिर-प्रवेश से पूर्व मंगलनाथ मंदिर के बारे में बताते हैं। 'मत्स्य पुराण' में कहा गया है कि यह मंगलग्रह का जन्मस्थान है। मंगल दोष की शांति के लिए संसार भर में यह अकेला मंदिर है। मंगली जातकों के शादी-विवाह में आनेवाली बाधा के लिए यहाँ पूजा की जाती है। मंदिर के बाहर जूता स्टैंड पर जूता-चप्पल रख दिए और मंदिर में जाने के लिए पंक्तिबद्ध हो गए। बाहर ही दोने में प्रसाद बिक रहा है। देख रहे हैं कि मंदिर काफी बड़ा है। यहाँ एक श्याम शिलानुमा मंगल देव पर वह प्रसाद चढ़ाया जा रहा है। मंदिर का संगमरमरी फर्श धूप से बहुत गरम हो गया है, पैर जल रहे हैं। मंदिर में दर्शन कर सब आगे-पीछे मंदिर से बाहर आ गए। जूता-चप्पल यहीं छोड़ आनंदजी पैदल ही सबको 'भैरव मंदिर' की ओर ले चले। सड़क पर पैर झुलस रहे हैं। सब लोग आनंदजी को कोस रहे हैं। चलना असह्य होने पर आखिर एक टैंपो में बैठे। थोड़ा पैदल चल भैरव मंदिर तक पहुँचे तो यहाँ लंबी कतारें देख चौधरी साहब ने सबको लौटा लिया। यहाँ से ऑटो में बैठ वापस मंगलनाथ मंदिर आ गए।

अपने-अपने जूते-चप्पल पहन यहाँ से वाहन में बैठ सांदीपनि आश्रम के लिए

सांदीपनि आश्रम में 'वल्लभ निकुंज', उज्जैन

निकले। यह मंगलनाथ मार्ग पर ही है, पहुँचने में ज्यादा देर नहीं लगी। अब हम सांदीपनि आश्रम के द्वार पर हैं, यहीं स्थित जूता-स्टैंड पर जूते-चप्पल रखे और आगे बढ़ गए। यह स्थान बड़ा पवित्र और ऐतिहासिक है। उस काल में शिक्षा का अग्रणी केंद्र होने के कारण ही भगवान् कृष्ण अपने भ्राता बलदाऊ के साथ सांदीपनि ऋषि के आश्रम में शिक्षा ग्रहण करने आए थे। यहीं सुदामा उनका सहपाठी बना और बाद में गहरा मित्र। जिनकी मित्रता की आज भी मिसाल दी जाती है। थोड़ा रास्ता चलने के बाद चौक है, इसके ठीक सामने वह स्थान है, जहाँ श्रीकृष्ण ने अक्षरज्ञान लिया, इसे 'वल्लभ निकुंज' कहते हैं। इसके अंदर ऋषि सांदीपनि, उनके पुत्र, श्रीकृष्ण, बलराम तथा सुदामा की मूर्तियाँ हैं। इसके पीछे गोमती सरोवर नामक कुंड है, जिसमें सभी अंतेवासी शिष्य मज्जन-स्नान किया करते थे। बाईं ओर सर्वेश्वर महादेव मंदिर है, जहाँ पर कालसर्प दोष, पितृदोष शांति के लिए पूजा होती है। दाहिनी ओर महाप्रभुन की बैठक है। यहाँ से आनंदजी ने कुछ पुस्तकें खरीदीं। इसके ठीक सामने ही एक छोटा सा तालाबनुमा फुहारा है, जिसमें पत्थर का एक हाथी खड़ा है। यात्री लोग न जाने क्यों, हाथी पर पानी उलीच-उलीचकर आगे बढ़ जाते हैं, यह भी कोई अंधविश्वास ही है। इन सब के बीचोबीच में एक गोल मंडप है, जहाँ पंडित-पुरोहित कालसर्प दोष की शांति के लिए पूजा की तैयारी कर रहे हैं। कई यजमानों की पूजा-सामग्री पंक्तिबद्ध रखी हुई है। स्नान-कुंड के किनारे नीम की छाया में हम लोग कुछ देर बैठ गए। दोपहर का लगभग एक बज गया है, सो यहाँ से निकल, वाहन पकड़ नागा डेरे पर लौट आए।

डेरे पर दोपहर का भोजन तैयार हो गया है, सो पंक्ति में बैठकर भोजन किया। कुछ देर आराम करने के बाद सामान व्यवस्थित कर लगभग चार बजे स्टेशन के लिए निकले। चलने के पूर्व सभी ने श्रीअगस्त्य गिरि बाबाजी के चरणों में अपनी श्रद्धा भेंट की। कृपालू

बाबाजी ने बड़े अपनेपन और स्नेह से सभी को आशीर्वाद देकर विदा किया। बाबाजी का कहना है कि आखिर हम संन्यासी लोग भी तो गृहस्थों के आश्रित हैं। आनंद भाई अगले दिन लौटनेवाले हैं, उनसे गले मिलकर विदा हुए। पैदल ही क्षिप्रा के उस पार निकलकर महाकाल मंदिर के सामने से प्रसाद लिया तथा महिलाओं ने थोड़ी-बहुत खरीदारी की।

उज्जयिनी में अनेक दर्शनीय स्थल हैं, जिनमें महाकाल मंदिर, हरिसिद्धि देवी, बड़े गणेश, गोपाल मंदिर, गढ़कालिका, भर्तृहरि गुफा, कालभैरव, सांदीपनि आश्रम, सिद्धवट, मंगलनाथ मंदिर, वेधशाला आदि, पर समयाभाव के कारण हम कुछ ही स्थलों के दर्शन कर पाए। क्षिप्रा पर बहुत सारे घाट हैं, पर हम दो घाटों पर ही स्नान का पुण्य अर्जित कर सके। यहाँ से निकलकर स्टेशन के लिए वाहन में बैठे। उज्जैन के रेलवे स्टेशन पर आ गए हैं। स्टेशन परिसर तथा प्लेटफॉर्मों पर पैर रखने को भी जगह नहीं है। हर प्लेटफार्म से बराबर गाड़ियाँ निकल रही हैं, पर आनन-फानन में भीड़ फिर बढ़ जाती है। हमारी गाड़ी डेढ़ घंटा लेट हो गई है। इधर से हम बारह यात्रियों में से किसी का टिकट कन्फर्म नहीं हो पाया है। हमारे साथ चार बुजुर्ग भी हैं, सबकुछ महाकाल के भरोसे है। आखिर साढ़े पाँच के स्थान पर सायं सात बजे हमारी गाड़ी प्लेटफार्म नंबर पाँच पर आई तो प्लेटफार्म पर जैसे भूचाल आ गया। गिरते-पड़ते बड़ी मशक्कत के बाद आखिरकार बोगी में घुसने में कामयाब हो गए। भीड़ के मारे हालत ऐसी हो गई कि जो रिजर्वेशन वाले हैं, वे प्लेटफॉर्म पर खड़े हैरान-परेशान पुलिसवालों से गाड़ी में चढ़ाने के लिए अनुनय-विनय कर रहे हैं। गाड़ी चलती है, तुरंत चेन पुलिंग हो खड़ी हो जाती है। पुलिसकर्मी तथा वॉलंटियर गाड़ी को सकुशल चलवाने में हलकान हो रहे हैं। ड्राइवर ने लगभग पाँच बार गाड़ी को चलाने का प्रयास किया, परंतु हर बार रोक दी गई। अंततः गाड़ी अपने गंतव्य की ओर चली। गाड़ी के अंदर हालात ऐसे हैं कि जो जहाँ खड़ा या बैठा है, वहाँ से हिल नहीं सकता, न ही शौचालय आदि के लिए जा सकता है। भोलेनाथ के भक्त बोगी में अँटे पड़े हैं। मैं बोगी के बीचोबीच आर ए सी सीट पर एक पंजाबी बुजुर्ग सज्जन के पास बैठ गया हूँ, जो सिंहस्थ में महीने भर सेवा कैंप चलाकर दिल्ली लौट रहे हैं। थोड़ी देर में नीचे बैठे एक सज्जन भी मेरे बराबर में बैठ गए, जो भरतपुर लौट रहे हैं। मैं यहाँ से उठने की स्थिति में नहीं हूँ, अतः फोन पर श्रीमतीजी का हाल मालूम करता हूँ, वे भी बैठ गई हैं, जीतभाई साथ ही हैं। गाड़ी नागदा जं. स्टेशन पर आ लगी। यहाँ थोड़ा समय लगता है, इंजन बदलना पड़ता है।

संसार में एक से एक अच्छे लोग हैं, ऐसे परोपकारियों की भी कमी नहीं, जो दूसरों के कष्ट के आगे अपना दुःख-दर्द भूल जाते हैं। ऐसा हुआ कि मेरी सीटवाले बुजुर्ग पानी के लिए खाली बोतल खिड़की से बाहर निकालकर खट्-खट् कर रहे थे कि कोई पानी लाकर दे दे। कितने ही लोग प्लेटफॉर्म पर आ-जा रहे हैं, कितने ही यात्री-शेड के

नीचे प्लेटफार्म पर बैठे भी हैं, पर किसी ने उस ओर ध्यान नहीं दिया। एक महिला थोड़ा हटकर शेड के नीचे छोटे गोल चबूतरे पर लेटी हुई थी, आखिर वह उठकर आई और तुरत पानी भरकर बोतल हाजिर कर दी। बस फिर क्या था, दुःखी-परेशान जरूरतमंद यात्री एक के बाद एक कुछ-न-कुछ मँगाने लगे, वह बेचारी दौड़-दौड़कर सब लाती रही। आखिर मँगाने का यह सिलसिला कुछ थमा और गाड़ी चलने को हुई तो भरतपुर वाले सज्जन ने भाषा-बोली पहचानकर धन्यवाद देते हुए पूछा कि आप कहाँ जा रही हैं, तो उस महिला ने बड़े सकुचाते हुए कहा कि भैया, इसमें धन्यवाद की क्या बात है, यह तो पुन्न का काम है। हम कुंभ से आ रहे हैं और अगली गाड़ी से भरतपुर जाएँगे। मेरे पेट में दर्द हो रहा था, सो मैं लेट गई थी। ये बाबाजी पानी के लिए बोतल बजा रहे थे, मैंने सोचा कि इन्हें पानी की जरूरत है, बस मैं उठकर आ गई। भैया, इनसान की सेवा करने से पुन्न मिलता है। और फिर हमारी गाड़ी रेंगने लगी। यह एक देहाती अपढ़ महिला की तथाकथित उच्च शिक्षितों के लिए जीवन की एक जरूरी शिक्षा है।

रात्रि स्याह हो गई है। गाड़ी में लोकल यात्रियों की भरमार थी, धीरे-धीरे भीड़ कुछ हल्की हुई। सब उपायों के बाद भी नींद ने अपने पाश में कस लिया, सो गैलरी में ही लुढ़क गया। किसी का पैर किसी के सिर से लग रहा है, कोई किसी के ऊपर अधलेटा है तो कोई ऊँघते हुए किसी के ऊपर पूरा झुक गया है, किसी को कोई शिकायत नहीं। किसी तरह रात कटी और प्रातः निजामुद्दीन रेलवे स्टेशन पर उतर, ऑटो पकड़ घर की राह ली। भगवान् महाकाल की कृपा से स्नान भी शानदार हुआ, दर्शन भी शानदार हुआ और साधु-संतों का साहचर्य भी शानदार रहा। भगवान् भूतेश्वर सबकी सुनते हैं, औघड़दानी जो हैं। जय महाकाल! जय माँ क्षिप्रे!!

□

लला, फिर आइयो खेलन होरी

हिंदू-संस्कृति में तीर्थयात्रा का बड़ा महत्त्वपूर्ण स्थान है। इसका आकर्षण इतना है कि हर हिंदू तीर्थों का भ्रमण-दर्शन कर अपने जीवन को पुण्य का भागी बनाना चाहता है। शास्त्रों में तीर्थ की व्याख्या इस प्रकार वर्णित है—'तरति अनेन इति तीर्थम्।' यानी जिससे मनुष्य इस भवसागर के पार हो जाए, उसे तीर्थ कहते हैं। कश्मीर से लेकर कन्याकुमारी तक, कच्छ से लेकर कुमारी अंतरीप तक पूरे भारतवर्ष में हमारे पवित्र तीर्थ फैले हुए हैं। चार दिशाओं में चार पीठ, चार धाम, सप्त पुरियाँ, बारह ज्योतिर्लिंग तथा शक्तिपीठ सभी तीर्थ ही तो हैं। ये सब तीर्थ अलौकिक हैं तथा मोक्ष की प्राप्ति में सहायक बताए गए हैं। तीर्थ भगवान् के लीला-स्थल होने के कारण ईश्वरीय दिव्य आभा से देदीप्यमान हैं। तीर्थों का संबंध भगवान् के अवतारों तथा उनके परम भक्तों से रहा है, इसलिए इन तीर्थों के दर्शन-मात्र से मनुष्य के सभी प्रकार के पाप-ताप समाप्त हो जाते हैं। तीर्थों की महिमा बताते हुए 'स्कंद पुराण' में कहा गया है—

प्रभवादद्भुतात् भूमेः सलिलस्य च तेजसः।
परिग्रहान्मुनीनां च तीर्थानां पुण्यतामता।।
तीर्थानां च परं तीर्थं कृष्ण नाम महर्षयः।
तस्मात् तीर्थेषु गन्तव्यं नरै संसारभीरुभिः।।

अर्थात् जैसे भगवान् श्रीकृष्ण-दर्शन, चितंन, उनका नाम स्मरण तथा कीर्तन पुण्यकारी है, उसी तरह उनकी लीलाभूमि मथुरा, वृंदावन, द्वारका, पुरी इत्यादि भी पुण्यमय तीर्थ हैं। पूरा ब्रजक्षेत्र भगवान् श्रीकृष्ण की लीलास्थली रहा है, साथ ही उनकी बाल-लीलाओं का साक्षी भी। बाल्यकाल के ग्यारह वर्ष कान्हा ने माँ जशोदा की गोद, नंदबाबा के घर-आँगन में बलदाऊ तथा गोप-ग्वालों के साथ खेलते, गऊएँ चराते, माखन चुराते, अहीर बालाओं को छकाते और फिर खेल ही खेल में राक्षसों का संहार करते बिताए। नन्हे नटखट कान्हा ने ब्रजवासियों को हर बला से बचाया। इससे आगे के चौदह वर्ष उन्होंने मथुरा में मामा कंस का उद्धार, नाना उग्रसेन को सिंहासनारूढ़ करके

राजनीति में पदार्पण कर उसकी कलुषता को धोने में लगाए। चौरासी कोस का पावन ब्रज-क्षेत्र सब तीर्थों का सिरमौर है।

ब्रज की रज तो सभी बंधनों को खोलने वाली बताई गई है। अहा! ब्रज के क्या कहने! यहाँ की तो गारी भी बड़ी प्यारी और रसभीगी लगती है। यहाँ की रज तो ऊधो जैसे निराकारी उपासक को भी सगुण उपासक और कान्हा का परम भक्त बना देती है। ब्रज के लोकगायक तो यहाँ तक कहते हैं—'यह सब वेदन कौ सार, वृंदावन धाम अपार'। पूरे ब्रजक्षेत्र में नए-पुराने साढ़े पाँच हजार से अधिक मंदिर हैं। इनमें ख्यातिप्राप्त प्राचीन मंदिर हैं तो विश्वविख्यात नए भव्य मंदिर भी।

होली-दहन की पूर्व-संध्या पर, यानी 8 मार्च, 2015 को ऐसा संयोग बना कि वृंदावन धाम के दर्शनों का पुण्य लाभ मिला। हमारे मित्र भाई जीत शर्मा प्रतिवर्ष बिहारीजी के साथ होली खेलने के लिए वृंदावन जाया करते हैं। भगवत्-प्रेमी होने के कारण उन्हें अकेले जाना सुहाता नहीं है, सो एक दिन में ही एक बड़ा यात्री-दल तैयार हो गया। इस दस सदस्यी यात्री दल में मेरे मित्र आनंद शर्मा, भाई जीत शर्मा, बिजेंद्र सिंह, भाई महेशजी तो एक गाड़ी में तथा भाई धर्मेंद्र एवं उनके चार साथी, जिनमें लगभग सभी तरुण हैं, और सबके सब पहली बार वृंदावन यात्रा पर आए हैं। बिजेंद्र भाई युवा हैं, कुकिंग के मास्टर हैं, बड़े-बड़े शादी-समारोहों का काम उठाते हैं। महेश भाई का फैंसी रजाइयाँ, बैग आदि बनाने का अपना काम है। धर्मेंद्र भाई महेश भाई के अनुज हैं, अपना गैराज है, बहुत दक्ष मेकैनिक हैं और बाकी के तरुण उनके साथ गैराज में काम करने वाले प्रशिक्षु हैं। ये सब धर्मेंद्र भाई की गाड़ी में सवार हैं। चार मार्च के भोरे-भोर पाँच बजे हम सब वृंदावन की तीर्थयात्रा पर निकल पड़े। इतने सवेरे दिल्ली की सड़कों पर ज्यादा ट्रैफिक नहीं है। दो दिन पूर्व ही देशभर में भारी वर्षा हुई है, कहीं-कहीं ओलावृष्टि भी हुई है, सो मौसम खासा ठंडा हो गया है। सड़कों पर दृश्यता तो पर्याप्त है, लेकिन सड़क के दोनों ओर दूर-दूर हल्की धुंध दिखाई पड़ रही है। पेड़-पौधे उनींदे, अलसाए से खड़े हैं, पक्षी अभी जागे नहीं हैं, सो वातावरण में खासी नीरवता छाई हुई है।

अब हम लोग पलवल के आसपास हैं और पूरब दिशा में पौ फट रही है, लाली छा रही है। बालरवि ने स्वर्ण-रजाई से अपना मुख बाहर निकाला भर है। दूर-दूर तक फैले खेतों के बीच और पेड़ों के पीछे से सूर्योदय हो रहा है। ताँवई-लाल गोला कितना मनोहर लग रहा है! सभी का शिशु रूप मनोहारी ही होता है। पल-छिन-पल गोले का आकार छोटा होकर स्वर्ण आभा बढ़ती जा रही है। सूर्यदेव रथारूढ़ हो जगत् के कल्याण के लिए अपनी दैनिक यात्रा पर निकल पड़े हैं। अहा! अब तो इनसे आँखें मिलाना भी कठिन हो रहा है, आँखें चुँधिया रही हैं। खैर, सूर्यदेव के साथ हम भी अपनी यात्रा पर आगे बढ़ रहे हैं, बढ़े चले जा रहे हैं।

लगभग साढ़े आठ बजे हम लोग छटीकरा मोड़ आ पहुँचे और मथुरा राजमार्ग छोड़ बाईं ओर वृंदावन मार्ग पर आगे बढ़े। यहाँ से मात्र दो किमी. की दूरी पर गाड़ी की दिशा में दाईं ओर माँ वैष्णो देवी का धाम है। सड़क के बाईं ओर मंदिर के सामने के विशाल मैदान में गाड़ियाँ खड़ी कर दी गईं। लगभग सभी मंदिरो में जूता-चप्पल, चमड़े की चीजें बेल्ट, पर्स तथा बीड़ी, सिगरेट के साथ मोबाइल ले जाना मना है। सो ये सब चीजें गाड़ी में छोड़ दी गईं, मित्र आनंद शर्मा मंदिर में जाने के अनिच्छुक हैं, क्योंकि पूर्व यात्रा में वे यहाँ के दर्शन कर चुके हैं। हम सब इकट्ठे ही मंदिर के प्रवेश-द्वार से अंदर आ गए हैं। यहाँ द्वि-स्तरीय जाँच पड़ताल है। पहले तो मुख्य प्रवेश-द्वार पर घुसते ही, और आगे मुख्य मंदिर में प्रवेश करने से पूर्व। यहाँ बाईं ओर अमानती घर है, यानी अपना सामान यहाँ रख सकते हैं। दाईं ओर पेयजल की प्याऊ है, इसके साथ ही कई खिड़कियाँ हैं, जहाँ से यात्रा-परची लेना अनिवार्य है, जो निःशुल्क मिलती है—बिल्कुल जम्मू-कटरा की वैष्णो यात्रा की तर्ज पर। हम नौ जन हैं, सभी की एक परची ले ली गई।

परची लेकर ठीक 8:48 पर हम लोग मंदिर की ओर बढ़े। यहाँ पर पुनः गहन जाँच-पड़ताल की गई। पुरुष तथा महिला यात्रियों की जाँच हेतु अलग-अलग सुरक्षा गार्ड तैनात हैं। मंदिर परिसर में फर्श इतना ठंडा है कि नंगे पैर रखने को मन नहीं कर रहा है, सो पंजों के बल चल रहे हैं। वास्तु की दृष्टि से इस मंदिर को ऐसा डिजाइन किया गया है कि इसे इनडोर और आउटडोर, दोनों रखा गया है। कुछ सीढ़ियाँ चढ़कर हम नीचे उतरे, सीढ़ियाँ उतरते ही बाईं ओर गर्भगृह में माँ वैष्णो का मंदिर है। गर्भगृह के मंदिर के प्रवेश-द्वार के साथ बाईं ओर यमुनाजी सदेह विराजमान हैं और निकास-द्वार पर गंगाजी। अंदर कुछ सीढ़ियाँ उतरकर विशाल गोलाकार हॉल है, इसके बीचोबीच गोल चबूतरे पर सिंह पर सवार माँ वैष्णो विराजमान हैं। माँ की मूर्ति के ठीक सामने उनके पद-चिह्न अंकित हैं तथा बाईं ओर अखंड ज्योति प्रज्वलित है। हम सब ने माँ को दंडवत् प्रणाम किया। पुजारीजी ने सभी के मस्तक पर सिंदूर का तिलक लगाया। गोलाई में दीवारों पर नाना संत-महात्माओं तथा कृष्णलीला के सुंदर चित्र अंकित हैं। मोटे और मध्यम आकार के विशाल खंभों के ऊपर कृत्रिम पहाड़ बनाया गया है, जो देखने में बिल्कुल प्राकृतिक लगता है। गर्भगृह के ठीक सामने खुला मैदान यानी जागरण-स्थल है, जहाँ पर चबूतरानुमा मंच बनाया गया है। इसी के बाईं ओर विशाल आम्रवृक्ष है, जिसका तना छोटे से चबूतरे पर लोहे की जालीदार रेलिंग लगाकर सुरक्षित कर दिया गया है। श्रद्धालुओं द्वारा यहाँ मनौती के लिए सैकड़ों चुनरी बाँध दी गई हैं। मानव की इच्छाओं का कभी अंत नहीं होता है, सब देवी-देवताओं के यहाँ उनकी अर्जियाँ पेंडिंग रहती हैं। अस्तु।

यहाँ बनाई गई गुफा भी दर्शनार्थियों के आकर्षण का केंद्र है, सो हम सब ने बाईं ओर स्थित गुफा के द्वार में प्रवेश किया। गुफा को कलात्मकता तथा रंग-बिरंगी रोशनी

के द्वारा कौतूहल पैदा करनेवाली तथा जीवंत बनाया गया है; कलाकारी ऐसी कि यह एक प्राकृतिक गुफा ही मालूम पड़ती है। गुफा के अंदर सबसे पहले विनायकजी के साथ रिद्धि-सिद्धि की बड़ी मनमोहक झाँकी है। इसके बाद कुछ-कुछ अंतराल पर माँ शेरोंवाली के नौ रूपों—वैष्णो माता, शैलपुत्री, ब्रह्मचारिणी, चंद्रघंटा, कूष्मांडा, स्कंदमाता, महागौरी, सिद्धिदात्री के साथ-साथ भैरवजी और उनका कुत्ता की इतनी सुंदर-सजीव झाँकियाँ हैं, लगता है कि अभी बोल पड़ेंगी।

गुफा के निकास द्वार पर गौ-चारण लीला की विशाल झाँकी मन मोह लेती है। अच्छा, आधी गुफा पार करने के बाद रास्ता ऊपर की ओर खुले आसमान के नीचे खुलता है, यहीं पर पहाड़नुमा धरातल पर सिंह पर सवार वैष्णो तथा विनयावनत, गदा को जमीन पर टिकाए हनुमान की विशाल प्रतिमाएँ स्थापित हैं, जो इस मंदिर की लोकप्रियता का कारण हैं। ये विशाल मूर्तियाँ दूर से ही दिखाई पड़ने लगती हैं और सामने की सड़क से गुजरने वाले हर यात्री का ध्यान अपनी ओर आकर्षित करती हैं। इन्हें बनानेवाले शिल्पियों ने इन्हें इतनी खूबसूरती से बनाया है कि इनमें बस जान डालना बाकी रह गया है। यहाँ मूर्तियों के चरणों में खड़े होने पर व्यक्ति बौना दिखाई पड़ता है। गुफा के ऊपर जो खुला स्थान है, इसमें रंग-बिरंगे फूलों की क्यारियाँ इस तरतीब से बनी हैं कि यह पूरा क्षेत्र रंग-बिरंगा कालीन मालूम पड़ता है।

इस मंदिर का निर्माण जे.के. ट्रस्ट द्वारा करवाया गया है। इसका उद्घाटन 22 मई, 2010 संवत् 2067, वैशाख शुक्ल नवमी को जाने-माने विद्वान् डॉ. कर्णसिंह के कर-कमलों से संपन्न हुआ था। हम लोग खुले प्रांगण में हैं और यह देखकर चकित हैं कि पूरे मंदिर परिसर में फर्श इस कलाकारी के साथ बनाया गया है कि इसके लकड़ी से बने होने का आभास होता है, लेकिन है एकदम कंक्रीट-सीमेंट का। यहाँ ठहरने की भी व्यवस्था है। अब हम माता को पुनः दंडवत् प्रणाम कर निकास-द्वार की ओर आ रहे हैं। मुख्यद्वार के बाहर कुछ तीर्थयात्री माता वैष्णो की विशाल प्रतिमा को पार्श्व में लेकर फोटो खिंचवा रहे हैं। जैसे ही कोई यात्री या यात्री-दल मंदिर की ओर आता है, यहाँ पर खड़े चार-छह फोटोग्राफर फोटो खिंचवाने के लिए उनसे बड़ी मनुहार करते हैं। हम लोगों ने सड़क पार की और अपने-अपने वाहन में सवार हो आगे चल पड़े।

अब हम वृंदावन की ओर बढ़ते हुए थोड़ा आगे इसी सड़क के बाईं ओर निर्माणाधीन वृंदावन चंद्रोदय मंदिर देखने आए हैं। मंदिर के परिसर में ही गाड़ी पार्किंग की सुविधा उपलब्ध है। विशाल फाटक पार कर गाड़ियाँ अंदर खड़ी कर दी गईं। अभी भी मौसम ठंडा है, सभी ने स्वेटर आदि पहन रखे हैं। चूँकि आज हम लोग प्रातः चार बजे उठकर चल पड़े थे, पेट साफ न होने के कारण दबाव बन रहा है। मंदिर परिसर में शौचालय सुविधा है। सो हम तीन जन शौचालय जाकर निबटे। हाथ धोने के लिए यहाँ एक मग में

खुला सैंपू रखा है, इसी से अच्छी तरह हाथ साफ किए, मुँह-हाथ धोए। देखते क्या हैं कि मित्र आनंद शर्मा तो मंदिर दर्शन के लिए आगे निकल गए हैं और बाकी लोग हरे-भरे लॉन में बैठे खिचड़ी का नाश्ता उड़ा रहे हैं। हम तीनों ने भी गरमागरम खिचड़ी का नाश्ता किया। खिचड़ी-प्रसाद यहाँ प्रातः से ही तैयार हो जाता है और निःशुल्क वितरित होता है। देव-दर्शन से पहले मैं यहाँ बन रहे दुनिया के सबसे ऊँचे मंदिर के बारे में बताए देता हूँ।

पूज्य प्रभुपाद स्वामी के निर्देशन में 'इस्कॉन' द्वारा यहाँ दुनिया के सबसे ऊँचे और विशाल 70 मंजिला 'वृंदावन चंद्रोदय मंदिर' का निर्माण कार्य प्रगति पर है। इसकी ऊँचाई 213 मीटर यानी 700 फुट होगी। इसका विस्तार अर्थात् कुल क्षेत्रफल 5,40,000 वर्ग फुट है। इसके निर्माण पर 300 करोड़ रुपए खर्च होने का अनुमान है। मंदिर परिसर के 26 एकड़ क्षेत्र में पवित्र बारह वन विकसित किए जाएँगे, इनको 'द्वादश कानन' नाम दिया गया है। इनमें फलदार, शोभादायी, सुगंधि देनेवाले, सदाबहार वृक्षों के साथ-साथ, झरने, जल से भरी सुंदर झील विकसित की जाएगी, इसमें खिलनेवाले कमल और कुमुदिनी पुष्प इसकी सुंदरता में चार चाँद लगाएँगे। वैसे तो मंदिर 62 एकड़ में फैला है, परंतु बारह एकड़ क्षेत्र में पार्किंग की व्यवस्था की जाएगी। इस मंदिर की चोटी यानी आखिरी तल पर एक उच्चशक्ति का टेलीस्कोप लगाए जाने की योजना है। इसके माध्यम से आनेवाले श्रद्धालु पूरे वृंदावन धाम का नजारा देख सकेंगे। इस विश्वविख्यात मंदिर का शिलान्यास 16 नवंबर, 2014 को भारत गणराज्य के राष्ट्रपति मान. प्रणब मुखर्जी द्वारा किया गया। यह भव्य मंदिर कुछ वर्षों में बनकर तैयार हो जाने का अनुमान है।

खिचड़ी का नाश्ता कर हम लोग अब बाईं ओर स्थित 'राधा-माधव मंदिर' में दर्शनार्थ आगे बढ़े। यहाँ का वातावरण सुगंधित तथा अलौकिक आभा से देदीप्यमान है। कुछ सीढ़ियाँ चढ़कर हम लोग ऊपर पहुँचे। यहाँ राधा-कृष्ण की युगल मनोहर झाँकी अपलक देखता रह जाता हूँ। कुछ देर निहारकर दंडवत् प्रणाम करता हूँ। फिर हम सब कुछ देर यहाँ बैठे। अपूर्व शांति और अलौकिक आनंद की अनुभूति हो रही है। आखिर एक-एक कर हम सब नीचे उतर आए। यहाँ हमारे बाईं ओर इस्कॉन द्वारा संचालित 'अक्षय पात्र' रसोई के द्वारा दस मील के दायरे में आनेवाले सभी विद्यालयों में 'मिड डे मील' यानी दोपहर का खाना उपलब्ध कराया जा रहा है। यहाँ खाना बनाने की आधुनिक मशीनें लगी हैं।

यहाँ के पुजारीजी ने अक्षयपात्र योजना के बारे में बताया कि एक बार भक्ति वेदांत स्वामी ने अपनी यात्रा के दौरान कलकत्ता के पास मायापुर गाँव में बड़ा ही हृदयद्रावक दृश्य देखा। भूखे बच्चों का एक झुंड गली के आवारा कुत्तों के बीच जूठन पाने के लिए जद्दोजहद कर रहा था। इस दृश्य ने स्वामीजी के हृदय को झकझोर दिया। उसी क्षण उसी दिन उन्होंने प्रण किया कि हमारे (इस्कॉन) सेंटरों के दस-दस मील के दायरे में

श्रीकृपालुजी महाराज की अद्‌भुत विरासत प्रेम मंदिर, वृंदावन

कोई बच्चा भूखा नहीं रहेगा, और इसी प्रण के साथ 'अक्षय पात्र फाउंडेशन' का जन्म हुआ। पहले-पहल जून 2000 में अक्षय पात्र फाउंडेशन ने 'मिड डे मील' का शुभारंभ कर बंगलुरू के पाँच सरकारी विद्यालयों के 1500 बच्चों को दोपहर का भोजन देना शुरू किया और आज पूरे देश में इस्कॉन द्वारा लाखों बच्चों को भोजन उपलब्ध कराया जा रहा है।

वर्तमान में तो यह दुनिया का सबसे विशाल 'मिड डे मिल' कार्यक्रम है, जो भारत सरकार, राज्य सरकारों एवं दानदाताओं के सहयोग से सरकारी और निजी हिस्सेदारी के तहत चल रहा है। उन्होंने हाथ के इशारे से इंगित कर बताया कि हमारी इस अक्षय रसोई के द्वारा पूरे ब्रज क्षेत्र के स्कूलों में बच्चों को दोपहर का भोजन पहुँचाया जाता है। इस कार्यक्रम में कोई भी किसी प्रकार से सहयोग कर सकता है। गरीब बच्चों को भूख की मार से बचानेवाला यह महत्त्वपूर्ण कार्यक्रम है। पुजारीजी को प्रणाम कर हम अपने वाहनों की ओर लौटे। मित्र आनंद शर्मा ने दर्शनों के बाद खिचड़ी का प्रसाद ग्रहण किया।

अब हम इसी सड़क पर एक-डेढ़ किलोमीटर आगे बाईं ओर जगद्‌गुरु कृपालुजी महाराज की अनमोल विरासत प्रेम मंदिर आ पहुँचे हैं। वाहन मंदिर के बाहर खड़े कर दिए गए। मुख्य-द्वार पर जाँच-पड़ताल के बाद मंदिर में प्रवेश किया। मंदिर-दर्शन से पहले हम आपको इसके निर्माण तथा इतिहास के बारे में बताए देते हैं। पाँचवें जगद्‌गुरु कृपालुजी महाराज का यहाँ पर आश्रम था। यहीं पर 14 जनवरी, 2001 को भव्य-दिव्य, शुभ्र-धवल 'प्रेममंदिर' का निर्माण कार्य शुरू हुआ। देश के कोने-कोने से चुने हुए नौ सौ से अधिक शिल्पियों, कलाकारों और वास्तु-विशेषज्ञों ने दिन-रात काम करते हुए लगभग ग्यारह वर्षों में प्रसिद्ध सोमनाथ मंदिर की शैली में शुद्ध श्वेत संगमरमर का यह

प्रेममंदिर साकार किया। इसके निर्माण में लगभग तीस हजार टन इटालियन संगमरमर काम में आया और निर्माण पर तब एक सौ पचास करोड़ से अधिक की राशि खर्च हुई। दुनिया के सबसे बेहतर क्वालिटी के संगमरमर से बने इस मूल मंदिर की लंबाई 185 फीट तथा चौड़ाई एक सौ पैंतीस फीट है। पूरे मंदिर में दक्षिण की स्थापना शैली के दर्शन होते हैं। संगमरमर पर बारीक नक्काशी और अंकन का काम गुजरात के सुप्रसिद्ध शिल्पी सुमनराम त्रिवेदी सोमपुत्र द्वारा किया गया है। दूध-सा धवल यह दुमंजिला भव्य मंदिर भगवान् 'राधा-कृष्ण' को समर्पित है। कृष्णं वन्दे जगद्गुरुः।

यह पूरा मंदिर 54 एकड़ में फैला है। इसका भव्य उद्घाटन 15 फरवरी, 2012 को हुआ और 17 फरवरी, 2012 को दर्शनार्थियों के लिए खोल दिया गया। सबसे बड़ी बात यह है कि इस मंदिर में खंभों का उपयोग नहीं किया गया है। पूरब-पश्चिम, उत्तर-दक्षिण यह मंदिर तिहत्तर हजार वर्ग फुट में फैला है और एक समय में यहाँ 25000 दर्शक मंदिर-प्रांगण में समा सकते हैं। इस लिहाज से खुला क्षेत्र काफी विस्तृत है। आओ, अब हम भी दर्शन करते हैं। हाँ, इधर से अब हम प्रवेश मार्ग पर आगे बढ़े ही थे कि सब लोग ग्रुप में मंदिर को पार्श्व में लेकर फोटो खींचने लगे। घुसते ही यहाँ बाईं ओर रंग-बिरंगे फूलों की कलात्मक फुलवाड़ी जैसे दर्शकों का स्वागत कर रही है। प्राकृतिक वातावरण में कृष्णलीला की झाँकियाँ इतनी मनोहारी हैं कि बिल्कुल सजीव मालूम पड़ती हैं।

यहाँ एक झाँकी में बालक कृष्ण वंशी टेर रहे हैं, इर्द-गिर्द गोप-ग्वाले, गाय-बछड़े, मोर और अन्य जीव बाँसुरी की रस-माधुरी में बेसुध हैं। इसके बाद नटखट कृष्ण सखाओं के साथ हैं, पानी के जीव भी बाहर निकलकर उन्हें एकटक निहार रहे हैं, गोप-गोपियों के साथ कृष्ण हैं, अहा! इस झाँकी में गोवर्धन नख पर धारे कान्हाजी इंद्र का मान-मर्दन कर रहे हैं। इस झाँकी का अनोखापन इस बात में है कि पूरा गोवर्धन पहाड़ हवा में लटका मालूम देता है। दर्शकों की आँखें आश्चर्य से फैल जाती हैं कि आखिर यह टिका कैसे है! इसके सामने से हम पहले मूल मंदिर की ओर मुड़े। यह मंदिर आयताकार चार फुट ऊँचे चबूतरे पर खड़ा है। इस चबूतरे के प्रवेश की सीढ़ियों पर स्थापित दो सुसज्जित हाथी दर्शनार्थियों के स्वागत में खड़े हैं। संगमरमर के ये सफेद हाथी बच्चों को बड़े लुभा रहे हैं। अनेक दर्शक और बच्चे इनके साथ खड़े होकर फोटो खिंचवा रहे हैं।

प्रेममंदिर में आने-जाने के दो रास्ते हैं, सो प्रवेश-द्वार पर दंडवत् प्रणाम कर हम आगे बढ़े। गर्भगृह में ठीक सामने श्रीराधा-कृष्ण की अत्यंत मनोहारी युगल मूर्तियाँ विराजमान हैं। इनके ठीक सामने के सभा-मंडप में कीर्तन चल रहा है, दो भजन-गायिकाएँ अपनी प्रस्तुति दे रही हैं। युगल मूर्ति के समक्ष हमने दंडवत् प्रणाम किया। पुजारीजी ने पंचामृत पान कराया। श्रीराधा-कृष्ण भगवान् के ठीक सामने कृपालुजी महाराज की सुंदर-सजीव प्रतिमा स्थापित है। मंदिर के दोनों ओर दीवारों में कृपालुजी महाराज की कीर्तनरत नाना

झाँकियाँ हैं, साथ ही चैतन्य महाप्रभु की सुंदर झाँकी है। मंदिर की दीवारों पर दरवाजों के आसपास बारीक नक्काशी की गई है। दर्शनार्थी हाथ लगाकर इन्हें गंदा न करें, इसलिए इन्हें पारदर्शी पॉलीथिन से ढक दिया गया है। बाईं ओर स्थित सीढ़ियों से अब हम ऊपर जा रहे हैं। यहाँ भी नीचे की तरह ही भगवान् राधा-कृष्ण की नयनाभिराम युगल झाँकी के ठीक सामने कृपालुजी महाराज की साधनारत सुंदर प्रतिमा लगाई गई है, जिससे कि वे अपने ईष्ट का हर पल दर्शन करते रहें। जैसा कि पहले बताया गया है कि यह प्रेममंदिर जगदीश्वर श्रीराधा-कृष्ण को समर्पित है। राधा-कृष्ण की मूर्तियाँ इतनी मनोहारी हैं कि दर्शनार्थी एकटक देखते ही रह जाते हैं, पलक झपकाना ही भूल जाते हैं, श्रद्धावश हाथ अपने आप जुड़ जाते हैं। हर कोई मनमोहन की दिव्य झाँकी को आँखों में बसा लेना चाहते हैं।

यहाँ भी हमने राधा-कृष्ण एवं कृपालुजी महाराज को दंडवत् प्रणाम किया और फिर हम सीढ़ियाँ उतरकर मंदिर के बाहर आ गए। फिर बाईं ओर से शेष बची झाँकियाँ देखते आगे बढ़े। छोटे-छोटे उद्यानों में रंग-बिरंगे फूलों और हरी-हरी घास पर गोपियों के साथ रास रचाते कृष्ण, ग्वाल-बालों के साथ गौएँ चराते कृष्ण, ग्वालों के संग नाना खेल खेलते कृष्ण। कृष्ण ही कृष्ण! एक-से-एक सुंदर झाँकियाँ हैं। हरी घास के बीच खड़े धवल-श्वेत बगुले और नाचते मोर एकदम सजीव मालूम पड़ते हैं, उनकी भाव-भंगिमाएँ इतनी सहज कि शक की गुंजाइश ही नहीं। प्रेममंदिर की बाहरी दीवारों पर ऊपर से नीचे तक आद्योपांत संपूर्ण कृष्णलीला की झाँकियाँ इतनी कलात्मकता से चित्रित की गई हैं कि इनके दर्शन के बाद भगवान् कृष्ण के बारे में जानने के लिए कोई ग्रंथ पढ़ने की जरूरत नहीं रह जाती है।

झाँकियों के दर्शन करते हुए अब हम बाहर की ओर आ रहे हैं, यहाँ अंतिम विशाल झाँकी में भगवान् कृष्ण कालिय नाग के फन पर नृत्य कर रहे हैं। कृत्रिम सरोवर के बीच इसे पूरी तरह प्राकृतिक बनाने की कोशिश की गई है—लता, विटप, तरु सब कुछ है इस झाँकी में। मंदिर के संपूर्ण दर्शन करने में कम-से-कम दो घंटे लगते हैं। यह मंदिर बच्चों की पहली पसंद है, बच्चे तो यहाँ से बाहर निकलना ही नहीं चाहते हैं। रात्रि को लकदक रंग-बिरंगी रोशनी में इस मंदिर के दर्शन करने पर अलौकिक आनंद की अनुभूति होती है। यह वृंदावन के विशाल और ख्याति प्राप्त मंदिरों में गिना जाता है। मित्र आनंद शर्मा हम सबसे अलग और आगे-आगे दर्शन करते हुए निकास द्वार के पास हमारा इंतजार कर रहे हैं। कुछ देर में हम उनसे आ मिले और मंदिर परिसर से बाहर निकल अपने-अपने वाहन में बैठ अगले मंदिर के दर्शनार्थ निकल पड़े।

अब हम अपने श्रीबाँकेबिहारीजी के दर्शन करने जा रहे हैं। हमारी गाड़ियाँ सीधी न जाकर परिक्रमा मार्ग पर बाएँ मुड़ गईं। जब तक हम और हमारे वाहन श्रीबाँकेबिहारी मंदिर के पास पहुँचते हैं, तब तक हम आपको इस मंदिर के बारे में बताए देते हैं। इस

मंदिर का निर्माण स्वामी हरिदास ने संवत् 1864 में वृंदावन की पावन भूमि पर करवाया था। इसके निर्माण की कथा स्वामी हरिदास से संबद्ध है। संगीत के सम्राट् और तानसेन के गुरु स्वामी हरिदास का जन्म संवत् 1536 में वृंदावन के निकट राजापुर गाँव में हुआ था। आगे चलकर हरिदास स्वामी आशुधीर देव के शिष्य बने। हरिदास बचपन से ही श्याम सलोने के ध्यान में मग्न रहते थे, सो गुरु आशुधीर इन्हें देखते ही पहचान गए थे कि ये राधाजी की सखि ललिताजी के अवतार हैं। गुरु से मंत्र-दीक्षा लेकर हरिदास यमुना के समीप निकुंज में एकांत स्थान पर ध्यानमग्न रहने लगे। अपनी युवावस्था में हरिदासजी निकुंज बिहारीजी की नित्य लीलाओं का चिंतन करने लगे, तब निकुंज वन में इनको बिहारीजी ने स्वप्न में जमीन से अपनी मूर्ति निकालने की प्रेरणा दी।

तब प्रभु की आज्ञा से जमीन को खोदकर श्रीविग्रह को मार्गशीर्ष शुक्ल पक्ष की पंचमी को बाहर निकाला गया। यही सुंदर मूर्ति संसार में 'श्रीबाँकेबिहारी' के नाम से विख्यात है। इनके प्रकट होने की तिथि को 'विहार पंचमी' के रूप में बड़े उल्लासपूर्वक मनाया जाता है। स्वामी हरिदासजी निधिवन में ही श्रीबिहारीजी की सेवा करते रहे। जब यह मंदिर बनकर तैयार हुआ, तब बिहारीजी को यहाँ लाकर विराजमान कर दिया गया। कालांतर में स्वामी हरिदासजी ने उपासना पद्धति में भी परिवर्तन किया गया और निंबार्क संप्रदाय से स्वतंत्र एक 'सखी भाव संप्रदाय' बनाया गया। तब से वृंदावन में लगभग सभी मंदिरों में इसी पद्धति के अनुसार प्रभु की सेवा एवं महोत्सव मनाए जाते हैं। इस मंदिर में केवल शरद पूर्णिमा के दिन श्रीबिहारीजी वंशी धारण करते हैं। श्रावण मास में तीज को झूले पर बैठते हैं और केवल जन्माष्टमी के दिन ही उनकी मंगला आरती होती है। अक्षय तृतीया को श्रीबिहारीजी के चरण-दर्शन होते हैं।

यहाँ नित्य मंगला आरती न होने के संबंध में यह कथा प्रचलित है कि एक दिन प्रात: वृद्ध स्वामी हरिदासजी ने देखा कि उनके बिस्तर पर कपड़ा ओढ़कर कोई सो रहा है, तो उन्होंने टोका, 'अरे! मेरे बिस्तर पर कौन सो रहा है?' अद्‍भुत आश्चर्य की बात कि वहाँ तो बिहारीजी सोए हुए थे, सो यह पुकार सुनते ही वहाँ से उठकर निकल भागे, किंतु हड़बड़ी में अपना चूड़ा तथा वंशी बिस्तर पर ही छोड़ गए। जर्जर काया,

श्रीबाँकेबिहारी मंदिर, वृंदावन

वयोवृद्ध तथा दृष्टि क्षीण होने की वजह से स्वामीजी को ज्यादा कुछ नजर नहीं आया। उधर प्रातः जब पुजारीजी ने मंदिर के पट खोले तो उन्हें बिहारीजी का चूड़ा तथा वंशी नजर नहीं आई। हताश-परेशान पुजारीजी दौड़े-दौड़े निधिवन में स्वामी हरिदासजी के पास आए और सारी घटना कह सुनाई। स्वामीजी बोले कि प्रातः कोई मेरे बिस्तर पर सो रहा था, मैंने उसे टोका तो वह जल्दी-जल्दी में बिस्तर पर कुछ भूल गया है। तब पुजारीजी ने प्रत्यक्ष अपनी आँखों से देखा कि बिहारीजी का चूड़ा और वंशी पलंग पर विराजमान हैं। इससे यही प्रमाणित होता है कि रात को बिहारीजी नित्य रास रचाने निधिवन आया करते हैं, सो प्रातःकाल तक सोए रहते हैं। प्रातः बिहारीजी की मंगला आरती करने से उनके शयन में बाधा पड़ेगी, इसी कारण से यहाँ मंगला आरती नहीं की जाती है।

श्रीबाँकेबिहारी मंदिर में 'झलक दर्शन' अर्थात् 'झाँकी दर्शन' होते हैं। कुछ-कुछ अंतराल पर परदे को हटाया जाता है। इसके संबंध में भी कई कहानियाँ प्रचलित हैं। बताया जाता है कि एक बार एक भक्तिन अपने पति के साथ बिहारीजी के दर्शन करने के लिए वृंदावन आई। श्रीबिहारीजी के दर्शनों के पश्चात् पति ने घर लौटने को कहा तो भक्तिन यह सोचकर विह्वल होकर रोने लगी कि अब बिहारीजी के दर्शन-लाभ से वंचित होना पड़ेगा, फिर भी घर लौटना तो था ही, सो रोते-रोते बिहारीजी से विनती करने लगी, 'हे प्रभु! न चाहते हुए भी मुझे घर लौटना पड़ रहा है। मैं आपके दर्शन के बिना कैसे रहूँगी। मेरी बड़ी इच्छा है साँवरे, कि आप मेरे साथ ही रहें।' भारी मन से वह पति के साथ ताँगे में बैठकर स्टेशन की ओर निकल पड़ी। उधर बिहारीजी उसकी विनती से पिघलकर एक गोप बालक बनकर ताँगे के साथ चलते हुए भक्तिन से अपने साथ ले चलने का हठ करने लगे।

इधर पुजारीजी मंदिर में बिहारीजी को गायब देखकर अनुमान करने लगे कि हो न हो, ठाकुरजी उस भक्तिन के पीछे चले गए हैं। पुजारीजी तुरंत दौड़े और आगे जाकर ताँगे में बैठी भक्तिन से पूछताछ करने लगे कि वह गोप बालक देखते ही देखते गायब! पुजारीजी लौटकर मंदिर आए तो देखा कि बिहारीजी अपने स्थान पर विराजमान हैं। एक कथा यह भी बताई जाती है कि एक भक्त नित्य दर्शन कर बिहारीजी को अपलक निहारता रहता, दीनभाव से टकटकी लगाए रहता। उसके प्रेम में पड़कर एक दिन बिहारीजी उसके साथ भाग निकले। पुजारीजी ने जब मंदिर-कपाट खोले तो बिहारीजी गायब। फिर उन्हीं की प्रेरणा से पता चला कि वे एक भक्त के साथ चले आए हैं। जैसे-तैसे उन्हें वापस लाया गया। प्रेम के वशीभूत हो बिहारीजी किसी के भी साथ चले जाएँगे, अतः तभी से ऐसी व्यवस्था कर दी गई कि 'झलक दर्शन' में भक्त बिहारीजी से नजर न मिला सकें, इसलिए परदा निरंतर खुलता और बंद होता रहता है। यहाँ ऐसी और भी कई कहानियाँ सुनने को मिलती हैं।

हमारे वाहन अब मंदिर के करीब पहुँच चुके हैं। जीत भाई ने एक चौड़ी सी गली में सुरक्षित स्थान देखकर गाड़ी खड़ी कर दी, इसके पीछे दूसरी गाड़ी भी। अपने जूता-चप्पल, जाकेट, मोबाइल आदि सब गाड़ी में छोड़ दिए गए। श्रीबाँकेबिहरीजी का जयकारा लगाते हुए आगे बढ़े। मैंने अपना चश्मा उताकर जेब में रख लिया। डर है कि हनुमानजी के वंशज किस ओर से झपट्टा मार चश्मा ले उड़ें। मैं नहीं जान पाया कि यहाँ के बंदर चश्मे के ज्यादा शौकीन हैं या उन्हें चश्मा लगानेवालों से ईर्ष्या है। बंदर पलक झपकते ही कंधे पर आ बैठेगा और चश्मा अपने कब्जे में कर सीधा छत पर। यदि ऐसा हो जाए तो चश्मा सही-सलामत प्राप्त करने का बड़ा आसान उपाय है कि एक केला उसकी ओर उछालिए, वह आपकी ओर चश्मा उछाल देगा।

देख रहे हैं कि वृंदावन की गलियों में होली की धूम मची है। यहाँ वसंत पंचमी से होली प्रारंभ होकर डेढ़ माह, यानी रंग पंचमी तक चलती है। वृंदावन के हुरियारे बड़े मशहूर हैं। भीगने से बचते, गुलाल से रँगते मंदिर की ओर बढ़ रहे हैं। मित्र आनंद शर्मा थोड़ा आगे निकल गए हैं। बिजेंद्र भाई ने होली खेलने के लिए गुलाल का दस किलो का एक कट्टा खरीद लिया, सब लोग इसी से होली खेलेंगे। बिहारीजी को भेंट के लिए एक-एक फूलमाला लेकर सबको हिदायत दे दी गई कि एक-दूसरे का साथ न छोड़ें। कारण—मंदिर से बाहर आने पर रंग-गुलाल में सराबोर कोई एक-दूसरे को पहचान नहीं पाएगा। हम लोग अब मंदिर के सामने हैं।

लाल पत्थर से बना यह भव्य मंदिर रंग-गुलाल की बौछार से और भी रंगीन हो गया है। संगमरमर का फर्श अबीर-गुलाल और रंग की कीचड़ से चिपचिपा रहा है। भक्तों की भीड़ इतनी ज्यादा है कि एक रेले में हम लोग मंदिर के बरामदे में जा लगे। 'श्रीबाँकेबिहारी लाल की जय' के नारों के बीच और अबीर-गुलाल के उड़ते बादलों के बीच ज्यादा कुछ दिखाई नहीं पड़ रहा है। हालाँकि इन दिनों बिहारीजी अपने स्थान से काफी आगे आ जाते हैं। जैसे ही परदा हटता है तो भक्तों का जन-सैलाब भी उन्मत्त हो ऐसा कोलाहल करता है कि पूरा मंदिर गूँज उठता है। सुरक्षा-सेवक भक्तों को आगे बढ़ाते जाते हैं। इस बार की हिलोर में हम लोग भी बिहारीजी के सामने जा पहुँचे। माला यहीं से फेंककर उन्हें अर्पित कर दी गई। फिर हुई गुलाल की बौछार। दाएँ से गुलाल, बाएँ से गुलाल, पीछे से गुलाल, सामने बिहारीजी की ओर से उनके सेवक पुजारी भक्तों पर गुलाल उछाल रहे हैं। गुलाल ही गुलाल! मंदिर के क्षितिज में खुशबूदार रंगों के बादल छा गए। होली खेलने वाले भक्तों का कोई ओर-छोर नहीं है।

भक्तों का अंग-अंग, पोर-पोर बिहारीजी की भक्ति के रंग में सराबोर हो गया है। होली के प्रति भक्तों में ऐसा उछाह, ऐसा उन्माद न कभी देखा, न कभी सुना, पर आज इस दिव्य होली मिलन का हिस्सा बनकर आनंदित हूँ, गौरवान्वित हूँ। अभी हम इसी तरह

जमे हुए मुट्ठी भर-भरकर गुलाल उड़ा रहे थे कि आनंद शर्मा किस हिलोर में बहकर हमसे आ मिले। मैंने और जीतभाई ने उन्हें गुलाल लगाया और गले मिले। एक अपूर्व आनंद, अनोखा रोमांच, एक अलग तरह का सुख मैं अनुभव कर रहा हूँ। मेरा चश्मा गुलाल से अँट गया है। भक्तों की भीड़ का दबाव इतना ज्यादा है कि असह्य हो रहा है, अत: मैं और महेश भाई जोर लगाकर किनारे की ओर खिसक आए।

भारत के कोने-कोने से तो लाखों कृष्णभक्त होली खेलने आ ही रहे हैं। विदेशों से आए अंग्रेज और गोरे कृष्णभक्त भी बड़ी संख्या में यहाँ आए हुए हैं। वे अपने महँगे कैमरों की परवाह न कर, रंग में सराबोर हो इस अद्‌भुत आनंद का लुत्फ उठा रहे हैं। धीरे-धीरे और आगे-पीछे हम सब लोग मंदिर से बाहर निकल आए। वास्तव में चेहरे से एक-दूसरे को कोई पहचान नहीं पा रहा है। बिजेंद्र भाई दल से बिछड़ गए। कुछ देर बाद वह भी बाहर आ गए। फिर सब एक साथ अपने वाहनों की ओर बढ़े। पतली-पतली गलियों में छत से, खिड़कियों से, दरवाजों से गुलाल, रंग और कहीं पानी की बौछार हो जाती है। छज्जों पर खड़े बच्चे भी कूद-कूदकर पिचकारियाँ चला रहे हैं। कहीं ढोल की ताल पर नाच हो रहा है। अपूर्व उल्लास का वातावरण है चारों ओर। यहाँ कोई किसी को रंग लगा सकता है। यह तो प्रेम के रसिया की रास-भूमि है। अगर रंग से परहेज है या रंग-गुलाल का बुरा मानो तो अपने घर बैठो, यहाँ मान-गुमान नहीं चलता। ब्रज में सब रंगों पर एक रंग भारी है—प्रेम का रंग।

वृंदावन की गलियों से निकलते, भीगते अपने वाहनों के पास आ गए हैं। आनंद शर्माजी ने ठाकुरजी को गुझिया का भोग लगवाया था, सो हम सभी ने बाँटकर गुझिया का प्रसाद खाया और फिर वाहनों में बैठ आगे चल पड़े। कालीदह पर वाहन खड़े कर दर्शन करने निकले। पहले यहाँ तक यमुना का बहाव था, पर आज यहाँ पक्की सड़क बनकर इसके दोनों ओर बसावट है। यमुनाजी काफी दूर चली गई हैं। यहाँ लाल पत्थर के दो छोटे-छोटे मंदिर बने हैं, जिनका जीर्णोद्धार इंदौर रियासत ने करवाया था। यहीं स्थित कदंब के वृक्ष को कृष्ण-काल का बताया जाता है। भगवान् कृष्ण यमुना के जल से गेंद लाने के लिए इस कदंब पेड़ पर चढ़कर ही यमुना-जल में कूदे थे, उनके पद-चिह्न आज भी इस पर अंकित हैं। कुल मिलाकर भगवान् कृष्ण का यह लीला-स्थल अपनी दुरवस्था पर आँसू बहा रहा है। यहाँ भी हनुमान बंदर बड़ी संख्या में हैं।

इससे थोड़ा आगे चलकर इसी सड़क पर हम इमलीतला मंदिर के दर्शन करने आए हैं। सन् 1516 में कार्तिक पूर्णिमा के दिन चैतन्य महाप्रभु यहाँ पधारे थे। यहीं पर महाप्रभु की बैठक रही। इसी स्थान पर श्रीबिहारीजी इमली वृक्ष के नीचे श्रीराधाजी से मिला करते थे। ऐसा बताया जाता है कि यहीं महारास के समय इमली से श्रीराधाजी का आलता धुल गया था, सो श्रीराधाजी के शापवशात् आज भी ब्रज चौरासी कोस में

इमली का वृक्ष फलता नहीं है। इमली के उस वृक्ष के तने को बड़े जतन और उपचार करके आज भी बनाए रखा गया है। इसके तने पर सीमेंट जैसा लेप लगा दिया गया है, जिससे तना समय की मार तथा हानिकर कीड़ों से बचा रहे। इस मंदिर की दीवारों पर दोनों ओर हरि-कीर्तन में मग्न चैतन्य की नाना झाँकियाँ चित्रित हैं। मंदिर के पट बंद हो गए हैं, सो हमने वहीं कुछ देर इंतजार किया। पट खुलने पर बिहारीजी की सुंदर झाँकी तथा निमाई और निताई की मूर्तियों के दर्शन कर आरती में शामिल हुए। यहीं से अंदर की ओर निकलकर सेवाकुंज में ललिता कुंड के दर्शन किए। यहाँ पर बड़ी सुरक्षा के बीच संरक्षित रखी गई लता-पताएँ कृष्ण-काल की बताई जाती हैं।

तीर्थयात्री या यहाँ आने वाले दर्शक इनको हानि न पहुँचाएँ, इसलिए जालीदार दर्शक-दीर्घा बनाई गई है। इसी में घूमकर तीर्थयात्री इन लताओं के दर्शन करते हैं। यहाँ बंदरों का बड़ा आतंक है, इस जाली-पथ में तीर्थयात्री भी इन बंदरों से सुरक्षित रहते हैं। श्रीराधाजी की परम सखी ललिताजी के पुण्य स्मरण को बनाए रखनेवाला 'ललिता कुंड' यहीं पर है। यहाँ के पुजारी एक बंगाली बाबू हैं। देखने में आ रहा है कि यहाँ ज्यादातर मंदिरों में, तीर्थस्थलों में बंगाली पुजारी तथा तीर्थपुरोहित काफी तादात में हैं। बंगाल से तीर्थयात्री भी यहाँ बड़ी संख्या में आते हैं। हमारे इर्द-गिर्द बंगाल से आए स्त्री-पुरुष तीर्थयात्रियों के झुंड के झुंड दर्शन कर रहे हैं। पुजारीजी सभी को ललिता-कुंड के जल का आचमन करा रहे हैं। यहाँ अच्छी तरह दर्शन कर हम सब लोग अपने वाहनों पर आ गए। अब लगभग डेढ़ बज रहा है, भूख लग रही है, सो परिक्रमा-मार्ग पर स्थित अग्रवाल धर्मशाला के साथ वाहन खड़े कर दिए गए और इसके परिसर में स्थित भोजनालय में भोजन करने बैठे। यहाँ पर शुद्ध शाकाहारी ताजा भोजन मिलता है। भोजन में दो सब्जी, दाल, रायता, रोटी, चावल, अचार, पापड़ आदि हैं, यानी 75 रुपए में भरपेट भोजन। सभी ने रुचिकर भोजन किया।

धर्मेंद्र भाई तथा उनके साथियों को दिल्ली लौटना है, सो उनकी टीम के पाँचों सदस्य गाड़ी में बैठ दिल्ली के लिए रवाना हो गए। शेष पाँच जन हम गोधूलीपुरम होते हुए गोकुल के लिए निकल पड़े, मगर रास्ते में कार्यक्रम बदल गया। मित्र आनंद शर्मा को जरूरी कार्य से आगरा जाना है, सो मैं, महेशजी और बिजेंद्र भाई यहाँ गोकुल की ओर जानेवाले मार्ग पर उतर गए। ये दोनों एक-डेढ़ घंटे में लौट गोकुल में मिलने को कहकर निकल गए। हम तीनों जन पैदल ही चहलकदमी करते हुए गोकुल की ओर बढ़ने लगे। हम लोग चलते रहे, रास्ते में एक हैंडपंप से पानी पिया। यमुना पुल, जहाँ बैराज बना है, को पार कर दाईं ओर गोकुल में यमुना घाट की ओर आगे बढ़े। यह पूरा रास्ता पाँच-छह किलोमीटर से कम न था। हमारे पैर दुखने लगे, सो थोड़ी देर सड़क पर ही बैठकर पैरों को आराम दिया।

मैं आपको बता दूँ कि जब आप मथुरा पार कर गोकुल को जानेवाली सड़क पर होंगे, तब पंडा, विशेषकर बाल पंडा गोकुल के दर्शन कराने के लिए आपसे बड़ा आग्रह करेंगे, आपकी मनुहार करेंगे। भले ही आप दूसरे किसी कार्य से कहीं जा रहे हों, इनको यही लगता है कि आप दर्शन करने जा रहे हैं। यहाँ तिराहे या मोड पर जैसे ही आपका वाहन धीमा होगा या रुकेगा, अपने शिकार (यजमान) की ताक में इधर-उधर बैठे पंडा झपटकर आपके वाहन को घेर लेंगे। 'जिजमान, हमाए संग चलौ, अच्छी तनिया दर्शन करवाँगे, तुमाऔ वाहन मंदिर पैई ठाड़ो करवाँगे' आदि-आदि तमाम तरीकों से मनुहार करेंगे। हम लोग जब पेट्रोल पंप पर सीएनजी ले रहे थे कि एक तरुण पंडा आकर मनुहार करने लगा। यहाँ के पंडा आपसे भले ही ज्यादा दक्षिणा की माँग न भी करें, पर वे आपको ऐसे स्थान पर ले जाएँगे, जहाँ के पंडा-पुरोहित तीर्थयात्री की जेब खाली कराने में सिद्धहस्त होते हैं। अत: इन पंडों से सावधान रहने की जरूरत है।

सड़क पर बैठ थोड़ा सुस्ताने के बाद अब हमारे पैरों में जान सी आ गई है, सो यमुना घाट की ओर निकलकर मंदिरों के दर्शन की इच्छा से आगे बढ़े। यहाँ बंदर इतने उत्पाती और ज्यादा संख्या में हैं कि हम जूते-चप्पल उतारकर मंदिर में जाने की हिम्मत नहीं जुटा पाए। 'वे दोनों भी आ जाएँ, तब गाड़ी में यह सब रखकर दर्शन करने जाएँगे', ऐसा सोचकर हम तीनों मित्र घाट से नीचे उतरकर यमुना में जल-प्रवाह के किनारे बालू में योगासन लगाकर और पश्चिममुखी होकर बैठ गए। बस देवतीर्थों की चर्चा चल पड़ी, जमकर सत्संग हुआ। बातों में पता ही नहीं चला कि कब शाम घिर आई। सूर्य का लाल दहकता गोला यमुना-जल में उतरने लगा। अहा! नदी किनारे सूर्यास्त कितना सुहाना लग रहा है! दूर क्षितिज में इसके इर्द-गिर्द कैसी रंगीन पेंटिंग बन-बिगड़ रही हैं। आखिर आज की यात्रा पूरी कर सूर्यदेव अस्ताचलगामी हुए, पर हमारी यात्रा तो अभी अधर में लटकी है।

हमारे दोनों मित्र डेढ़ घंटे का वादा कर चार घंटे बाद भी नहीं लौटे। 'सनम ने वादा किया था पाँच रोज का, उन्हें पता था कि दुनिया चार दिन की है।' हम यहाँ उनके इंतजार में घड़ियाँ गिन रहे हैं। वे नहीं आए, आया उनका फोन कि घंटे भर में पहुँच रहे हैं। संध्या में अँधेरे के साये जमीन पर उतरने लगे। यमुना किनारे ठंड का अहसास होने लगा। हमारी तरह बालू में बैठे अन्य स्त्री-पुरुष सब जा चुके हैं। सो यहाँ से उठकर हम लोग गोकुल की गलियों में घूमने लगे। आखिर नटखट कान्हा भी तो ग्वाल-बालों के साथ इन गलियों में धमा-चौकड़ी मचाते रहे होंगे। ये गलियाँ भी किसी तीर्थ से कम नहीं। इनके दर्शन का पुण्य लाभ अर्जित कर लेना क्या सौभाग्य की बात नहीं! पतली-पतली गलियों में पुराने जमाने के मकान हैं तो नए डिजाइन के आधुनिक मकान भी। यहाँ के लगभग सभी घरों में गऊ-सेवा और गौ-पालन जरूर होता है।

खैर, घंटा भर इन गलियों में घूमते-फिरते हाई-वे की ओर लौटने लगे। अचानक मित्र आनंद शर्मा का फोन आया कि हम पंद्रह मिनट में यमुना-पुल पर पहुँच रहे हैं, सो आप लोग भी वहीं पर मिलो। अँधेरा गहरा हो गया है। हम लोग चलकर पुल के पास हाई-वे पर एक दुकान की बेंच पर बैठे मच्छरों से हाथापाई कर रहे हैं। स्थिति ऐसी है कि इंतजार के अलावा हम कुछ कर भी नहीं सकते हैं। तब से अब तक यमुना में कितना पानी बह गया, धरती पर चहुँओर अँधेरे ने कब्जा कर लिया, पंछी कब के अपने नीड़ों में जा दुबके, पर हमारे इंतजार का कोई अंत नहीं है। खैर, पौन घंटे बाद हमारी उम्मीद की लाइट चमकी, रोशनी का फव्वारा फेंकती गाड़ी ठीक हमारे सामने आकर रुकी और हम सब झटपट गाड़ी में चढ़ बैठे। न हमने कुछ कहा, न उन्होंने कुछ कहा! अब तो गाड़ी अँधेरे को चीरती रमण रेती की ओर दौड़ रही है।

जब तक हम रमण रेती धाम पहुँचें, तब तक मैं यहाँ के बारे में आपको कुछ बता देता हूँ। पवित्र रमण रेती धाम पुराने गोकुल क्षेत्र में पड़ता है। पुराना गोकुल यहाँ से ज्यादा दूर नहीं है। बालकृष्ण अपने भैया बलदाऊ तथा गोप-ग्वालों के साथ यहाँ की रेती में खेल-कूद यानी रमण किया करते थे, इसलिए इसे 'रमण रेती धाम' कहा जाता है। यह रेती बड़ी पवित्र है, क्योंकि इसे देवदुर्लभ कान्हा का स्पर्श मिला, उनके नन्हे पद-चिह्न इस रेती में समाए हैं। रमण रेती धाम के ठीक सामने सड़क के बाईं ओर 'रमण वन' विकसित किया गया है। इसमें सैकड़ों की संख्या में स्वस्थ हिरन, कृष्ण मृग, शुतुरमुर्ग आदि वन्य पशु तीर्थयात्रियों के आकर्षण का केंद्र बने रहते हैं। यह भी बताया जाता है कि अक्रूर के साथ मथुरा के लिए निकलने से पूर्व भगवान् कृष्ण अंतिम बार यहीं पर श्रीराधाजी से मिले थे।

यहाँ के पूरे परिसर में यमुना-रेती (बालुका) बिछाई गई है। यहाँ तक कि अन्नपूर्णा भंडार-गृह (रसोई) में भी रेती पर बैठकर ही प्रसाद (भोजन) ग्रहण किया जाता है। इस रसोई में दोपहर एवं सायं में सैकड़ों लोग नित्य प्रसाद (भोजन) ग्रहण करते हैं। रमण रेती धाम बहुत लंबा-चौड़ा है। इसके बीचोबीच विशाल हॉल में श्रीराधा-कृष्णजी का मंदिर है, जहाँ बैठकर भक्तजन भजन-कीर्तन करते हैं। इसके दाहिनी ओर ऋषि-मुनि तथा वटुकों के लिए प्राचीन आश्रमों की तर्ज पर घास-फूस की बड़ी तरतीब से बनाई साफ-सुथरी छोटी-छोटी कुटियाँ हैं। इनकी दीवारों को गऊ-गोबर से लीपा गया है। इसी प्रांगण में बाईं ओर एक शिवमंदिर तथा दाईं ओर बलदाऊजी का मंदिर है। एक बड़े और खुले क्षेत्र में वृक्षों के नीचे पवित्र रेती तीर्थयात्रियों के बैठने के लिए बिछाई गई है, जिसमें श्रद्धालु बैठते, लोट-पोट होते भगवान् कृष्ण का स्पर्श महसूस करते हैं। पीछे के एक हिस्से में विशाल आधुनिक गौशाला है। इसी के निकट लाल पत्थर से बना एक विशाल सरोवर है, जिसमें सैकड़ों स्त्री-पुरुष स्नान कर सकते हैं।

श्रीरमणरेती धाम, गोकुल

रात्रि हो गई है, हम भी रमण रेती धाम आ पहुँचे हैं। गाड़ी सड़क किनारे खड़ी कर दी गई। मैं और आनंद शर्माजी रात्रि विश्राम के लिए कमरे की तलाश में निकले। यहाँ रमण रेती धाम की विशाल धर्मशाला है। इसके केयरटेकर पंडितजी से मिले। उन्होंने कमरे दिखाए, सादा कमरा डेढ़ सौ रुपए का तथा अटैच्ड बाथरूम वाला 250 रुपए का। हमने अटैच्ड वाला ग्यारह नंबर का कमरा लिया। इसमें दो बैड तथा बिस्तर पड़े हैं। एक गद्दा तथा दो कंबल पंडितजी ने और उपलब्ध करा दिए। मित्र आनंद शर्मा ने भाड़े की रसीद कटवा ली। मैं बाकी लोगों को लिवाने चला गया। वहाँ अपना सब सामान निकालकर गाड़ी धाम की ओर से निःशुल्क पार्किंग में खड़ी कर दी। हम सब लोग धर्मशाला में अपने कमरे में आ गए हैं। पहले शौचालय जाकर निबटे, हाथ-मुँह धोए। जीत भाई बाहर से चाय ले आए, चाय पी ली गई। सवा आठ से ज्यादा समय हो रहा है, सो शयन आरती में शामिल होने के लिए निकल पड़े। अच्छी-खासी ठंड हो गई है। नंगे पैर और भी ठंड लग रही है। खैर, शयन आरती में शामिल हुए। लगभग नौ बजे शयन आरती संपन्न हुई, प्रसाद ग्रहण किया। पुजारीजी ने सब भक्तों को प्रसाद दिया। आरती में बड़ा आनंद आया। मंदिर के पट बंद कर दिए गए। मंदिर भवन खाली होने लगा।

यहाँ से निकलकर हम अन्नपूर्णा रसोई में भोजन करने गए। वहाँ देखा कि भोजन-मंडप बंद होनेवाला है। वहाँ के भंडारीजी से पूछा तो वे बोले कि बाहर से थाली ले लो और शीघ्र आकर प्रसाद पाओ। थाली लेकर हम लोग रेती पर ही पंक्ति में बैठ गए। प्रसाद में आलू-पालक-मेथी की सूखी सुस्वादु सब्जी, दाल, चावल, रोटी है। भंडारीजी ने बड़े प्रेम से भोजन कराया। हम सब ने भरपेट खाया। यहाँ सायं सात बजे लंगर चल रहा था। दोपहर में भी यहाँ एक बजे से लंगर चलता है। यहाँ हजारों लोग नित्य भोजन करते हैं। इस अन्नपूर्णा रसोई को 'अन्नपूर्णा भंडार' भी कहते हैं। यहाँ नियमतः भोजन के बाद थाली धो-माँजकर यथास्थान रखनी होती है। हमने भी अपनी-अपनी थाली माँजकर यथास्थान पर रख दी और फिर अपने कमरे की ओर चल पड़े। अब ठंड बहुत बढ़ गई है। ठंडी-तीखी हवा चल रही है। पूरे परिसर में

नीरवता छाई हुई है, नीम शांति पसरी है। हम भी कमरा खोल अपने-अपने कंबल में दुबक गए। खूब मीठी नींद आई।

प्रातः छह बजे हम लोग जागे। आनंद शर्मा अभी सो रहे हैं। हम चारों निवृत्त होने के लिए दूर खेतों में निकल गए। हमने देखा कि यहाँ की व्यवस्था कितनी सुचारू और चाक-चौबंद है। बिल्कुल सेना की छावनी की तरह। ऋषि-मुनियों के लिए अलग शौचालय, आम जन के लिए अलग, इनमें भी पुरुषों के लिए अलग, महिलाओं के लिए अलग। वर्षों के बाद आज यहाँ हमने नीम की दातौन की। टहलते हुए कमरे की ओर लौटे। पुराने-विशाल पेड़ तरतीब से पंक्तिबद्ध खड़े हैं। सुंदर-सुंदर उद्यान, जिनमें रंग-बिरंगे फूल हँस रहे हैं। ओस कणों से आर्द्र पेड़-पौधे लगता है, इन्होंने अभी-अभी स्नान किया है। अहा! कान्हा का सान्निध्य पाकर ये सब कितने खुश हैं! रमण रेती धाम परिसर के आगे, यमुना के किनारे तक विशाल क्षेत्र में खेती होती है। आलू निकालने के बाद खेत अगली फसल यानी अगली बुवाई के लिए तैयार कर दिए गए हैं।

प्रातः का वातावरण बड़ा ही मनोरम है। सूर्योदय हो रहा है। यहीं एक टोंटी पर मुँह-हाथ धोए, कुल्ला किया। कमरे पर लौटे तो देखा, आनंद शर्मा अभी सो रहे हैं। उन्हें जगाया गया। हममें से स्नान किसी ने भी नहीं किया, क्योंकि आज फिर बिहारीजी से होली खेलकर दिल्ली लौटेंगे, सो फिर से भीगना पड़ेगा। आनंद शर्मा भी नित्य कर्म से निवृत्त हुए तो चाय पी ली गई। यात्रियों को नेक सलाह है कि जब भी वृंदावन में तीर्थयात्रा पर आएँ तो एक रात्रि का विश्राम रमण रेती धाम में अवश्य करें। वृंदावन या मथुरा की अपेक्षा यह सस्ता तो है ही, साथ ही शहरी कोलाहल, प्रदूषण एवं चिल्ल-पों से दूर एकदम प्राकृतिक एवं आश्रम के एकांतवास की अनुभूति देता है। यहाँ मोरों की कूक, पक्षियों की चहचाहट तथा अन्नपूर्णा रसोई के भोजन का स्वाद जीवन भर आप भुला नहीं पाएँगे।

पंडितजी को सूचित कर हम लोग धर्मशाला से बाहर निकल आए। जीतभाई पार्किंग से गाड़ी लेने चले गए, तब तक हम लोग 'रमण वन' के सामने खड़े हरिणों का कौतुक देखते रहे। युवा नर हरिणों में कैसी भिडंत हो रही है, जैसे अखाड़े में दो मल्ल जोर आजमाइश कर रहे हों। जो पीछे हटता है या हार मान लेता है, विजयी उसे दूर तक खदेड़कर दौड़ा देता है। यहाँ आए बहुत से तीर्थयात्रा लोहे की जाली में से इन्हें कुछ-न-कुछ खिला रहे हैं और हिरण बड़े प्रेम से खा रहे हैं। एक सज्जन तो रात की बची रोटी को टुकड़े-टुकड़े कर अपने हाथ से उनके मुँह में पकड़ा देते हैं। हिरण यहाँ सैकड़ों की तादाद में हैं और सबके सब स्वस्थ और चुस्त।

जीतभाई वाहन लेकर आ गए, हम सब इसमें सवार हुए और आगे 'ब्रह्मांड घाट' देखने पहुँचे, जो यहाँ से ज्यादा दूर नहीं है। यह पूरा इलाका पुराने गोकुल में लगता है। ब्रह्मांड घाट वह स्थान है, जहाँ पर माता यशोदा कान्हा को गोद में लेकर स्नान करने तथा

कपड़े धोने आया करती थीं, यहीं पर शिशु कान्हा ने मिट्टी खाई थी और माता यशोदा के डाँटकर मुँह से मिट्टी निकलवाने पर नटखट कान्हा ने मुँह के अंदर माँ को ब्रह्मांड के दर्शन कराए थे। इसलिए इस घाट को 'ब्रह्मांड घाट' कहा जाता है। यहाँ पर कृष्ण यानी कान्हा ने जो मिट्टी खाई थी, उस मिट्टी के लड्डू भी बेचे जाते हैं और तीर्थयात्री खरीदकर ले भी जाते हैं।

हम देख रहे हैं कि यहाँ पर तीर्थयात्रियों के दल के दल दर्शन करने आए हुए हैं। एक बड़े यात्रीदल को घाट पर बिठाकर पंडाजी का प्रवचन चल रहा है, वे तीर्थों पर किए जानेवाले दान की महिमा का बखान कर रहे हैं। एक दूसरे पंडाजी घाट पर खड़े-खड़े ही यात्री-समूह को दान की वही घुट्टी पिला रहे हैं। प्रसाद तथा कछुआ-मछली दाना बेचनेवाले दुकानदार अपनी अलग रट लगाए हुए हैं, जब कि न यहाँ कछुए हैं और न मछलियाँ। करण—यमुना जल इतना प्रदूषित है कि ये सब जीव इसमें जिंदा नहीं रह सकते। पर सब अपने-अपने धंधे में मशगूल हैं। यहाँ के मंदिर में दंडवत् प्रणाम कर हम वापस लौट पड़े।

थोड़ा दूर चलकर मोड़ पर एक ऊँचा टीला है, इसे ही पुराना गोकुल कहते हैं। जब बालक कृष्ण की जान लेने के लिए अत्याचारी कंस विभिन्न राक्षसों को भेजने लगा तो गोकुल असुरक्षित हो गया, तब नंदबाबा ने इस स्थान को त्याग दिया और दूर जाकर नया गोकुल बसाया। वाहन एक ओर खड़ा कर हम गोकुल के दर्शन करने टीले पर चढ़ते जा रहे हैं। यहाँ नंदभवन है। अब इस टीले पर नई बसावट हो गई है। कुछ लोगों ने बहुत सारे छोटे-छोटे मंदिर बना लिए हैं, जो यहाँ आनेवाले तीर्थयात्रियों को भ्रमित करते हैं। नंदभवन काफी लंबा-चौड़ा है। यहाँ के पंडा ब्रजभाषा भाषी हैं। एक ही परिसर में कई मंदिर बना लिए गए हैं। दाईं ओर एक कोठार जैसे बरामदे में माता यशोदा तथा कृष्ण कन्हैया के दर्शन किए।

अब हम लोग नंदभवन के उस द्वार पर हैं, जहाँ भगवान् भोलेनाथ स्वयं बालकृष्ण के दर्शन करने आए थे और माता यशोदा ने इस डर से कि मेरा नन्हा कान्हा ऐसे भयंकर रूपवाले साधु को देखकर डर न जाए, उन्हें टालते हुए तीन दिन तक इंतजार करवाया था। सो यहाँ आनेवाले दर्शनार्थी उस परिपाटी का मान रखते हुए दो-चार मिनट बाहर ठहरकर इंतजार करते हैं। अंदर चौरासी खंभोंवाला नंदभवन है। ऐसा कहा जाता है कि कितनी भी सावधानी रखकर गिनने पर खंभों की गिनती गड़बड़ा जाती है। मैंने गौर किया कि इन खंभों की बनावट में एकरूपता नहीं है। ये वास्तु की दृष्टि से अलग-अलग कालखंड के मालूम पड़ते हैं, पुजारी भी सत्य बताने के लिए तैयार नहीं होते हैं या उन्हें इनकी हकीकत मालूम नहीं।

दर्शन करने जाते समय एक नवयुवक पंडा मान न मान, मैं तेरा मेहमान की तरह

हमारे साथ लग गया। सिरफिरे की तरह बार-बार बोलने लगता, 'यहाँ यह करो, यहाँ यह करना है, उधर भी जाना है' इत्यादि। मैंने उसे लताड़ दिया, 'अरे भाई! तुम अपना गला क्यों दुखा रहे हो? चलो, चलते बनो!' इतना सुनकर वह दाएँ-बाएँ हो गया। यहाँ भली प्रकार दर्शन कर हम मंदिर से बाहर निकल आए हैं। टीले से नीचे उतरकर अपने वाहनों में सवार हुए। अब हम वृंदावन की ओर लौट रहे हैं। रास्ते में ही कृष्णभक्त रसखान की समाधि है, सो इसके दर्शन करने गए। पठान वंश में जन्म लेकर रसखान बिहारीजी के परमभक्त हुए, सो कृष्णभक्तों के दर्शन करना भी कम पुण्यकारी नहीं है। लाल पत्थर के ऊँचे चबूतरे पर स्थित समाधि में भक्तिरस की खान 'रसखान' चिरनिद्रा में लीन हैं। जूते नीचे उतारकर हम सब ने समाधि पर दंडवत् प्रणाम किया। प्रणाम किया उनकी भक्तिरस में पगी अभिलाषा को—'जो खग हों तो बसेरो करों नित''पाहन हों तो वही गिरि कौ।' सच्चा भक्त तो सदैव अपने प्रभु की निकटता चाहता है, फिर कृष्णभक्तों का तो कहना ही क्या!

रसखान की भक्ति से द्रवित मन लिये अब हम अपने वाहन में वृंदावन में प्रवेश कर चुके हैं। आज सब ओर कल से ज्यादा भीड़ नजर आ रही है। हर रास्ते पर तीर्थयात्रियों के रेले के रेले चले आ रहे हैं। आज वाहन का अंदर जा पाना संभव नहीं है। इसलिए विचार बना कि पहले रंगनाथजी के दर्शन कर लिए जाएँ। मंदिर की पार्किंग में गाड़ी खड़ी कर दी गई। एक चाय स्टॉल पर स्पेशल चाय बनवाकर पी ली गई। पहले हम 'गोपीश्वर महादेव' के दर्शन करने गए। ऐसा कहा जाता है कि वृंदावन धाम की यात्रा गोपीश्वर महादेव के दर्शन के बिना अधूरी ही रहती है, पूर्ण नहीं मानी जाती है। इस मंदिर का बड़ा माहात्म्य है। इसके बारे में बताया जाता है कि भगवान् भोलेनाथ योगीराज कृष्ण के अनन्य भक्त ठहरे। सो एक बार महारास के अवसर पर भोलेनाथ अपने आप को रोक नहीं पाए और महारास में शामिल होने के लिए 'निधि वन' आ पहुँचे।

निधि वन में महारास की नेत्री श्रीराधाजी की परम सखी ललिताजी ठहरीं। प्रवेश-द्वार पर सबकी जाँच-पड़ताल में भोले बाबा पकड़े गए। ललिता सखी ने मुसकराकर कहा, 'भोलेशंकर, आप भी? आप तो जानते ही हैं कि महारास में कोई पुरुष भाग नहीं ले सकता। महारास की पुरुष-आत्मा तो केवल श्रीकृष्ण हैं, बाकी सब तो स्त्री-आत्माएँ ही रहती हैं।' ललिताजी ने भोलेनाथ की प्रबल इच्छा को देखते हुए और उन्हें नाराज न करते हुए एक सुझाव दिया कि आप गोपी बनकर महारास में शामिल हो सकते हैं। बस फिर क्या था, भक्त तो अपने भगवान् के निकट पहुँचने के लिए कुछ भी करने को तैयार रहता है। सो भोलेबाबा गोपी बनकर महारास में शामिल हुए। भोलेशंकर के उसी नए रूप का यह 'गोपीश्वर महादेव मंदिर' अनन्य श्रद्धा का केंद्र है।

मंदिर जहाँ है, यह गली ज्यादा चौड़ी नहीं है। गलियाँ-सड़कें छोटी-छोटी हैं तो चौराहे भी छाटे-छोटे हैं। हर चौराहे पर उपलों तथा लकड़ियों से होली सजाई गई है और

उसके ऊपर बड़ी सजधज के साथ होलिका की गोद में भक्त प्रह्लाद की प्रतिमा विराजमान है। ऐसा दृश्य लगभग हर चौराहे पर देखने को मिलता है। खैर, हम लोग मंदिर के निकट पहुँचे। भक्तों की अपार भीड़! वैसे भी होली का अवसर है। मंदिर ज्यादा विशाल नहीं है। प्रवेश और निकास एक ही रास्ते से है, सो प्रवेश के लिए खासी मशक्कत करनी पड़ी। शिवलिंग का अभिषेक हो रहा है। हम सभी ने दोनों हाथों से शिवलिंग का स्पर्श कर प्रणाम किया। मंदिर से बाहर आने के लिए भी भारी मशक्कत करनी पड़ी।

पाँचों जन अब बिहारीजी के दर्शन के लिए यहाँ से पैदल ही चल पड़े। गलियों में बाएँ से दाएँ और दाएँ से बाएँ चलते हुए, भीगते, गुलाल-अबीर की बौछार सहते बाँके बिहारी मंदिर के प्रवेशद्वार पर पहुँचे। सभी ने साथ-साथ मंदिर में प्रवेश किया। कल की अपेक्षा आज भक्तों की भीड़ ज्यादा है। मंदिर प्रांगण में अबीर-गुलाल के बादल छा गए हैं। आगे कुछ भी दिखाई नहीं पड़ रहा है। नीचे फर्श पर रंग-गुलाल का एक फुट कीचड़-पानी खड़ा हो गया है। पर भक्तों का जोश-जुनून तनिक भी ढीला नहीं पड़ा है। भक्तों की रेलपेल है, सब एक रंग के हो गए हैं। बिहारीजी का परदा जैसे ही हटता है, 'बाँके बिहारीलाल की जय' के नारों से मंदिर गूँज उठता है। मेरे लिए भीड़ के दबाव को सहन कर पाना असंभव हो गया तो मैं और महेश भाई बिहारीजी की जय-जयकार करते हुए मंदिर के बाहर निकल सामने ही खड़े हो गए, ताकि अपने बिछुड़े साथियों को पकड़ सकें।

एक भक्त यहीं पर माखन-मिसरी का प्रसाद बाँट रहे हैं, हमने प्रसाद लेकर खाया। कुछ देर बाद दो साथी और आ गए। आनंदजी कहीं दिखाई नहीं पड़ रहे हैं। जीत भाई ने एक दुकान पर जूते उतारे थे, सो हम चारों वहीं आ गए। यहाँ भी आनंदजी नहीं हैं। जीत भाई और बिजेंद्र भाई आनंदजी को ढूँढ़ने निकले। ढूँढ़ते क्या, वे दोनों खुद जन-समुद्र में खो गए। उनका जाना हुआ कि आनंदजी आ गए। उन्होंने बताया कि वे तो सबसे पहले ही मंदिर से बाहर आ गए थे और हम सब को खोज रहे थे। अब हम तीन उन दो का इंतजार कर रहे हैं। वे दोनों तो दुबारा से मंदिर में होली खेलने जा पहुँचे थे, जब उनका जी भर गया तब वे बाहर आए। जहाँ हम खड़े हैं, इस रास्ते पर जमकर होली हो रही है। आनेवाला जानेवालों को और जानेवाले आनेवालों को नहीं बख्शते। रंग-गुलाल से अपने रंग मे रँग ही लेते हैं।

हम सब साथ-साथ अपने वाहन की ओर चले। रुकते-चलते, बाजार में कुछ खरीदारी करते लगभग एक घंटा शहीद हो गया। नंगे पैर, कपड़े भी लगभग भीगे हुए हैं, सो धूप बड़ी प्यारी लग रही है। पूरे रास्ते में बच्चे किसी को बख्शते नहीं, पिचकारी चला ही देते हैं। इसीलिए तो ब्रज की होली जगत्-प्रसिद्ध है। आखिर हम अपने वाहन पर आ पहुँचे। रंगजी का मंदिर बंद हो चुका है, शाम को ही खुलेगा, तब तक रुकना संभव नहीं है। अतः सीधे वापसी की यात्रा शुरू। लगभग एक बजे हम यहाँ से निकले। प्रातः

मंदिर जाते समय ही रास्ते में एक दुकान पर दो-दो पूड़िया खाई थीं, सो अब भूख लग आई है। छटीकरा रोड पर कई जगह भंडारे चल रहे है, सो यहीं पर चार-चार पूड़ी और आलू की सब्जी का भोग लगाया। अब भोजन की जरूरत नहीं रही, क्षुधा शांत हो गई।

छटीकरा मोड़ पर गाड़ी खड़ी कर पेड़े का प्रसाद खरीदा। यहाँ पेड़ा 240 रुपए प्रति किलो हैं। आज होलिका दहन है, सो तुरत-फुरत दिल्ली की राह पकड़ी। दिल्ली-मथुरा रोड पर कोसी के आसपास बेर के बाग हैं। बेचनेवाले सड़क किनारे ताजा बेर के ढेर लगाए बैठे हैं, कुछ रेहड़ियों पर लेकर खड़े हैं। गाड़ी रुकवाई। आनंद शर्मा अपने लिए चार किलो तथा महेशजी हम सबके लिए एक-एक किलो बेर ले आए। गाड़ी पुनः दिल्ली की ओर दौड़ पड़ी। आज जीतभाई को सबसे ज्यादा मशक्कत करनी पड़ी है। बहुत ज्यादा थक गए हैं, सो पलवल के आसपास एक होटल पर चाय-पानी के लिए रुके। चाय के साथ गोभी का पराँठा भी लिया। आनंदजी तो अपनी इच्छा को रोक नहीं पाए, सो खोखेनुमा दुकान से एक सिगरेट लेकर बड़े इत्मीनान और अपनेपन से होंठों के हवाले कर वायु प्रदुषण में सहयोग करने लगे। जल्दी से सबकुछ निपटाकर दिल्ली की ओर रुख किया। लगभग साढ़े चार बजे दिल्ली में प्रवेश कर गए। हर लालबत्ती और चौराहे पर गाड़ियों की लंबी-लंबी कतारें हैं। जगह-जगह जाम लगा है। छोटे-बड़े सभी को जल्दी है। ट्रैफिक जाम तो महानगरों के लिए अभिशाप है। आनंदजी का आग्रह है कि रानीबाग होकर निकलना है, वहाँ किसी को प्रसाद का डिब्बा देना है। भारी चिल्ल-पों और भीड़भाड़ के बीच लगभग साढ़े सात बजे रानीबाग (शकूरपुर) से निकले। यहाँ से मंगोलपुरी होते हुए प्रेमनगर आनंदजी को उनके घर पर उतारा। आनंदजी ने पहले ही फोन पर घर चाय के लिए आदेश कर दिया था, सो चाय तैयार मिली। चाय पीकर तथा आनंदजी से मिलकर जब यहाँ से निकले तो सायं के साढ़े आठ बज रहे हैं। कृपा बिहारीजी की कि किराड़ी फाटक बंद नहीं मिला और नौ बजते-बजते हम लोग अपने घर पर आ लगे। कॉलोनी में कहीं-कहीं होलिका दहन की तैयारी हो रही है।

बड़ी अद्‌भुत और आनंददायी रही यह तीर्थयात्रा। जब-जब होली आएगी, तब इस यात्रा की याद आए बिना न रहेगी। होली तो हर वर्ष खेली जाती है, खेली जाएगी, पर होली में वह आनंद कहाँ, जो मित्र आनंद और आनंदकंद बिहारीजी के साथ खेली, अद्‌भुत! अलौकिक!! अविस्मरणीय!!!

□

अथश्री जूनागढ़-डाकोर तीर्थयात्रा कथा

'तरति पापादिकं यस्मात्' यानी जिसके द्वारा मनुष्य पापादि से तर (मुक्त) जाए, उसे 'तीर्थ' कहते हैं। अथर्ववेद में तीर्थों का माहात्म्य बताते हुए कहा गया है कि बड़े-बड़े यज्ञों का अनुष्ठान करनेवाले पुण्यात्माओं को जो स्थान प्राप्त होता है, शुद्ध मन से तीर्थयात्रा करनेवाले को भी वही स्थान प्राप्त होता है—'तीर्थैस्तरन्ति प्रवति महीरिति यज्ञकृतः सुकृतो येन यन्ति।' महाभारत के वनपर्व में वेद व्यासजी ने तीर्थयात्रा का महत्त्व बताते हुए कहा है कि तीर्थयात्रा पुण्यकार्य है, यह सब यज्ञों से बढ़कर है—'तीर्थाभिगमनं पुण्यं यज्ञैरपि विशिष्यते।' वामन पुराण में वर्णन आया है कि तीर्थों का स्मरण पुण्य देनेवाला, तीर्थदर्शन पापों का नाश करनेवाला और तीर्थस्नान मुक्तिकारक है—'तीर्थानां स्मरणं पुण्यं दर्शनं पापनाशनम्। स्नानं मुक्तिकरं प्रोक्तमपि दुष्कृतकर्मण॥' स्कंद पुराण के काशीखंड में उल्लेख आया है कि मन के अंदर यदि दोष भरा है तो वह तीर्थस्नान से शुद्ध नहीं होता। मन यानी चित्त का निर्मल होना जरूरी है। अंत:करण का भाव शुद्ध न हो तो दान, यज्ञ, तप, शौच, तीर्थयात्रा और स्वाध्याय, ये सभी बेकार हो जाते हैं—'दानमिज्या तपः शौचं तीर्थसेवा श्रुतं तथा। सर्वाण्येतान्य तीर्थानि यदि भावो न निर्मलः॥' तीर्थ-सेवन भी प्रभुभक्ति का एक मार्ग बताया गया है।

हमारे मित्र आनंद शर्मा नववर्ष में अकसर तीर्थयात्रा पर जाया करते हैं, अकेले नहीं, दल-बल के साथ! सो नववर्ष 2017 की पाँचवीं तिथि को गुजरात के तीर्थों के भ्रमण का कार्यक्रम बना। इस बार के यात्री-दल में मित्र आनंद शर्माजी के समधी बनवारीलाल शर्माजी, चाचा रवि शर्मा, इनके गाँव रनहेरा के डॉक्टर वेद प्रकाश शर्मा, लाला जयप्रकाश गर्ग तथा मुंबई से आकर जामनगर स्टेशन पर मिले भाई निरंजनलाल शर्मा उपाख्य 'लालाभैया' एवं दिल्ली पुलिस से सेवानिवृत्त चौ. वीरेंद्र सिंहजी। हर बार कुछ नए तीर्थयात्री जुड़ते हैं तो सब तीर्थों पर पुन:-पुन: जाना होता है। अत: पिष्टपेषण से बचते हुए एक रात्रि द्वारका तथा एक रात्रि सोमनाथ में ठहरकर हम लोग नौ जनवरी को स्नानादि कर प्रात: साढ़े छह बजे बस द्वारा सोमनाथ से चलकर लगभग साढ़े आठ बजे जूनागढ़ पहुँच गए।

संयोग ऐसा बना कि आनंदजी के मित्र बाबा अगस्त्य गिरीजी भी अचानक तीर्थदर्शन की इच्छा से कल ही जूनागढ़ पहुँचे हैं। बाबाजी का दिल्ली के मोतीबाग में अपना आश्रम है। वे गिरनार की तलहटी में स्थित जूना अखाड़ा आश्रम में ठहरे हुए हैं। यहाँ आम लोगों को रहने की इजाजत नहीं है, केवल बाबा लोग ही ठहरते हैं। बसअड्डा से ऑटो पकड़ हम लोग जूना अखाड़ा आ गए और बाबाजी से मिले, उनके चरण स्पर्श कर आशीर्वाद लिया। उनके आग्रह पर अखाड़े की 'अन्नपूर्णा रसोई' में चाय-नाश्ता किया। फिर जूनागढ़ दर्शन का कार्यक्रम बनाने लगे कि उसी समय एक ऑटोवाला वहाँ आ पहुँचा, वह जूना अखाड़ा के महंतजी का परिचित निकला। ऑटो ड्राइवर की उम्र है लगभग साठ वर्ष और उनका नाम है श्रीमान गोस्वामी। बातचीत से पता चला कि वे यहीं के बाशिंदे हैं, उन्हें जूनागढ़ के चप्पे-चप्पे और यहाँ के इतिहास की अच्छी जानकारी है। ड्राइवर के साथ-साथ वे एक अच्छे गाइड भी हैं। पहले तो उन्होंने हमें गिरनार तलहटी में ही 'श्री सनातन हिंदू धर्मशाला' में दो-दो सौ रुपए में दो शानदार कमरे दिलवाए। सो कमरों में अपना सामान रखकर जूनागढ़ दर्शन के लिए निकल पड़े। बाबा अगस्त्य गिरीजी भी हमारे साथ हैं।

चलते-चलते ही आपको बता दूँ कि पौराणिक काल से ही जूनागढ़ एक तपोभूमि और अध्यात्म का केंद्र रहा है। नगर के पश्चिम में रेलवे स्टेशन तथा पूरब में गिरनार पर्वत है, इसे 'गिरि नगर' भी कहा जाता है। आज भी गिरनार तलहटी में सैकड़ों मंदिर हैं। वृंदावन की तरह यहाँ आठों पहर चहल-पहल बनी रहती है। गिरनार अत्यंत पवित्र पर्वत है। इसका नाम 'रैवत गिरि' तथा 'उज्जयंत' भी है। श्रीकृष्ण के बड़े भ्राता बलदाऊ का यहाँ ससुराल है, रैवतक की पुत्री रेवती से उनका विवाह हुआ। बलराम ने यहीं पर द्विविद राक्षस का वध किया था। लंबे समय तक यह यादवों की क्रीड़ा-भूमि रहा। भगवान् दत्तात्रेय यहाँ गुप्त रूप से आज भी विराज रहे हैं। संसार-प्रसिद्ध नरसी को यहीं पर भगवान् का साक्षात्कार हुआ। कालयवन के खात्मे के साथ लीलाधारी श्रीकृष्ण को एक नाम 'रणछोड़राय' यहीं पर मिला। जैनियों के लिए भी यह अत्यंत पवित्र स्थान है। बब्बर शेरों के लिए जगत्प्रसिद्ध 'गिरि फॉरेस्ट' यहीं पर है। यहाँ के बारे में कहा जाता है—

सोरठ देश सुहावनो सुंदर गढ़ गिरनार।
वीर, शेर, पर्वत, गुफा योगी तपे निहार॥

हमारा ऑटो वापस जूना अखाड़ा के पास भगवान् भवनाथ महादेव मंदिर पर रुका। भूतेश्वर भोलेशंकर यहाँ स्वयं भवनाथ महादेव के रूप में विराजमान हैं। यह बड़ा ही प्रसिद्ध और भव्य मंदिर है। हम सभी ने पुष्प अर्पित कर भगवान् भवनाथ को दंडवत् प्रणाम किया। साथ में दाईं ओर मृगी कुंड है, जिसका निर्माण राजा भोज ने कराया था। यहाँ माघ की नौवीं से बड़ा मेला शुरू होकर शिवरात्रि तक चलता है।

गिरनार की गुफा-कंदराओं में तपस्या-साधना कर रहे सैकड़ों नागा संन्यासी इस दिन यहाँ पूजा-अर्चना करने आते हैं और रात्रि में मृगी कुंड में स्नान कर लौट जाते हैं। इसके ठीक सामने 'वस्त्रपथेश्वर महादेव' का मंदिर है। यह उपेक्षित हालत में है। सड़क के उस ओर 'अनसूया मंदिर' है, यहीं पर माता अनसूया ने त्रिदेव ब्रह्मा, विष्णु, महेश को बालक रूप देकर उन्हें नग्नावस्था में भोजन कराया था। यहाँ से चलकर हम 'दामोदर कुंड' पर आ गए। सीढ़ियों से नीचे उतरकर पवित्र जल से आचमन किया, फिर चौरासी खंभों वाले प्राचीन 'राधा-दामोदर मंदिर' में दर्शन किए। यह मंदिर भगवान् श्रीकृष्ण के वंशज वज्रनाभ ने बनवाया था। यहीं पर भगवान् कृष्ण ने अंतिम बार दर्शन देकर नरसी को माला पहनाई थी। इसके ठीक सामने 'रेवती कुंड' है। सौभाग्यवती स्त्रियाँ इसमें श्रद्धापूर्वक स्नान करती हैं। यहीं पर महाप्रभुन की बैठक है। थोड़ा आगे इसी के सामने 'मुचुकुंदेश्वर महादेव मंदिर' तथा 'मुचुकुंद गुफा' है। यहीं पर श्रीकृष्ण ने गुफा में सो रहे राजा मुचकुंद से कालयवन को भस्म कराया था। यहाँ मंदिर में गणेश, देवी, पंचमुखी हनुमान, एक ओर नीलकुंठ महादेव और गुफा में कालीजी की मूर्तियाँ हैं। सब लोग गुफा में अंदर घुसे और वापसी में यहाँ के धूना की भभूत का प्रसाद लिया।

यहाँ भली प्रकार दर्शन कर हम आगे बढ़े तो थोड़ी ऊँचाई वाले साफ-सुथरे मार्ग पर हमारा ऑटो ठहर गया। गोस्वामीजी ने बताया कि यहाँ पर माता वाघेश्वरी का पाँच सौ साल पुराना मंदिर है। हम लोग सीढ़ियाँ चढ़कर ऊपर गए, माता वाघेश्वरी को दंडवत् प्रणाम किया। इसके साथ ही बाईं ओर गायत्री देवी का भव्य मंदिर है, यहाँ नवरात्रों में मेला लगता है। ये दोनों स्थान बिल्कुल पहाड़ के ढलान पर हैं। यहाँ से सीधे चलकर जूनागढ़ का प्रसिद्ध स्वामीनारायण मंदिर देखने आ पहुँचे हैं। बड़ा ही भव्य मंदिर है, राधा-कृष्ण की ऐसी नयनाभिराम झाँकी है कि अपलक देखता रह जाता हूँ, नजर हटती नहीं है, व्यक्ति अपनी सुधबुध भूल जाता है। इसके बाईं ओर इनका संस्कृत विद्यालय तथा सभामंडप है। यहाँ यात्रियों के ठहरने के लिए इनके पास सैकड़ों कमरे हैं। लगभग बारह बज रहे हैं, सो स्वामीनारायण मंदिर की रसोई में भोजन किया। भोजन में आलू-टमाटर की सब्जी, झोल, मीठा दलिया, खिचड़ी, पापड़ और लस्सी है। भोजन बड़ा ही स्वादु, सात्त्विक एवं पाचक है। अब धूप तेज हो गई है, गरमी लगने लगी है, सो जाकेट, स्वेटर आदि उतार दिए।

अब हम जूनागढ़ का किला देखने आए हैं। हमें यहाँ छोड़कर ड्राइवर साहब भोजन करने चले गए। यह किला मथुरा के राजा उग्रसेन ने बनवाया था। जब श्रीकृष्ण द्वारका के राजा थे, तब यह यादवों का क्रीड़ा-स्थल रहा। सब लोग आगे निकल गए, मैं थोड़ा पीछे रह गया, किले के प्रवेश द्वार की बाईं दीवार पर मैं यह देखकर ठिठक गया कि वहाँ नन्हे-मुन्ने बच्चों की बहुत सारी फोटो लगी हैं। नीचे ध्यान दिया तो अगरबत्ती भी

जल रही है, लेकिन स्थान बहुत गंदा सा है। यहाँ आसपास कोई नहीं है। किले के अंदर से आ रहे एक व्यक्ति से मैंने इस बारे में पूछा तो उसने बताया कि यहाँ पुत्र-प्राप्ति के लिए मन्नत माँगी जाती है, जिनकी मन्नत पूरी हो जाती है, तो वे माताएँ अपने बच्चे की एक फोटो भेंटस्वरूप यहाँ लगा जाती हैं। किले के अंदर देखने के लिए ज्यादा कुछ नहीं है। एक कोने पर छोटी-बड़ी दो तोपें, बीच में पानी के संचय के लिए 310 फीट गहरी बाव तथा 171 फीट गहरा कुआँ है तथा ऊपर की ओर मंडपनुमा महल है। बाकी उजाड़ पूरे किले में झाड़-झंखाड़ खड़े हैं। गरमी से थके हम सब ने यहाँ ठंडे तरबूज का आनंद लिया।

यहाँ से निकलकर अब हमारा ऑटो जगमल चौराहे के पास 'नरसी चौरा' आ पहुँचा है। भक्त नरसी अपने परिवार के साथ यहीं रहा करते थे। अब यहाँ भगवान् दामोदर तथा नरसी की मूर्तियाँ विराजमान हैं। इसी के ठीक सामने नरसी अपने कीर्तनियों के साथ हरि-कीर्तन करते हुए सबकुछ भूल जाते थे। यह बड़ा ही पावन तीर्थ है कि यहाँ विभिन्न रूपों में आकर भगवान् कृष्ण बावन बार नरसी के सहाई बने, उनके बिगड़े काम बनाए। यहाँ के पुजारीजी ने यहाँ के माहात्म्य की विस्तृत कथा सुनाई और भगवान् का भोग लगा प्रसाद दिया। उनकी पीड़ा है कि भक्त लोग यहाँ न के बराबर ही आते हैं। इस मंदिर के ऊपर के हॉल में नरसी के जीवन की चित्र-प्रदर्शनी देखी, फिर भक्त और भगवान् को दंडवत् प्रणाम कर हम 'इंद्रेश्वर महादेव' मंदिर देखने के लिए निकल पड़े। यह नगर से लगभग बारह किमी. दूर जंगल में है। जब तक हमारा ऑटो वहाँ पहुँचे, तब तक मैं आपको इस प्राचीन मंदिर के माहात्म्य के बारे में बताए देता हूँ।

कहा जाता है कि सत्युग में जब देवताओं के राजा इंद्र ने गौतम ऋषि की पत्नी अहल्या के साथ छल से व्यभिचार किया तो ऋषि ने उसे शाप दिया। उस शाप से मुक्ति के लिए इंद्र ने यहाँ घोर तपस्या कर भगवान् भोलेनाथ को प्रसन्न किया। भोलेनाथ ने उसे शाप से मुक्ति दिलाई। तब इंद्र ने इस स्थान पर शिवमंदिर (शिवालय) बनवाया, इसे ही 'इंद्रेश्वर महादेव मंदिर' कहा जाता है। इस प्रकार से यह पूरा क्षेत्र तप और साधना का क्षेत्र है। कालांतर की विस्मृति के बाद यह फिर प्रसिद्ध हुआ। कुछ सौ वर्ष पहले यानी संवत् 1470 में भक्त शिरोमणि नरसी का जन्म जूनागढ़ में मेहता ब्राह्मण परिवार में हुआ। कुछ लोग उनका जन्म जूनागढ़ के पास ही स्थित 'तलाजा' गाँव में मानते हैं। बाल्यावस्था में उनके माता-पिता का देहांत हो गया तो वे बड़े भाई बणसीधर के आश्रित हो गए। विवाह भी हो गया। पत्नी माणिकबाई दिनभर घर के सारे काम करतीं और नरसी गाय चराने से लेकर पशुधन की देखभाल का जिम्मा सँभालते। थोड़ा समय निकालकर भोलेशंकर की पूजा, साधु-संतों की सेवा तथा सत्संग भी कर लिया करते। उनकी भाभी दुरतिगौरी बड़ी कर्कशा थी, भक्तिभाव

वाले नरसी उसे फूटी आँख नहीं सुहाते थे। उनका सत्संग में जाना भाभी की आँखों में खटकता। पूरे दिन कमरतोड़ काम करते के बावजूद उन्हें जली-कटी सुनाने तथा प्रताड़ित करने का कोई न कोई कारण वह ढूँढ़ निकालती।

एक बार उनके भाई किसी काम से बाहर गए थे। भाभी ने खूब खरी-खोटी सुनाकर नरसी को घर से निकाल दिया। पत्नी माणिकबाई बेचारी घर में विलाप करती रह गई। नरसी 'क्या करूँ, क्या न करूँ' की स्थिति में दुःखी मन से जंगल में कोसों दूर निकल गए। भूख-प्यास से बेहाल जब पैर डगमगाने लगे, आँखों के आगे अँधेरा छा गया तो एक वटवृक्ष की छाया में बैठ आँख मूँद विचार करने लगे—'वर्षों से मैं शिवजी की पूजा करता हूँ। सावन भर उन्हें पुष्प, बेलपत्र आदि चढ़ाता हूँ, क्या भोलेनाथ मेरी कोई मदद नहीं करेंगे?' यही सोचते हुए नरसी की दृष्टि पास ही स्थित एक जीर्ण-शीर्ण शिवाले पर पड़ी। वहाँ एक सरोवर भी था। कपड़े उतार सरोवर में स्नान किया और बेलपत्र, पुष्प आदि से शंकर की पूजा की, फिर शिवलिंग पर माथा टेककर फूट-फूटकर रोने लगे—"हे भोलेनाथ! आप प्रसन्न होइए, नहीं तो मैं अन्न-जल का त्याग करते हुए यहीं पर अपने प्राण त्याग दूँगा।" इसी बेसुध अवस्था में नरसी सात दिन सात रात पड़े रहे। सातवीं रात्रि में भोलेनाथ साक्षात् प्रकट हुए और नरसी के सिर पर स्नेहपूर्वक हाथ रखते हुए बोले, "वत्स! मैं तुम्हारी तपश्चर्या से अत्यंत प्रसन्न हूँ। तुम अपनी इच्छा से कोई वरदान माँग लो।" नरसी भावविभोर होते हुए बोले, "प्रभु! मैं क्या माँगूँ, आपको जो सबसे प्रिय हो, वही मुझे दे दो।"

भोलेनाथ मुसकराए, "वत्स, इस चराचर जगत् में श्रीकृष्ण से अधिक प्रिय वस्तु मेरी नजर में दूसरी कोई नहीं है। आओ, मैं तुम्हें उनके दर्शन करा दूँ।" भोलेनाथ ने भक्तराज नरसी को दिव्य देह प्रदान की और फिर उन्हें लेकर दिव्य द्वारका के लिए प्रस्थान किया। पूनम की रात्रि में सोलह सहस्र गोपिकाओं के साथ महारास में भक्त नरसी को मशाल उठाने की सेवा मिली और वे उसे लेकर रासमंडल के बीचोबीच खड़े हो गए। नरसी प्रभुभक्ति में इतने लीन हो गए कि झूमते हुए कब आग कपड़े में लगी और उनका हाथ ही मशाल की तरह जलने लगा, उन्हें पता ही नहीं चला। रास की समाप्ति पर भगवान् कृष्ण की दृष्टि उनके जलते हाथ पर पड़ी, उन्होंने आगे बढ़ आग बुझाई। काफी समय तक नरसी दिव्य द्वारका में रहे। फिर एक दिन भगवान् कृष्ण ने उन्हें जूनागढ़ में जाकर अनन्य भाव से भक्ति करते रहने के लिए राजी कर लिया और अपनी प्रतिमा तथा करताल दे पीतांबर और मयूरपुच्छ का मुकुट पहना दिया, फिर योगेश्वर बोले, "अपने भक्त मुझे सबसे प्रिय हैं। भक्त, जब भी तुम पुकारोगे, मैं फौरन चला आऊँगा।" और भगवान् ने अपना वचन निभाया। आज से कुछ सौ वर्ष पूर्व नरसी पर आए संकटों में एक-दो बार नहीं, बावन बार आकर भगवान् श्रीकृष्ण ने उनकी मदद की। जीवनपर्यंत नरसी भगवान्

श्रीइंद्रेश्वर महादेव मंदिर, जूनागढ़

दामोदर (श्रीकृष्ण) के भजन-कीर्तन में मस्त रहे। अब तक केवल तीन ही भक्त ऐसे हुए हैं, जो सदेह बैकुंठ धाम गए हैं, वे हैं—कबीर, तुकाराम और नरसी मेहता।

हमारा ऑटो भी मंदिर की सीमा में आ पहुँचा है। आज भी यहाँ जंगल है। यह इंद्रेश्वर महादेव मंदिर पहाड़ी के ढलान पर स्थित है। मंदिर की कुछ सीढ़ियाँ चढ़कर बारी-बारी से सभी ने शिवलिंग पर दंडवत् प्रणाम किया। मंदिर के बाहर हाल ही में स्थापित धवल-दूधिया संगमरमर की भोलेनाथ की प्रतिमा हर तीर्थयात्री को अपने आकर्षण में बाँध लेती है। प्रतिमा अलौकिक और दिव्य आभा से देदीप्यमान है। इसके पीछे बाईं ओर इंद्र गुफा है, जहाँ बैठ इंद्र ने तपस्या की थी। इसी प्रांगण में दाहिनी ओर कुछ सीढ़ियाँ चढ़कर एक मंदिर एवं आश्रम है, जहाँ के महंत अगस्त्य गिरीजी के परिचित निकले, सो मीठी-मीठी चाय के साथ स्वामीजी का मधुर प्रवचन भी सुनने को मिला। दर्शन करने के बाद मंदिर के बाहर कुछ साथी धूम्रपान कर सुस्ता रहे थे कि बनवारीलालजी ने बताया कि ड्राइवर साहब के रिश्तेदारी में गमी हो गई, संकोचवश वे कह नहीं पा रहे हैं। तुरंत सब लोगों ने कहा कि ड्राइवर साहब, आप पहले ही बता देते, चलिए, हमें धर्मशाला पर छोड़ दीजिए। लगभग चार बजे हैं, उन्होंने हमें हमारे डेरे पर उतार दिया और हमने उनके द्वारा बताया किराया ग्यारह सौ रुपए देकर उन्हें सधन्यवाद विदा किया।

हमारे ज्यादातर साथी थक गए और घूमने के अनिच्छुक भी थे, सो विचार बना कि शाम को गिरनार पर्वत की चढ़ाई करेंगे। अगस्त्य गिरीजी भी एक-डेढ़ घंटा ठहरकर और सायं आठ बजे जूना अखाड़ा में भोजन पर मिलने को कहकर चले गए। लेकिन

भाई लोगों का आराम इतना लंबा खिंचा कि शाम हो गई। कोई भी गिरनार की ओर नहीं गया। मैं और बनवारीलालजी बिना आराम किए इधर-उधर घूमते रहे। हम दोनों सायं को भवनाथ महादेव मंदिर की आरती में शामिल हुए। यहीं पास के एक मंदिर में अखंड कीर्तन चल रहा है। रात्रि को आठ बजे जूना अखाड़ा की अन्नपूर्णा रसोई में हम सबने भोजन किया और टहलते हुए अपने डेरे पर लौट आए। जहाँ हम ठहरे हुए हैं, यहीं से गिरनार की चढ़ाई शुरू होती है, सो यहाँ खासी चहल-पहल रहती है। आसपास के मंदिरों में हो रहे भजन-कीर्तन और घंटों का मधुर घंटनाद सुनाई पड़ रहा है। यहाँ का वातावरण बड़ा रमणीक और मन को सुकून देनेवाला है। गिरनार चढ़ाई के रास्ते पर लगाई गई लाइटें दूर से ऐसी प्रतीत हो रही हैं, जैसे गिरनार बाबा के गले में मणियों की मालिका दिपदिपा रही हो!

रात्रि को सब लोग बैठे तो आनंदजी गिरनार के तीर्थों की कथा सुनाने लगे, अब कलियुग का असर कहिए या कुंभकर्ण की कृपा कि जल्दी ही अधिकतर साथी खर्राटे लेने लगे, मैं भी अपने कमरे में आकर कंबल तानकर सो गया। प्रातः में चौ. साहब, मैं और बनवारी लालजी तो जल्दी ही जाग गए और नहा-धोकर तैयार हो गए। अभी बाहर घुप्प अँधेरा है, कुछ दिखाई नहीं पड़ रहा है। हम तीनों लोग बाहर गए तो, पर चाय पीकर वापस लौट आए। जब तक उजाला हो, तब तक आपको गिरनार के बारे में बताए देता हूँ। यह अत्यंत पवित्र और पूज्य पर्वत है। जिस प्रकार उत्तर भारत में वैष्णो की चढ़ाई और गोवर्धन की परिक्रमा होती है, उसी प्रकार यहाँ प्रतिवर्ष कार्तिक शुक्ल एकादशी से पूर्णिमा तक गिरनार की परिक्रमा होती है। इसकी चढ़ाई में ९९९९ सीढ़ियाँ हैं। आबालवृद्धनारीनर सब श्रद्धाभाव से चढ़ाई करते हैं। दूर-देहात से झुंड-के-झुंड परिक्रमा करने आते हैं। जब हम तड़के जागे थे तो हमारे बराबर वाले कमरों से कितने ही तीर्थयात्री पिट्ठू बैग लादे तथा हाथ में छड़ी लिये चढ़ाई के लिए निकल रहे थे।

चढ़ाई के शुरू में ही हनुमानजी का मंदिर तथा दूसरी ओर रामदरबार है। ऊपर तक अलग-अलग पड़ावों पर पवित्र स्थान तथा मंदिर हैं। ढाई हजार सीढ़ियाँ चढ़ने पर भर्तृहरि गुफा है, जिसमें भर्तृहरि तथा गोपीचंद की मूर्तियाँ हैं। इस प्रकार उत्तरोत्तर बढ़ते हुए राजुलजी की गुफा, सातपुड़ा कुंड, जिसमें सात शिलाओं के नीचे से जल आता है। कुंड के पास गंगेश्वर और ब्रह्मेश्वर मंदिर हैं। आगे अंबिका शिखर है, यह गिरनार का प्रथम शिखर है, यहाँ देवी का विशाल मंदिर है, जो 51 शक्तिपीठों में गिना जाता है। इसके आगे गोरक्ष शिखर है, जहाँ गुरु गोरखनाथ ने तपस्या की थी, यहाँ उनका धूना तथा चरण-चिह्न स्थापित हैं। आगे के दत्त शिखर में भगवान् दत्तात्रेय का तपःस्थान है, यहाँ उनकी चरण-पादुकाएँ हैं। साथ के नेमिनाथ शिखर में स्वामी नेमिनाथजी की काले पत्थर की मूर्ति है और दूसरी शिला पर उनके चरण-चिह्न अंकित हैं। इसके आगे है

महाकाली शिखर, यहाँ गुफा में महाकाली की मूर्ति तथा उनका खप्पर विराजमान है। थोड़ा आगे ही पांडव गुफा है, कहा जाता है कि पांडव यहाँ आए थे। नीचे की ओर उतरकर सीतामढ़ी में रामकुंड और सीताकुंड नामक दो कुंड हैं। इसके बाद पोला आम, भरत वन, हनुमानधारा, जटाशंकर आदि तीर्थ हैं।

उजाला हो गया है, पौने सात बज रहे हैं। हमारे बाकी साथियों में कोई अभी लेटा है तो कोई कंबल में ही बैठा है। अत: हम तीनों ही गिरनार तलहटी में आ पहुँचे हैं। गिरनार की प्रथम सीढ़ी पर हमने मत्था टेका। आगे बढ़े तो दाएँ-बाएँ झुंड के झुंड हनुमान बंदर यानी लंगूर दिखाई पड़े। यात्री उनको कुछ न कुछ खिलाते हुए आगे जाते हैं। सीढ़ियों वाले चढ़ाई मार्ग के दोनों ओर प्रसाद, फोटो, किताब, खट्टी-मीठी गोलियों, नीबूपानी तथा जरूरत की अन्य वस्तुओं की अस्थायी दुकानें सजी हैं। कितने ही यात्री आ-जा रहे हैं। प्रकृति का दीदार करते हुए हम लोग 425वीं सीढ़ी पर एक ओर बने छतरीनुमा विश्राम-स्थल में थोड़ा बिरमाए। इतनी सी चढ़ाई में ही शरीर में गरमी आ गई, जबकि अभी भी कड़क ठंड है। सूर्य-रश्मियाँ पर्वत की चोटियों पर फैल रही हैं। बनवारीलालजी ने यहाँ हमारे कई फोटो उतारे। थोड़ा सुस्ताकर आगे बढ़े। इस प्रकार हम 625वीं सीढ़ी पर, जहाँ से एकदम मोड़ है, गिरनार को प्रणाम कर हम लौट पड़े। अब ज्यादातर टैंटनुमा दुकानें खुल गईं या खुल रही हैं। 400वीं सीढ़ी पर अभी-अभी एक टैंट का द्वार खुला, यहाँ जोड़ों के दर्द का तेल, मंजन, कब्जनाशक चूर्ण आदि बेचा जा रहा है। भगवा वेशधारी बाबाटाइप इसके मालिक बोल नहीं रहे हैं। उन्होंने वहाँ रखी बड़ी केतली से चाय लेकर पीने का इशारा किया। स्टील की छोटी-छोटी प्लेटों में हमने चाय ले ली। मैंने और चौधरी साहब ने तेल लेकर घुटनों पर मला। उन्होंने मंजन आदि खरीदा। यहाँ से नीचे उतरे तो 200वीं सीढ़ी पर से दर्दनाशक तेल खरीदा। क्योंकि जीतभाई ने हमें यहीं से तेल लेकर आने को कहा था। यहाँ से हम आठ-दस सीढ़ी ही उतरे थे कि आनंदजी और रवि चाचा आते दिखाई दिए। ये ऊपर को गए और हम नीचे की ओर। हम लोग नीचे आए तो देखा कि तीनों आलसी लोग पत्थर की कुरसियों पर बैठे गप्पें हाँक रहे हैं। इन लोगों ने ऊपर जाने की हिम्मत नहीं दिखाई और इन्हीं के चलते हम लोग गिरनार की

पवित्र गिरनार की चढ़ाई में विश्राम

चढ़ाई करने से वंचित रह गए, जबकि इस बार हम चढ़ाई का कार्यक्रम बनाकर आए और इस निमित्त जूनागढ़ में एक रात्रि रुके भी।

यहाँ से हम लोग सीधे जूना अखाड़ा चले आए, यहीं चाय-नाश्ता किया। अगस्त्य गिरीजी जानेवाले हैं और हमें भी डाकोर के लिए ट्रेन पकड़नी है, सो बाबाजी के चरण-स्पर्श कर आशीर्वाद लिया और यहीं से स्टेशन के लिए ऑटो कर धर्मशाला पर ले आए। लगभग पौने दस बज रहे हैं। यहाँ का हिसाब-किताब कर ऑटो में बैठ स्टेशन आ गए हैं। जूनागढ़ रेलवे स्टेशन के सामने गीता लॉज में खाना खाने गए। गीता लॉज जैसा भोजन पूरी यात्रा में कहीं नहीं मिलता है। मैंने अपने और आनंदजी के लिए दो थालियाँ पैक करवा लीं। आज का यह भोजन लाला भैया के सौजन्य से है। लगभग साढ़े ग्यारह बजे जबलपुर मेल आ पहुँची और हम सब इसमें सवार हो गए। दिनभर गाड़ी रुकती-दौड़ती रही। लगभग साढ़े आठ बजे वडोदरा स्टेशन पर पहुँच गए, गोधरा पहुँचने तक रात के ग्यारह बज जाएँगे। वहाँ ठहरने की भी कोई व्यवस्था नहीं है। आनंदजी की एक मित्र वहाँ मिलने आईं, उन्होंने सुझाव दिया कि गोधरा जाने के बजाय वडोदरा से बस पकड़ें तो ग्यारह से पहले ही डाकोर पहुँचा देगी।

तुरत-फुरत सामान उतार लिया गया। अपना-अपना सामान उठा बस अड्डा आ गए। बस अड्डा क्या है, आलीशान मल्टीस्टोरी बिल्डिंग है। साफ-सफाई ऐसी कि मक्खी भी फिसले। सख्त जाँच-पड़ताल, बीड़ी-सिगरेट भी अंदर नहीं ले जा सकते, पीना तो दूर की बात! पूरा परिसर रोशनी में नहाया हुआ, यहाँ दिन और रात का भेद ही मिट गया है। वेटिंग-हॉल में यात्रियों के बैठने की शानदार व्यवस्था है। अलग-अलग दिशाओं में जानेवाली बसें अपने-अपने स्टैंड पर आकर रुकती हैं, यात्रियों को बिठा आनन-फानन में अपने गंतव्य की ओर निकल जाती हैं। इन्क्वारी पर पता किया तो डाकोर जानेवाली बस नौ बजे निकल चुकी है, अब अगली बस रात्रि को ढाई बजे जाएगी। हम सब लोग तो अपने-अपने कंबल निकाल लंबे हो गए, पर रवि चाचा और बनवारीलालजी समय बिताने के लिए ताश खेलते रहे। अंततः हमने प्रातः साढ़े चार बजेवाली बस पकड़ी। मैं और बनवारीलालजी बाईं ओर की सबसे आगेवाली सीट पर बैठे, बाकी साथी अपनी सुविधानुसार बैठ गए। बस में टी.वी. लगा है, उस पर गुजरात के धार्मिक स्थलों की जानकारी आ रही है। सपाट सड़क पर बस सरपट दौड़ी चली जा रही है। बाहर केवल लाइटें ही लाइटें दिखाई पड़ रही हैं। आकाश में बूढ़ा चाँद हमारे बाईं ओर साथ-साथ दौड़ रहा है। कभी वह पीछे रह जाता है तो कभी ओझल और फिर कुछ ही पलों में मेरी खिड़की से झाँकने लगता है। इस तरह चंदामामा बराबर आँख-मिचौली करते रहे। बस अपने गंतव्य की ओर दौड़ रही है, जब तक यह डाकोर पहुँचे, मैं आपको पावन तीर्थ डाकोर के बारे में ही कुछ बताए देता हूँ।

डाकोर गुजरात के खेड़ा जिला में एक छोटा सा कस्बा है। यहाँ की आबादी 30-40 हजार से ज्यादा नहीं है। इसमें भी ब्राह्मणों की आबादी अधिक है। पहले यह एक गाँव भर था। देशभर में इसकी प्रसिद्धि का एकमात्र कारण है—भगवान् रणछोड़राय का मंदिर। यह वैष्णवों का पावन तीर्थ है। मंदिर से स्टेशन मात्र दो-ढाई किलोमीटर की दूरी पर है। बसअड्डा से एक चौड़ा रास्ता मंदिर तक जाता है। देशभर से तीर्थयात्री डाकोरधाम के दर्शन करने आते हैं। भगवान् रणछोड़राय द्वारका से डाकोर कैसे आए, इसकी बड़ी ही दिलचस्प कथा है। आज से करीब साढ़े आठ सौ वर्ष पहले डाकोर गाँव में भगवद्प्रेमी एक गरीब क्षत्रिय वीरसिंह बोडाणा रहता था। उसकी पत्नी गंगाबाई भी बड़ी धर्मपरायण और पतिव्रता थी। एक बार बोडाणा एक संन्यासी के साथ तीर्थयात्रा पर भगवान् द्वारकाधीश के दर्शन करने द्वारका गया। इसके बाद तो वह हर साल-छह महीने में पैदल ही द्वारकाधीश के दर्शन करने जाया करता। इस तरह निरंतर साठ वर्षों तक वह प्रभु के दर्शन करने जाता रहा। अब उसकी उम्र भी अस्सी वर्ष की हो गई थी, आने-जाने में तकलीफ होने लगी। इस बार भक्त बोडाणा जब भगवान् के दर्शन करने द्वारका पहुँचा तो द्वारकाधीश के समक्ष दंडवत् हो प्रार्थना करने लगा, "हे नाथ! अब हमसे चला नहीं जाता है और आपके दर्शन के बिना रहा भी नहीं जाता, अत: प्रभु, हमें अपने सान्निध्य में ले लो या भगवन्, ऐसी व्यवस्था करो कि डाकोर में ही आपके दर्शन होते रहें।"

भगवान् द्वारकाधीश अपने इस भक्त पर अत्यंत प्रसन्न हुए। उन्होंने स्वप्न दिया, 'भक्त बोडाणा, अगली बार तुम पैदल नहीं, एक बैलगाड़ी लेकर आना, मैं तुम्हारे साथ चलूँगा।' भक्त बोडाणा खुशी-खुशी डाकोर लौट आया। अगली बार जैसे-तैसे एक कामचलाऊ बैलगाड़ी की व्यवस्था कर ली और रुकते-चलते द्वारका पहुँच गया। लीलाधारी ने अपनी लीला रची। मध्य रात्रि में बोडाणा को स्वप्न दिया, 'भक्त, सब पहरेदार सोए हुए हैं। बैलगाड़ी पिछले द्वार पर लगाओ, मंदिर से मेरी मूर्ति उठाकर गाड़ी में रख लो।' भक्त बोडाणा ने ऐसा ही किया। द्वारका से कुछ दूर निकलने पर ही बोडाणा को झपकियाँ आने लगीं और नींद की तीव्रता में वह वहीं पर लुढ़क गया। अब भगवान् द्वारकाधीश स्वयं गाड़ी हाँकने लगे। संसार को चलानेवाले के लिए बैलगाड़ी चलाना कौन बड़ी बात थी? सवेरा होते न होते बैलगाड़ी डाकोर की सीमा पर ला खड़ी कर दी। यहीं प्रभु ने नीम की टहनी से दातौन की। भगवान् का स्पर्श पाकर वह नीम भी कड़वाहट त्यागकर मीठा हो गया। उस घटना के 860 वर्ष बाद आज भी यह नीम खूब स्वस्थ और भला-चंगा है। संवत् 1212 में कार्तिक पूर्णिमा के दिन भगवान् द्वारकाधीश डाकोर पधारे। गाँववासियों ने उनका बड़ा स्वागत-सत्कार किया और मूर्ति बोडाणा के घर में स्थापित कर दी।

उधर द्वारका में द्वारकाधीश की मूर्ति चोरी होने की खबर से हाहाकार मच गया।

मंदिर के पुजारियों ने अनुमान लगाया कि हो न हो, डाकोर का बोडाणा ही मूर्ति चुराकर ले गया है। पूरे दल-बल के साथ पुजारी डाकोर पर आ चढ़े। भगवान् की प्रेरणा से मूर्ति को गोमती तालाब में छिपा दिया गया। बोडाणा ने कह दिया कि मूर्ति मेरे पास नहीं है। लगभग सात दिनों तक दोनों पक्षों के बीच जोर आजमाइश होती रही और उतने दिनों तक भगवान् को गोमती तालाब के जल में रहना पड़ा। अंततः लालची पंडा-पुजारी मूर्ति के बराबर सोना लेने पर राजी हो गए। बेचारे बोडाणा के पास सोना तो क्या, भरपेट खाने को भी नहीं था। पंचों के फैसले से बोडाणा की जान आफत में आ गई। द्वारकाधीश की प्रेरणा से तराजू के एक पलड़े में मूर्ति तथा दूसरे पलड़े में बोडाणा की पत्नी ने अपनी नाक की बाली तथा तुलसीदल रखा तो पलड़ा बराबर हो गया। भगवान् ने बोडाणा की लाज रख ली। लेकिन खूब सारे सोने की उम्मीद लगाए बैठे लालची पंडा अब तो जार-जार रोने लगे, 'हे द्वारकाधीश! हमारे बाल-बच्चों का पालन-पोषण कैसे होगा? हम तो आप ही के आश्रित हैं। आपके वहाँ न रहने से भक्त लोग अब द्वारका आएँगे ही नहीं तो हमारी गुजर-बसर कैसे होगी?'

भगवान् द्वारकाधीश ने उन्हें प्रेरणा दी कि 'पुजारियो! तुम सब द्वारका लौट जाओ। आज से छह मास के बाद वहाँ स्थित सावित्री बाव (कुएँ) में से मेरी मूर्ति निकालकर मंदिर में स्थापित कर देना। द्वारका में मैं द्वारकाधीश के रूप में तथा डाकोर में रणछोड़राय के रूप में भक्तों का कल्याण करने के लिए निवास करूँगा।' खाली हाथ ही पंडा-पुजारी द्वारका लौट गए। जैसे-तैसे कुछ महीने बीते। कोई आमदनी न होने और दान-दक्षिणा के रूप में हो रही धन की हानि को देखते हुए लालची पुजारियों ने छह माह से पूर्व ही मूर्ति को कुएँ से बाहर निकाल लिया। इस मूर्ति में अभी प्रभु की आँखें नहीं खुली थीं। आज भी द्वारका में विराजमान द्वारकाधीश विग्रह की आँखें बंद हैं। लाखों तीर्थयात्री वहाँ दर्शन करने जाते हैं और पंडा-पुजारियों की चार हजार की आबादी उन्हीं के आश्रित पल रही है।

लगभग पौने छह बज रहे हैं और हमारी बस भी डाकोर के बसअड्डे में आ लगी है। अभी भी अँधेरे की चादर तनी हुई है। अखबार के हॉकर इनको व्यवस्थित कर रहे हैं, जिन्हें लेकर पेपर-बॉय अपनी-अपनी दिशा में निकल जाएँगे। हम सब अपना-अपना सामान उठा पैदल ही मंदिर की दिशा में चलते हुए बोडाणा चौक पर आ गए हैं। यहीं पर स्थित 'श्री वल्लभ निवास' में आठ सौ रुपए में एक बड़ा सा कमरा ले लिया गया। झटपट सामान कमरे में रख मंगला आरती में भगवान् रणछोड़राय के दर्शनों के लिए दौड़ पड़े। मंदिर में भक्तों की अच्छी खासी भीड़ पहले से ही है। भगवान् की आरती उतारी जा रही है। भक्तजन, विशेषकर स्थानीय लोग गुजराती में गा-गाकर और हाथ की विभिन्न मुद्राएँ बनाते हुए प्रभु को रिझा रहे हैं। कोई हाथ जोड़े खड़ा है तो कोई

भगवान् रणछोड़राय मंदिर, डाकोर

ताली बजाते हुए दर्शनों की आनंदानुभूति में मगन है। बड़ा ही अलौकिक दृश्य उपस्थित हो रहा है। स्वर्णाभा से देदीप्यमान प्रभु रणछोड़राय सब भक्तों के केंद्र में हैं। भीड़ में जगह बनाकर हाथ जोड़े मैं प्रभु की दिव्य छवि को अपलक निहारता रह जाता हूँ। पहले से सोचा हुआ सबकुछ भूल जाता हूँ। न कुछ माँगते बनता है, न कुछ कहते बनता है। आनंदातिरेक में बस प्रभु को एकटक देखता खड़ा हूँ, पलकें झपकाना ही भूल गया हूँ। आरती संपन्न होने के बाद सब भक्तजन लौट पड़े।

मैं चौक में खड़ा चारों ओर निहारकर मुआयना कर रहा हूँ। मंदिर में प्रवेश के चार दरवाजे हैं। उत्तर दिशा का दरवाजा दर्शनार्थियों के प्रवेश के लिए है तथा दक्षिण का द्वार भगवान् के चरण-स्पर्श के बाद निकलने के लिए है। मंदिर लगभग 120 फीट ऊँचा है। मुख्य मंदिर ऊँचे चबूतरे पर टिका है। वहाँ तक पहुँचने के लिए चारों ओर से 12 राशियों को इंगित करनेवाली 12-12 सीढ़ियाँ हैं और 28 नक्षत्रों को इंगित करनेवाले मंदिर के 28 शिखर हैं। मंदिर के ऊपर बड़े-बड़े गुंबद हैं। हर गुंबद पर स्वर्ण के पाँच कलश रखे गए हैं। मुख्य गुंबद पर रेशमी श्वेत ध्वजा फहरा रही है। पूरा मंदिर पत्थर का बना है और मंदिर के चारों ओर एक गलियारा, जिसमें परिक्रमा की जाती है, को छोड़कर ऊँची मजबूत दीवार से मंदिर परिसर की किलेबंदी की गई है। पूरब दिशा में मंदिर की रसोई है, जिसमें भगवान् का भोग-प्रसाद तैयार किया जाता है। गर्भगृह का अग्रभाग स्वर्ण का तथा कपाट चाँदी के हैं। भगवान् रणछोड़राय की काले पत्थर की साढ़े तीन फुट ऊँची तथा डेढ़ फुट चौड़ी चतुर्भुजी मूर्ति पश्चिममुखी है। प्रात: से रात्रि

तक प्रभु का आठ बार भोग लगाया जाता है। हर भोग की प्रसादी अलग-अलग होती है। कपड़े और भगवान् का रूप-विन्यास हर बार बदला जाता है और हर भोग के बाद दर्शन खुलते हैं। भोग लगा प्रसाद मंदिर के काउंटर पर बिक्री के लिए रखा जाता है।

मुख्यद्वार के पास एक 50 फुट ऊँचा अष्टकोणीय दीपमाला स्तंभ है। इसके हर कोण में 100 दीपक, यानी कुल 800 दीपक प्रज्वलित होते हैं। मुख्य द्वार यानी उत्तर के द्वार के ऊपर रखे ढोल-नगाड़े मंगला तथा शयन आरती के समय बजाए जाते हैं। मंदिर की सब व्यवस्था तथा देखभाल ट्रस्ट द्वारा की जाती है। पहली बार मंदिर का निर्माण खंभात के सेठ नंददास ने कराया और बोडाणा से रणछोड़राय की मूर्ति लेकर लक्ष्मीजी के साथ वहाँ स्थापित कराई। लेकिन वर्तमान का यह जो भव्य मंदिर है, इसका निर्माण प्रभु की प्रेरणा से दक्षिण के एक जागीरदार गोपाल राव ने यहाँ जमीन खरीदकर करवाया। मंदिर के दक्षिण में प्रभु का शयनगृह है, जहाँ गोपाल एवं लक्ष्मीजी की मूर्तियाँ विराजमान हैं। यहाँ एक सबसे सुंदर व्यवस्था मैंने यह देखी कि दर्शनों के समय भक्तों की भीड़ चाहे कितनी भी हो, आपकी भेंट प्रभु के चरणों तक अवश्य पहुँचती है। बाँस की कुछ टोकरियाँ भगवान् के सामने के भाग में रखी रहती हैं, इनमें भक्तगण पुष्प, माला तथा अन्य भेंट सामग्री रख देते हैं। भगवान् की सेवा में लगे तीर्थपुरोहित इन्हें ले जाकर प्रभु को अर्पण के बाद टोकरियाँ वापस वहीं लाकर रख देते हैं, सब अपनी-अपनी भेंट-सामग्री प्रसाद-स्वरूप उठा लेते हैं। मंदिर के आगे के मंडप में बड़े-बड़े टीवी स्क्रीन लगे हैं, जिनमें भगवान् के दर्शन अधिकाधिक लोगों को भली प्रकार हो जाते हैं। इतना ही नहीं, उत्तर वाले मुख्य द्वार के ऊपर बड़े-बड़े शीशे लगे हैं, चौक में रहनेवाले भक्तों को मंदिर में होनेवाली सब गतिविधियों के साथ-साथ दर्शन भी भरपूर होते हैं। देश के अन्य मंदिरों से अलग यह एक शानदार व्यवस्था है।

मंदिर से लौटकर हममें से कुछ साथी तो सो गए, क्योंकि वे रातभर जागे थे। मैं और चौधरी साहब नहा-धोकर चाय पीने के बाद मंदिर की ओर निकल आए। बाहर ही पुष्प आदि का दोना ले लिया। मंदिर के पट अभी बंद ही हैं। थोड़ा आगे बढ़े ही थे कि धोती-कुरताधारी एक ठग पुजारी एक ट्रे लेकर आया और बोला, ये सब इसमें रख दो, मैं अच्छे से पूजा-दर्शन करवाता हूँ। हमने मना किया तो दूसरा आकर बोला कि इसे कोई दान-दक्षिणा नहीं चाहिए, फ्री सेवा करेगा। हमने फिर भी मना किया, वह नहीं माना और उसने हमें मंदिर के बाईं ओर ले जाकर, जहाँ तराजू लटकी हुई है, वहाँ के पुजारी के हवाले कर दिया। उसने मान न मान मैं तेरा मेहमान की तर्ज पर नाम-गोत्र पूछकर मंत्रोच्चार शुरू कर दिया, दो मिनट तक न जाने क्या-क्या बकता रहा। अपनी वाणी को विश्राम दे दक्षिणा के दो सौ इक्यावन रुपए माँगने लगा। मैं और चौधरी साहब मूक बन उसकी ओर ताकने लगे। वह कुछ बोले, इससे पहले ही चौधरी साहब ने उसकी अच्छी

खबर ली, उसकी सिट्टी-पिट्टी गुम हो गई। बेशर्म पंडा मुँह बनाता हुआ अगले शिकार की तलाश में निकल गया।

यहाँ दुष्ट पंडों का यह गिरोह सक्रिय है, मंदिर ट्रस्ट को इस ओर ध्यान देना चाहिए। इनके दुष्ट कर्मों से यहाँ आनेवाले तीर्थयात्रियों का मन खराब होता है, देव के प्रति अनास्था बढ़ती है। खैर, साढ़े आठ बजे बाल-भोग के दर्शन खुले, भीड़ बहुत कम है, सो बहुत तसल्ली से दर्शन हुए। महिलाएँ एकदम आगे से दर्शन करती हैं, बड़ी सहजता से भगवान् की ड्योढ़ी पर मत्था टेक सकती हैं। पुरुष वहाँ नहीं जा सकते। दर्शन के बाद मंदिर की परिक्रमा कर हमने पंचामृत तथा प्रसाद खरीदकर खाया। टहलते हुए डेरे की ओर लौटे। अब बाजार में दुकानें खुल चुकी हैं। गृहस्थ और रसोई में काम आनेवाली वस्तुओं की दुकानें ज्यादा हैं। यहाँ रेहड़ी पर सब्जियों के साथ हमने देखा कि अरहर की हरी फलियाँ भी बिक रही हैं। पूछने पर पता चला कि इनकी सब्जी बनाई जाती है। डेरे पर पहुँचे तो साथी लोग नहाना-धोना कर रहे हैं। होते-करते लगभग साढ़े दस बजे सब लोग दर्शनों के लिए पुनः मंदिर पहुँचे। 'राजभोग' के दर्शन साढ़े ग्यारह बजे खुलने वाले हैं। स्त्री-पुरुष दर्शनार्थियों की अच्छी-खासी भीड़ जमा हो गई है। दर्शन खुलने पर दर्शन किए, साथ ही भगवान् का स्नान भी देखा। यहाँ से निकल मंदिर के सामने स्थित 'गोमती तालाब' में उस स्थान के दर्शन किए, जहाँ भगवान् रणछोड़राय को तालाब के अंदर छुपकर रहना पड़ा था।

तालाब का पानी काफी गँदला है, इसमें छोटी-बड़ी अनेक मछलियाँ तैर रही हैं। घाट तथा तालाब की जगत लाल पत्थर की बनी है। इससे थोड़ा हटकर मंदिर की ओर वह स्थान है, जहाँ भगवान् रणछोड़राय को सोने से तौला गया था। यहाँ एक छोटे से मंदिर में तराजू तथा भगवान् के चरण-चिह्न विराजमान हैं। यहाँ पर दंडवत् प्रणाम कर पैदल ही 'मीठा नीम' देखने निकले। यह स्थान मंदिर से दो-ढाई किलोमीटर दूर तो होगा

गोमती तालाब, डाकोर

ही, अतः दो ऑटो कर वहाँ तक पहुँचे। इतने लंबे समय तक मौसम की मार झेलते हुए वृक्ष स्वस्थ हालत में है। यहाँ भगवान् रणछोड़रायजी का एक छोटा सा मंदिर भी है। इसकी यहाँ बड़ी मान्यता है। हमने देखा कि दूर कहीं देहात से बहुत सारे ग्रामीण बड़े गाजे-बाजे के साथ मनौती पूरी होने पर भगवान् का यशगान करने आए हैं।

यहाँ के पुजारीजी ने हमें नीम के पत्ते तोड़कर खिलाए, वाकई पत्तों में कड़वाहट नहीं है। हालाँकि डाकोर में कई पवित्र तीर्थस्थल हैं, सब जगह हमारा जाना नहीं हो सका। दोपहर हो गया है, लगभग एक बज रहा है। यहीं पता चला कि अपराह्न डेढ़ बजे डाकोर से गोधरा के लिए लोकल ट्रेन जाती है। सो जल्दी से यहीं हाइवे पर स्थित कुंकुम रेस्टोरेंट में भोजन करने बैठे। पंजाबी थाली 120 रुपए की है। जल्दी से भोजन निबटाकर इन्हीं ऑटोवालों को स्टेशन छोड़ आने के लिए राजी कर लिया। तुरंत धर्मशाला लौट वहाँ का हिसाब-किताब कर, अपना सामान ऑटो में लाद दस मिनट में ही रेलवे स्टेशन आ गए। गाड़ी आने में अभी पंद्रह मिनट बाकी हैं। गोधरा के आठ टिकट ले लिये गए। रुकते-चलते इस गाड़ी ने हमें साढ़े चार बजे गोधरा उतार दिया। गोधरा से दिल्ली के लिए हमारी गाड़ी रात्रि साढ़े आठ बजे है।

हमारे साथी ताश खेलकर समय गुजारते रहे। मैं और बनवारीलालजी स्टेशन से बाहर निकलकर काफी दूर तक घूमने गए। लाला भैया ने सवा छह बजे यहीं से मुंबई के लिए ट्रेन पकड़ ली। उनके जाते ही माहौल में नीरसता छा गई, उनके कारण पूरी यात्रा में खूब मनोरंजन होता रहा! सच, लाला भैया न भुलाए जानेवाले व्यक्ति हैं। हमारी गाड़ी भी समय पर आ गई। गाड़ी में चढ़े, हमारी सीटों पर पहले से ही एक फैमिली ने कब्जा जमाया हुआ है, थोड़ी हील-हुज्जत के बाद वे लोग हटे, हम अपनी सीटों पर बैठ गए। रात्रि का भोजन रेलगाड़ी में ही किया। लगभग ग्यारह बजे सब अपनी सीटों पर लेट गए। कोटा के बाद ठंड से बुरा हाल हो गया। आनंदजी नीचे ही लेटे हुए थे, सो उनकी तो कुलफी ही जम गई। रवि चाचा, सेठजी और डॉक्टर साहब प्रातः मथुरा स्टेशन पर उतर अपने गाँव चले गए। गाड़ी के रुकते-चलते हम लोग भी लगभग ग्यारह बजे निजामुद्दीन रेलवे स्टेशन पर उतर गए। हम तीन जन ही बचे थे, सो पहले बस-स्टैंड पर इत्मीनान से चाय पी, फिर बस में सवार हो घर आ गए। नए-नए अनुभव, आचार-व्यवहार, सभ्यता-शराफत, ज्ञान से संपन्न करनेवाली यह यात्रा स्मरणीय बन गई।

□

यह है अपना राजपूताना...

हिंदी दिवस के अवसर पर नाथद्वारा (राज.) की सुप्रसिद्ध साहित्यिक, सांस्कृतिक एवं शैक्षणिक संस्था 'साहित्य मंडल' प्रतिवर्ष 'हिंदी लाओ, देश बचाओ' एक त्रिदिवसीय समारोह आयोजित करती है; जिसमें हिंदी के विकास-उन्नयन पर विचार-मंथन के साथ-साथ देशभर से शताधिक लेखक, कवि, संपादक एवं साहित्य-सेवियों को सम्मानित किया जाता है। सन् 2015 के इसी समारोह में मुझे 'सवेरा न्यूज' के संपादक के नाते 'संपादक-रत्न' की मानद उपाधि से समादृत किया गया था। संस्था के प्रधानमंत्री भाई श्याम प्रकाश देवपुराजी का प्रबल आग्रह रहता है कि मैं इस कार्यक्रम में उपस्थित रहूँ। हर बार समारोह में शामिल होकर मैं भी अपने आपको गौरवान्वित महसूस करता हूँ। व्यस्तता के चलते इस बार मैंने समारोह के अंतिम दिन उपस्थित रहना तय किया; सो इस साहित्यिक यात्रा में इस बार 'सवेरा न्यूज' के प्रबंध-संपादक अनुजवत् प्रमोद कुमारजी, भाई जीत शर्मा एवं उनके सुहृदय राधाकृष्ण मिश्राजी 15 सितंबर, 2017 को सायं 7:40 बजे दिल्ली सराय रोहिल्ला स्टेशन से चेतक एक्सप्रेस में सवार हुए और रुकते-चलते करीब तीन घंटा विलंब से नौ बजे प्रातः मावली जं. पर उतर गए। मावली चौक पर नाथद्वारा जा रही एक मिनी बस मिल गई और सौभाग्य से सीट भी। वातावरण में ठंडक है, रात यहाँ अच्छी बारिश हुई है और अब भी घने बादल छाए हुए हैं।

बस अपने गंतव्य की ओर दौड़ रही है, तब तक मैं 'साहित्य मंडल' से आपका परिचय कराए देता हूँ। ब्रज-संस्कृति के केंद्र नाथद्वारा में सन् 1937 में स्थापित इस संस्था ने आज राष्ट्रव्यापी ख्याति अर्जित कर ली है। इसकी सफलता के पीछे संस्था के प्रधानमंत्री एवं लब्धप्रतिष्ठित विद्वान्, महाकर्मयोगी स्व. भगवती प्रसाद देवपुरा का त्याग, समर्पण और कर्मठता ही मुख्य कारक रहे हैं। आज संस्था के पास अस्सी हजार पुस्तकों से समृद्ध केंद्रीय एवं बाल पुस्तकालय, 263 नियमित पत्र-पत्रिकाओं का वाचनालय, लगभग तीन सौ से अधिक छात्र-छात्राओं का माध्यमिक विद्यालय तो है ही, वर्ष भर बड़े-बड़े कार्यक्रम भी संस्था आयोजित करती है, जिनमें छह जनवरी को स्व. श्री भगवती

प्रसाद देवपुराजी स्मृति-सम्मान समारोह, फाल्गुन कृष्ण सप्तमी को पाटोत्सव ब्रजभाषा समारोह एवं 14 सितंबर को हिंदी दिवस पर 'हिंदी लाओ, देश बचाओ' समारोह प्रमुख हैं। साहित्य मंडल देश की अनेक बड़ी संस्थाओं से संबद्ध है।

ऊँची-नीची पहाड़ियों के बीच से सरपट दौड़ती अब हमारी बस नाथद्वारा की पावन धरती पर आ पहुँची है। इसने हमें बस अड्डा पर उतार दिया। यहाँ से एक ऑटो पकड़ बालासिनोर सदन आ गए हैं। लगभग दस बज रहे हैं। कार्यक्रम पहले ही शुरू हो चुका है। हमें आठ नंबर कमरा दे दिया गया है। डॉ. राहुलजी का फोन आ रहा है कि शीघ्रातिशीघ्र आ जाओ, मंच पर तुम्हारा स्थान रिक्त है। बस झटपट स्नान कर प्रमोदजी के साथ प्रेक्षागार में उपस्थित हो गया। कुछ देर में ही श्याम भाईजी ने मुझे तथा राहुलजी को मंच पर बुला लिया और अंगवस्त्र से सम्मान कर मंचासीन कर दिया।

समयाभाव को देखते हुए मंच-संचालकजी ने इस दूसरे सत्र को ही इतना लंबा कर दिया कि अपराह्न ढाई बजे तक चला। इसमें हिंदी उपनिषद्-3 के तहत आलेख वाचन, कुछ साहित्यकारों के सम्मान, पुरजन सम्मान, पत्र-पत्रिकाओं के संपादकों का सम्मान हुआ। बीच-बीच में अन्य कार्यक्रम भी चलते रहे। डॉ. राहुल ने स्व. बाबूजी पर श्रद्धांजलि-स्वरूप कविता सुनाई। पूर्वोत्तर अगरतला से पधारी स्वर्ण ज्योतिजी ने बड़े ही लय-सुर-ताल में सुमधुर श्रीराम भजन प्रस्तुत किया। कमाल तो किया चार साल की नन्ही भव्या यानी भवि गुर्जर ने (विद्यालय प्रधानाचार्यजी की दौहित्री); कक्षा एक में पढ़ रही भव्या ने शानदार हाव-भावमय गोपी नृत्य प्रस्तुत किया, जिसने सभी का मन मोह लिया। इसके कुछ अंतराल पर साहित्य मंडल विद्यालय की पाँच बालिकाओं पूजा, मनु, डिंपल, मुसकान और प्रवीणा ने राजस्थान का प्रसिद्ध घूमर नृत्य प्रस्तुत किया। यह विशेषतः वर्षा काल में किया जाता है। नृत्य की समाप्ति पर पूरा प्रेक्षागार करतल ध्वनि से गूँज उठा। नाथद्वारा की एक और बाल-विभूति मनुस्वी व्यास का महिसासुर मर्दिनी माहात्म्य का सस्वर पाठ सुनकर पूरा श्रोता-समुदाय अवाक् रह गया। अंत में मंचासीन महानुभावों ने संस्था की पत्रिका 'हरसिंगार' के नवीन अंक का लोकार्पण किया। हिंदी गीत 'जय हिंदी, जय हिंदुस्थान' के गायन के साथ इस तीन दिवसीय समारोह का समापन हो गया। ब्रजभाषा के प्रतिष्ठित विद्वान् विट्ठल पारीक एवं अंजुम अंजीव ने शानदार मंच-संचालन एवं अपनी विशिष्ट शैली में प्रशस्ति-पत्र वाचन किया तथा संस्था के प्रधानमंत्री श्याम प्रकाश देवपुराजी ने सभी आगत एवं अतिथियों का आभार व्यक्त किया।

लगभग तीन बजे सभी ने पंगत में बैठकर राजस्थानी संस्कृति-सभ्यता से सुवासित सुस्वादु भोजन किया। पूड़ी-कचौड़ी, दही-भल्ले, तीन-तीन सब्जियाँ, मिष्टान्न! वाह, स्वाद के क्या कहने! भोजनोपरांत देशभर से आए अधिकतर रचनाकार विदा हो अपने-अपने धाम को लौट गए। कुछ साहित्य-सेवी तथा हम रुके हुए हैं; सो सायं को श्याम

भाईजी से कहकर संस्था के विशेष कक्ष तथा पुस्तकालय आदि खुलवाए। संस्था का पुस्तकालय तो शानदार है ही, उससे भी शानदार हैं—अष्ट छाप कक्ष, पत्रिका कक्ष, काल कवलित पत्रिका कक्ष। देश के किसी भी कोने में अष्टछाप कवियों पर शोध कर रहे शोधार्थी को साहित्य मंडल की शरण में आना ही पड़ेगा। प्रकाशन कक्ष स्व. भगवती प्रसाद देवपुरा की कर्मठता, विद्वत्ता और चिंतनशीलता का जीता-जागता प्रमाण है। पेड़-पौधों और प्रकृति से उन्हें कितना लगाव था, यह एक कक्ष के बीचोबीच तीन मंजिल तक लहलहा रहे एक जंगल जलेबी के वृक्ष को देखकर पता चलता है। उन्होंने पेड़ को काटने से साफ इनकार कर दिया था। यह वृक्ष भी ऐसे संरक्षकों को पाकर आज अपने भाग्य पर इतरा रहा है। देशभर में ऐसे प्रकृति-पोषक इनसान उँगली पर गिनने लायक ही हैं। बिना किसी बाहरी या सरकारी मदद के इस दुर्लभ थाती को सहेजकर रखना कितना श्रमसाध्य और खर्चीला है। बड़े-बड़े बजटवाली संस्थाएँ भी इसका शतांश कार्य नहीं कर पा रही हैं, सरकारी संस्थाओं के बारे में तो कुछ कहना ही बेकार है। निश्चित ही साहित्य मंडल के कार्य ऐसे हैं, जिनपर सभी को गर्व होता है और कोई भी इनकी प्रशंसा किए बिना नहीं रहता।

अबकी बार पर्याप्त समय रहने के कारण नाथद्वारा के बाजारों में रात्रि दस बजे तक खूब घुमक्कड़ी की। काफी देर से श्रीनाथजी मंदिर की सीढ़ियों पर बैठे हैं। अब बड़ा फाटक बंद किया जा रहा है, सो यहाँ से उठकर मंदिर चौक पर मीठा दूध पीकर डेरे पर लौट आए और फिर बातों के ऐसे प्रसंग छिड़े कि रात्रि का एक बज गया। बहस को अगले दिन के लिए स्थगित कर शीघ्र ही सो गए। प्रात: चार बजे ही जीतभाई ने सबको जगा दिया और झटपट शौचादि से निवृत्त हो श्रीनाथजी के मंगला दर्शन के लिए निकल पड़े। बराबर वाले कमरे से एक अति बुजुर्ग महिला भी दर्शनों के लिए जाना चाहती हैं, पर उनके साथ कोई नहीं है, सो जीतभाई ने उन्हें भी साथ ले लिया। मंदिर में प्रवेश चालू है, पर दर्शन अभी नहीं खुले हैं, सो मंदिर की सीढ़ियों पर बैठ गए। चप्पे-चप्पे पर पुलिस गार्ड तथा सुरक्षाकर्मी तैनात हैं। सुना है, मंदिर की ओर से दो हजार पुलिस गार्ड मंदिर की सुरक्षा में लगे हैं। इन सबके पारिश्रमिक का भुगतान मंदिर ट्रस्ट की ओर से किया जाता है। इस पूरे इलाके में जो भी निर्माण-कार्य होता है, उसकी इजाजत मंदिर ट्रस्ट से लेनी पड़ती है; क्योंकि इस पूरे इलाके की जमीन का पट्टा श्रीनाथजी के नाम है। आवाज लगी, दर्शन खुले और आगे बढ़कर हम सबने श्रीनाथजी के भव्य दर्शन किए। मंगला दर्शन बिना किसी साज-सिंगार के होते हैं। दर्शनार्थियों की भारी भीड़ हो गई है। इस मंदिर में एक व्यवस्था प्रशंसनीय है कि पुरुष-महिलाओं को रोक-रोककर अलग-अलग दर्शन कराए जाते हैं। आज प्रात: से ही बूँदाबाँदी शुरू हो गई है। दर्शन कर डेरे पर लौट आए।

दस बजे सुरेश भाई (ड्राइवर) के साथ हमें घूमने निकलना है। नहा-धोकर पुनः श्रीनाथजी के गोप-दर्शन किए; लौटते समय चाय-नाश्ता किया; घर के लिए प्रसाद आदि भी ले लिया। नौ बजे फिर एक बार प्रभुजी के 'राज दर्शन' करने गए। बड़े ही इत्मीनान से श्रीनाथजी के सम्मुख खड़े हुए, श्रद्धा में हाथ अपने आप जुड़ गए, आँखें बंद हो गईं। भक्त तो अपने ईष्ट की झाँकी को अपने हृदय में निहारता है। दर्शनों का यहाँ बड़ा सुख है, बराबर दर्शन करते रहो, बड़ा संतोष मिलता है। बड़े फाटक पर मत्था टेक हम लौट ही रहे थे कि इसके चार-छह कदम आगे दाईं ओर दीवार में ताखनुमा एक दुकान है, जहाँ ठीक सामने छोटी सी सम्मानित जगह में प्रधानमंत्री नरेंद्र मोदी के चित्र के आगे एक ताजा गुलाब रखा है। छोटे से शोकेस में लड्डू गोपाल के कपड़े, शृंगार का सामान तथा और भी छोटी-मोटी चीजें हैं। बातचीत में पता चला कि ये सज्जन मधुसूदनजी हैं; मूलतः गुजरात के हैं, पर अब नाथद्वारा में ही रहते हैं। अपनी, दूसरों की, सभी की समस्याओं के लिए नेता, मंत्री, शासन-प्रशासन को बराबर पत्र लिखते रहते हैं, यहाँ तक कि राष्ट्रपति और प्रधानमंत्री को भी। अब तक सैकड़ों पत्र लिख चुके हैं, उन सबका सबूत फोटोकॉपी के रूप में अपने पास रखे हुए हैं। उन्होंने बताया कि मैं अच्छे आदमी का सम्मान करता हूँ। भले ही मोदीजी के यहाँ से मेरे पत्र का जवाब नहीं आया, पर वे एक ईमानदार, देशभक्त और कर्मठ व्यक्ति हैं, अतः हर रोज दुकान खोलने के साथ मैं उन्हें एक ताजा गुलाब भेंट करता हूँ। हमें तो मधुसूदनजी बड़े जिंदादिल और बेबाक इनसान लगे।

मधुसूदनजी से विदा ले हम बाजार में घूमते-फिरते साहित्य मंडल परिसर में इस आशा से पहुँचे कि जाने से पहले भाई श्याम प्रकाशजी से मिल लें। वहाँ आदरणीय विट्ठल पारीक और लोढ़ा दंपती मिले। उन्होंने चाय पिलाई, खूब सारी बातें हुईं, लगभग साढ़े दस बज गए। हमारे चालक सुरेशजी बाहर हमारा इंतजार कर रहे हैं। इन सबको अपना प्रणाम निवेदित कर हम यहाँ से निकले, विट्ठलजी हमें दरवाजे तक विदा करने आए। कमरे से अपना सामान निकाल यहाँ के केयरटेकर को बताया कि हम लोग जा रहे हैं। सब्जी मंडी से निकल चौड़े रास्ते पर हमारा वाहन खड़ा है, बारिश की तेज-तेज गिरती बूँदों के बीच जाकर हम उसमें बैठ गए। यह डीजलवाली टैक्सी है। यहाँ से दो-ढाई कि.मी. चलकर अपने पहले गंतव्य लालबाग आ पहुँचे हैं। यहाँ प्रति दर्शक दस रुपए का प्रवेश शुल्क लगता है। लाल बाग को पर्यटन-स्थल के रूप में विकसित किया गया है। करीने से बनाया गया लंबा-चौड़ा सुंदर पार्क, नानाविध वृक्ष, पुष्प, फुलवारी, कुंड, झरना, बच्चों के लिए झूला, सबकुछ है यहाँ। लेकिन मेरे लिए ही नहीं, सबके आकर्षण का केंद्र है यहाँ का संग्रहालय। इसके सामने के विशाल आँगन के फर्श पर बड़े-बड़े कछुए देखकर हम विस्मय में पड़ गए। ये कछुए इधर-उधर निर्भय घूम रहे

हैं। प्रमोदजी ने एक कछुए को हाथ में लेकर फोटो खिंचवाया। मिश्राजी बड़े हँसमुख और मिलनसार व्यक्ति हैं, उन्होंने भी फोटो खींचे। यह सब संपत्ति श्रीनाथ मंदिर ट्रस्ट के अंतर्गत है।

संग्रहालय के अंदरवाले भाग में ठीक सामने के हॉल में कई आकार-प्रकार की कलात्मक पुरानी पालकियाँ रखी हैं, जिनका उपयोग श्रीवल्लभाचार्यजी के वंशज करते थे। दाईं ओर के छोटे कक्ष में दीवारों पर श्रीनाथजी की लीलाएँ अंकित हैं। बाईं ओर के दो कक्षों में सचित्र महाप्रभु की चौरासी बैठकों की सुंदर जानकारी सजाई गई है। यहीं से बाईं ओर एक सँकरा रास्ता अंदर की ओर जाता है, जो एक बड़े हॉल में खुलता है। यहाँ रोशनी कम है, इसमें विभिन्न आकार-प्रकार के प्राचीन रथ हैं, जिनका उपयोग श्री वल्लभाचार्यजी के वंशज करते रहे हैं। देखकर मन गद्‌गद हो गया। इनको स्पर्श कर श्रीनाथजी की निकटता का एहसास हुआ, शरीर पुलकित हो गया और अद्‌भुत रोमांच हो आया। यहीं पर उस जमाने की विशाल आटा चक्की है, जिसे मनुष्य द्वारा खड़े होकर या बैल द्वारा कोल्हू की तरह चलाया जाता था। उसी काल की एक प्रिंटिंग मशीन, जो लंदन की बनी है, साथ ही एक पेपर-कटिंग मशीन भी यहाँ प्रदर्शित है। ये सब ऐतिहासिक दुर्लभ चीजें कितनी सहेजकर रखी गई हैं, इसके लिए मंदिर ट्रस्ट की जितनी प्रशंसा की जाए, कम ही है। इस थाती के दर्शन कर, संग्रहालय से बाहर निकल जीतभाई, मिश्राजी और प्रमोदजी फुलवारी के बीच बैठकर फोटो खींचने और खिंचवाने में पिल पड़े और इसमें काफी लंबा समय जाया कर दिया। इस गफलत में एक गड़बड़ हो गई, जिसका संज्ञान दिल्ली आने पर हुआ। जीतभाई ने सौ रुपए का नोट देकर चार प्रवेश टिकट लिये थे। खुदरा न होने के कारण कहा कि लौटने पर ले लेंगे। जल्दी-जल्दी में इस ओर ध्यान ही नहीं गया और साठ रुपए की चपत लगी।

अब हमारा वाहन अगले गंतव्य की ओर दौड़ रहा है, यह है गिरिराज पर्वत। यहाँ देखने के लिए तो कुछ खास नहीं है, पर पचास रुपए शुल्क देकर वाहन ऊपर तक इसका एक चक्कर लगा सकता है। यह हरा-भरा काफी ऊँचा पर्वत है। यहाँ से नाथद्वारा तथा आसपास के क्षेत्र की शोभा देखते ही बनती है। जैसे-जैसे ऊपर चढ़ते जाते हैं, पर्वत और भी रमणीक होता जाता है। बनास नदी की फैली साफ-स्वच्छ पतली धारा बड़ी सुंदर लग रही है। ठीक ऊपर जाकर वाहन खड़ा कर दिया गया। यहाँ हनुमानजी का एक छोटा सा मंदिर है। ठीक सामने और इस पहाड़ की तलहटी में बनास नदी बह रही है। बनास इस पूरे इलाके की जीवन-रेखा है। हनुमानजी को प्रणाम कर यहाँ प्राकृतिक सौंदर्य के कुछ फोटो उतारे। हम सभी ने दो-चार फोटो खिंचवाए, सेल्फी भी ली। मंदिर के साथ के पेड़ पर कई लंगूर उछल-कूद मचा रहे हैं। ऊँचाई से निचाई तथा सामने की हरियाली को देखने पर लगता है कि हम राजस्थान में नहीं, उत्तरांचल के वनाच्छादित

पहाड़ों पर हैं। वातावरण में नीम शांति पसरी हुई है। यहाँ की नीरवता तब ही भंग होती है, जब यात्रियों का कोई वाहन आता है। खड़े पहाड़ को काटकर बनाए गए रास्ते से निकल अब हम आगे की ओर चल पड़े। टेढ़ा-मेढ़ा, ऊँचा-नीचा यह सड़क मार्ग झीलों के शहर उदयपुर की ओर जाता है। आगे एक मोड़ पर बाईं ओर बागोल गाँव पड़ा। यहाँ के स्थानीय लोगों की भाषा है तो राजस्थानी, पर ज्यादातर हमारी पकड़ में नहीं आ पाती; पकड़ में आता है तो बस एक शब्द 'कठै'।

नाथद्वारा से लगभग सोलह किलोमीटर दूर इसी मार्ग पर अब हमारा वाहन खमनोर में महाप्रभू की बैठक के परिसर में आकर खड़ा हो गया। बैठक-स्थान कई फुट ऊँचे लंबे-चौड़े चबूतरे पर स्थित है। कहा जाता है कि श्रीवल्लभाचार्यजी का जब नाथद्वारा में आगमन हुआ तो यहीं पर उनकी प्रथम बैठक जमी। यह बहुत ही पवित्र तथा श्रद्धा का स्थान है। ठीक सामने मंदिर में श्रीनाथजी तथा महाप्रभू की बड़ी सुंदर झाँकी सजी है, सभी ने दंडवत् प्रणाम किया। सामने के बरामदे में यहाँ के पुजारी किसी व्यक्ति के साथ सत्संग में लीन हैं, सो उनके कहने पर यहाँ रखे थाल में से मिश्री-मेवा का थोड़ा-थोड़ा प्रसाद ले लिया। यहाँ दर्शन कर और थोड़ा सा चलकर अब हम खमनोर में ही स्थित उस इतिहास-प्रसिद्ध स्थान पर आ पहुँचे हैं, जिसे 'रक्त तलई' कहा जाता है। अंदर जाने से पहले इसके बारे में कुछ बताए देता हूँ।

आज का रक्त तलई (खमनोर) राजसमंद जिले का वह स्थान है, जहाँ 441 वर्ष पूर्व मेवाड़ के मुकुटमणि महाराणा प्रताप तथा अकबर की सेनाओं के बीच भयंकर युद्ध लड़ा गया। इतिहास में इसे 'हल्दीघाटी का युद्ध' भी कहा जाता है। यहाँ इतना भीषण रक्तपात हुआ कि मात्र चार-पाँच घंटे के युद्ध में ही चार सौ साल का इतिहास बदल गया। यह वही वीरभूमि है, जहाँ प्रताप के हमशक्ल झाला मानसिंह ने अपने स्वामी

प्रसिद्ध हल्दीघाटी का वह सँकरा रास्ता, जहाँ राणा प्रताप की सेना ने मोरचा जमाया

(प्रताप) की प्राणरक्षा के लिए उनका राजमुकुट धारण कर रक्त की आखिरी बूँद तक लड़ते-लड़ते अपना तेजस्वी बलिदान दिया। यह वही रणभूमि है, जहाँ प्रताप के सेनापति हकीम खाँ सूरी ने अपनी अंतिम श्वास तक लड़ते हुए खुदा से मेवाड़-विजय की दुआ की। यह वही बलिदानी भूमि है, जहाँ भील सरदार राव पूँजा ने प्रताप की ओर से लड़ते हुए अपने पाँच सौ भील-लड़ाकों के साथ प्राण निछावर कर दिए। यह वही रणक्षेत्र है, जहाँ राणा के प्राणप्रिय चेतक ने दुश्मन की सेना को अपनी टापों से रौंद-रौंदकर अद्‌भुत पराक्रम दिखलाया। इतिहास में प्रसिद्ध हल्दीघाटी का असली युद्ध यहीं पर लड़ा गया।

लेकिन यह युद्ध क्यों लड़ा गया? यह जान लेना भी बेहद जरूरी है। इतिहासकारों ने लिखा है कि अकबरकालीन राजपूत नरेशों में मेवाड़ के महाराणा प्रताप ही ऐसे थे, जिन्हें अकबर की मैत्रीपूर्ण दासता मंजूर न थी। इसी बात को लेकर अकबर के पिट्‌ठू और आमेर के नरेश मानसिंह से उनकी अनबन हो गई। मानसिंह के भड़काने पर ही अकबर ने मानसिंह को सेनापति बनाकर मेवाड़ पर आक्रमण के लिए अस्सी हजार की विशाल सेना भेजी, जबकि प्रताप की सेना में मात्र बाईस हजार सैनिक थे। महाराणा प्रताप ने अपनी सेना के साथ हल्दीघाटी के 'गोगंदा' में मोर्चा जमाया और मानसिंह की सेना ने खमनोर गाँव के पास आकर डेरा डाला। महाराणा की ओर से सेनापति था हकीम खाँ सूरी, जो अपने शत्रु अकबर से अपने पिता शेरशाह सूरी की पराजय का हिसाब चुकता करना चाहता था। प्रताप की सेना में ग्वालियर के रामसिंह तंवर, कृष्णदास चूड़ावत, रामदास राठौड़, झाला मानसिंह, पुरोहित गोपीनाथ, शंकरदास, चरण जैस्सा, पुरोहित जगन्नाथ एवं भील राजा राव पूँजा जैसे योद्धा सरदार थे। वहीं अकबर की सेना में सेनापति मानसिंह के अलावा सैयद हासिम, सैयद अहमद, बहलोल खान, मुलतान खान, गाजी खान, भोकाल सिंह, शक्ति सिंह और वसीम खान जैसे सरदार थे। राणा प्रताप की सेना में 'रामप्रसाद' और 'लूना' सहित लगभग सौ हाथी थे, जबकि मुगलों की सेना में इनके तीन गुना हाथी थे और जिनकी सूँड़ पर धारदार खाँड़े बँधे हुए थे। प्रताप के पास चेतक समेत तीन हजार घोड़े थे, जबकि मुगल सेना में दस हजार से अधिक घुड़सवार थे। हल्दीघाटी में दो पहाड़ियों के बीच अत्यंत सँकरा रास्ता था, जहाँ से केवल एक घुड़सवार ही निकल सकता था, प्रताप की सेना ने यहीं पर मोर्चा जमाया था।

18 जून, 1576 का बेहद गरम दिन। सूर्योदय के तीन घंटे बाद मानसिंह ने प्रताप की सेना की थाह लेने के लिए अपनी एक सैन्य टुकड़ी हल्दीघाटी के मुहाने पर भेजी। यह देखकर प्रताप की सेना ने हमला बोल दिया। फिर क्या था, दोनों की सेनाएँ परस्पर भिड़ गईं, तलवारें खनक उठीं, खून के फव्वारे छूटने लगे, लाशों के ढेर लग गए। राजपूत वीरों ने मुगलों के छक्के छुड़ा दिए। यह देखकर मुगल सेना ने तोपों के मुँह खोल दिए। ऊपर सूरज अँगारे बरसाने लगा और नीचे तोपें आग उगलने लगीं। राणा ने अपने वीरों

को ललकारा। राजपूत वीर सिर पर कफन बाँध पिल पड़े और आगे बढ़ चले। प्रताप की आँखें तो मानसिंह को ढूँढ़ रही थीं। चेतक ने अपने दोनों पैर मानसिंह के हाथी के मस्तक पर अड़ा दिए। प्रताप ने भी निशाना साधकर मानसिंह पर भाला फेंका, पर अचानक महावत बीच में आ गया, भाला उसके आर-पार हो गया। उधर मानसिंह हौदे में छिप गया। बिना महावत के मानसिंह का हाथी मैदान छोड़ भाग खड़ा हुआ और अपनी सेना को ही कुचलने लगा। इससे मुगल सेना में निराशा छा गई। लेकिन उसी समय सुरक्षित रखी गई एक मुगल सैन्य टुकड़ी सहायता के लिए आ पहुँची। मानसिंह ने चालाकी दिखाते हुए ढोल-नगाड़े बजवाकर घोषणा करवा दी कि अकबर स्वयं लड़ने आ गए हैं। मुगल सैनिक ठहर गए। मुगल सेना संख्या बल में तीन गुना थी। मार-काट इतनी भयंकर थी कि प्रताप के दो-तिहाई सैनिक खेत रहे। राणा प्रताप तथा चेतक भी घायल हो चुके थे।

अत: यह रणनीति बनाई गई पीछे हटते हुए मुगल सेना को पहाड़ियों की ओर खींच लिया जाए, इसे अमल में लाया गया। इसी समय प्रताप के हमशक्ल झाला मानसिंह ने आग्रहपूर्वक उनका मुकुट अपने सिर पर धारण कर प्रताप से रणक्षेत्र से बाहर निकल जाने की विनती थी। चेतक ने जब अपने दोनों पैर मानसिंह के हाथी के मस्तक पर अड़ा दिए थे, तब उसकी सूँड़ में बँधे खाँड़े से चेतक का एक पैर बुरी तरह जख्मी हो गया, फिर भी वह जाँबाज घोड़ा लँगड़ाता हुआ दौड़ा और अपना कर्तव्य पूरा कर वहीं मातृ-भू पर निछावर हो गया। इधर झाला मानसिंह को प्रताप समझकर मुगलों ने चारों ओर से घेर लिया, लेकिन उस रणबाँकुरे ने अपने स्वामी के प्राण बचाकर अंतिम साँस तक लड़ते हुए मातृभूमि पर अपने जीवन का उत्सर्ग किया। यह युद्ध इतना भयाजक था कि मात्र दोपहर तक के युद्ध में ही दोनों ओर के मृत और घायल सैनिकों का इतना रक्त बहा कि यहाँ रक्त की एक तलई बन गई, इसलिए इस स्थान को 'रक्त तलई' कहा जाता है। यह युद्ध इतिहास में इसलिए भी प्रसिद्ध और महत्त्वपूर्ण है कि सर्वसाधन संपन्न विशाल मुगल सेना तथा हिंदुस्थान के इतने बड़े शासक को प्रताप के नेतृत्व में मेवाड़ की छोटी सी सेना ने नाकों चने चबवा दिए। राजपूत वीरों ने अद्‌भुत शौर्य दिखाते हुए अपनी आन-बान और शान के लिए मर-मिटकर राष्ट्रभक्ति की अमिट गाथा लिख दी।

यह भी कहा जाता है कि मुगल सेना के भीषण प्रहारों और शराघातों से पूरी तरह लहूलुहान होने पर भी चेतक अविचलित भाव से स्वामी को लेकर रणांगण में भैरव की तरह दौड़ता रहा। जब महाराणा के सरदारों ने तय किया कि महाराणा पूरी तरह शस्त्राहत हो गए हैं, उन्हें तत्काल विश्राम कि लिए जाना चाहिए, परंतु महाराणा युद्धक्षेत्र से लौटने को तैयार नहीं थे, चाहे प्राण चले जाएँ। सरदारों ने चेतक को समझाया कि

अन्नदाता घायल हैं, इन्हें लेकर डेरे पर जाना है और महाराणा को समझाया कि मानसिंह के हाथी की सूँड़ पर लगे खाँड़े से चेतक का पैर कट गया है, इसका पूरा शरीर बाणों से बिंधा पड़ा है, किंतु जब तक आप नहीं जाएँगे, यह युद्धक्षेत्र नहीं छोड़ेगा। आपको अपने प्राणप्रिय चेतक की खातिर रणक्षेत्र से बाहर जाना ही होगा। उसकी जीवनरक्षा की खातिर महाराणा लौटने को तैयार हो गए। उस घायल अवस्था में भी चेतक पवन वेग से दौड़ा, किंतु मुगल सैनिकों का एक जत्था उसके पीछे पड़ गया। चेतक अपने स्वामी की रक्षा के लिए जंगल के भीतर से दौड़ रहा था। एक गहरे और चौड़े नाले के ऊपर से छलाँग लगाकर वह अपने स्वामी को बचा लाया। महाराणा सकुशल दूसरे किनारे पहुँच गए, किंतु चेतक के प्राण-पखेरू उड़ गए। जिस स्थान पर चेतक ने अपना बलिदान दिया, महाराणा की बनवाई छतरी आज भी उस कालजयी स्वामिभक्ति की स्मृति को अमर किए हुए है।

इतिहासकारों ने इस युद्ध को अनिर्णीत लिखा है; परंतु इस इलाके के स्थानीय लोग मानते हैं कि इस युद्ध में प्रताप घायल बेशक हुए, परंतु विजय उन्हीं की हुई थी। इसके अलावा राजस्थान विद्यापीठ विश्वविद्यालय में उदयपुर के मीरा कन्या महाविद्यालय के प्रोफेसर और इतिहासकार डॉ. चंद्रशेखर शर्मा ने अपने शोधों में तथ्यों के साथ प्रमाणित किया है कि हल्दीघाटी के युद्ध में महाराणा प्रताप की विजय हुई थी। युद्ध के बाद के वर्षों में एक राजा के नाते महाराणा प्रताप ने इस इलाके में जमीनों के ताम्रपत्र (पट्टे) किसानों को बाँटे थे, जो आज भी उपलब्ध हैं। इस पराजय से बौखलाकर नाराज अकबर ने मुगल सेनापति मानसिंह तथा आसिफ खाँ को छह महीने शाही दरबार में शक्ल न दिखाने का फरमान सुनाया था। सुखद बात यह है कि राजस्थान सरकार भी अब इस झूठे इतिहास को बदलने जा रही है।

आओ, अब इस स्मारक-स्थल के अंदर चलते हैं। इस स्थल को कई खंडों में पार्क के रूप में विकसित किया गया है। बीस कदम चलकर सामने ही पत्थर निर्मित वीर शिरोमणि झाला मानसिंह का स्मारक है; इससे बाईं ओर लगभग एक फर्लांग की दूरी पर प्रताप के वीर सेनापति हकीम खाँ सूरी की समाधि है, यहीं पर इन रणबाँकुरों ने लड़ते-लड़ते अपने प्राण निछावर किए थे। हमने इन हुतात्माओं के सम्मान में मस्तक नवाया। सीधा चलते हुए दाईं ओर वह स्थान है, जहाँ हाथी की सूँड़ में बँधे खाँड़े से चेतक का एक पैर जख्मी हो गया था, यहाँ पर लगा संगमरमर का शिलालेख आनेवाले दर्शकों को चेतक की वीरगाथा बयान कर रहा है। सीधे चलते हुए अंत में तंवरों की छतरी नामक स्मारक है, इसी स्थान पर ग्वालियर के रामशाह तंवर और उनके तीन पुत्र अपने आश्रयदाता राणा प्रताप की ओर से लड़ते हुए वीरगति को प्राप्त हुए थे। सन् 1624 में महाराजा कर्णसिंह ने रामशाह तंवर के पुत्र शालिवाहन की स्मृति में यह छतरी

बनवाई। यह युद्ध कोई दस-पाँच दिन नहीं चला था, बल्कि आधे दिन में ही समाप्त हो गया था, इसी से पता चलता है कि यह युद्ध कितना भयानक रहा होगा। यहाँ आज भी एक गहरा मौन पसरा रहता है, इन स्थानों को देखते हुए आँखें नम हो गईं। हम सभी ने इन वीरों के सम्मान में मस्तक नवाया और उनके देशधर्म को सराहा।

इस रणक्षेत्र में प्रताप की बाईस हजार सेना में से चौदह हजार राजपूत योद्धा खेत रहे। मुगल सेना की भारी क्षति हुई, उनके भी लगभग पाँच सौ सरदार मारे गए। मेवाड़ के उष्णरक्त ने हल्दीघाटी का कण-कण लाल कर दिया। बलिदान की परंपरा को अक्षुण्ण रखा। अजब संयोग था कि मुगलों की ओर से एक राजपूत (मानसिंह) सेना का नेतृत्व कर रहा था और प्रताप की ओर एक मुसलमान योद्धा (हकीम खाँ सूरी)। प्रताप की सेना चार भागों में बँटी थी। सबसे आगे (हरावल में) हकीम खाँ सूरी, सबसे पीछे (चंद्रावल पर) भील राजा पूँजा, दाईं ओर झाला मानसिंह और बाईं ओर थे रामशाह तंवर, जबकि प्रताप स्वयं अपने मंत्री भामाशाह के साथ मध्य में तैनात थे। पहाड़ी इलाके में युद्ध होने के कारण महाराणा प्रताप को इसका फायदा मिला, क्योंकि वे इन इलाकों से बचपन से ही परिचित थे।

मन में गौरव-भाव लिये हम लोग आगे बढ़े और इसी मार्ग पर खमनोर से चार कि.मी. आगे हल्दीघाटी आ पहुँचे हैं। वाहन किनारे खड़ा कर दिया गया। दो खड़ी पहाड़ियों के बीच यह वही सँकरा रास्ता है, जिससे गुजरकर एक घुड़सवार ही जा सकता था; परंतु आज इतनी चौड़ी सड़क बना दी गई है कि दोनों ओर वाहन बिना बाधा के आ-जा सकते हैं। इसी सँकरे सिरे पर प्रताप ने अपना मोर्चा जमाया था। यहाँ का कण-कण बलिदानी गाथाओं से भरा पड़ा है, यहाँ के वीर पुत्रों ने इसे इतिहास में उच्च स्थान दिलाया है। वाहन से उतरते ही मैंने यहाँ की माटी को मस्तक पर चढ़ाया। यहाँ की मिट्टी ताँबई-हल्दिया रंग की होने के कारण इसे 'हल्दीघाटी' कहा जाता है। जीतभाई और मिश्राजी ने यहाँ कुछ फोटो उतारे। देख रहे हैं कि अन्य पर्यटक भी यहाँ रुककर फोटो खींच रहे हैं। मैंने यहाँ की कुछ मिट्टी प्रसादस्वरूप रख ली तो हमारे चालक सुरेश भाई ने तुरंत टोका—'यह युद्धक्षेत्र की मिट्टी है, इसे घर में नहीं रखना चाहिए, इससे भाई-भाई तथा परिवार में कलह होता है।' मैंने कहा कि 'भाईजी, मेरे लिए तो यह सब तीर्थों से पवित्र है। इस मिट्टी को राजपूत वीरों ने अपने रक्त से सींचा है, इसमें उनके शौर्य-पराक्रम की खुशबू है, इसके अंदर देशाभिमान का जज्बा कूट-कूटकर भरा है। मैं तो जरूर लेकर जाऊँगा। अपने मित्रों, जाननेवालों को दिखाऊँगा।' और मैंने ऐसा ही किया। दिल्ली में मेरे कई मित्रों ने इसे श्रद्धा से हाथ जोड़ सिर पर चढ़ाया, इसे सम्मान दिया। इस मार्ग पर यातायात ज्यादा नहीं है, कुछ देर यहाँ ठहरकर हम लोग थोड़ा आगे चेतक की समाधि पर आ गए हैं। हल्दीघाटी से यह मात्र डेढ़-दो

कि.मी. दूरी पर सड़क के दाईं ओर थोड़ा हटकर है। जगह पर्याप्त लंबी-चौड़ी है, पर चेतक का स्मारक बहुत छोटा सा है। सीधे हाथ पर काफी निचाई में एक शिवाला, सामने एक बावली तथा बाईं ओर छोटा सा पार्क विकसित किया गया है। हम सभी ने चेतक की समाधि (राणा प्रताप द्वारा चेतक के सम्मान में बनवाई छतरी) पर दंडवत् किया और फिर मैंने चेतक के सम्मान में मित्रों को स्व. श्याम नारायण पांडेय की 'चेतक की वीरता' कविता सुनाई—

रण बीच चौकड़ी भर-भरकर, चेतक बन गया निराला था
राणाप्रताप के घोड़े से, पड़ गया हवा का पाला था,
जो तनिक हवा से वाग हिली लेकर सवार उड़ जाता था
राणा की पुतली फिरी नहीं, तब तक चेतक मुड़ जाता था।

× × ×

बढ़ते नद-सा वह लहर गया, फिर गया गया फिर ठहर गया
विकराल वज्रमय बादल सा, अरि की सेना पर घहर गया,
भाला गिर गया गिरा निसंग, हय टापों से खन गया अंग
बैरी समाज रह गया दंग, घोड़े का ऐसा देख रंग।

राणा प्रताप को चेतक कैसे मिला? यह भी अपने आप में बड़ी रोचक कथा है। महाराणा प्रातप का राजतिलक हो चुका था। वे मातृभूमि का छीना हुआ भाग मुगल साम्राज्य से वापस प्राप्त कर लेने के पावन अभियान में लगे हुए थे। एक दिन अरबी घोड़ों का एक सौदागर उम्दा घोड़े लेकर उनके दरबार में आया और चुनकर घोड़े खरीद लेने की महाराणा प्रताप से प्रार्थना की। महाराणा ने परखने के लिए दो घोड़े चुने—एक काला, दूसरा सफेद। काला घोड़ा बहुत दुर्दांत और बाँका था, सफेद सुशील और सीधा था, यद्यपि दोनों घोड़े बहुत बहादुर और अच्छी नस्ल के थे। महाराणा दोनों पर सवारी कर सामने चामुंडा के मंदिर तक जाकर इन्हें परखना चाह रहे थे। काले घोड़े ने उन्हें बहुत परेशान किया। सफेद घोड़ा तो सुशील था ही। महाराणा ने दोनों घोड़े खरीद

महाराणा प्रताप द्वारा चेतक की याद में बनवाई गई छतरी

लिये और उन्हें अपनी देख-रेख में प्रशिक्षण दिलवाया। उन्होंने काले घोड़े का नाम रखा 'चेतक' और सफेद का 'नाटक', किंतु अपने निजी घोड़े के रूप में चेतक को अपनाया। सरदारों के पूछने पर उन्होंने इसका कारण यह बताया कि जो प्राणी तत्काल आपके अनुकूल हो जाए, वह अच्छा होता ही है, किंतु जो आपको खूब जाँच-परखकर बहुत देर से आपका अपना बनता है, उसकी स्वामिभक्ति और भी चिरस्थायी होती है। चेतक बड़ी मुश्किल से मेरे काबू में आया है और माता चामुंडा के दर्शन के बाद मेरे अनुकूल हुआ है, अतः माता की आज्ञा से इसे ही मैंने अपनी सवारी के लिए चुना है। वैसे नाटक भी उत्तम घोड़ा है और वह भी मेरी अश्वशाला की शोभा है। वही हुआ, चेतक महाराणा के साथ आजीवन रहा। उसने कठिन-से-कठिन परिस्थितियों में अपने स्वामी का साथ दिया और हल्दीघाटी के ऐतिहासिक युद्ध में बुरी तरह जख्मी हो जाने के बाद भी अपने स्वामी की रक्षा के लिए अपने प्राणों को न्योछावर कर दिया।

खमनोर रणभूमि से पाँच कि.मी. दूर स्वामी को यहाँ सुरक्षित पहुँचाकर ही उस अद्‌भुत घोड़े ने अपने प्राण त्यागे थे। दुनिया के इतिहास में ऐसा उदाहरण शायद ही दूसरा हो, जहाँ एक पशु ने युद्धक्षेत्र में अद्‌भुत पराक्रम ही नहीं दिखलाया, बल्कि स्वयं का बलिदान कर अपने स्वामी का जीवन बचाया। यह सब देखकर मुगलों की ओर से लड़ रहे प्रताप के भाई शक्तिसिंह का यहीं पर हृदय-परिवर्तन हो गया और दोनों भाई फिर से एक हो गए। चेतक की मृत्यु के बाद प्रताप का दिल भर आया, यहीं पर उन्होंने प्रण किया—'जब तक मुगलों से अपनी सारी भूमि नहीं जीत लूँगा, तब तक राजसी ठाट-बाट त्याग जंगलों में जीवन बिताऊँगा।' गुरिल्ला युद्धों में उन्होंने धीरे-धीरे चित्तौड़ को छोड़ अपने सारे इलाके, संपूर्ण मेवाड़ पर पुनः अधिकार कर लिया। कहा जाता है कि सन् 1597 में चावंड में इस इतिहास-पुरुष और वीरों के वीर ने प्राण त्यागे। चेतक के शौर्य-पराक्रम के मुकाबले यह स्मारक बहुत छोटा है। राजस्थान सरकार को चेतक की विशालकाय प्रस्तर प्रतिमा यहाँ पर स्थापित करनी चाहिए और इस स्थान को और भी भव्य रूप देना चाहिए। अब तक जो भी देखा, उससे लगता है कि राजस्थान में बननेवाली सरकारों ने इस ओर कोई ध्यान नहीं दिया। रक्त तलई की भी उपेक्षा की गई है, राजपूताने का जिस प्रकार का गौरवशाली इतिहास रहा है, उसके अनुरूप इतिहास और देशाभिमान की इस थाती पर भव्य स्मारक बनना चाहिए। सबसे ज्यादा पर्यटक (देश-विदेश से) राजस्थान में ही आते हैं।

हल्दीघाटी तथा चेतक के प्रति लोगों में कितना सम्मान है, इसे शब्दों में बताया नहीं जा सकता। प्रताप और चेतक की वीरता के किस्से सुनकर आज भी भुजाएँ फड़क उठती हैं। दोपहर हो गया है, सो यहीं पर स्थित 'श्री हल्दीघाटी पैलेस' में भोजन किया। यहीं पर महाराणा प्रताप संग्रहालय है। इसके अंदर उन सब घटनाओं का सजीव चित्रण है,

जो युद्धकाल में घटीं। वर्तमान में इसका प्रवेश शुल्क सौ रुपया है। यहाँ महाराणा प्रताप के जीवन पर एक घंटे की एक एनीमेशन फिल्म भी दिखाई जाती है, जिसमें उनके शौर्य से भरे संघर्षशील जीवन की झाँकियाँ तथा प्राकृतिक दृश्य प्रदर्शित हैं। इसे देखते हुए बड़ी गर्व-मिश्रित अनुभूति होती है। कितना शर्मनाक है कि इस शानदार संग्रहालय के निर्माण की पहल राजस्थान सरकार या पुरातत्त्व विभाग ने नहीं, बल्कि मोहन श्रीमाली नामक एक सेवानिवृत्त स्कूल अध्यापक ने की। इस देशाभिमानी ने अपने जीवन की सारी जमा पूँजी इसमें लगा दी। ऐसा इसलिए हुआ कि सरकार इस क्षेत्र के विकास पर कोई ध्यान नहीं दे रही थी; यहाँ की वीर-संस्कृति धीरे-धीरे धूमिल हो रही थी तो इस अध्यापक की गर्वित आत्मा को यह मंजूर न था, सो अपने सीमित साधनों से ही यह शानदार संग्रहालय बनवाकर महाराणा प्रताप के व्यक्तित्व-कृतित्व तथा राजपूताने के शहीदों को जीवंत कर अपनी आत्मा को तसल्ली दी। आनेवाली पीढ़ियाँ इससे प्रेरणा ले सकेंगी। हम श्रीमालीजी के औदार्य और साहस के आगे नत हैं। संग्रहालय के अंदर स्थित पुस्तकों की दुकान से हमने कुछ पुस्तकें खरीदीं। चूँकि आज हमारी वापसी की गाड़ी है, सो पुनः-पुनः इस माटी का वंदन कर यहीं से नाथद्वारा वापस लौट पड़े। रास्ते में ही श्याम भाईजी का फोन आ गया, उनके पास लौटकर जाना अब संभव न था, सो उन्होंने न मिल पाने के लिए खेद जताया, ठीक से हमारा हाल-चाल पूछा, और क्या-क्या देखा यह भी। रास्ते में रुककर बिल्कुल सड़क किनारे स्थित इत्र, शरबत, गुलकंद आदि बनानेवाली एक फैक्टरी में घूम-फिरकर अनुभव लिया; इस पूरे क्षेत्र में इस तरह की इत्र-फैक्टरियाँ हैं, साथ ही फूलों की खेती भी फल-फूल रही है। लगभग सवा तीन बजे सुरेश भाई ने हमें नाथद्वारा के बस-अड्डे पर उतार दिया, उन्हें उनका पारिश्रमिक देकर सधन्यवाद विदा किया।

यहाँ से हम चित्तौड़गढ़ जा रही राजस्थान रोडवेज की बस में बैठ गए, जो हमें मावली जं. उतार देगी। सीट पर बैठने को लेकर कंडक्टर से जीतभाई की कहा-सुनी हो गई, वह अपने साथवाली सीट पर एक लड़की को बिठाना चाहता था, फिर भी जीतभाई ने उस सीट पर मिश्राजी को बैठा दिया। देखने में आया कि आगे रास्ते में उसने उस लड़की को बिना टिकट ही उतार दिया। बस दौड़ी चली जा रही थी कि मावली से 5-7 कि.मी. पहले ही बस अचानक रुकी और एक बीस-बाईस वर्षीया युवा लड़की ने बस में चढ़ते ही बड़ी सफाई से कंडक्टर के हाथ से टिकट बनानेवाली मशीन छीन ली। तेज धूप के कारण उसने अपनी चुनरी से सिर-मुँह ढक रखा है, बस आँखें ही दिखाई दे रही हैं। बड़ी तत्परता से वह यात्रियों के टिकट चेक करने लगी। स्थानीय लोगों से उनकी भाषा में 'कठै जाओ माई' पूछती। जाँच-पड़ताल में पाँच सवारियाँ बिना टिकट मिलीं, जिनमें दो से किराया लेकर कंडक्टर ने उन्हें टिकट नहीं दिया था। नीचे झाँककर देखा तो

एक युवा जाँच अधिकारी भी खड़े हैं। कंडक्टर उनकी चिरौरी करने लगा, माफी माँगने लगा, किस-किस की दुहाई देने लगा, पर उस महिला जाँच अधिकारी ने उसे नहीं ही बख्शा। ऐसे लोगों का जो करना होता है, वह किया। ड्राइवर को बुलाकर कागज पर उसके भी हस्ताक्षर कराए और फिर सख्त लहजे में कंडक्टर से कहा, "भाया, टिकट पहले दो, पैसे बाद में लो। अपने आप को ठीक कर लो।"

इस सबमें दस-पंद्रह मिनट का समय लगा जरूर, पर एक बेईमान, कर्तव्यच्युत कंडक्टर रँगे हाथों पकड़ा गया। बस अपने गंतव्य की ओर पुनः दौड़ने लगी। रोडवेज के ये अधिकारी भी इनकी हरकतों-करतूतों से वाकिफ हैं, सो वे अपनी कार दूसरे रास्ते पर कँटीले झाड़ों के पीछे खड़ी करके आए थे। क्योंकि सड़क पर खड़े होने से उड़न दस्ते की गाड़ी को कंडक्टर या ड्राइवर दूर से ही देख लेते हैं कि चैकिंग है और फिर टिकट बनाने लगते हैं। भ्रष्टाचार और रिश्वतखोरी के इस जमाने में ये युवा अधिकारी एक विश्वास की आशा जगाते हैं, निश्चित ही भविष्य इन कर्तव्यपरायण और ईमानदार युवाओं के हाथों में सुरक्षित है। यह मेरे लिए बड़ा ही सुखद अनुभव रहा, मन-ही-मन मैंने इन युवा अधिकारियों को साधुवाद दिया। लगभग चार बजे हम मावली जं. पर उतर गए। मुझे जोरों का जुकाम हो गया है।

चूँकि गाड़ी आने में अभी समय है, सो मिश्राजी को प्रतीक्षालय में बिठाकर हम तीनों मावली का बाजार घूमने निकल गए। मावली एक छोटी सी तहसील है। आस-पास के किसान सायं को ताजा-ताजा सब्जी आदि लेकर सड़क किनारे बैठ जाते हैं तो एक छोटा सा सब्जी बाजार सज जाता है। जीतभाई ने यहाँ से मीठे पानी की एकदम ताजा लौकी, भिंडी, मिर्च आदि सब्जियाँ खरीद लीं। ऐसी शुद्ध ताजा सब्जी दिल्ली में कहाँ मिल पाती हैं। अपने नियत समय पर सायं छह बजे चेतक एक्सप्रेस प्लेटफार्म नं. तीन पर आ लगी और हम उसमें सवार हो गए। देर तक गपशप करते रहे। अजमेर से गाड़ी में भारी भीड़ हो गई, शौचालय तक जाने की भी जगह नहीं रही। रुकते-चलते करीब सवा पाँच बजे सिग्नल न होने के कारण गाड़ी पटेल नगर स्टेशन पर रुक गई, तो हम लोग यहीं उतर गए और गुरु रामसिंह मार्ग मेट्रो स्टेशन से छह बजे की मेट्रो पकड़ घर की राह ली। यात्रा की स्मृतियाँ ऐसी हैं, जो भुलाई नहीं जा सकतीं। राजपूताने की गौरव-गाथा सदा गाई और सराही जाएगी, ऐसा मैं मानता हूँ।

□

दिल्ली-तीर्थ-दर्शनम्

स्वास्थ्य-कारणों से इस बार बाहर कहीं तीर्थयात्रा पर जाना संभव न हो सका, तो रविवार और अवकाश के दिनों में कई किस्तों में दिल्ली के तीर्थ-स्थलों के दर्शन किए। इससे पहले कि आपको दिल्ली के प्रमुख तीर्थ-स्थलों पर लेकर चलूँ तो दिल्ली के बारे में भी कुछ जान लेना जरूरी है। वर्तमान में तो दिल्ली भारत गणराज्य की राजधानी, केंद्र शासित क्षेत्र के साथ-साथ देश के चार बड़े महानगरों में से एक है। वास्तव में दिल्ली एक लघु भारत ही है, जहाँ हर संप्रदाय, पंथ और प्रांत के लोग रहते हैं। इसके दक्षिण-पश्चिम भाग में अरावली पर्वत-शृंखला तथा पूरब दिशा में यमुना नदी है, जिसके किनारे यह नगर बसा है। खुदाई में प्राप्त प्रमाणों से यह सिद्ध हुआ है कि प्रारंभिक सिंधु घाटी सभ्यता यहाँ पनपी। दिल्ली नगरी ने अपने जीवन में बहुत उतार-चढ़ाव देखे। इतिहासकारों का कहना है कि यह नगरी सात बार उजड़ी और फिर बसी, इसलिए दिल्ली एक पौराणिक तथा ऐतिहासिक नगर भी है।

महाभारत काल में इसका नाम 'इंद्रप्रस्थ' था। अपनी सुंदरता तथा वैभव में यह देवताओं की 'साकेतपुरी' से बढ़कर थी। पांडवों ने इसे अपनी राजधानी बनाया। 'पृथ्वीराज रासो' में तोमर राजा अनंगपाल को दिल्ली का संस्थापक बताया गया है। ऐसा माना जाता है कि उसी ने 'लाल कोट' का निर्माण कराया तथा महरौली में स्थित गुप्तकालीन लौह-स्तंभ को वही दिल्ली लेकर आया था। संभवत: सन् 900 से 1200 तक दिल्ली पर तौमर राजाओं का शासन रहा। पृथ्वीराज चौहान को दिल्ली का अंतिम हिंदू सम्राट् माना जाता है। सन् 1206 के बाद यह दिल्ली सल्तनत की राजधानी बनी। क्रमश: यहाँ खिलजी वंश, तुगलक वंश, सैयद वंश और लोदी वंश के अलावा अन्य राजवंशों ने शासन किया। मुगल बादशाह अकबर ने न जाने क्यों दिल्ली को बिसराकर आगरा को अपनी राजधानी बनाया; परंतु अकबर के पोते शाहजहाँ ने सत्रहवीं सदी में इसके चहुँओर चहारदीवारी बनवाकर, इसे पुन: आबाद कर अपनी राजधानी बनाया, जिसे तब 'शाहजहाँनाबाद' कहा जाता था; परंतु आज इसे 'पुरानी दिल्ली' के नाम से जाना जाता है।

पुराकाल में दिल्ली उत्तर दिशा में स्वरूप नगर, दक्षिण में रजोकरी, पश्चिम में नजफगढ़ तथा पूरब में यमुना नदी तक विस्तृत थी। अठारहवीं-उन्नीसवीं शताब्दी में ब्रिटिश ईस्ट इंडिया कंपनी ने लगभग पूरे भारत को अपने कब्जे में ले लिया और कलकत्ता को अपनी राजधानी बनाया। लेकिन सन् 1911 में पुरानी दिल्ली के दक्षिण में अंग्रेज वास्तुकार एडविन लुटियन द्वारा नई दिल्ली का निर्माण करवाकर राजधानी को यहाँ स्थानांतरित कर दिया गया। आजादी के लिए चले लंबे संघर्ष के बाद सन् 1947 में इसे स्वतंत्र भारत की राजधानी बनाया गया।

पर्यटन की दृष्टि से दिल्ली बेमिसाल है। भारतीय पुरातात्त्विक सर्वेक्षण विभाग ने दिल्ली महानगर में करीब बारह सौ धरोहर स्थल घोषित किए हैं, इनमें से 175 स्थल तो राष्ट्रीय धरोहर स्थल हैं। यहाँ महाभारतकालीन, मुगलकालीन, ब्रिटिशकालीन अनेक इमारतें एवं पवित्र स्थल देश-विदेश के पर्यटकों के लिए आकर्षण के केंद्र हैं। पहले मैं आपको कालकाजी मंदिर लिये चलता हूँ।

कालकाजी मंदिर दिल्ली के कालकाजी क्षेत्र में अरावली पर्वत-शृंखला की सूर्यकोट पहाड़ी पर स्थित है। यह मंदिर देश के प्राचीनतम सिद्धपीठों में गिना जाता है। इसे 'जयंती पीठ' भी कहा जाता है। पुराणों में ऐसा उल्लेख है कि असुरों के बढ़ते आतंक से तंग आकर देवताओं ने भगवती देवी से असुरों का संहार करने की प्रार्थना की, तो माता पार्वती ने अपनी भृकुटी से 'महाकाली' को प्रकट किया और राक्षस 'रक्तबीज' को मारने का आदेश दिया। महाकाली ने मार-काट मचाते हुए राक्षस के रुधिर को अपनी लपलपाती जिह्वा से चाटकर जमीन पर नहीं गिरने दिया। देवी महाकाली के रौद्र रूप को शांत करने के लिए भगवान् शंकर ने

श्रीकालकाजी मंदिर, दिल्ली

आद्यशक्ति महाकाली के आगे साष्टांग होकर विनती की। तब माता काली ने उन्हें मनोकामना पूर्ण होने का वरदान दिया। बदलते समय के साथ भी इस कालकाजी मंदिर की पवित्रता और मान्यता अक्षुण्ण रही। लोक मान्यताओं में यह पांडवकालीन मंदिर है। कहा जाता है कि पांडव भाइयों ने यहाँ आकर माँ काली की पूजा की थी। ऐसा भी माना जाता है कि अठारहवीं सदी के उत्तरार्ध में मराठा शासकों ने इस मंदिर का निर्माण कराया था। यह भी मान्यता है कि देवपिता ब्रह्मा के कहने तथा समस्त देवताओं के आग्रह पर माता काली यहाँ अपने भक्तों की मनोकामनाएँ पूरी कर रही हैं। इसलिए भी इसे 'मनोकामना सिद्धपीठ' कहा जाता है। बीते पुराकाल में नाथ-संप्रदाय के बाबा बालकनाथ ने इस स्थान को अपनी तपस्थली के रूप में चुना। तत्कालीन अकबर शाह के पेशकार रहे राजा मिर्जा केदार ने इस मंदिर का जीर्णोद्धार कराया। तब से लेकर आज तक इस मंदिर में महंत-परंपरा का निर्वहन हो रहा है।

वर्तमान में हम जो मंदिर देख रहे हैं, इसकी बनावट पहाड़नुमा है, जो सूर्यकोट पर्वत की याद दिलाती है। इसका निर्माण शामलट थोक ब्राह्मण और थोक जोगियन की जमीन पर किया गया, जो कालका मंदिर के पुजारी हैं। मंदिर के बीचोबीच गोलाकार गुंबद में माता काली स्वयं विराजमान हैं। इस मंदिर की बारह पक्षीय संरचना के कारण चारों ओर से माँ के दर्शन किए जा सकते हैं। मंदिर का निर्माण संगमरमर तथा काले पुमिस पत्थरों से किया गया है। मंदिर के साथ-साथ ही बारह पक्षीय बरामदा भी है। यहाँ नित्य महाकाली की मूर्ति का दूध से अभिषेक किया जाता है। अभिषेक के बाद प्रातः छह बजे तथा सायंकाल में साढ़े सात बजे आरती होती है। दर्शनार्थियों के लिए मंदिर प्रातः से देर रात्रि तक खुला रहता है। विगत पाँच-छह दशकों में मंदिर के आसपास बहुत सी धर्मशालाओं का निर्माण हुआ है। चैत्रीय और शारदीय नवरात्रों के अवसर पर यहाँ भक्तों की भारी भीड़ उमड़ने के कारण मेला जैसा लगा रहता है। मंगलवार और शनिवार को भी यहाँ दर्शनार्थी बड़ी संख्या में आते हैं। इस मंदिर की मान्यता जन-जन में आज भी बनी हुई है। यहाँ भली प्रकार से दर्शन कर अब मैं सामने कमल मंदिर की ओर निकल रहा हूँ।

कमल मंदिर (लोटस टेंपल) एकदम सामने ही दिख रहा है। यह दिल्ली में नए बने मंदिरों में बड़ा दर्शनीय है। यह बहाई उपासना-स्थल है। बहाई सन् 1844 में प्रवर्तित ईरान का एक अलग धर्म है, जिसकी स्थापना बहाउल्लाह नामक संत ने की थी। संत बहाउल्लाह को ईश्वर का कार्य करने के जुर्म में तत्कालीन शासकों ने लगभग 40 वर्षों तक जेल में रखकर असहयनीय कष्ट दिए। बहाई धर्म का मानना है कि दुनिया के सब धर्मों का मूल एक ही है। इस मंदिर का उद्घाटन 24 दिसंबर, 1986 को हुआ और 1 जनवरी, 1987 को यह जनता के दर्शनार्थ खोल दिया गया। इस मंदिर का वास्तु कमल

के आकार में होने के कारण इसे 'कमल मंदिर' यानी लोटस टेंपल कहा जाता है। इस मंदिर में स्थित विस्तृत और कलात्मक घास के मैदान, धवल-दूधिया विशाल भवन, ऊँचे गुंबदवाला प्रार्थनाघर आदि पर्यटकों के आकर्षण के केंद्र हैं। सबसे बड़ा आकर्षण तो यह है कि इसमें किसी तरह की कोई मूर्ति नहीं है। मंदिर 'अनेकता में एकता' सिद्धांत को यथार्थ रूप देता है। इस मंदिर में नौ द्वार तथा नौ कोने हैं। माना जाता है कि नौ सबसे बड़ा अंक है। यह उपासना मंदिर चारों ओर से नौ बड़े जलाशयों से मंडित है। प्रात: और सायं सूर्य की लालिमा में धवल-दूधिया रंग की यह संगमरमरी इमारत बड़ी अद्‌भुत लगती है। यह अद्‌भुत स्थापत्य कनाडा के प्रसिद्ध वास्तुकार फरीबर्ज़ सहबा की कल्पना की उपज है। इस मंदिर को बनाने के लिए मार्बल ग्रीस से मँगवाया गया था। इस मंदिर में संगमरमर की सत्ताईस खड़ी पँखुड़ियाँ, जिन्हें तीन और नौ के आकार में बनाया गया है। इसमें प्रवेश के नौ दरवाजे, जो 40 मीटर के हैं। सामने के पूरे हॉल में लगभग 2400 लोग एक साथ आ सकते हैं।

मंदिर के सूचना-केंद्र के सभागार में 400 व्यक्ति एक साथ बैठ सकते हैं। इसके अलावा दो छोटे सभागृह और भी हैं। यहाँ हर घंटे में पाँच मिनट की प्रार्थना सभा आयोजित की जाती है। पुस्तकालय में बहुत से शोधार्थी और धार्मिक पुस्तक-प्रेमी नीम शांति के बीच पुस्तकें पढ़ने में निमग्न हैं। यहाँ आकर अपूर्व शांति का अहसास हो रहा है। हजारों पर्यटक नित्य यहाँ इसके दर्शन करने आते हैं। आइए, अब भैरव मंदिर की ओर चलते हैं।

भैरव मंदिर दिल्ली में प्रगति मैदान के पास तथा पांडवों के किले के पीछे स्थित है। इन्हें 'किलकारी बाबा भैरोंनाथजी' कहा जाता है। यहाँ ऊँचे प्रवेशद्वार पर यही नाम लिखा हुआ है। सभी जानते हैं कि भैरव को भगवान् शिव का अवतार माना गया है, अत: वे शिव स्वरूप ही हैं। भैरव के कई रूप प्रसिद्ध हैं, इनमें से दो नाम अति प्रसिद्ध हुए हैं—काल भैरव तथा बटुक भैरव या आनंद भैरव। पांडवकालीन यह भैरव मंदिर सभी कामनाओं को पूर्ण करनेवाला तथा सभी संकटों का नाश करनेवाला है। रविवार भैरव का दिन माना गया है, सो आज रविवार को यहाँ भक्तों की अपार भीड़ है। मैं देख रहा हूँ, यह मंदिर उत्तर भारत की मंदिर निर्माण शैली में सफेद संगमरमर से बनाया गया है। अन्य देवी-देवताओं की मूर्तियाँ भी संगमरमर की हैं। भैरवजी की प्रतिमा में मुख तथा बड़ी-बड़ी आँखें दिखाई दे रही हैं। यहाँ की यह भैरवजी की प्राचीन मूर्ति अत्यंत ऊर्जावान है। इस मूर्ति की एक विशेषता यह बताई जाती है कि यह एक कुएँ के ऊपर स्थापित है। न जाने कब से एक छिद्र के द्वारा पूजा-अर्चना तथा भैरव के अभिषेक का जल कुएँ में चला जाता है; चमत्कार ऐसा है कि यह कुआँ अभी तक भरा नहीं है। सामने दिख रही नीलम की आँखोंवाली बटुक भैरव की मूर्ति, जिसके पार्श्व में त्रिशूल तथा सिर के ऊपर छत्र शोभायमान है, इतनी भारी है कि साधारण व्यक्ति इसे उठा भी नहीं सकता है।

लोक में ऐसा प्रचलित कि जब पांडव हस्तिनापुर से आकर यहाँ खांडवप्रस्थ (इंद्रप्रस्थ) में बसे तो अपनी इंद्रप्रस्थ नगरी को सब संकटों से मुक्त रखने के लिए पांडुपुत्र भीमसेन इस मूर्ति को अपने कंधे पर रखकर काशी से लेकर आए थे। भैरवजी आना तो नहीं चाहते थे, पर इस शर्त के साथ आने को तैयार हुए—'भीमसेन, पूरे रास्ते में मुझे कहीं जमीन पर रख दोगे तो मैं वहाँ से उठूँगा नहीं, सोच लो।' लंबा रास्ता चलते हुए कुंतीपुत्र थकावट और लघुशंका से व्याकुल हो गए। उन्होंने किले से बाहर स्थित कुएँ की जगत पर भैरवजी को रख दिया। शर्त के अनुसार भैरव बाबा फिर वहाँ से हिले नहीं। उन्होंने भीमसेन को समझाया—'हे महावीर! निराश मत होओ, यहीं पर मुझे स्थापित कर दो। मैं यहाँ रहकर तुम सब पांडवों तथा यहाँ आनेवाले अपने भक्तों की मनोकामना पूर्ण करूँगा।' उसी समय से ये बटुक भैरव यहाँ विराजमान हैं और यहाँ आनेवाले अपने भक्तों का कल्याण कर रहे हैं। 'ॐ ह्रीं बटुकाय आपदुद्धाराय कुरु कुरु बटुका यह्रीं।' इस मंत्र के जाप से भैरव को प्रसन्न किया जा सकता है। अन्य प्रसाद सामग्री के साथ-साथ यहाँ शराब भी भैरव को चढ़ाई जाती है। भूत-प्रेत बाधा से मुक्ति में भी इनकी उपासना फलदायी होती है। जहाँ-जहाँ भी देवी-मंदिर हैं, वहाँ भैरव भी विराजमान हैं। भैरव पूर्ण रूप से परात्पर शंकर ही हैं। रविवार को भक्तों की भीड़ को देखते हुए मंदिर प्रातः 5 बजे से रात्रि 10 बजे तक दर्शनार्थ खुला रहता है। अब मैं आपको कनाट प्लेस स्थित प्राचीन हनुमान मंदिर के दर्शनार्थ लिये चलता हूँ।

हनुमान मंदिर (कनाट प्लेस) बहुत प्राचीन मंदिर है। महाभारत ग्रंथ में वर्णन आया है कि पाँचों पांडव देवताओं की संतान थे। पांडवों में द्वितीय भीम को हनुमानजी का भाई माना जाता है। दोनों ही वायुपुत्र कहे जाते हैं। बताया जाता है कि इंद्रप्रस्थ नगरी की स्थापना के समय इस नगरी में सुख-शांति के लिए पांडवों ने पाँच हनुमान मंदिरों की स्थापना की थी। यह मंदिर उन्हीं में से एक है। ऐसी मान्यता है कि भक्तिकालीन संत तुलसीदासजी ने अपनी दिल्ली यात्रा के समय इस मंदिर में दर्शन किए थे। उसी प्रवास में उन्होंने यहाँ 'हनुमान चालीसा' की रचना की थी। वर्तमान मंदिर की यह जो इमारत दिख रही है, इसका निर्माण आमेर के राजा मानसिंह प्रथम (1540-1614) ने करवाया था। राजा जयसिंह द्वितीय (1688-1743) ने जंतर-मंतर बनवाते समय इस मंदिर का विस्तार किया। समय के साथ-साथ इसमें सुधार तथा जीर्णोद्धार का कार्य होता रहा। यह बहुत ही जीवंत मंदिर है। यहाँ बाल हनुमान की पूजा होती है। अन्य मंदिरों से अलग इसकी एक विशेषता यह है कि यहाँ 1 अगस्त, 1964 से 'श्रीराम जय-जय राम' का अखंड जाप दिन-रात अनवरत होता आ रहा है। यह जाप गिनीज बुक ऑफ रिकोर्ड्स में भी सबसे लंबे जाप के रूप में दर्ज हो चुका है।

मंदिर में ऊपर-नीचे शिव-परिवार, विष्णु आदि अन्य देवताओं की मूर्तियाँ हैं।

मंदिर के गर्भगृह में बाल हनुमान की स्वयंभू प्रतिमा दक्षिणमुखी है। मंदिर के शिखर पर अर्धचंद्र के साथ किरीटकलश भी शोभित है। इस अर्धचंद्र की भी एक कहानी है। कहा जाता है कि जब रामभक्त तुलसीदासजी दिल्ली आए थे, तब मुगल सम्राट् अकबर ने उन्हें दरबार में कोई चमत्कार दिखाने को कहा। हनुमानजी की कृपा से तुलसीदासजी ने सम्राट् को संतुष्ट कर दिया। तब अकबर ने प्रसन्न होकर इस मंदिर के शिखर के लिए इस्लामी चंद्रमा तथा किरीटकलश समर्पित किया। इसी कारण कई मुसलिम आक्रांताओं ने इस इस्लामी चाँद का मान रखते हुए मंदिर को कोई हानि नहीं पहुँचाई। मंगलवार को यहाँ भक्तों की अपार भीड़ होती है। दर्शनार्थियों की लंबी-लंबी कतारें लग जाती हैं। यहाँ बूँदी तथा लड्डू का प्रसाद चढ़ता है। हनुमान जयंती के अवसर पर यहाँ भजन संध्या के साथ-साथ भंडारे लगते हैं। चूँकि कनाट प्लेस में हैं, तो अब गुरुद्वारा बँगला साहिब के लिए निकलते हैं।

गुरुद्वारा बँगला साहिब तो मैं कई बार आ चुका हूँ। यह गुरुद्वारा कनाट प्लेस के पास बाबा खड्ग सिंह मार्ग पर स्थित है। यह ऐतिहासिक गुरुद्वारा है। इतिहास में दर्ज है कि सत्रहवीं सदी में यहाँ पर जयपुर के राजा जयसिंह का एक बँगला हुआ करता था, जिसे 'जयसिंहपुरा पैलेस' कहा जाता था। उन्हीं दिनों खालसा पंथ के आठवें गुरु हरकिशन सिंह दिल्ली प्रवास पर आए तो इसी बँगले में ठहरे थे। उस समय दिल्ली में चेचक तथा हैजा महामारी का रूप ले चुके थे। इन बीमारियों के कारण सैकड़ों लोग काल का ग्रास बन चुके थे। गुरुजी बीमारों की सेवा करने लगे। अपने आवास के कुंड से मरीजों को शुद्ध जल देते तो यह जल आरोग्यवर्धक हो जाता, मरीजों को स्वास्थ्य लाभ होता। गुरुजी दिन-रात मरीजों से घिरे रहते। इस तरह गुरुजी भी इस महामारी की चपेट में आ गए और 30 मार्च, 1664 को गोलोकवासी हो गए। इस घटना के बाद राजा जयसिंह ने उस कुंड के स्थान पर एक ताल यानी सरोवर का निर्माण कराया। बाद में 225×235 फीट का वर्तमान सरोवर भक्तों के चंदे से बनवाया गया। यह सरोवर आज बड़ी श्रद्धा का केंद्र है।

पहले-पहल सन् 1783 में सरदार भगेल सिंह ने दिल्ली में नौ सिख मंदिरों यानी गुरुद्वारों का निर्माण कराया। बँगले के स्थान पर निर्माण होने के कारण इसे 'बँगला साहिब गुरुद्वारा' कहा जाता है। ऊँचे भव्य प्रवेशद्वार के बाईं ओर अब एक शानदार फब्बारा है। इसके साथ लंबी गैलरी से आगे बढ़ते हुए दाईं ओर ठीक सामने बहुत ऊँचा ध्वज-स्तंभ और सामने ही मुख्य गुंबद में गुरुग्रंथ साहिब शोभायमान हैं। यहाँ भक्तों के बैठकर गुरुबानी तथा कीर्तन सुनने के लिए विशाल हॉल में कालीन बिछे हैं। यहीं सामने जाकर भक्त लोग गुरुग्रंथ साहिब के सामने मत्था टेकते तथा अरदास करते हैं। इसके एकदम दाएँ वह पवित्र सरोवर स्थित है। इसके स्वच्छ जल में रंग-बिरंगी मछलियाँ किलोल कर

रही हैं। अन्य पवित्र स्थलों की तरह गुरुद्वारे में जूता उतारकर तथा सिर ढँककर अंदर जाना चाहिए। द्वार पर ही जूता स्टैंड है तथा सिर ढकने के लिए स्कार्फ निशुल्क मिलते हैं। दर्शनार्थियों तथा विदेशी पर्यटकों के लिए यहाँ पर निशुल्क गाइड भी उपलब्ध हैं।

पवित्र सरोवर से जब बाईं ओर आगे बढ़ते हैं तो प्रसाद (कड़ाह प्रसाद) लेत हुए जाते हैं, जो शुद्ध देसी घी का बनाया जाता है। बाईं ओर ही कुछ सीढ़ियाँ उतरकर एअरकंडीशंड लंगर हॉल हैं, साक्षात् अन्नपूर्णा, जहाँ सैकड़ों नहीं तो हजारों भक्त नित्य भोजन करते हैं। भोजन से पूर्व पाँच मिनट हरिकीर्तन 'सतनाम-सतनाम वाहे गुरुजी' कराया जाता है। जैसे ही पहली पंगत लंगर चखकर उठती है, तुरंत सफाई होकर दूसरी पंगत बैठ जाती है, सेवादार स्टील की थालियाँ परोसकर बड़े प्रेम से भोजन कराते हैं। यहाँ लंगर में गाढ़ी दाल, चावल, रोटी बड़ी स्वादिष्ट होती है। भोजन के बाद जूठी थाली यथास्थान रखते हैं। लंगर भवन में अलग-अलग अनेक स्त्री-पुरुष भोजन बनाने, रोटियाँ सेंकने, बरतन साफ करने के कार्य में निस्स्वार्थ भाव से लगे देखे जा सकते हैं। कोई ऊँचा नहीं, कोई नीचा नहीं, सब एक गुरु के बंदे। गुरुद्वारा जैसी निस्स्वार्थ सेवा अन्यत्र देखने में नहीं आती। यहाँ कोई भी दर्शनार्थी अपनी इच्छानुसार सेवा कार्य ले सकता है।

इस गुरुद्वारा परिसर में एक आर्ट गैलरी, आवास, हायर सेकेंडरी स्कूल, बाबा बघेल सिंह म्यूजियम, पुस्तकालय तथा एक अस्पताल भी संचालित होता है। इसी में यात्री निवास, मल्टीलेबल पार्किंग तथा टायलेट की सुविधा भी है। स्वर्ण सा चमकता गुरुद्वारे का शिखर दूर से ही अपनी ओर आकर्षित करता है। यहाँ पर आकर एक अलग ही सुकून और संतुष्टि होती है, दोलायमान चित्त एकदम शांत हो जाता है। यहाँ एक बार आकर बार-बार आने को मन करता है। यहाँ से बाहर निकलने के लिए अशोक रोड की ओर भी एक द्वार है। इसी से अब मैं बाहर निकल रहा हूँ।

आज मैं **झंडेवाला मंदिर** में दर्शन करने आया हूँ। यह मंदिर करौल बाग में राष्ट्रीय स्वयंसेवक संघ के प्रांतीय कार्यालय केशवकुंज के एकदम निकट ही है। यह प्राचीन देवी मंदिरों में गिना जाता है। कहा जाता है कि मुगल काल में सम्राट् शाहजहाँ ने यहाँ देवी प्रार्थना के रूप में झंडा अर्पित किया था, इसलिए इसे 'झंडेवाला मंदिर' कहा जाने लगा। अरावली पर्वत-शृंखला यहाँ से होकर गुजरती है। लोक में ऐसा प्रचलित है कि बद्री नाम के अपने एक भक्त को माता ने स्वप्न में प्रेरणा देकर यहाँ जमीन में अपने मूर्ति रूप के बारे में बताया। पहाड़ी की खुदाई कर मूर्ति को निकाला गया और फिर उसी स्थान पर इस मंदिर का निर्माण हुआ। वर्षों तक बद्री भगत ने माता की सेवा की तथा मंदिर का विस्तार किया। धीरे-धीरे पहाड़ी पर भी बसावट बढ़ती गई और आज यह मंदिर चारों ओर फैली पॉश कॉलोनियों के बीच में है। मंदिर के निचले हिस्से में सामने ही माता की सुसज्जित पूर्ति विराजमान है। रोजाना अनेक भक्त यहाँ दर्शन करने आते हैं।

शारदीय और चैत्र नवरात्रों में माँ के भक्तों की अपार भीड़ उमड़ पड़ती है। इनमें कन्याओं, माताओं की संख्या अधिक होती है। इन अवसरों पर मंदिर ही नहीं, आस-पास का क्षेत्र विद्युत् लड़ियों एवं दीप-मालिकाओं से लकदक करता रहता है, तब यहाँ की शोभा देखते ही बनती है। मंदिर की चारों दिशाओं में भक्तों की लंबी कतारें लग जाती हैं। पुलिस, मंदिर प्रशासन एवं स्वयंसेवी संस्थाओं के वालंटियर व्यवस्था में मुस्तैदी से जुटे रहते हैं। इस समय माता का शृंगार तथा शोभा अलौकिक जान पड़ती है, भक्त पलक झपकाना भी भूल जाते हैं। माता के जयकारों तथा भजनों से पूरा वातावरण आध्यात्मिक हो जाता है। दिल्ली शहर में इस मंदिर की बड़ी मान्यता है। यहाँ माता को दंडवत् कर अब मैं आपको बिरला मंदिर ले जा रहा हूँ।

लक्ष्मीनारायण मंदिर (बिड़ला मंदिर) हर बड़े शहर में मिल जाएगा। दिल्ली में यह राम मनोहर लोहिया अस्पताल के पास मंदिर मार्ग पर स्थित है। चूँकि इसका निर्माण उद्योगपति बिड़ला घराने ने कराया, इसलिए लोग इसे बिड़ला मंदिर कहते हैं। असल में यह मंदिर भगवान् लक्ष्मीनारायण को समर्पित है, अतः इसे लक्ष्मीनारायण मंदिर भी कहते हैं। ऐसा माना जाता है कि पहले-पहल इस मंदिर का निर्माण जयपुर के राजा उदयभानू सिंह ने कराया था; उसके बाद सन् 1793 में राजा पृथ्वी सिंह ने इसका जीर्णोद्धार कराया। अपने समय के समाजसेवी तथा उद्योगपति बलदेवदास बिड़ला तथा उनके पुत्र जुगल किशोर बिड़ला ने एक रुपए की प्रतीक राशि देकर राजा साहब से इसे खरीद लिया और सन् 1933 में पं. विश्वनाथ शास्त्री के निर्देशन में लगभग 100 कुशल शिल्पियों द्वारा इसका विस्तार तथा निर्माण कार्य शुरू हुआ। छह साल बाद 1939 में महात्मा गांधी ने इस शर्त पर इसका उद्घाटन किया कि यह बिना किसी जाति भेदभाव के सबके लिए खुला रहेगा। इस मंदिर के मुख्य शिल्पकार श्रीशचंद्र चटर्जी थे।

मंदिर का वास्तु नागर शैली में निर्मित पूर्वमुखी है। यह मंदिर करीब साढ़े सात एकड़ में फैला है। इसका सर्वोच्च शिखर 160 फीट ऊँचा है। इसके निर्माण में कई स्थानों का संगमरमर उपयोग में लाया गया है। मंदिर का बाहरी हिस्सा संगमरमर तथा लाल बलुआ पत्थर से निर्मित है। मंदिर में तीन ओर दो मंजिला बरामदे हैं। इसके मूल भगवान् विष्णु यानी नारायण और उनकी पत्नी लक्ष्मी हैं। इसके अलावा शिव परिवार, सिद्धि विनायक गणेश, भगवान् कृष्ण, पवनपुत्र हनुमान, देवी दुर्गा तथा भगवान् बुद्ध भी स्थापित हैं। मूर्तियों की नक्काशी देखते ही बनती है। दीवारों पर रामायण तथा महाभारत की कथाएँ चित्रित हैं तथा गीता के उपदेश अंकित हैं। बाहरी दीवारों पर अनेक ऐतिहासिक एवं धार्मिक विभूतिया खूबसूरती से उकेरी गई हैं। मंदिर में इन सबका दर्शन करते हुए पीछे की ओर निकल जाते हैं, जहाँ पहाड़ी पर पेड़-पौधे, सुंदर बाग-बगीचों के बीच फव्वारे लगे हैं। यह बड़ा रमणीक स्थान है। यहीं पास में गीता भवन है। रामनवमी, दीपावली

तथा कृष्ण जन्माष्टमी पर्व यहाँ विशेष रूप से मनाए जाते हैं, तब यहाँ पैर रखने को भी जगह नहीं होती। अब मैं आपको चाँदनी चौक लिये चलता हूँ।

शीशगंज गुरुद्वारा साहिब दिल्ली के ऐतिहासिक गुरुद्वारों में से एक है। यह पुरानी दिल्ली रेलवे स्टेशन के सामने चाँदनी चौक में स्थित है। इसका इतिहास शहादतों से भरा हुआ है। इतिहास में उल्लेख है कि जब हिंदुओं पर औरंगजेब के अत्याचार ज्यादा बढ़ गए तो बहुत सारे कश्मीरी पंडित गुरु तेगबहादुरजी की शरण में आए और अपनी पीड़ा बयान की। उस समय गुरुजी के पुत्र गोविंद राय (बाद में गुरु गोबिंद सिंह) दस वर्ष के थे। सबकुछ देखते-सुनते हुए उन्होंने कहा, ''पिताजी, इस समय के हालात किसी महान् व्यक्ति की शहादत माँग रहे हैं, और आज आपसे महान् कौन है, जो यह शहादत दे सके।'' पुत्र की समझदारी भरी बातें सुनकर गुरुजी बड़े खुश हुए। गुरु तेगबहादुरजी

शीशगंज गुरुद्वारा, चाँदनी चौक

ने औरंगजेब को संदेश भेजा कि पहले उनसे धर्म-परिवर्तन करके दिखाए। तब औरंगजेब के आदेश पर गुरुजी को बुलाकर आगरा से लोहे के पिंजरे में डालकर दिल्ली लाया गया। गुरुजी को झुकाने के लिए पहले उनके साथ आए उनके शिष्य भाई मतिदास को आरे से चीरा गया, भाई सतिदास को रुई में लपेटकर आग लगाई गई, भाई दयालाजी को देग में रखकर उबाला गया कि गुरुजी यह देखकर और डरकर इसलाम कबूल कर लें। अमानुषिक अत्याचारों के बाद भी गुरुजी अपना धर्म बदलने को राजी न हुए तो धर्मांध औरंगजेब ने 11 नवंबर, 1675 को उन्हें मौत की सजा सुनाई। इसी जगह पर जल्लाद ने गुरुजी का शीश धड़ से अलग कर दिया।

इतना ही नहीं, औरंगजेब ने किसी का भी मृत शरीर न उठाने का सख्त आदेश कर दिया। उसी रात जोरों की आँधी-बरसात आई, जैसे कुदरत का क्रोध फूट पड़ा हो। तब गुरुजी का एक शिष्य लखी शाह बनजारा अँधेरे में गुरुजी के शव को उठाकर ले गया और शीघ्र ही अपने घर में आग लगाकर गुरुजी का अंतिम संस्कार कर दिया, जहाँ पर आज का गुरुद्वारा रकाबगंज स्थित है। दूसरा शिष्य भाई जैता गुरुजी का सिर लेकर आनंदपुर साहिब गया और शीश गुरुजी के पुत्र गुरु गोविंद सिंहजी को सौंप दिया। पिता की शहादत के बाद गोबिंदराय खालसा पंथ के दसवें और अंतिम गुरु बने। समय गुजरने के साथ सन् 1783 में बघेल सिंह ने दिल्ली पर हमला कर शाह आलम द्वितीय को हरा दिया और दिल्ली के तख्त पर कब्जा कर लिया। तब राजा बघेल सिंह ने गुरुजी की याद में यहाँ गुरुद्वारा बनवाया और इसका नाम 'गुरुद्वारा शीशगंज साहिब' रखा गया।

लेकिन वर्तमान में जो यह भव्य भवन दिख रहा है, इसका निर्माण 1930 में हुआ। एकदम सामने विशाल और खुला हॉल है। बीचोबीच चमकदार पीतल का एक मंडप है, जिसमें पवित्र गुरुग्रंथ साहिबजी विराजमान हैं और एक सेवादार बड़े तन्मय होकर चँवर डुला रहे हैं। यहीं पर गुरुबानी का गान हो रहा है। यहाँ की शोभा देखते ही बनती है। यहाँ मैं अनेक बार दर्शन कर चुका हूँ। गुरुग्रंथ साहिब के सामने आते ही हाथ श्रद्धा से जुड़ जाते हैं और मस्तक नत हो जाता है। यहाँ असीम शांति तथा गहरी आध्यात्मिक अनुभूति होती है। इसी परिसर में अंदर की ओर, जिस वृक्ष के नीचे गुरुजी अपने कारावास के समय बैठते थे, उसका एक तना सुरक्षित रखा गया है; साथ ही कारावास में गुरुजी ने नहाने के लिए जिस कुएँ के जल का उपयोग किया, वह कुआँ भी इस गुरुद्वारे में आज भी है।

गुरुद्वारे के सामने ही भाई मतीदास, सतीदास चौक है, जहाँ गुरुद्वारा आनेवाले श्रद्धालु मत्था टेककर उनकी शहादत को नमन करते हैं। गुरुद्वारा शीशगंज सभी आधुनिक सुविधाओं से संपन्न है। बाहर से आनेवाले तीर्थयात्रियों के ठहरने के लिए इसमें 250 कमरे तथा 200 लॉकर उपलब्ध हैं। इसके ठीक सामने ही जहाँ एक सिनेमा हॉल हुआ करता था, उसे गुरुद्वारा समिति ने खरीदकर इसमें मल्टीस्टोरी भव्य इमारत का निर्माण कराया है। यह बहुत भीड़भाड़ वाला क्षेत्र है, हजारों दर्शनार्थी यहाँ नित्य दर्शन करने आते हैं, सैकड़ों लोगों को नित्य लंगर में भोजन कराया जाता है। यहाँ पुनः मत्था टेक अब मैं इसी पंक्ति में दो-ढाई फर्लांग दूर गौरीशंकर मंदिर में दर्शन के लिए निकल रहा हूँ।

गौरीशंकर मंदिर शैव संप्रदाय के सबसे पुराने मंदिरों में गिना जाता है। इतना ही नहीं, गुनी-ग्यानी तो इसे पूरे ब्रह्मांड का केंद्र बताते हैं। ऐसा कहा जाता है कि इस मंदिर का निर्माण सन् 1761 में एक मराठा सैनिक अप्पा गंगाधर ने कराया था। वह भगवान् शिव का परमभक्त था। यहीं पर एक युद्ध के दौरान वह बुरी तरह घायल हो गया और

बचने की कोई आशा न रही, तब उसने अपने इष्ट भोलेनाथ से प्रार्थना की और स्वस्थ हो जाने के बाद उनका एक मंदिर बनवाने का प्रण किया। घाव इतने गहरे थे कि उसके बचने की कोई उम्मीद न थी; लेकिन भाग्य और भोलेनाथ की कृपा से वह पूर्ण स्वस्थ हो गया, तब उसने यहाँ (चाँदनी चौक) इस मंदिर का निर्माण कराया। आज भी इस मंदिर की छत के पिरामिड के निचले भाग में 'अप्पा गंगाधर' नाम खुदा हुआ है।

लंबे अंतराल के बाद, वर्तमान में मंदिर का जो वास्तु दिख रहा है, सन् 1959 में इसका पुनर्निर्माण सेठ जयपुरा ने करवाया। मंदिर के पार्श्व में भगवान् शिव, माता पार्वती, गौरी पुत्र गणेश और कार्त्तिकेय की भव्य मूर्तियाँ विराजमान हैं। हाँ, भगवान् शिव और पार्वती की मूर्ति के ठीक सामने शिवलिंग शोभायमान है। जैसा कि शिव मंदिरों में विधान है, तिपाई पर रखे एक चाँदी के कलश से पवित्र जल शिवलिंग पर बूँद-बूँद सतत गिर रहा है। यहाँ अकसर भंडारे होते ही रहते हैं। यहाँ भी दंडवत् प्रणाम कर अब मैं इससे थोड़ा आगे और लालकिला के ठीक सामने दिगंबर जैन मंदिर में आ गया हूँ।

दिगंबर जैन मंदिर का वास्तु लाल पत्थरों का बना है, इसलिए इसे 'लाल मंदिर' भी कहते हैं। यह मंदिर जैन धर्म के 24वें तीर्थंकर महावीर स्वामी को समर्पित है। हालाँकि यहाँ पर पहले तीर्थंकर भगवान् आदिनाथ की प्रतिमा भी स्थापित है। मुगल काल में मंदिरों के शिखर बनाने की इजाजत नहीं थी, अतः पहले इस मंदिर का कोई शिखर नहीं था, स्वतंत्रता-प्राप्ति के बाद इस मंदिर का पुनरुद्धार हुआ। इतिहास में उल्लिखित है कि बादशाह शाहजहाँ (1628-58) ने जब दिल्ली को अपनी राजधानी बनाया और इसकी चहारदीवारी बनवाकर शाहजहाँनाबाद नाम से शहर आबाद किया, तब चाँदनी चौक बाजार को आबाद करने के लिए कुछ अग्रवाल-जैन व्यापारियों को व्यापार के लिए यहाँ आने का आह्वान किया। उसने चाँदनी चौक तथा दरीबाँ में उन्हें रहने का स्थान दिया। परंतु इससे

श्रीदिगंबर जैन मंदिर, चाँदनी चौक

पूर्व मुगल सेना में 'बलभद्र जैन' नाम के एक अफसर थे। उन्होंने यहाँ स्थित मुगल छावनी में अपने टैंट के अंदर पूजा के लिए तीर्थंकर की एक मूर्ति रखकर छोटा सा मंदिर बना लिया था। सन् 1656 में उसी स्थान पर एक जैन मंदिर का निर्माण हुआ, तब इसे 'उर्दूमंदिर' कहा जाता था, क्योंकि यह उर्दू बाजार इलाके में स्थित था। चूँकि यह मुगल छावनी इलाके में स्थापित किया गया था, तो इसे 'लश्करी मंदिर' भी कहा जाता था। पूजा के समय मंदिर में घंटा, घड़ियाल, नगाड़ा आदि बजाकर अर्चना व आरती की जाती थी। जब औरंगजेब बादशाह बना तो उसने मंदिरों में किसी भी तरह के वाद्य आदि बजाने पर पाबंदी लगा दी। तब ऐसा चमत्कार देखा गया कि मुगल सेना के कुछ अफसर तथा सैनिक रोजाना मंदिर से आती नगाड़े की आवाज सुनते। अंततः यह समाचार जब औरंगजेब तक पहुँचा तो वह भी यह चमत्कार देखने के लिए मंदिर पर आया और उसने भी नगाड़े की आवाज सुनी। तब उसने अपना वह आदेश वापस ले लिया।

मंदिर परिसर में ठीक सामने गर्वोन्नत कलात्मक और नक्काशीदार 'मान स्तंभ' खड़ा है। मंदिर के खंभे तथा बरामदे की नक्काशीदार जालियाँ शिल्पकला के बेजोड़ नमूने हैं। प्रथम तल पर सामने ही 24वें तीर्थंकर भगवान् महावीर की प्रतिमा शोभायमान है। यहीं पर पहले तीर्थंकर ऋषभदेव, साथ ही पारसनाथजी की मूर्तियाँ विराजमान हैं। सन् 1931 में यहाँ एक दिगंबर संत आचार्य शांति सागरजी महाराज पधारे थे। यहाँ आकर असीम शांति की गहन अनुभूति हो रही है। अन्य मंदिरों की तरह यहाँ भी चमड़े का सामान अंदर नहीं ले जा सकते। इस मंदिर परिसर में ही बहुत प्रसिद्ध पक्षियों का एक अस्पताल भी है। अस्तपाल की इस इमारत का निर्माण सन् 1957 में आचार्य देशभूषण महाराज की देखरेख में हुआ, परंतु पक्षी अस्पताल तो 1930 में ही शुरू हो गया था। तब से यहाँ हजारों पक्षियों का इलाज किया जा चुका है। मंदिर के अंदर ही जैन पुस्तकालय में विपुल जैन धर्म साहित्य उपलब्ध है। हालाँकि बाहर सड़क पर भारी चिल्ल-पों मची रहती है, पर मंदिर के अंदर बड़े आनंद और सुकून की अनुभूति होती है। अब मैं मरघटवाले हनुमान बाबाजी के मंदिर की ओर निकल रहा हूँ।

मरघटवाले हनुमानजी का मंदिर रिंग रोड पर, निगम बोध घाट के सामने यमुना के किनारे स्थित है। चूँकि यहाँ यमुना बाजार पास ही स्थित है, इसलिए इसे 'यमुना बाजार हनुमान मंदिर' भी कहा जाता है। कश्मीरी गेट अंतरराज्यीय बस अड्डा तथा पुरानी दिल्ली रेलवे स्टेशन भी पास ही हैं। यह हनुमान मंदिर भी उन पाँच मंदिरों में से एक है, जो इंद्रप्रस्थ नगरी में पांडवों ने बनवाए थे। इस मंदिर के बारे में बताया जाता है कि लंका में राम-रावण युद्ध के दौरान लक्ष्मणजी मूर्च्छित हो गए। उनकी मूर्च्छा दूर करने के लिए हनुमानजी जब संजीवनी बूटी लेकर लौट रहे थे, तब उन्होंने इस स्थान पर रुककर थोड़ा विश्राम किया। उस समय यमुना के किनारे यहाँ श्मशान में मुरदों का अंत्येष्टि संस्कार

होता था। जब हनुमानजी यहाँ पहुँचे तो इधर चारों ओर फैली बुरी आत्माएँ भाग खड़ी हुईं। हनुमानजी शुद्ध हृदय, विघ्न विनाशक, भूत-पिशाचों को भगानेवाले तथा भगवान् के भक्त ठहरे, सो यह स्थान पवित्र एवं कल्याणकारी बन गया।

इस घटना के कुछ समय बाद पत्थर की एक छवि (पिंडी) जमीन में से उभर आई, इसीलिए कहा जाता है कि मरघटवाले हनुमानजी की प्रतिमा स्वयंभू है, यानी मरघटवाले हनुमान बाबा यहाँ स्वयं प्रकट हुए। यमुना भी अब यहाँ से काफी दूर चली गई है और इसके किनारेवाले श्मशान को आज 'निगम बोध घाट' कहा जाता है, जहाँ चिताओं की आग कभी बुझती नहीं है। मैं देख रहा हूँ कि मूर्ति मंदिर में जमीन से सात-आठ फीट नीचे है। आज भी यहाँ एक चमत्कार देखा जाता है कि यमुना नदी में जब पानी चढ़ता है, तब मंदिर में अपने आप पानी आ जाता है और बाबा की मूर्ति कंधे तक यमुना जल में डूब जाती है और जैसे-जैसे यमुना का पानी उतरता है, वैसे-वैसे मंदिर का पानी भी उतर जाता है। कहा जाता है कि वर्ष में कम-से-कम एक बार यमुनाजी हनुमानजी का दर्शन-स्पर्श करने आती हैं। बाबा की मूर्ति को देखकर लगता भी है कि उनके दाहिने हाथ में संजीवनी पर्वत है और बाएँ से जैसे वे जमीन को छू रहे हैं।

यहाँ मरघटवाले बाबा की मूर्ति में एक अनोखा तथा विस्मित कर देनेवाला तेज है। इनके स्मरण मात्र से भक्तों को ब्रह्मचर्य व्रत पालन, चरित्रवान्, बल-बुद्धि विकास का एहसास होता है। बाबा की मूर्ति के चहुँ ओर ऐसा तेजोवलय है कि इनके आगे विनत होते ही सात्त्विक भावनाएँ उमड़ने लगती हैं। मूर्ति से नजर हटती ही नहीं, मन इनके आकर्षण में ऐसा बँध जाता है कि बस बाबा को अपलक देखते ही रहें, इस आनंद को शब्दों में व्यक्त नहीं किया जा सकता, बस महसूस किया जा सकता है। सुबह-शाम मंदिर 'मरघटवाले बाबा की जय' के नारों से गुंजायमान रहता है। मंगलवार-शनिवार को यहाँ भक्तों की भारी भीड़ उमड़ती है। कई-कई घंटे में बाबा के दर्शन हो पाते हैं। हनुमान जयंती का पर्व यहाँ बड़ी धूमधाम से मनाया जाता है, इस दिन यहाँ झाँकियाँ भी निकाली जाती हैं। इस अवसर पर मंदिर भक्तों के लिए प्रात: से रात्रि तक खुला रहता है। मंदिर के पीछे के भाग में एक उद्यान है, जिसे 'हनुमान वाटिका' के नाम से जाना जाता है। दिल्ली में इस मंदिर की बड़ी मान्यता है। अब मैं आपको छतरपुर स्थित कात्यायनी शक्तिपीठ में माता के दर्शनार्थ लिये चलता हूँ।

कात्यायनी सिद्धपीठ को छतरपुर मंदिर भी कहा जाता है। अक्षरधाम मंदिर बनने से पहले इसे दिल्ली का सबसे बड़ा मंदिर होने का गौरव प्राप्त था। मंदिर का पूरा परिसर लगभग 70 एकड़ क्षेत्र में फैला हुआ है। इसे मंदिर न कहकर मंदिरों की श्रृंखला कहना ज्यादा ठीक रहेगा, क्योंकि यह मंदिर तीन भागों में बँटा हुआ है और छोटे-बड़े आकार के इसमें बीस मंदिर सम्मिलित हैं। जहाँ आज यह मंदिर है, वहाँ पहले प्रसिद्ध संत बाबा

नागपाल की कुटिया हुआ करती थी। वे यहाँ कर्नाटक से आए थे। माता कात्यायनी को समर्पित यह मंदिर बाबा नागपाल ने सन् 1974 में बनवाना शुरू किया। यह मंदिर भारत की प्राचीन संस्कृति तथा वास्तुकला का बेजोड़ नमूना है। बाबा नागपाल तो सन् 1998 में ही गोलोकवासी हो गए, पर मंदिर का निर्माण कार्य निरंतर चलता रहा।

माता कात्यायनी माँ दुर्गा का ही एक रूप हैं। एक पौराणिक कथा के अनुसार प्राचीन समय में कात्यायन नाम के एक ऋषि थे। एक बार ऋषि ने माता दुर्गा की घोर तपस्या की। ऋषि की एकनिष्ठ तपस्या से माँ दुर्गा प्रसन्न हुईं और ऋषि को दर्शन देकर वरदान माँगने के लिए कहा। ऋषि ने साष्टांग हो और तनिक सकुचाते हुए कहा कि 'माता, मेरी हार्दिक इच्छा है कि आप मेरे घर में मेरी पुत्र बनकर जन्म लें। मैं आपका पिता बनने का गौरव प्राप्त करना चाहता हूँ।' माता ने 'तथास्तु' कहा। समय आने पर आश्विन कृष्ण चतुर्दशी को माता ने ऋषि कात्यायन की पुत्री के रूप में जन्म लिया। कात्यायन के घर में जन्म लेने के कारण माँ का यह अवतार 'कात्यायनी देवी' के रूप में प्रसिद्ध हुआ। दशमी के दिन माता ने महिषासुर का वध करके भक्तों को उसके आतंक से मुक्त किया।

कात्यायनी सिद्धपीठ परिसर में दिखाई दे रहे सभी मंदिर संगमरमर से बनाए गए हैं। मंदिर में सब जगह जाली का काम है, जिसे 'वेसारा वास्तुकला' कहा जाता है। देवी कात्यायनी की मूर्ति एक बड़े भवन (हॉल) में स्थापित है। इस भवन में प्रार्थना हॉल से भी प्रवेश कर सकते हैं। सोने के मुलम्मे से बनी माता की मूर्ति अपने रौद्र स्वरूप में है, जिनके एक हाथ में चंड-मुंड का सिर तथा दूसरे में खड्ग लिये हैं। आकर्षक पोशाक, अलंकरणों तथा सुंदर विशेष फूलों से सजी माता भक्तों के सब दुःख हरनेवाली प्रतीत हो रही हैं। श्रद्धालु माता को अपलक निहारते रह जाते हैं। आँखें बंद होकर श्रद्धा से हाथ अपने आप जुड़ जाते हैं। सच में बड़ा अलौकिक दृश्य है। माँ के मुख से असीम करुणा बरस रही है। यहाँ आकर व्यक्ति सब दुनियादारी भूल जाता है। यहाँ पर असीम शांति और प्रसन्नता का अनुभव हो रहा है। इसे शब्दों में बता पाना संभव नहीं है।

माता का श्रृंगार हर रोज अलग-अलग रूपों में होता है। श्रृंगार के लिए खास तरह के फूल दक्षिण भारत से मँगवाए जाते हैं। श्रृंगार प्रातः तीन बजे प्रारंभ हो जाता है। माता के दरबार के निकट ही बाबा नागपाल का चमत्कारी कक्ष है, जहाँ पर उनकी समाधि की नित्य पूजा की जाती है। बाबाजी के कमरे में उनकी मोम की बनी मूर्ति स्थापित है, जो एकदम वास्तविक लगती है। बराबर के एक कमरे में चाँदी की बनी कुरसियाँ तथा मेज है; दूसरे कमरे में शयनकक्ष है, जिसमें चाँदी की नक्काशीदार शानदार टेबल, बिस्तर तथा ड्रेसिंग टेबल है। मंदिरों की इस श्रृंखला में शिव मंदिर, माँ कात्यायनी मंदिर, माँ महिषासुरमर्दिनी मंदिर, माँ अष्टभुजी मंदिर, झर्पीर मंदिर, मार्कंडेय मंदिर, बाबा की समाधि, नागेश्वर मंदिर तथा त्रिशूल तो है ही, सबसे आकर्षण की केंद्र है—101 फीट

ऊँची भव्य हनुमानजी की मूर्ति। माता दुर्गा के नौ रूपों के बीच दिव्य शिवलिंग भी स्थापित है। मंदिर परिसर में कई सुंदर बाग, घास के उद्यान मंदिर को चार चाँद लगा रहे हैं।

इस मंदिर की खास बात यह है कि इस परिसर में कोई एक बार प्रवेश कर ले, तो फिर वह मंदिर में चारों ओर घूमता ही रह जाता है, मालूम ही नहीं पड़ता कि मंदिर की शुरुआत कहाँ से और कहाँ पर मंदिर से बाहर निकलना है। क्योंकि मंदिरों को इस तरीके से बनाया गया है कि किसी भी दिशा में जाने पर मंदिर का अंतिम छोर नजर नहीं आता है। मंदिर की दूसरी विशेषता है, प्रवेश द्वार पर चहुँओर अपनी भुजाएँ फैलाए खड़ा विशाल वृक्ष। भक्तों की ऐसी आस्था बन गई है कि इस वृक्ष पर धागा या चूड़ियाँ बाँधने से मनोकामना पूर्ण होती है, सो यहाँ असंख्य धागे और चूड़ियाँ बँधी नजर आती हैं। यहीं पर एक भेंटपात्र भी रखा हुआ है। नवरात्रों में यहाँ भक्तों की इतनी भीड़ आती है कि इन सबको नियंत्रित करने के लिए सर्पाकार लंबी-लंबी कतारों में आगे बढ़ाया जाता है। मंदिर के पूरे परिसर में गंदगी का नामोनिशान नहीं है। दाईं ओर एक विशाल इमारत में नित्य भंडारा चलता है। बड़े हॉल में सैकड़ों लोग बैठकर एक साथ भोजन करते हैं। नवरात्रों में तो यह संख्या लाखों में पहुँच जाती है। वैसे तो हर रोज यहाँ दर्शकों का आना-जाना लगा रहता है; परंतु नवरात्रों में मंदिर की शोभा तथा दर्शकों की भीड़ देखते ही बनती है। मंदिर इतना विशाल है कि इसे चार-छह पृष्ठों में लिखे बिना न्याय नहीं हो सकता। माता के दर पर पुनः-पुनः मत्था टेक अब मैं आपको अक्षरधाम मंदिर लिये चलता हूँ।

अक्षरधाम मंदिर दिल्ली में यमुना के किनारे एक अनोखा सांस्कृतिक तीर्थ है। यह मंदिर ज्योतिर्धर भगवान् स्वामीनारायण को समर्पित है। इसे भारत ही नहीं, दुनिया का सबसे विशाल हिंदू मंदिर होने का गौरव प्राप्त है। इस नाते यह मंदिर 26 दिसंबर, 2007 में गिनीज बुक ऑफ रिकॉर्ड्स में दर्ज हो चुका है। सन् 2005 में इस मंदिर का निर्माण श्री अक्षर पुरुषोत्तम स्वामीनारायण संस्था के पूज्य प्रमुख स्वामी महाराज ने करवाया। पूज्य स्वामीजी ने 1971 से 2007 तक दुनिया के पाँच महाद्वीपों में 713 मंदिरों का निर्माण कराया। दुनिया में सर्वाधिक हिंदू मंदिर बनवाने का पुरस्कार भी इस मंदिर संस्था को प्राप्त है। यह मंदिर 100 एकड़, अर्थात् 86342 वर्ग फीट परिसर में फैला है। यह 356 फीट लंबा, 316 फीट चौड़ा तथा 141 फीट ऊँचा है। इसमें बनाए गए 10 द्वार दस दिशाओं के प्रतीक हैं। ग्यारह हजार से ज्यादा कारीगरों ने पाँच वर्ष तक अपनी दिन-रात की मेहनत से इसे यह रूप दिया। मंदिर में कुल मिलाकर 2870 सीढ़ियाँ हैं। पूरे मंदिर को पाँच मुख्य भागों में विभाजित किया गया है।

इस विशालकाय मंदिर में 234 अद्‌भुत नक्काशीदार खंभे, नौ अलंकृत गुंबद, बीस शिखर तो हैं ही, बीस हजार विभिन्न मूर्तियाँ भी हैं, जिनमें प्राचीन ऋषि-संतों की

प्रतिमाएँ भी स्थापित हैं। मंदिर का वास्तु गुलाबी, सफेद संगमरमर तथा बलुआ पत्थरों के संयोजन से बना है। इस मंदिर निर्माण की सबसे अद्‌भुत विशेषता है कि इसमें स्टील, लोहे और कंक्रीट का इस्तेमाल बिल्कुल नहीं किया गया है। परंपरागत भारतीय शैली में बनाया गया 'भक्ति द्वार' भक्ति एवं उपासना के 208 स्वरूपों को दिग्दर्शित करता है। 'मयूर द्वार' में परस्पर जुड़े हुए नृत्यरत 869 भव्य मयूर तोरण एवं कलामंडित स्तंभों पर दर्शित हैं। यह अपने आप में शिल्पकला की द्वितीयोनास्ति कृति है। 'सहजानंद शो' यानी वाटर शो में सायंकाल को जीव के जन्म-मृत्यु के चक्र को बड़ी सरलता एवं सहज ढंग से समझाया जाता है। 24 मिनट के इस शो में 'केनोपनिषद्' से चुनी गई कहानियाँ प्रदर्शित होती हैं, ज़िसमें रंग-बिरंगी किरणें, पानी के नीचे की लपटें, प्रकाशित पानी की तेज धारें आदि सब आकर्षक होते हैं।

इसी में 'नीलकंठ यात्रा' के तहत छह से अधिक कहानियों पर बनी फिल्म दिखाई जाती है। 'संस्कृति विहार' के अंतर्गत नाव में सवार होकर बारह मिनट में भारतीय संस्कृति की वैभवशाली-गौरवशाली विरासत की दस हजार वर्षों की यात्रा बड़े अलौकिक ढंग से दिखाई-समझाई जाती है, जिसमें वैदिक काल से लेकर तक्षशिला तक एवं प्राचीन खोजों के युग आदि का आह्लादकारी एवं मन को गौरवान्वित करनेवाला अनुभव होता है। 'भारत उपवन' के अंतर्गत पीतल की सुंदर मूर्तियों के साथ करीने से सजाए गए नयनाभिराम बगीचे तथा घास के मैदान इस पूरे परिसर को आकर्षित व आनंदित बनाते हैं। 'अभिषेक मंडप' में नीलकंठ वर्णी मूर्ति का जलाभिषेक किया जाता है, जिसमें भजन व प्रार्थनाएँ होती हैं। दर्शनार्थी भी मूर्ति का जलाभिषेक कर सकते हैं।

मंदिर को भली प्रकार देखने-समझने में छह-सात घंटे लगते हैं। सोमवार को मंदिर बंद रहता है। मंदिर में प्रवेश निशुल्क है, परंतु अंदर दिखाए जानेवाले शोज़ का टिकट लगता है। हाँ, इन शोज को देखे बिना यह यात्रा अधूरी और फीकी ही रहती है। मंदिर में मोबाइल आदि लेकर अंदर नहीं जा सकते। मंदिर दर्शन करने पर आध्यात्मिक के साथ-साथ एक अविस्मरणीय सांस्कृतिक यात्रा भी हो जाती है। वैसे तो इस मंदिर की विशालता एवं भव्यता एक अलग लेख की माँग करती है, स्थानाभाव के कारण इस यात्रा को बेहद संक्षेप में बताया गया है। दिल्ली आगमन हो तो इस मंदिर के दर्शन करना न भूलें।

दिल्ली के तीर्थ-दर्शन करते हुए मुझे तो आह्लादकारी गौरव-बोध हुआ। आप यह न समझ लें कि दिल्ली में इतने ही तीर्थ-स्थल हैं। इनके अलावा और भी बेहद दर्शनीय तीर्थस्थल यहाँ हैं।

□

आओ, चलें तीर्थराज चित्तौड़

भारतभूमि महान् है, जो अध्यात्म के साथ-साथ इतिहास की गौरवशाली धरोहरें सँजोए हुए है। यहाँ की वास्तुकला, शिल्पकला एवं स्थापत्य कला अपने आप में बेमिसाल है। अपने बाल्यकाल में जब मैं कक्षा चार का विद्यार्थी था, तब मैंने कविवर श्यामनारायण पांडेय की देशभक्ति से परिपूर्ण गौरवान्वित करनेवाली एक कविता पढ़ी थी—

थाल सजाकर किसे पूजने चले प्रात ही मतवाले,
कहाँ चले तुम रामनाम का पीतांबर तन पर डाले।

* * *

इधर प्रयाग ना गंगासागर इधर न रामेश्वर कासी,
कहाँ किधर है तीर्थ तुम्हारा, कहाँ चले तुम संन्यासी ?

* * *

मुझे न जाना गंगासागर, मुझे न रामेश्वर कासी,
तीर्थराज चित्तौड़ देखने को मेरी आँखें प्यासी।

तब बालमन में बड़ी जिज्ञासा थी कि वह तीर्थराज कैसा होगा? क्या मैं कभी उसके दर्शन कर पाऊँगा? सौभाग्य से हिंदी दिवस के अवसर पर देशाभिमानियों के तीर्थ चित्तौड़ को देखने का कार्यक्रम बना तो 12 सितंबर, 2019 को मैं और मेरे अनुजवत् मित्र भाई जीत शर्मा सायंकाल सराय रोहिल्ला, दिल्ली स्टेशन से चेतक एक्सप्रेस में सवार हो गए। गाड़ी अपने नियत समय पर 19:40 बजे अपने गंतव्य की ओर चल पड़ी। नीचे की अधिकांश सीटों पर दैनिक यात्रियों ने कब्जा कर रखा है। इनका यह एकाधिकार रेवाड़ी स्टेशन तक बना रहेगा। एस-6 कोच में हमारी वर्थ ऊपर की है; सो गुड़गाँव तक हमने अपना खाना-पीना निपटा लिया। रेवाड़ी स्टेशन पर दैनिक यात्री उतर गए तो टीटी महाशय भी टिकट चैक करने आ धमके। टिकट चैक करा, फिर तो हम दोनों मित्र घोड़े बेचकर सो गए। वैसे यह गाड़ी काफी हद तक अजमेर स्टेशन पर ही खाली हो जाती है।

प्रातः सवा पाँच बजे बिना किसी विलंब के गाड़ी चित्तौड़गढ़ स्टेशन पर रुकी तो हम भी नीचे उतर गए। देखते क्या हैं कि यहाँ तो झमाझम बारिश हो रही है। यहाँ पर गाड़ी का बीस मिनट का स्टॉप होता है। इंजन आगे से हटाकर पीछे की ओर लगाया जाता है। फिर कुछ कि.मी. वापस लौटकर गाड़ी मावली-उदयपुर लाइन पर दौड़ने लगती है। सबसे पहले तो मैं इस पावन भूमि को प्रणाम करता हूँ। हम दोनों मित्र यहाँ स्टेशन के प्रतीक्षालय में आकर बैठ गए हैं। अन्य यात्री अपनी दैनिक क्रिया से निबटकर आ-जा रहे हैं। मेरे मोबाइल की बैटरी समाप्तप्राय हो गई है, सो मैंने मोबाइल चार्ज होने के लिए लगा दिया और कुछ देर कुरसी पर लेटकर कमर भी सीधी कर ली। उधर दिल्ली में प्रचंड गरमी और उमस से जीना मुहाल हो रहा है; इधर चित्तौड़गढ़ और इस पूरे इलाके में रिमझिम बारिश हो रही है, गरमी का नामोनिशान नहीं है, बल्कि ठंडी तेज हवा चल रही है, मौसम ऐसा सुहावना है कि शिमला को ठेंगा दिखा रहा है। शौच आदि से निवृत्त हो हम लोग एक-एक कर बड़े आराम से नहाए-धोए। बारिश अब भी हो रही है। आखिर एक घंटा हमने प्लेटफॉर्म पर टहलते और स्टेशन की दीवारों पर की गई चित्रकारी को देखते हुए बिताया। यहाँ पर मेवाड़ के रणबाँकुरों के चित्र सिलसिलेवार बड़े कलात्मक ढंग से चित्रित किए गए हैं। चित्रकारी को देखकर ही यह पता चल जा रहा है कि यह वीर-प्रसूता भूमि चित्तौड़गढ़ है।

घूम-फिरकर समय बिताते हुए बारिश के रुकने का बेसब्री से इंतजार कर रहे हैं कि वर्षा रानी एक छोटा सा ब्रेक लें तो स्टेशन से बाहर निकलकर कुछ चाय-नाश्ता कर लें। वैसे वर्षा का वेग अब कुछ कम हो चला है। इसी समय एक पका हुआ नवयुवक हमें अपना विजिटिंग कार्ड दिखाते हुए बोला—सर, मैं आपको चित्तौड़गढ़ का किला घुमा सकता हूँ। पूछने पर उसने नाम बताया केशव राज। बातचीत से साँवले रंग का केशव हमें बड़ा स्पष्टवादी और व्यावहारिक लगा। उसने हमें किराया 550 रुपए बताया। आखिरकार जीत भाई ने उसे 500 रुपए पर राजी कर लिया। वैसे हम लोगों ने प्लेटफार्म पर हॉकरों, रेलवे कर्मचारियों आदि से काफी जानकारी जुटा ली थी कि ऑटोवाले 550-600 रुपए में किला घुमाकर यहीं पर लाकर छोड़ देते हैं।

अब साढ़े आठ-नौ तो बज ही गए होंगे। रिमझिम वर्षा लगातार हो रही है। स्टेशन के बाहर केशव के साथ पहले तो हमने मिर्च-वड़ा का नाश्ता किया—बेहद सस्ता, दस रुपए प्लेट। खाते हुए स्वाद तो बहुत आया, परंतु नाश्ता खत्म करते-करते कान से धुआँ निकलने लगा। हालाँकि इस रहड़ीनुमा दुकान पर ग्राहकों की अच्छी-खासी भीड़ है। शायद मेरे वड़े की मिर्च ही कुछ ज्यादा तीखी रही हो। केशव ने बताया कि सर, इसकी दुकान बहुत प्रसिद्ध है और ग्राहकों की ऐसी ही भीड़ लगी रहती है। किला स्टेशन से लगभग 5-6 कि.मी. दूर है। रिमझिम फुहारों के बीच हमारा ऑटो रेलवे लाइन से

पश्चिम की ओर लगभग पौना किलोमीटर आगे जाकर बने अंडरपास से उस ओर निकल आया है। ऊँचाई पर होने के कारण किले का ऊपरी हिस्सा यहाँ से दिखाई पड़ता है। चालक-कम-गाइड केशव यहीं का रहनेवाला है, उसे यहाँ की बहुत अच्छी जानकारी है। वैसे उसने कहा भी कि आप चाहें तो गाइड कर लें। लेकिन हमने केशव पर भरोसा किया। विभिन्न मोड़ों से गुजरकर ऑटो सड़क पर दौड़ा जा रहा है।

किले से पहले एक नदी के पुल के बीचोबीच केशव ने ऑटो रोक दिया और बोला, 'सर, यह गंभीरी नदी है। यहाँ से ठीक सामने जो लंबा पहाड़ी क्षेत्र आप देख रहे हैं, यह तीन भागों में बँटा है। बाईं ओर के हिस्से में आदिवासियों के गाँव हैं, जो सदियों से यहाँ रह रहे हैं। बीच में किले का मुख्य भाग, यानी महल, मंदिर, छावनी, जलाशय आदि हैं तथा अंत में किले के बड़े क्षेत्र को वन क्षेत्र घोषित कर दिया गया है। इसमें शरीफे के पेड़ बड़ी संख्या में हैं। इसमें प्रवेश निषिद्ध है। वैसे पर्यटकों के लिए बीच का भाग ही दर्शनीय है। इसमें मुख्य-मुख्य आठ-नौ पॉइंट हैं, वे सभी मैं आपको दिखाऊँगा और जितनी मुझे जानकारी है, उनके बारे में बताऊँगा भी। चूँकि अब हम किले की ओर बढ़ रहे हैं तो इस दुर्ग के इतिहास से आपको परिचित कराए देते हैं।

चित्तौड़ भारत का महान् सांस्कृतिक तीर्थ है, यहाँ का कण-कण मातृभूमि के गौरव तथा हिंदुत्व की रक्षा के लिए बहाए गए वीरों के रक्त से सिंचित है। इसका प्राचीन नाम 'चित्रकूट' है। मेवाड़ की राजधानी होने का गौरव प्राप्त करने के साथ-साथ 7वीं से सोलहवीं शताब्दी के मध्य तक राजपूत सत्ता का यह मुख्य केंद्र रहा। इस दुर्ग का निर्माण पहले-पहल मोरी वंश के राजा चित्रांगद ने सातवीं सदी में कराया था। महाराणा कुंभा ने अपने शासनकाल में इसके अधिकांश भवनों और मंदिरों का जीर्णोद्धार कराया। वैसे चित्तौड़ कई राजवंशों के अधिकार में रहा, जिसमें मोरी या स्थानीय मौर्य (7-8वीं सदी), प्रतिहार (9वीं सदी), परमार (10-11वीं सदी), सोलंकी (12वीं सदी) तथा गुहिलोत या सिसोदिया वंश प्रमुख रहे हैं। यह दुर्ग समुद्र तल से 1338 फीट तथा जमीन से पाँच सौ फीट ऊँची पहाड़ी पर ह्वेल मछली के आकार में बना है। यह आठ कि.मी. भूभाग पर फैला है। अपने दीर्घ इतिहास काल में यह दुर्ग आक्रमणकारियों से तीन बार आक्रांत हुआ—सन् 1303 में अलाउद्दीन खिलजी ने आक्रमण किया; 1535 ई. में गुजरात के सुल्तान बहादुर शाह ने और 1567 में अकबर के समय में, और तीनों बार इसकी परिणति जौहर के रूप में हुई।

इस विशाल दुर्ग के अंदर कुंभा महल, पद्मिनी महल, रतनसिंह महल, विजय स्तंभ, कीर्ति स्तंभ, कालिका माता मंदिर, कुंभश्याम मंदिर, मीराबाई मंदिर, समिद्धेश्वर मंदिर, सतवीस देवरी, अद्भुतनाथ, क्षेमंकरी, पार्श्वनाथ, शृंगार-चौरी, जटाशंकर आदि मंदिर एवं जयमल-फत्ता तथा भामाशाह की हवेली, गौमुख कुंड, आठ विशाल जलाशय,

छतरियाँ, प्रवेशद्वार (गेट) आदि यहाँ के महत्त्वपूर्ण स्मारक हैं, जो राजपूत स्थापत्य कला के श्रेष्ठ उदाहरण हैं। इस दुर्ग के सात विशाल दरवाजे बड़े प्रसिद्ध हैं—पद्म पोल, भैरव पोल, हनुमान पोल, गणेश पोल, जोठला पोल, लक्ष्मण पोल और राम पोल। लेकिन राम पोल, भैरव पोल और हनुमान पोल का निर्माण बाद में महाराणा कुंभा ने कराया था। यह भी कहा जाता है कि सोलंकी राजवंश की राजकुमारी से विवाह के उपरांत बप्पा रावल को यह दुर्ग दहेज में मिला था।

अब हमारा ऑटो दोनों ओर पत्थरों की मोटी दीवार से घिरे ऊँचे होते जाते पहाड़ी रास्ते पर प्रथम द्वार पाडल पोल पर आ पहुँचा है। यहीं पर रणबाँकुरे गोरा-बादल की समाधियाँ हैं। इससे थोड़ा आगे पल्ला के राठौर की समाधि है। आगे अब हम हनुमान पोल पार कर रहे हैं। यहाँ पर जयमल और फत्ता की समाधियाँ हैं। इससे आगे चलकर केशव ने ऑटो रोक लिया। बोला—सर, अब हम जमीन से 580 फीट ऊपर हैं। आपको बता दूँ (उसने ऊपर से नीचे उँगली का इशारा करके) कि यहाँ नीचे देश की नामी-गिरामी 6-7 बड़ी सीमेंट कंपनियों के प्लांट हैं। यहाँ सीमेंट उद्योग खूब फला-फूला है। देश का एक सैन्य स्कूल यहाँ भी है। अब यहाँ से किला प्रारंभ हो रहा है। आप पहले टिकट ले लीजिए। जीत भाई भीगते हुए ही दो टिकट ले आए। भारतीयों के लिए टिकट 40 रुपए है और विदेशियों के लिए 600 रुपए। मेरे हिसाब से यह विदेशी पर्यटकों के साथ ज्यादती है। भीगते हुए ही यहाँ से हमने नीचे की बसावट के फोटो खींचे।

केशव ने ऑटो आगे बढ़ाया और बाईं ओर मुड़ते ही थोड़ा चलकर ऑटो रोक दिया और बोला—'सर, सड़क के उस पार सामने जो खँडहर दिख रहे हैं, यह महाराणा कुंभा का महल है। कभी इसकी बड़ी शान हुआ करती थी। इसी महल में महाराणा उदय का जन्म हुआ और यहीं पर स्वामिभक्ति की मिसाल पन्ना धाय ने बालक उदयसिंह की रक्षा के लिए अपने लाड़ले पुत्र की बनवीर के हाथों हत्या होते हुए देखी। भक्त मीराबाई को कृष्णभक्ति से रोकने के लिए जितने भी प्रतिबंध लगे, विष दिया गया, वह सब इसी महल में हुआ।' हम दोनों सड़क पार कर ऊपर की ओर चढ़ते रास्ते पर महल के खँडहरों के ऊपर पहुँच गए हैं। इन खँडहरों में बिखरे राजपूती स्थापत्य से पता चल रहा है कि यह महल कितना भव्य रहा होगा। अपने पूर्ववर्तियों के बाद राणा कुंभा ने इस महल में कई परिवर्तन और नए निर्माण कराए थे। महल में प्रवेश हेतु पूरब दिशा से बड़ी पोल एवं त्रिपोलिया दरवाजे से होकर दक्षिण में स्थित खुले प्रांगण से होते हुए दरीखाने तक पहुँचा जा सकता था। महल के मुख्य परिसर में स्थित सूरज गोखरा, जनाना महल, कांवर पड़े का महल एवं अन्य आवासीय भवनों में प्रवेश हेतु दरीखाने से होकर छोटा प्रवेशद्वार था। महल की दीवारें सुदृढ़ पत्थरों से बनी हैं, जिसकी बाह्य दीवार को अनेक प्रकार के अलंकरणों से सुसज्जित किया गया है, पर अब सब टूट-फूट गया

है, टूट-फूट रहा है, जहाँ-तहाँ घास जमी हुई है। कई छतरियाँ तथा धनुषाकार दरवाजे अभी सुरक्षित हैं। बारिश में भी यहाँ आए पर्यटक फोटो खींच रहे हैं, सेल्फी ले रहे हैं। हमने भी फोटो खींचे।

इससे थोड़ा आगे ही नवलखा भंडार है, जो एक अर्धवृत्ताकार अपूर्ण बुर्ज है। ऐसा कहा जाता है कि यहाँ नौ लाख रुपयों का खजाना रहता था, जिससे इसका नाम नौलखा भंडार पड़ गया। इसी परिसर में खँडहर रूप में दानवीर भामा शाह की हवेली है, जिसने महाराणा प्रताप को अपना समस्त धन समर्पित कर दिया था। भामा शाह की हवेली के पास ही आल्हा काबरा की हवेली है, जो महाराणा के दीवान थे। आगे राणा सांगा का देवरा, तुलजा भवानी का मंदिर तथा बनवीर की दीवार भग्न रूप में हैं। चलते-चलते ऑटो में इन्हें दिखाते हुए केशव ने आगे चलकर तिराहे के पास स्थित पार्किंग में ऑटो खड़ा कर दिया और बोला—'सर, सामने मीराबाई और कुंभश्याम मंदिर हैं। मीराबाई मेड़ता के नरेश रतन सिंहजी की पुत्री थीं। उनका विवाह चित्तौड़गढ़ के राणा साँगा के पुत्र भोजराज के साथ हुआ था। मीरा भगवान् कृष्ण को ही अपना पति मानती थीं। इसके पीछे भी एक कथा प्रचलित है कि मीरा जब अबोध बालिका थीं, तब उनकी हवेली के नीचे से एक बारात जा रही थी और दूल्हा शान से घोड़ी पर बैठा था। बाजों की आवाज सुनकर जैसा कि सभी जन बारात देखने के लिए अपने घरों की खिड़कियों, छत्तों और छज्जों-गवाक्षों पर जुट जाते हैं। तो उस दूल्हे की शान-शौकत देखकर बालिका मीरा ने पूछा—माँ, यह कौन है ? माँ ने कहा, यह दूल्हा है; हर लड़की का दूल्हा होता है। बालिका मीरा ने फिर से पूछा—मेरा दूल्हा कहाँ है ? माँ ने बच्ची का मन रखते हुए हँसकर पूजा-स्थल में रखी कृष्ण की मूर्ति की ओर इशारा करते हुए कहा—तुम्हारा दूल्हा वो है।

'बस उसी समय से मीरा के बालमन ने कृष्ण को अपना दूल्हा मान लिया और हमेशा उसका स्मरण करने लगी। आगे चलकर तो मीरा कृष्ण के प्रेम में दीवानी हो गई। विवाह के कुछ समय बाद ही राणा भोजराज दिवंगत हो गए। पति की मृत्यु के बाद उन्हें पति के साथ सती करने का प्रयास किया गया, किंतु मीरा इसके लिए तैयार न हुईं। वे संसार और गृहस्थ की ओर से विरक्त हो गईं तथा साधु-संतों की संगति में गिरधर गोपाल का कीर्तन करते हुए अपना समय व्यतीत करने लगीं। पति के परलोकगामी होने के बाद तो मीरा की भक्ति दिनोदिन बढ़ती चली गई। मीरा मंदिरों में जाकर कृष्णभक्तों के बीच गिरधर की मूर्ति के सामने नृत्य करती रहतीं। मीरा का इस तरह कृष्णभक्ति में नाचना-गाना राजपरिवार को अच्छा नहीं लगता था, सो राणा ने मीरा को विष देकर मारने की कोशिश की; उन्हें प्रताड़ित किया; उन पर पाबंदियाँ लगाईं। राणा परिवार के व्यवहार से दुखी होकर मीरा द्वारका और वृंदावन चली गईं। वहाँ उन्हें भगवान् की भक्तिन के रूप में खूब प्यार और ख्याति मिली। कहा जाता है कि 1546 ई. में द्वारका

में मीरा अपने इष्ट भगवान् कृष्ण की मूर्ति (विग्रह) में समा गईं।'

अब हम दोनों मित्र बरसाती ओढ़े सड़क पार कर 7-8 फुट ऊँचे चबूतरे पर बने इन मंदिरों की सीढ़ियों पर हैं। चप्पल-जूते यहीं उतार दिए हैं। ठीक सामने मीराबाई का मंदिर है। इसके बरामदे में आगे बढ़ते हुए हम मंदिर के गर्भगृह (निजभाग) में मीरा एवं उनके आराध्य मुरली मनोहर श्रीकृष्ण की सुंदर मूर्ति है। मैं भक्त और भगवान् को दंडवत् प्रणाम करता हूँ। मंदिर में नक्काशीदार खंभे तथा दीवारें पत्थरों को तराशकर बनाई गई हैं। यहाँ दाईं ओर एक अजीब तरह का वाद्ययंत्र रखा है। जब यहाँ आरती होती है तो इसमें दो नगाड़े, दो घंटे और दो गोल घंटे (पीतल के) बिजली की सहायता से एक साथ बजते हैं। आरती के समय यहाँ का वातावरण जरूर अलौकिक हो उठता होगा। इतिहासकारों का ऐसा कहना है कि पहले यह मंदिर कुंभश्याम मंदिर था, बाद में कुंभस्वामी की नई प्रतिमा अलग मंदिर में स्थापित हो जाने के बाद उसे कुंभश्याम मंदिर कहा जाने लगा और यह 'मीराबाई के मंदिर' के रूप में ख्यात हो गया।

इस मंदिर के सामने ही एक छोटी सी छतरी बनी है। इसी के नीचे मीराबाई के गुरु स्वामी रैदास के चरण-चिह्न स्थापित हैं। सफेद पत्थर पर अंकित ये चरण बड़े मनोहारी लग रहे हैं। हमने संत शिरोमणि के सम्मान में मस्तक नवाया। इसी परिसर से थोड़ा हटकर बाईं ओर भव्य कुंभश्याम या कुंभस्वामी मंदिर है। महाराणा कुंभा (1433-1468) ने भगवान् विष्णु के वराह अवतार को समर्पित इस भव्य मंदिर का पुनर्निर्माण कराया। ऊँचे चबूतरे पर बना यह मंदिर क्षैतिज योजना में गर्भगृह, बरामदा, मंडप, मुख्य मंडप एवं प्रदक्षिणा पथ तथा अनेक कलात्मक खंभों के ऊपर खड़ा है। मंदिर का गर्भगृह तो आज भी अपने मूल रूप में है, इसके बाह्य भाग में दीवारों पर देवी-देवताओं का अंकन है। गर्भगृह तालशिखर वाला है तथा मंडप की छत पिरामिड के आकार की है, जो बीस विशाल स्तंभों पर स्थित है। मंदिर के गर्भगृह के पार्श्व में मूल ताख पर वराह भगवान् की प्रतिमा प्रतिष्ठापित है। सामने चार स्तंभयुक्त मंडप में गरुड़ की प्रतिमा है। नागर शैली में बने गगनचुंबी शिखर तथा तत्कालीन मेवाड़ी स्थापत्य शैली को अंकित करती दृश्यावलियाँ इसकी विशेषताएँ हैं। मुसलिम आक्रांताओं द्वारा वराह भगवान् की मूर्ति खंडित कर दिए जाने पर यहाँ कुंभास्वामी की मूर्ति स्थापित कर दी गई, अतः तब से इसे कुंभास्वामी मंदिर कहा जाता है। इस पूरे परिसर में मजबूत बड़े-बड़े पत्थर बिछे हुए हैं। मंदिर की प्रदक्षिणा कर हम केशव के पास लौट आए।

केशव ने ऑटो अब बाईं ओर ढलानवाली सड़क पर दौड़ा दिया है। इस सड़क पर वर्षा का पानी नदी के वेग की तरह बह रहा है। इसी पर आगे जाकर ऑटो ठहर गया। यहाँ शरीफे के पेड़ बहुतायत में हैं और फलों से लदे हैं। यहीं पर रेहड़ी पर एक बहन चाय बना रही है। हल्के-हल्के भीग गए थे, ठंड भी लग रही थी, सो उस बहन से चाय

बनवाई। केशव भाई ने बताया कि वह चाय नहीं पीता है। चाय बेहद स्वादिस्ट और कमाल की है। संभवत: घर में ही ऐसी चाय कभी-कभार पीने को मिलती है। अच्छी चाय के लिए बहन को धन्यवाद दिया। हमारे ठीक सामने विजय स्तंभ सीना ताने खड़ा है। इसमें अंदर जाने से पहले आपको इसके बारे में कुछ बताए देता हूँ।

विजय-स्तंभ, चित्तौड़गढ़

मालवा के सुल्तान महमूद शाह खिलजी पर शानदार विजय की खुशी में यादगार के रूप में सन् 1448 में महाराणा कुंभकर्ण यानी कुंभा ने इसका निर्माण कराया। इसकी ऊँचाई 122 फीट तथा ऊपर तक जाने के लिए इसमें 157 सीढ़ियाँ हैं। यह नौ मंजिला इमारत किले के नौ गाँवों को ध्यान में रखकर बनवाई गई। ऐसा बताया जाता है कि उस समय इसपर लगभग 90 लाख रुपए खर्च हुए। इसे 'जय स्तंभ' भी कहते हैं। वास्तुकला की दृष्टि से यह बेमिसाल है। प्रत्येक मंजिल में चारों ओर झरोखे होने से भीतरी भाग में पर्याप्त प्रकाश रहता है। इसमें विष्णु के विभिन्न रूपों, जैसे जनार्दन, अनंत आदि, उनके अवतारों तथा ब्रह्मा, शिव, विभिन्न देवी-देवताओं, अर्धनारीश्वर, उमामहेश्वर, लक्ष्मीनारायण, ब्रह्मा-सावित्री, हरिहर पितामह, ऋतु, आयुध आदि हैं। इनके अलावा दिक्पाल, रामायण तथा महाभारत के पात्रों की सैकड़ों मूर्तियाँ अंकित हैं। ऊपर-नीचे इनके नाम भी खुदे हुए हैं। ऐसे भी कुछ चित्र हैं, जिनमें देश की भौगोलिक विचित्रताओं को उत्कीर्ण किया गया है। सबसे ऊपरी मंजिल से संपूर्ण दुर्ग तथा निकटवर्ती क्षेत्रों का विहंगम दृश्य देखा जा सकता है। बिजली गिरने से एक बार इसके ऊपर की छतरी टूट गई थी, जिसकी महाराणा स्वरूप सिंह ने मरम्मत कराई थी। इसके प्रवेशद्वार पर एक पुरुष और महिला गार्ड तैनात हैं। हम अंदर जाने लगे तो उन्होंने पेन-पेंसिल, गुटका, बीड़ी-सिगरेट बाहर रखने को कहा। हमारे पास केवल पेन ही था, जैसे ही हम अंदर जाने लगे, वैसे ही तेज हवा के साथ मूसलधार बारिश शुरू हो गई। झरोखों-गवाक्षों से पानी बौछारें आने से सीढ़ियाँ गीली होकर फिसलने वाली हो गईं। सिर नीचे करके दोनों हाथों से दीवारों को पकड़ते हुए हम ऊपर चढ़ने लगे। वर्षा के कारण घना अँधेरा छा गया है। जीत भाई आगे हैं, सो उन्होंने मोबाइल की टॉर्च जला ली है। वर्षा की मार से बचने के लिए लंगूर, जो यहाँ बड़ी संख्या में हैं, झरोखों

से अंदर आकर बैठ गए हैं। पर्यटकों से ये कुछ नहीं कहते। तीसरी-चौथी मंजिल पर चमगादड़ों ने भी बसेरा बना लिया है, उनके मल की बदबू आ रही है।

हम चौथी मंजिल से ऊपर बढ़ रहे थे, तभी दो-तीन स्त्री-पुरुष नीचे उतर रहे हैं। हमें थोड़ा रुकना पड़ा, क्योंकि एक बार में एक ही व्यक्ति चढ़ या उतर सकता है। फुहारों के साथ हवा इतनी बरफीली है कि मेरी तो कँपकँपी छूट गई है। कुछ लोग गुटका आदि छिपाकर ऊपर ले जाते हैं। थूक-थूक कर दीवारें तथा झरोखे गंदे कर दिए हैं। जहाँ-तहाँ पेन और कील से अपने नाम आदि भी उकेर दिए हैं। इससे पता चलता है कि हम भारतवासी अपनी धरोहरों के प्रति कितने निर्मम और खुरापाती हैं। हम बेखटके धीरे-धीरे ऊपर की ओर सीढ़ियाँ चढ़ते चले जा रहे हैं और बाहर विजय स्तंभ की दीवारें तूफानी बारिश की मार निडर-अविचलित झेल रही हैं। नौवीं मंजिल पर अब हम छतरी के नीचे पहुँच गए हैं। जीत भाई ने यहाँ मेरे-अपने फोटो उतारे। घनघोर वर्षा की वजह से बाहर का कुछ दिखाई नहीं पड़ रहा है। झरोखों से वर्षा की फुहारें आर-पार जा रही हैं। इनसे बचने के लिए मैं कोने में खड़ा हो गया हूँ।

अब हम नीचे की ओर लौट पड़े। इसकी सीढ़ियाँ तारतम्य में नहीं हैं। किसी मंजिल में एकदम बीचोबीच हैं तो किसी में बाहर। सीढ़ियाँ छोटी-छोटी हैं, अत: चढ़ते-उतरते हुए बेहद सावधानी बरतनी पड़ती है। उतरते समय जीतभाई थोड़ा तेज चले तो फिसल गए और कुहनी को जख्मी कर बैठे। इसलिए तीर्थयात्री बड़े आराम से धीरे-धीरे सीढ़ियाँ चढ़े-उतरें। नीचे आकर हमने गार्ड को धन्यवाद कर कहा कि सबको अच्छी तरह तलाशी लेने के बाद ही ऊपर जाने दिया करें। अब वर्षा का प्रचंड वेग मंद पड़ गया है। देख रहा हूँ कि जय-स्तंभ की बाहरी दीवारों पर उकेरी ज्यादातर मूर्तियाँ अक्रांताओं ने अंग-भंग कर दी हैं। इसके दाईं ओर थोड़ा नीचे चलकर एक मैदानी हिस्सा है, जो चारों ओर से छोटी सी दीवार से घिरा है। यह 'जौहर स्थल' है। इसमें प्रवेश के लिए पूरब तथा उत्तर में दो द्वार हैं। यहाँ कब-कब और क्यों जौहर हुआ, वह मैं आपको बताता हूँ।

पहला जौहर सन् 1303 में अलाउद्दीन खिलजी के चित्तौड़ पर आक्रमण के समय हुआ, जिसमें रानी पद्मिनी तथा अन्य हिंदू वीरांगनाओं ने अपने कुल के सम्मान तथा सतीत्व की रक्षा के लिए अग्नि में स्नान किया। रानी पद्मिनी का मूल नाम था पद्मावती। वे सिंहल द्वीप के राजा गंधर्व सेन की पुत्री थीं; उनकी माता का नाम चंपावती था। चित्तौड़ के एक मशहूर चित्रकार चेतन राघव ने सिंहल द्वीप से लौटकर राणा रतन सिंह को पद्मावती का सुंदर चित्र बनाकर दिया। उस पर मोहित होकर राजा रतन सिंह सिंहल द्वीप गए और वहाँ स्वयंवर में विजयी होकर उसे अपनी रानी बनाकर ले आए। इस प्रकार पद्मावती चित्तौड़ की महारानी बन गईं। पद्मावती सुंदर तो थीं ही, पर गजब की बुद्धिमान और वीरांगना भी थीं। पद्मिनी की सुंदरता की ख्याति अलाउद्दीन खिलजी

ने भी सुनी। वह रानी पद्मिनी को किसी भी तरह अपने हरम में लाना चाहता था। उसने एक बड़ी सेना लेकर चित्तौड़ का घेरा डाल दिया, फिर धमकी भरा पत्र राणा रतन सिंह के पास भेजा, पर राणा ने उसे ठुकरा दिया।

अब खिलजी धोखे पर उतर आया। उसने राणा रतनसिंह से दूत के द्वारा कहलवाया कि वह पद्मिनी को केवल एक बार देखना चाहता है। खून-खराबा रोकने की नीयत से रतनसिंह ने उसकी बात मान ली। जलमहल के सामने एक दर्पण में रानी पद्मिनी का प्रतिबिंब उसे दिखाया गया। वापसी पर रतनसिंह उसे छोड़ने किले के बाहरी द्वार तक आए तो इसी समय खिलजी के सैनिकों ने धोखे से रतनसिंह को बंदी बना लिया और अपने शिविर में ले गए। फिर यह शर्त रखी कि पद्मिनी यदि अलाउद्दीन के पास आ जाए तो रतनसिंह को छोड़ दिया जाएगा। इस तरह की शर्त और यह समाचार पाते ही चित्तौड़ में हा-हाकार मच गया; परंतु वीरांगना रानी ने हिम्मत नहीं हारी। रानी पद्मिनी ने काँटे से काँटा निकालने की युक्ति से काम लिया। खिलजी के पास संदेश भिजवाया कि पद्मिनी महारानी हैं, अत: वे अकेली नहीं आएँगी। उनके साथ पालकियों में उनकी आठ सौ सखियाँ और सेविकाएँ भी आएँगी।

यह सुनकर अलाउद्दीन और उसके सरदार बहुत प्रसन्न हुए। उन्हें पद्मिनी के साथ आठ सौ हिंदू युवतियाँ अपने आप ही मिल रही थीं; पर उधर पालकियों में रानी पद्मिनी के बदले चुनिंदा हिंदू लड़ाके बैठाए गए। हर पालकी को चार कहारों ने उठा रखा था, वे भी सैनिक ही थे। पहली पालकी के खिलजी के शिविर में पहुँचते ही रतनसिंह को उसमें बैठाकर किले में भेज दिया गया और फिर सब योद्धा शस्त्र निकालकर दुश्मन पर टूट पड़े। कुछ ही देर में शत्रु शिविर में हजारों सैनिकों की लाशें बिछ गईं। इससे बौखलाकर अलाउद्दीन खिलजी ने चित्तौड़ पर हमला बोल दिया। इस भयानक युद्ध में राणा रतनसिंह और हजारों राजपूत वीरों के साथ गोरा-बादल भी शहीद हो गए। रानी पद्मिनी ने देखा कि अब चित्तौड़ की सेना के जीतने की आशा नहीं है तो किले में उपस्थित सभी हिंदू नारियों के साथ 'जय हर, जय हर' का उद्घोष करते हुए सबसे पहले रानी पद्मिनी ने अग्नि में छलाँग लगाई और फिर सभी हिंदू वीरांगनाओं ने अग्नि में प्रवेश किया। युद्ध में जीतकर भी अलाउद्दीन खिलजी को किले में जलती हुई चिताओं के अलावा कुछ हाथ न लगा। यह स्थान अब समाधीश्वर के नाम से प्रसिद्ध है।

दूसरी बार जौहर सन् 1535 में हुआ, जब गुजरात के सुल्तान बहादुर शाह ने मेवाड़ राज्य पर आक्रमण किया। इस अवसर पर रानी कर्णावती ने हुमायूँ को राखी भेजकर उसे अपना राखीबंद भाई बनाकर मदद माँगी थी, लेकिन सेना सहित उसके पहुँचने से पूर्व ही सबकुछ नष्ट हो गया। तीसरा आक्रमण सन् 1567 में अकबर के समय में हुआ। चित्तौड़ के निकट पिडौली गाँव के पास अकबर और मेवाड़ की सेनाएँ भिड़ीं। इस युद्ध

में मेवाड़ की रक्षा करते हुए वीर जयमल और फत्ता ने अपने प्राणों का बलिदान किया। इसकी परिणति भी जौहर के रूप में हुई। यहाँ की भूमि को नमन करते हुए मन गर्व मिश्रित पीड़ा से कसक उठा। इन वीरांगनाओं के सम्मान में नतमस्तक हो हम आगे बढ़े।

जय-स्तंभ के बाईं ओर उत्तर दिशा में जटाशंकर महादेव का मंदिर है। इसके बाहरी हिस्से तथा सभा मंडप की छत पर उत्कीर्ण देवी-देवताओं की तथा अन्य मूर्तियाँ दर्शनीय हैं। ये काफी हद तक खंडित होने से बच गई हैं। यहाँ से अब हम लोग नीचे की ओर निकले। वर्षा का सारा पानी नदी की तरह इसी ओर बहकर जा रहा है। गौमुख कुंड जाने से पूर्व इसके उत्तरी छोर पर स्थित समद्धिश्वर मंदिर में दर्शनार्थ आए हैं। यह भगवान् महादेव का भव्य मंदिर है। इसके भीतरी और बाह्य भाग पर खुदाई का सुंदर काम अपनी ओर आकर्षित करता है। इसका निर्माण मालवा के प्रसिद्ध राजा भोज ने ग्यारहवीं सदी में करवाया था। इसे 'त्रिभुवन नारायण का शिवालय' और 'राजा भोज का मंदिर' भी कहा जाता है, इसका उल्लेख यहाँ लगे शिलालेख में है। सन् 1428 में महाराणा मोकल ने इसका जीर्णोद्धार कराया था, जिससे लोग इसे 'मोकल का मंदिर' भी कहने लगे थे। मंदिर के गर्भगृह में शिवलिंग है तथा पीछे की दीवार में शिव की विशाल आकार की त्रिमूर्ति बनी है। इस त्रिमूर्ति की भव्यता देखने योग्य है। इसी मंदिर के साथ नीचे गौमुख जाने के लिए सीढ़ियाँ उतरती हैं।

अब हम बहते वर्षाजल के साथ गौमुख जाने के लिए सीढ़ियाँ उतर रहे हैं। गौमुख कुंड वर्षाजल से लबालब भर गया है, जो किले की मजबूत दीवार के साथ बना है और अतिरिक्त पानी निकलने के लिए इसमें अंदरूनी परनाले बने हैं। किले की चट्टान में बने गौमुख से प्राकृतिक भूमिगत जल एक झरने की तरह निरंतर गिर रहा है। यह जल हमेशा ही गिरता रहता है, इस कारण इसे 'गौमुख कुंड' कहा जाता है। इसके नीचे ही शिवलिंग है। कुछ महिलाएँ यहाँ स्नान कर इस जल का आचमन करके लौट रही हैं। हमने भी जल का आचमन किया। यहाँ के प्रथम दालान के द्वार पर सामने भगवान् विष्णु की एक विशाल मूर्ति खड़ी है। श्रद्धालु इस कुंड को पवित्र तीर्थ की तरह मानते हैं। इस कुंड के एकदम पास ही उत्तरी किनारे पर महाराणा रायमल के समय का बना एक छोटा सा पार्श्व जैन मंदिर है। ऐसा कहा जाता है कि यहाँ से एक सुरंग राणा कुंभा के महल तक जाती है। गौमुख कुंड से कुछ ही दूर दो ताल हाथी कुंड तथा खातण बावड़ी हैं। किले की दीवारों में से जहाँ-तहाँ वर्षा का जल झरनों की तरह गौमुख कुंड में गिर रहा है। बड़ा ही सुंदर दृश्य है। कुंड के किनारे खड़े होने पर डर भी लग रहा है। यहाँ चेतावनी बोर्ड भी लगा है कि इस कुंड के पानी में न उतरें। कई नारियल कुंड के जल में तैर रहे हैं। यहाँ जीत भाई ने खूब फोटो खींचे और मुझसे भी खिंचवाए। यहाँ सबकुछ देखकर अब हम अपने वाहन पर लौट आए। उसी बहन से एक बार फिर चाय बनवाई

गई। जीत भाई शरीफा तोड़ने लगे तो केशव भाई ने बताया कि इनका ठेका उठता है। यह फल पेड़ पर ही पकता, अभी ये कच्चे हैं, अक्तूबर महीने में पकने लगेंगे।

चाय पीकर हम लोग वापस उसी रास्ते से लौटे और मीराबाई मंदिर से दाहिने ओर ऑटो सड़क पर दौड़ने लगा। रास्ते में ऑटो धीमा करके केशव ने बताया कि बाईं ओर यह विशाल झीलनुमा सरोवर 'सैनिक तालाब' कहलाता है। इसका पानी किले की सेना के उपयोग में आता था। इसके दूसरे किनारे पर सेना की छावनी हुआ करती थी, उसके कुछ खँडहर दिखाई दे रहे हैं। अब हमारा ऑटो पद्मिनी महल यानी जलमहल के पास आकर ठहर गया है। यहाँ पर लगे शिलालेख के अनुसार पद्मिनी महल इस दुर्ग के मुख्य भवनों में से एक है। यह महल पद्मिनी तालाब के उत्तरी तट पर स्थित है। तालाब के मध्य में मेहराबदार प्रवेशद्वार के साथ ही तीन मंजिला भवन है, जिसे 'जलमहल' कहा जाता है। महल का मुख्य द्वार पश्चिम की ओर है, जिसका आँगन छोटे कमरों की सीधी पंक्तियों से घिरा है। दूसरे संलग्न आयताकार आँगन के दक्षिण भाग में दो मंजिला कक्ष स्थित हैं।

इस महल की पूरब दिशा में पुराना चौगान है। यहाँ पहले चित्तौड़ की सेना कवायद किया करती थी, इसी को लोग घोड़े दौड़ानेवाला चौगान भी कहते हैं। इस तालाब के बाएँ किनारे पर बने महल मरदाना महल कहलाते हैं। इसके आगे नौकर-चाकरों और बाँदियों-दासियों के निवास हैं। मरदाना महल कुछ ऊँचाई पर है। इसके एक कमरे में एक विशाल दर्पण इस तरह से लगा है कि यहाँ से झील या तालाब के बीच बने जनाना महल की सीढ़ियों पर खड़े किसी भी व्यक्ति का प्रतिबिंब इस दर्पण में स्पष्ट नजर आता था, लेकिन पीछे मुड़कर देखने पर सीढ़ियों पर खड़े व्यक्ति को नहीं देखा जा सकता। यहीं पर खड़े होकर अलाउद्दीन ने परम सुंदरी रानी पद्मिनी का प्रतिबिंब देखा था। यहाँ झील में धुंध छाई हुई है, इससे झील का दूसरा छोर दिखाई नहीं पड़ रहा है। मरदाना

पद्मिनी महल, चित्तौड़गढ़

महल टूट-फूट गए हैं तो इनमें शानदार फुलवारी के छोटे-छोटे लॉन बना दिए गए हैं। कुछ दीवारें तथा धनुषाकार दरवाजे अभी मूल अवस्था में हैं।

इस पद्मिनी ताल के दक्षिणी किनारे पर एक पुराने महल के खँडहर हैं, जो कभी खातन रानी का महल हुआ करता था। महाराणा क्षेत्र सिंह ने अपनी रूपवती उपपत्नी खातन रानी के लिए यह महल बनवाया था। इसी रानी के दो पुत्रों ने महाराणा मोकल की हत्या कर दी थी। पद्मिनी महल के दक्षिण-पूर्व में दो गुंबदाकार इमारते हैं, जिन्हें गोरा-बादल के महल के रूप में जाना जाता है। गोरा रानी पद्मिनी के चाचा तथा बादल उनका चचेरा भाई था। जब राणा रतनसिंह को धोखे से खिलजी ने बंदी बना लिया था, तब उन्हें छुड़ाने के लिए हुए युद्ध में पाडल पोल के पास गोरा वीरगति को प्राप्त हुए और बादल तो अत्यंत अल्पायु में ही शहीद हो गया। इस महल की निर्माण शैली कुछ अलग जान पड़ती है। ये रणबाँकुरे पिता-पुत्र कभी यहीं पर निवास किया करते थे। इन दोनों की वीरता इतिहास में प्रसिद्ध है। गोरा-बादल की गुंबदों के थोड़ा सा आगे सड़क के पश्चिम में एक विशाल हवेली के खँडहर हैं, इसको राव रणमल की हवेली कहते हैं। कहा जाता है कि राव रणमल की बहन हंसाबाई से महाराणा लाखा का विवाह हुआ था और महाराणा मोकल इन्हीं के पुत्र थे।

यहाँ से वापस लौटते हुए केशव ने एक मंदिर के पास ऑटो रोक दिया। यह काफी बड़ा और विशाल कालिका मंदिर है। इस मंदिर का निर्माण नौवीं शताब्दी में मेवाड़ के गुहिल वंशीय राजाओं ने कराया था। मूल रूप में यह एक सूर्य मंदिर था। निज मंदिर के द्वार तथा गर्भगृह के बाहरी पार्श्व के ताखों में स्थापित सूर्यदेव की मूर्तियाँ इसकी प्रमाण हैं। बाद में मुसलिम आक्रांताओं द्वारा मूर्ति तोड़ दी गई और वर्षों तक यह मंदिर सूना पड़ा रहा। कुछ काल बाद इसमें कालिका की मूर्ति स्थापित कर दी गई। इस मंदिर के स्तंभों, छतों तथा अंतःद्वार पर खुदाई का काम दर्शनीय है। महाराणा सज्जन सिंह ने इस मंदिर का जीर्णोद्धार कराया। चूँकि मूर्ति की स्थापना वैशाख शुक्ल अष्टमी को हुई थी तो प्रतिवर्ष इस दिन यहाँ मेला लगता है।

कालिका माता के इस मंदिर के उत्तर-पूर्व में एक विशाल कुंड है, इसे सूरज कुंड कहते हैं। इसके बारे में किंवदंती है कि महाराणा को सूर्यदेव का वरदान प्राप्त था तथा कुंड से प्रतिदिन प्रातः सफेद घोड़े पर सवार एक सशस्त्र योद्धा निकलता था, जो युद्ध में महाराणा की सहायता करता था। कालिका माता तथा गौमुख कुंड के बीच जयमल तथा फत्ता के महलों के खँडहर हैं। राठौर वंशी जयमल और सिसोदिया वंशी फत्ता अकबर की सेना के साथ हुए भीषण युद्ध में वीरगति को प्राप्त हुए। महल के पूरब में एक बड़ा तालाब है, जिसे जयमल-फत्ता का तालाब कहा जाता है। इस तालाब के तट पर छह बौद्ध स्तूप भी हैं। यहाँ से निकलकर अब हमारा ऑटो सूरजपोल पर आ गया है।

केशव ने बताया कि सन् 1377 में राणा सज्जन सिंह ने इसका निर्माण कराया था। पूरब दिशा में किले का यह मुख्य दरवाजा है। यह जमीन से लगभग 582 फीट की ऊँचाई पर है। इसके सामने युद्ध का मैदान है। आगे आदिवासियों के गाँव हैं तथा चारों ओर जड़ी-बूटियों के जंगल फैले हैं। यहाँ हमेशा ही धुंध छाई रहती है, जिससे गहराई और दूरी का पता नहीं चलता है। ज्यादातर लड़ाइयों में इस दरवाजे पर ही धावा बोला गया।

ऑटो में बैठ अब हम लोग आगे बढ़े। इसी सड़क पर कुछ आगे चलकर जैनियों का कीर्ति-स्तंभ है। बारहवीं-तेरहवीं शताब्दी में जीजा नामक एक धनाढ्य जैन व्यापारी ने भगवान् आदिनाथ की स्मृति में सात मंजिला यह कीर्ति-स्तंभ बनवाया। यह 75 फीट ऊँचा है तथा इसमें 57 सीढ़ियाँ हैं। नीचे से ऊपर तक इस पर सुंदर शिल्पकारी की गई है। इसको देखकर ही महाराणा कुंभा ने जय-स्तंभ बनवाया। अब इसमें प्रवेश वर्जित है। इससे थोड़ा हटकर एक ऊँचे चबूतरे पर भव्य जैन मंदिर है, जो पत्थरों से निर्मित है। यहाँ से अब हमारा ऑटो वापसी के लिए सड़क को छोड़कर नीचे ढलान की ओर जाती पतली सड़क पर दौड़ रहा था कि आगे चलकर केशव ने ऑटो खड़ा कर दिया और बोला—सर, वह सामने व्हाइट पैलेस है। सन् 1906 में राणा फतेहसिंह ने इसका निर्माण करवाया। पहले इसे गेस्ट हाउस की तरह इस्तेमाल किया जाता था, फिर इसमें एक स्कूल खोल दिया गया और अब इसमें म्यूजियम है। इसके सामने और हमारे दाईं ओर 'मोती बाजार' तथा 'नगीना बाजार' के खँडहर हैं। पहले यह किले का मुख्य बाजार हुआ करता था और इसकी रौनक दर्शनीय हुआ करती थी। चलते-चलते केशव हमें यहाँ स्थित एक हैंडलूम के शोरूम में ले आया। यहाँ हमने शरीफा, केला, पपीता के रेशे से बनी कई प्रकार की साड़ियाँ, कपड़े तथा जड़ी-बूटियों के तेल-इत्रादि देखे। हमें जल्दी थी, दो बजे मावली के लिए गाड़ी भी पकड़नी थी, सो झटपट स्टेशन के लिए चल पड़े। केशव ने लगभग पौने एक बजे हमें स्टेशन पर छोड़ दिया। केशव भाई के साथ हमारी यात्रा बेहद यादगार रही। उसकी विनम्रता के हम कायल हो गए।

अब भूख भी तेज हो चली थी। सो स्टेशन के सामने स्थित शर्मा भोजनालय में भोजन करने बैठे। यहाँ पचास रुपए की थाली है। इसमें 5-6 रोटी, एक सब्जी, एक दाल सलाद के साथ दी जाती है। खाना बेहद स्वादिष्ट है और गरमागरम भी। यहाँ भोजन में बिल्कुल घर जैसा स्वाद आया। चित्तौड़गढ़ से उदयपुर सिटी पैसेंजर ठीक दो बजे चलनेवाली है, अत: टिकट लेकर हम मावली के लिए इस यात्री गाड़ी में बैठ गए। हमारे देखने में आया कि यहाँ कुंभलगढ़ के बारे में किसी को भी सटीक जानकारी नहीं है। पूछने पर हमें स्टेशन के कर्मचारियों और हमारे ऑटो चालक ने भी बताया था कि मावली से कुंभलगढ़ के लिए बसें चलती हैं और वहाँ ठहरने की पर्याप्त व्यवस्था है। इसीलिए हम मावली जा रहे थे। हमारी सीट पर ही एक युवक, जो चित्तौड़गढ़ का

निवासी है और नाथद्वारा जा रहा है, ने बताया कि कुंभलगढ़ के लिए कोई बस सेवा नहीं है—न सरकारी और न प्राइवेट। आपको गलत बताया गया है। वहाँ रुकने के लिए बहुत महँगे रिजोर्ट हैं, बाकी सब जंगल ही जंगल है। अच्छा तो यह है कि आप नाथद्वारा जाएँ, रात को वहीं स्टे करें और प्रातः कुंभलगढ़ के लिए निकलें। हमें उसकी बात जँची और मावली जं. पर उतरकर नाथद्वारा की बस में बैठ गए। लगभग साढ़े चार बजे हम नाथद्वारा पहुँच गए। यहाँ सबसे पहले बस अड्डा पर कुंभलगढ़ जानेवाली बस के बारे में जानकारी जुटाई तो पता चला कि यहाँ से राजस्थान रोडवेज की कोई बस वहाँ नहीं जाती। प्राइवेट बसें जाती हैं—पहली प्रातः सात बजे, दूसरी आठ बजे। परंतु ये भी केलवाड़ा तक जाती हैं, वहाँ से कुंभलगढ़ किला 4–5 कि.मी. दूर है। यह सब पूछताछ कर हम लोग पैदल ही श्रीनाथ मंदिर की ओर चल पड़े।

यहाँ आकर पहले आश्रय की खोज में जुटे। कई धर्मशालाएँ देखीं, किसी में कमरा खाली नहीं है। इसके कारण की खोज की तो पता चला कि कल पूनम (पूर्णमासी) है और श्राद्धपक्ष शुरू हो रहा है। पूर्णिमा पर गुजराती भाई बड़ी संख्या में श्राद्ध करने तथा श्रीनाथजी के दर्शनार्थ आते हैं, इसलिए यहाँ कमरों का अकाल पड़ गया है। 'साहित्य मंडल' की ओर से कार्यक्रम में आनेवालों के लिए कमरों की व्यवस्था की जाती है, पर इस बार सूचना ऐसी थी कि साहित्य मंडल को भी पर्याप्त कमरे नहीं मिल पाए हैं, अतः संकोचवश हम वहाँ नहीं जा सके। हमारे वहाँ ठहरने से उनकी व्यवस्था में व्यवधान उपस्थित हो जाता। जीत भाई बोले, 'पहले दर्शन कर लेते हैं, बाद में कमरा देखेंगे।' मैंने कहा, 'बैग आदि कहाँ रखें?' ये बातें करते हुए ही हम मंदिर की ओर बढ़ते जा रहे हैं। बड़ा दरवाजे पर पहुँचते ही जीत भाई ने मधुसूदन भाईजी को पहचान लिया। दरवाजे के साथ ही इनकी छोटी सी दुकान है। उन्होंने हाल-चाल पूछा। विगत वर्ष हम उनसे मिले थे, उन्हें वह सब बताया तो तुरंत याद आ गया। पिछली यात्रा में मैंने यात्रा का वृत्त लिखा था, तो एक अनोखे काम और कार्यकलाप की वजह से इसमें मधुसूदन भाई का भी उल्लेख आया है। मैंने उसकी एक फोटोकॉपी में उनके सम्मान में लिखी वे पंक्तियाँ दिखाईं तो भाईजी अभिभूत हो गए। भाईजी की दुकान पर बैग आदि रखकर झटपट श्रीनाथजी के दर्शन करने चले गए। आज काफी भीड़ है। वृंदावन जैसी रौनक और चहल-पहल बनी हुई है। बड़े ही इत्मीनान से श्रद्धापूर्वक श्रीनाथजी के दर्शन किए; बड़ा ही आत्मिक सुख मिला।

मंदिर से वापस लौटकर आए तो मधुसूदन भाईजी ने पूछा कि कहाँ ठहरे हुए हो? हमने कहा, मधुसूदन भाईजी, कहीं कमरा नहीं मिल पा रहा है। दो-तीन धर्मशालाओं में पता किया। उसी समय मधुसूदन भाईजी के सुपुत्र बाइक पर वहाँ आ गए, उन्होंने अपने बेटे से हमारा परिचय कराया कि ये दिल्ली से आए हैं और लेखक-पत्रकार हैं।

इन्हें कमरा नहीं मिल पा रहा है, जरा फोन करके पता तो करो। उनके बेटे ने तुरंत एक-दो जगह फोन किए और शीघ्र कमरे के बारे में सूचित करने को कहा। बेटे को कहीं जाना था, सो वे चले गए। हम अभी कहीं से जबाव आने का इंतजार कर रहे थे कि मधुसूदन भाईजी बड़ी आत्मीयता से बोले, 'छोड़ो भाई, मेरी घरवाली मेरी साली के यहाँ गई हुई है। घर पर कोई नहीं है। आप मेरे घर पर चलो।' हमने कहा, 'मधुसूदन भाईजी, कोई बात नहीं, कोशिश कर लेते हैं, कमरा न मिलने की स्थिति में आपके घर पर ही चलेंगे।' इसी दौरान उनके छोटे भाई दुकान पर आ गए तो उनसे मुखातिब होकर मधुसूदन भाई बोले कि छोटे, दिल्लीवाली धर्मशाला में जाकर इनके लिए एक कमरे की व्यवस्था कर दो, कमरा न मिले तो इन्हें अपने साथ ही ले आना। छोटे भाईजी हमें साथ लेकर दिल्लीवाली धर्मशाला में आ गए और इनके कहने पर हमें एक कमरा दूसरी मंजिल पर डेढ़ सौ रुपए प्रतिदिन के हिसाब से मिल गया। यहाँ शर्त केवल इतनी है कि ताला अपना लगाना पड़ेगा।

जीत भाईजी ने अपनी आईडी देकर पाँच सौ रुपए जमा कर दिए और रसीद ले ली। हमने भाईजी के अनुज का बारंबार धन्यवाद किया। दुनिया में बहुत अच्छे-अच्छे इनसान हैं। यह मंदिर मंडल की दो मंजिला विशाल धर्मशाला है, इसमें सैकड़ों कमरे हैं। चारों ओर कमरों से घिरे विशाल आँगन में बड़ा सा टीन का शेड बना है, इसमें बहुत से छत के पंखे लगे हैं और नीचे पत्थर का शानदार फर्श है, जिसके चारों ओर लॉकर कैबिन बने हैं। यहाँ भी एक-दो यात्री बिस्तर लगाकर लेटे हुए हैं; इसका किराया मात्र 50 रुपए है। यहीं पर शीतल पेयजल की मशीन लगी हुई है। दूसरी मंजिल पर हमें 119 नंबर कमरा मिला है। कमरा काफी लंबा-चौड़ा है। इसमें दो बेड, दो कुरसी, एक मेज, पंखा, कूलर लगा है। सड़क की ओर इसमें बड़ा सा बाथरूम है; उसके आगे खुली बालकनी है, जहाँ खड़े होकर बाजार की चहल-पहल, सामने के दुकानदारों के क्रियाकलाप देख सकते हैं। यहाँ गीले कपड़े भी सुखा सकते हैं। शौचालय सब सामूहिक हैं, जो कमरों की पंक्ति के अंत में दोनों ओर कतारबद्ध बने हैं। हमें यहाँ कोई दिक्कत नहीं, पर शौचालयों के बल्व खराब हो गए हैं, अतः अँधेरा छाया हुआ है, पर बरामदे में प्रकाश की व्यवस्था है।

तरोताजा और थोड़ा विश्राम कर हम लोग भोजन की तलाश में निकले। जीत भाई मुझे नटराज भोजनालय में ले आए हैं। यहाँ गरमागरम शुद्ध शाकाहारी भोजन मिलता है, साफ-सफाई का जबाव नहीं। यहाँ भोजन की थाली 120 रुपए की है। इसमें तीन सब्जियाँ, गुजराती कड़ी, सलाद, अचार, चटनी, पापड़, छाछ, गेहूँ की रोटी, बाजरे की रोटी, जितना जी चाहे खाओ। यहाँ के बैरे बड़ी आत्मीयता और प्यार से भोजन परोस रहे हैं। जी भरकर स्वाद के साथ भोजन किया। कमरे की ओर लौटते हुए जीत भाई ने एक दुकान पर रबड़ी

खिलाई। रबड़ी बड़ी स्वादु है और यहाँ की विशेषता भी। कमरे पर आकर हम जल्दी ही सो गए। क्योंकि प्रात: भगवान् श्रीनाथजी के मंगलादर्शन करके सात बजे बस अड्डा से कुंभलगढ़ जाने के लिए बस पकड़नी है। रात्रि में खूब मीठी नींद आई।

प्रात: साढ़े चार बजे ही जीत भाई ने जगा दिया। शौचादि से निवृत्त हो स्नान किया। तैयार होकर नंगे पैर जल्दी-जल्दी मंगलादर्शन के लिए चल पड़े। मंदिर के बाहर श्रद्धालुओं की काफी भीड़ है। पंक्ति में आगे बढ़ते हुए श्रीनाथजी के भव्य दर्शन किए। मंदिर के मुख्य मंडप में भीड़ समा नहीं रही है। व्यवस्था करनेवाले कार्यकर्ता दर्शनार्थियों को आगे बढ़ाते जा रहे हैं। जयकारों से वातावरण गूँज रहा है। श्रीनाथजी के दरबार की शान निराली है। हमने दर्शन कर श्रीनाथजी को दंडवत् किया और कमरे पर लौट आए। फिर तुरंत ही मोबाइल और पानी की एक बोतल लेकर नीचे बाजार में आ गए। पहले पोहा का नाश्ता किया, फिर ऑटो पकड़ बस अड्डा पहुँचे। केलवाड़ा जानेवाली बस लगी हुई है। यहाँ से कुंभलगढ़ 52 कि.मी. है और किराया 50 रुपया। हमने बस ड्राइवर से पूछा कि कितना समय लगेगा, तो उसने साढ़े तीन घंटे बताया। हमने सोचा, मजाक कर रहा है। 52 कि.मी. के साढ़े तीन घंटे क्योंकर? गाड़ी अपने नियत समय 7:05 बजे चल पड़ी। पर यह क्या, बस थोड़ा चलने पर ही दस-दस मिनट खड़ी हो जा रही है, सवारियों का इंतजार कर रही है। प्रात: में ज्यादातर महिला अध्यापिका और छात्राएँ ही इसकी नियमित सवारी हैं।

अब हमारी बस राजमार्ग के बाईं ओर उतर जंगल में पतली सी सड़क पर मुड़ गई। यह सड़क प्रधानमंत्री ग्राम सड़क योजना में बनाई गई है। टेढ़े-मेढ़े, ऊँचे-नीचे, सर्पीले रास्ते पर यह अनेक आदिवासी गाँवों से होकर निकल रही है। जंगल में बसे इन गाँवों को यह बस ही आपस में जोड़ती है। अपनी पारंपरिक राजस्थानी वेशभूषा में आदिवासी लोग अनाज की गठरी उठाए, बच्चों को गोद में लिये महिलाएँ खड़े-खड़े बिना किसी शिकायत, हील-हुज्जत के भाड़ा चुकाती अपने-अपने गंतव्य पर उतर जा रही हैं। इनकी बोली मेरी समझ में नहीं आ रही है। छात्राएँ तथा अध्यापिकाएँ भी अपने-अपने गंतव्य पर उतर चुकी हैं। अब बस में हम हैं और ठेठ आदिवासी स्त्री-पुरुष। मैं देख रहा हूँ कि आदिवासी पुरुष महिलाओं से कहीं ज्यादा आभूषण पहने हुए हैं। हाथ, पैर, गले में चाँदी के भारी-भरकम गहने इनका बोझ बढ़ा रहे हैं। हर गाँव पर स्त्री-पुरुष इंतजार करते मिल रहे हैं। कुछ अपने दूर गाँवों से आकर सड़क किनारे खड़े हैं। ड्राइवर गाँव आने से पहले ही जोर से हॉर्न बजाता जा रहा है, जिससे सवारियों को पता चल जाए कि बस आ रही है। सड़क के दोनों ओर पहाड़ी प्राकृतिक दृश्य बड़े सुहावने लग रहे हैं, चहुँओर हरियाली है, लगता है कि हम उत्तराखंड के किसी रास्ते पर सफर कर रहे हैं। वैसे विशाल क्षेत्रफल में फैला राजसमंद जिला अपने पहाड़ों और जंगलों के लिए

प्रसिद्ध है। सड़क किनारे बेहद छोटे-छोटे गाँव हैं तो बड़े और अधिक आबादी वाले गाँव भी हैं, जो सर्वसुविधा संपन्न हैं, जहाँ बैंक है, ए.टी.एम. है, पैट्रोल पंप है, गैस एजेंसी है, उच्च विद्यालय है तो बाजार भी। लगभग आधे रास्ते ऐसा ही एक सर्वसुविधा-संपन्न गाँव है—गाँवगुडा। यहाँ ड्राइवर ने दस मिनट के विश्राम के लिए बस रोकी। जहाँ बस खड़ी है, उसके बाईं ओर चाय-समोसा की दुकान है, यहाँ सब काम लकड़ी के ईंधन से हो रहा है, जो यहाँ सहज सुलभ है। दुकानदार ने ताजा-ताजा पोहा बनाकर रखा हुआ है और चाय भी।

बस में इतनी लंबी बैठक के बाद जीत भाई परेशान हो गए हैं, पेट में गैस बन रही है। अभी नौ बजे हैं, डेढ़ घंटे का सफर बाकी है। रास्ता हनुमानजी की पूँछ की तरह लंबा होता जा रहा है। पर मुझे तो इस यात्रा में बड़ा आनंद आ रहा है। इस बस से यात्रा न करता तो राजस्थान के आदिवासी गाँव और वहाँ के लोगों को कैसे जान पाता! कितनी कम जरूरतों के साथ ये अपना जीवन हँसी-खुशी निर्वाह करते हैं। अब तक कितने ही आदिवासी स्त्री-पुरुष चढ़े और उतरे हैं। दुखी चेहरे वाला एक भी इनसान मेरे देखने में नहीं आया, हँसते-मुसकराते, अपनी भाषा-बोली में बात करते, बड़े-बुजुर्गों का सम्मान करते हुए ही दिखे। पहाड़ी ढलानों के नीचे जहाँ-तहाँ मकई की फसल लगभग तैयार है। विश्राम के बाद इस गाँव से निकलकर बस बाईं ओर घूमते बहुत ऊँचाई पर धीरे-धीरे रेंग सी रही है, लग रहा है जैसे आसमान पर चढ़ रही हो। मानो बस का दम फूल रहा है! इसके फेफड़े जोर-जोर से आवाज कर रहे हैं। मालूम पड़ता है बस कराह रही है।

आदिवासी भाई-बहनों को अपने गंतव्य तक पहुँचाते हुए आखिरकार लगभग पौने ग्यारह बजे बस ने हमें भी केलवाड़ा गाँव में उतार दिया। यह सुविधा-संपन्न बड़ा गाँव है। गाँव के इस छोर से चलते हुए पैदल ही उस छोर पर पहुँचे, जिसे राणा प्रताप चौक कहते हैं। यहीं से हमें कुंभलगढ़ दुर्ग के लिए बस या टैक्सी मिल सकती है। यहाँ से दुर्ग भी 4-5 कि.मी. दूर है। बस तो यहाँ से चलती है, पर दुर्ग से दो-ढाई कि.मी. पहले, यानी किले के नीचे उतार देगी। वहाँ से दुर्ग तक पैदल या फिर वाहन लेना पड़ेगा। वाहनों में यहाँ टैक्सी और जीप ही उपलब्ध हैं, अन्य हलके वाहन यहाँ नहीं हैं। इसलिए जीत भाई ने एक जीपवाले से बात की, हलकी दाढ़ीवाले इस युवा का नाम सोहन है, आखिर चार सौ रुपए में वह हमें किले तक ले जाने और लाने के लिए तैयार हो गया। आप सोचते होंगे कि मात्र 4-5 कि.मी. दूरी के चार सौ रुपए बहुत ज्यादा हैं। पर ऐसा नहीं है, क्योंकि किला घूमने में ढाई-तीन घंटे का समय लग जाता है, तब वाहन चालक नीचे आपका इंतजार भी तो करते हैं। अपना समय तो वे लगाते ही हैं।

बिना कोई देर किए सोहन ने जीप दौड़ा दी। जीत भाई आगे ड्राइवर के बराबर में बैठे, मैं पीछे। मौसम इतना ठंडा है कि जीप में दोनों ओर से ठंडी हवा लगने के कारण

मेरे रोंगटे खड़े हो गए हैं। कानों पर रुमाल बाँध लिया है और बुशर्ट का गले का बटन भी बंद कर लिया है। अब हम कुंभलगढ़ दुर्ग की ओर बढ़ रहे हैं तो इस दुर्ग के बारे में सोहन कुछ बता रहा है—यह दुर्ग राजस्थान के राजसमंद जिले में स्थित है और इस पूरे इलाके को ही कुंभलगढ़ कहते हैं। पंद्रहवीं शताब्दी में मेवाड़ के यशस्वी शासक महाराणा कुंभा ने इस दुर्ग का निर्माण करवाया था। महाराणा कुंभकर्ण यानी कुंभा महाराणा मोकल के पुत्र थे। कुंभा सन् 1433 से 1468 तक मेवाड़ के शासक रहे। अपने रण-कौशल से उन्होंने मालवा, गुजरात, दिल्ली आदि को जीतकर मेवाड़ को महासाम्राज्य बनाया। वे विद्यानुरागी, नाट्य शास्त्र के ज्ञाता और वीणावादन में भी कुशल थे और इस विशाल दुर्ग में भी उन्होंने नए निर्माण कार्य कराए। दुर्ग समुद्रतल से लगभग 1087 मीटर की ऊँचाई पर है। यह 36 किलोमीटर लंबी एक 15 फीट चौड़ी-मोटी दीवार से घिरा हुआ है। चीन की दीवार के बाद इस दीवार को दुनिया की सबसे लंबी दीवार होने का गौरव प्राप्त है। इस किले को 'अजेयगढ़' भी कहा जाता है, क्योंकि इस किले पर विजय प्राप्त करना दुष्कर कार्य रहा। यह कभी जीता नहीं जा सका।

महाराणा प्रताप सहित मेवाड़ के सभी शासकों का जन्म इस किले में ही हुआ। यह किला मेवाड़ की संकटकालीन राजधानी भी रहा। महाराणा कुंभा को किलों के निर्माण और उनके स्थान-चयन का विशेष अनुभव था। राजस्थान के ऐतिहासिक 84 किलों में 32 का निर्माण महाराणा कुंभा ने अपनी देखरेख में कराया। इस किले की एक और विशेषता है कि यह तेरह पहाड़ियों के बीच एक ऐसे पर्वत शिखर पर बना है, जो पास या दूर से बिल्कुल दिखाई ही नहीं पड़ता है। इसकी तलहटी में खड़े हो जाएँ या दो-चार किलोमीटर दूर से देखें तो इसकी एक झलक भी दिखाई नहीं पड़ती है। इसलिए यह किसी आक्रमणकारी की दृष्टि में नहीं आता था। इसके विशाल और मजबूत सात द्वार हैं तथा सुदृढ़ प्राचीर, इनको पार करके ही कोई मुख्य किले 'कटारगढ़' तक पहुँच सकता था। पन्ना धाय ने महाराणा उदय सिंह को छिपाकर इसी किले में उनका पालन-पोषण किया था। यह बड़ा दुखद है कि ऐसे दूरदर्शी राणा कुंभा, जिन्हें युद्ध में कोई जीत न सका, राज्यपिपासा के चलते अपने ही पुत्र ऊदा सिंह ने उनकी हत्या कर दी थी। महाराणा संग्राम सिंह यानी राणा साँगा और कुँवर पृथ्वीराज का बचपन यहाँ पर बीता। इस दुर्ग में ऊँचे स्थानों पर महल, मंदिर एवं आवासीय इमारतें बनाई गई हैं और समतल भूमि का उपयोग कृषि कार्य के लिए किया गया। ढलानों वाले भाग में जलाशय बनाकर इसे सब प्रकार से स्वावलंबी बनाया गया। इसलिए यह राजस्थान ही नहीं, भारत के सभी दुर्गों में विशिष्ट स्थान रखता है। वर्ष 2013 में इसे यूनेस्को ने 'विश्व धरोहर स्थल' घोषित किया है। यह अजेय किला जंगलों के बीच में है, जिसके एक बड़े भाग को अब वन्य जीव अभयारण्य में

अजेय कुंभलगढ़ किला

बदल दिया गया है। कुल मिलाकर यह दुर्ग राजपूती आन-बान-शान और शूरवीरों का तीर्थस्थल रहा है। मेवाड़ के लोकगायक गाते भी हैं—

कुंभलगढ़ कटारगढ़ पाजिज अवलन फेर।
संवली मत दे साजना, वसुंज कुंभल्नेर॥

हमारे ड्राइवर सोहन ने एक और भी मजेदार बात बताई, वह बोला—सर, यह दुर्ग मेवाड़ और मारवाड़ के बीच स्थित है। इन दोनों स्थानों की खासियत यह है कि मारवाड़ी अपने व्यवसाय से प्यार करता है, पर मेवाड़ी अपनी मातृभूमि से। हमारे यहाँ इसको लेकर कहावत है—'जहाँ न पहुँचे बैलगाड़ी, वहाँ पहुँचे मारवाड़ी।' मेवाड़ी के लिए भी कहा जाता है—'भले गेहूँ की छोड़ मक्की की खाय, पर मेवाड़ छोड़ कहूँ न जाय।' मेवाड़ के लोग अपनी मातृभूमि को मर-मिटने तक प्यार करते हैं, लेकिन मारवाड़ी नहीं। और भी बहुत सी बातें सोहन हमें बताता चल रहा है। हमारे बाईं ओर ऊँची-ऊँची हरी-भरी पहाड़ियों के बीच एक बाँध पर सोहन ने जीप खड़ी कर और बोला—यह पुराने जमाने का किले का बाँध है, वर्षा के पानी से लबालब भर जाता है। उन दिनों दुश्मन जब इस ओर से किले पर चढ़ाई करने की कोशिश करता था तो इस बाँध का पानी खोल दिया जाता था और दुश्मन की सेना पानी के वेग के साथ बह जाती थी। अन्य दिनों यह किले की पानी की जरूरत को पूरा करता था। इसकी गहराई बहुत अधिक है, इसको पार करना नामुमकिन है। हम देख रहे हैं कि बाँध के ऊपर से अतिरिक्त पानी बह रहा है, जो एक शानदार झरने का दृश्य उपस्थित कर रहा है। दोनों ओर ऊँची-ऊँची हरी-भरी पहाड़ियाँ, प्राकृतिक सुंदरता का नयनाभिराम दृश्य है। हलकी बारिश के बीच हमने मोबाइल से यहाँ के फोटो खींचे और आगे बढ़ चले।

ऊँची होती जाती सड़क पर जीप दौड़ रही है और हमने 'भैरव पोल' पार कर

लिया है। अब आगे बढ़ते हुए 'हल्ला बोल' पोल पार करते हुए किले के मुख्य दरवाजे पर आ पहुँचे। किले के अंदर वाहन नहीं जा सकते, अतः सड़क के किनारे तथा किले की प्राचीर के नीचे बहुत सी गाड़ियाँ खड़ी हैं। सोहन कहने लगा—'सर, आपके साथ मैं किले में नहीं जा सकता। यहाँ के गाइड एतराज करते हैं। आप घूम-फिरकर आइए, मैं आपको यहीं मिलूँगा।' संक्षेप में उसने हमें समझा दिया कि किले में क्या-क्या और कहाँ देखने योग्य है। जीत भाई किले के द्वार के बाईं ओर काउंटर से दो टिकट ले आए, प्रति व्यक्ति प्रवेश शुल्क 40 रुपए है। जैसे ही हम किले के मुख्य दरवाजे में घुसे, वैसे ही जोरों की बारिश टूट पड़ी। दुर्ग का दरवाजा बेहद मजबूत और विशाल है। कुछ देर में बारिश रुक गई तो हम आगे बढ़े। सामने दाईं ओर लाल पत्थर पर कुंभलगढ़ दुर्ग का नक्शा खुदा हुआ है। इसके बराबर में पुरातत्त्व विभाग द्वारा दुर्ग के संबंध में जानकारी देनेवाला शिलालेख लगा है।

इस शिलालेख के अनुसार कुंभलगढ़ किले का निर्माण महाराणा कुंभा ने सन् 1443-1458 के बीच प्रसिद्ध वास्तुविद् माडन की देखरेख में करवाया। ऐसी मान्यता है कि इस दुर्ग का निर्माण दूसरी सदी ई.पू. के जैन राजकुमार संप्रति से संबंधित किले के अवशेषों के ऊपर किया गया। किले की चौड़ी प्राचीर नियमित अंतराल पर बनी सुदृढ़ बुर्जियों से सुरक्षित है, जिसमें प्रवेश हेतु दक्षिण से अरेट पोल, हल्ला पोल एवं हनुमान पोल होते हुए मुख्य प्रवेश द्वार राम पोल एवं विजय पोल तक पहुँचा जाता है। दुर्ग के ऊपरी भाग में स्थित महलों तक पहुँचने के लिए भैरव पोल, निंबो पोल एवं पागड़ा पोल होकर जाना पड़ता है। किले के पूरब में एक और प्रवेश द्वार है, जिसे 'टाणीबट्टा' के नाम से जाना जाता है, जो मेवाड़ को मारवाड़ क्षेत्र से जोड़ता है। किले में स्थित प्रमुख हिंदू एवं जैन स्मारकों में बेदी मंदिर, नीलकंठ महादेव मंदिर, चार भुजा मंदिर, गणेश मंदिर, बावन देवरी, पतालिया शाह मंदिर, पार्श्वनाथ मंदिर, गोलेराव मंदिर समूह एवं कुछ छोटे मंदिर हैं। अन्य महत्त्वपूर्ण स्मारकों में छतरियाँ, महाराणा प्रताप की जन्मस्थली, कुंभा महल के अवशेष, बादल महल, बावड़ियाँ और जलसंग्रह हेतु बाँध आदि प्रमुख हैं। उत्तरकालीन स्मारकों में राणा फतेह सिंह (1884-1930) द्वारा बनवाया गया 'बादल महल' बेहद आकर्षक है।

अब हम बाईं ओर ही चौड़े रास्ते पर आगे बढ़े। ऊपर जाने के लिए चढ़ाई हलकी थकान पैदा कर देनेवाली है। मौसम बेहद ठंडा है। आखिरकार घुमावदार रास्ते से हम राणा प्रताप की जन्मस्थली पर आ पहुँचे हैं, यहाँ ताला लगा है। यह बादल महल के एकदम नीचे है। वीरों के वीर राणा प्रताप की जन्मस्थली को हमने नमन किया। अब यहाँ से इसके साथवाले बड़े दरवाजे के अंदर घुसकर दाईं ओर घुमावदार रास्ते से आगे महाराणा कुंभा का महल देखा, जो काफी कुछ खँडहर हो चुका है। इसी महल के आँगन

बादल महल, कुंभलगढ़

के एक कोने में भैरव का मंदिर है, यहाँ शायद आज भी पूजा होती है। यहाँ धूप जल रही है। इसकी शेष बची दीवारों पर नीचे की ओर जीव-जंतुओं की मूर्तियाँ उकेरी गई हैं, जो बेहद आकर्षक हैं। इसी महल में से सीढ़ियाँ चढ़ते हुए हम 'बादल महल' के ऊपर आ गए हैं। बादल महल अपने नाम को सार्थक कर रहा है, यह बादलों का चुंबन करता है। इसकी छत पर हम भी बादलों के बीच हैं। हमेशा बादलों के बीच रहने के कारण यह नीचे से दिखाई नहीं पड़ता है। यहाँ धुंध के साथ शीत लहर सी चल रही है। कितने ही पर्यटक इसका लुत्फ उठा रहे हैं, फोटोग्राफी कर रहे हैं। वास्तव में बादल महल ख्वाबों का महल है। यहाँ छत पर से बादलों में नीचे का भी कुछ दिखाई नहीं पड़ रहा है। ठंड के कारण मुझे तो यहाँ रुकना कठिन हो रहा है, सो सावधानी के साथ सीढ़ियाँ उतरते हुए नीचे बादल महल के भीतरी हिस्से में आ गया हूँ।

जिस रास्ते से ऊपर गए थे, उसी से लौटते हुए किले के अंतः दरवाजे के बाईं ओर घास का लॉन पार करने के बाद इसके आखिरी छोर पर उस जमाने में उपयोग की जानेवाली तोपें प्रदर्शित हैं। यहाँ से ढालू रास्ते से नीचे उतरते हुए अब हम किले के निचले भाग में आ गए हैं। मौसम कुछ सुधर गया है। पर्यटकों के झुंड के झुंड अब किले की ओर आ रहे हैं। मैंने देखा कि जिन पहाड़ियों पर यह किला बनाया गया है, वे इतनी सीधी हैं कि इनपर चढ़ पाना संभव नहीं है। इसके निचले भाग में थोड़ी सपाट भूमि पर गणेश मंदिर है, यह किले के सभी मंदिरों में प्राचीन माना जाता है, इसे ऊँचे चबूतरे पर बनाया गया है। किले के पूर्वी सिरे पर नीलकंठ महादेव मंदिर भी दर्शनीय है। पश्चिम की ओर हनुमान पोल के पास महाराणा कुंभा का बनवाया हुआ तीन मंजिला अष्टकोणीय जैन मंदिर तथा एक वेदी मंदिर है, जिसमें 36 स्तंभ हैं। बाद में महाराणा फतेह सिंह द्वारा इसका पुनर्निर्माण कराया गया।

इसी शृंखला में पूरब की ओर पार्श्व जैन मंदिर है, जो इस किले के जैन मंदिरों तथा गोलरा जैन मंदिर में प्रमुख है। इसी परिसर में 52 मंदिरों का एक समूह है, इसमें दो मंदिर बड़े हैं, जो केंद्र में स्थित हैं, बाकी 50 छोटे मंदिर हैं। विशेष बात यह है कि इसका केवल एक ही प्रवेश द्वार है। यह बंद पड़ा है, ऊपर गुंबदों पर काई जम गई है। मंदिरों के परिसर पर तनिक दूर थोड़ी ऊँचाई पर भोलेनाथ का मंदिर है, जिसके मंडप में नंदी विराजमान हैं और ठीक सामने गर्भगृह में साढ़े चार फुट ऊँचा काले ग्रेनाइट का भव्य और कलात्मक शिवलिंग स्थापित है; महाराणा कुंभा यहीं पर बैठकर भगवान् भोलेनाथ की पूजा-अर्चना किया करते थे। पूरा मंदिर पत्थर की बड़ी-बड़ी शिलाओं से बना है। यह मंदिर अभी अच्छी हालत में है। यहाँ से लौटकर हम किले की लंबी-चौड़ी प्राचीर पर चढ़े। इस पर आठ घोड़े आसानी से दौड़ सकते थे। प्राचीर पर चढ़ने-उतरने तथा इस पर रसद पहुँचाने के लिए किले के अंदर की ओर थोड़े-थोड़े अंतराल पर सीढ़ियाँ बनी हैं। आज भी काफी मजबूत स्थिति में यह प्राचीर किले की अजेय गाथा को बयान कर रही है। बहुत दूर से ही यह प्राचीर दिखाई देने लगती है।

रात्रि में इस किले में लाइट ऐंड साउंड कार्यक्रम होता है, जिसमें यहाँ की गौरवगाथा को बताया जाता है। रात्रि में यह किला प्रकाश से जगमगा उठता है। बरसात बंद हो गई है। अब लगभग पौना एक बज रहा है। हम किले से बाहर निकल आए और जीप में बैठ वापस लौट पड़े। रास्ते में सोहन ने बताया कि बरसात के दिनों में कुंभलगढ़ अभयारण्य बंद रहता है, इसलिए यहाँ इतनी सारी खुली जीप और गाड़ियाँ दिखाई दे रही हैं। अक्तूबर में सफारी खुल जाएगी तो पर्यटकों की आमद भी बढ़ जाएगी। दोपहर के एक बजे हम केलवाड़ा वापस आ गए। सोहन के साथ हमारी यह यात्रा यादगार बन गई। उसने अपना फोन नं. देते हुए कहा कि सर, आप कभी भी इस इलाके में घूमने आएँ तो मुझे जरूर मिलें, फिर मैं आपको इनके अलावा और भी दर्शनीय स्थल दिखाऊँगा। आप जैसे जानकारी चाहनेवाले पर्यटक बहुत कम आते हैं। सोहन ने हमें बस-स्टाप पर उतार दिया। यहाँ जयपुर रेस्टोरेंट पर हमने मिर्ची-वड़ा का नाश्ता किया। जोरों से सिरदर्द होने लगा था, सो मेडिकल स्टोर से सेरोडोन टेबलेट लेकर खाई। यहाँ से अब हम सोहन द्वारा बताए गए नए रास्ते से नाथद्वारा लौटेंगे। हमें राजसमंद जानेवाली बस में बैठना है, जो डेढ़ घंटे में वहाँ पहुँचा देगी; राजसमंद से नाथद्वारा मात्र 14 कि.मी. दूर है, वहाँ से ज्यादा-से-ज्यादा आधा घंटा और लगेगा।

राजसमंद जानेवाली बस भी आ गई है। हमने अपनी सीट ले ली। यह ठीक दो बजे यहाँ से निकलेगी, अभी आधा घंटा समय है। जीत भाई के पेट में गड़बड़ हो गई है, यहाँ सुलभ शौचालय भी नहीं है। पूछने पर एक दुकानदार ने बताया कि पास में जंगल है, वहीं चले जाओ। जीतभाई पानी की बोतल लेकर हाजत के लिए चले गए

जैन मंदिर श्रृंखला, कुंभलगढ़

और कुछ देर में हाथ-मुहँ धोकर वापस आ गए। गाँव की दुकान से मिठाई की बानगी लेने का विचार कर वे थोड़ी सी बरफी तथा मोटी बूँदीवाले लड्डू ले आए। बरफी तो स्वादु है, पर लड्डू में चीनी अधिक है, स्वाद भी उतना अच्छा नहीं है। एक आदिवासी महिला पटरी पर एक टोकरी में कुछ खीरा तथा शरीफा रखे बैठी है। मेरे आग्रह पर जीत भाई एक शरीफा ले आए। मैंने बस में बैठे हुए ही शरीफा का आनंद लिया। शरीफा बेहद मीठा है। यहाँ शरीफा बहुतायत में होता है। अपने नियत समय पर बस चल पड़ी। बस में ज्यादातर आदिवासी भाई-बहन सवार हैं। बस ऊँची-नीची पहाड़ियों और हरे-भरे जंगल के बीच से दौड़ रही है।

इस इलाके में पत्थर की खदानें हैं। हमारी बस के आगे बड़े-बड़े खुले ट्रक चल रहे हैं, जिनपर संगमरमर की बड़ी-बड़ी शिलाएँ लदी हैं, जो संभवत: कारखानों में जा रही हैं। यहाँ पर बड़े पैमाने पर पत्थर का उत्पादन हो रहा है। लगभग डेढ़ घंटे में बस ने हमें राजसमंद में उतार दिया। यहाँ हम फ्लाईओवर के नीचे चौक पर खड़े हैं, जीत भाई के पेट में गैस बनने के कारण दर्द हो रहा है। वे दर्द से बेचैन हैं, सो एक दुकान के आगे पटरी पर ही लेट गए हैं। इसी समय एक बड़ी कार यहाँ आकर रुकी। उसमें नाथद्वारा के यात्री बैठ रहे हैं। हम भी इसमें बैठ गए। यह बीच-बीच में सवारियों को उतारती चल रही है। मैं देख रहा हूँ कि इस हाईवे के दोनों ओर संगमरमर के कारखाने और शोरूम बड़ी संख्या में हैं। सड़क के दोनों ओर एक इंच स्थान भी खाली नहीं है। यह थोक में मार्बल की मंडी है, जो किलोमीटरों में फैली है। मार्बल कंपनी और विक्रेताओं के बड़े-बड़े बोर्ड हाईवे के दोनों ओर लगे हुए हैं, जो यहाँ से गुजरनेवालों का ध्यान आकर्षित करते हैं।

लगभग पौने चार बजे हम नाथद्वारा के बस अड्डे पर उतर गए। यहाँ से टहलते हुए ही अपने डेरे पर आ गए। कुछ देर विश्राम करके साढ़े पाँच बजे सायं में श्रीनाथजी के दर्शन किए। फिर भाई मधुसूदनजी से मिले, उन्हें अपनी यात्रा के बारे में बताया। मधुसूदन भाईजी का प्रबल आग्रह है कि हम उनके घर पर चलें। आखिर अगले दिन दोपहर डेढ़ बजे भाईजी के साथ उनके घर जाना तय हुआ। यहीं से लगभग छह बजे हम लोग साहित्य मंडल के प्रेक्षागार में उपस्थित हुए और लगभग बीच में किनारे की एक कुरसी पर बैठ गए। एक सम्मान-सत्र चल रहा है। नजर पड़ते ही भाई श्याम प्रकाशजी ने मेरा नाम सम्मानित होनेवाले एक महानुभाव को शॉल ओढ़ाने के लिए पुकारा। मैं दौड़कर मंच पर हाजिर हुआ और उन्हें शॉल भेंट किया। श्यामजी एक कुशल मंच संचालक हैं। जहाँ मैं बैठा हूँ, वहीं टू मीडिया की टीम बैठी है। इसके संपादक ओम प्रकाश प्रजापति से एक बार मेरी फोनवार्त्ता हुई थी। परिचय हुआ। वे प्रफुल्लित होकर बोले—भाई साहब, यह हमारा सौभाग्य है कि यहाँ आपसे मुलाकात हो रही है। थोड़ी देर में हमारे टू मीडिया के सितंबर अंक का लोकार्पण होगा, कृपया आप भी साथ चलें तो अच्छा लगेगा।

मैं उनके लोकार्पण कार्यक्रम में शामिल हुआ। वहीं मंच पर राहुलजी, विट्ठल पारीकजी, वीरेंद्र लोढ़ाजी से भेंट हो गई। यह सत्र लंबा खिंच रहा था, जीत भाई को भूख सता रही थी, उन्हें सायं में जल्दी भोजन करने की आदत है। वे भोजन करके कमरे पर चले गए। यह सत्र रात्रि नौ बजे तक चला। उसके बाद भोजन की व्यवस्था थी। बाहर बूँदाबाँदी शुरू हो गई थी, सो प्रेक्षागार से कुरसियाँ हटाकर यहीं पर भोजन कराया गया। मैंने यहीं पर भोजन किया। कई साहित्यकारों से भेंट हो गई। जीत भाई भी वापस यहीं आ गए। लगभग पौने दस बजे हम अपने कमरे की ओर चले। मंदिर चौक पर जीत भाई बोले कि भैया, कड़ाही का दूध पीते हैं, सो स्वादिस्ट मीठा दूध पिया और कमरे पर आ सोने की तैयारी की। दिनभर के थके-माँदे थे, सो बड़ी गहरी नींद आई।

रविवार को प्रात: फिर पाँच बजे जागे और बिना स्नान किए ही श्रीनाथजी के मंगलादर्शन किए। आज श्रद्धालुओं की भीड़ कुछ कम है। देशभर से साहित्य मंडल के कार्यक्रम में आए लेखक-साहित्यकार ही ज्यादा दिखाई दे रहे हैं। रात में हलकी बारिश हुई थी, सो मौसम ठंडा हो गया है। एक बात है, यहाँ आने पर श्रीनाथजी के दर्शन का बड़ा सुख है। बार-बार खूब दर्शन करने का पुण्य मिलता है। नहा-धोकर तैयार हुए और चाय-नाश्ता करके साहित्य मंडल के कार्यक्रम 'हिंदी लाओ, देश बचाओ' के द्वितीय दिन के प्रात:कालीन सत्र में शामिल हुए। इस समय सम्मान-सत्र चल रहा है। जिन साहित्यकारों को किसी कारण से जल्दी जाना है, उनको जल्दी निपटाया जा रहा है। प्रेक्षागार में आगे की सब कुरसियाँ भरी हुई हैं, सो हम पीछे जाकर बैठ गए। यहाँ पर

बिजनौर के हितेश शर्माजी के परिवारीजन और रिश्तेदार स्त्री-पुरुष बैठे हैं। कल हितेश शर्माजी के यात्रा-वृत्तांत पुस्तक का लोकार्पण हुआ था, तो डॉ. राहुल ने मेरे लिए भी एक प्रति ले ली थी। रात्रि में मैंने उसे सरसरी तौर पर देखा था, इसी समय मैंने अपने पीछेवाली पंक्ति में बैठे सज्जन से पूछा—सर, कल आपकी यात्रा-पुस्तक का लोकार्पण हुआ था। वे छूटते ही बोले—नहीं, वे हमारे जीजाजी हैं। मैंने सौजन्यवश अपने पास रखी नाथद्वारा के यात्रा-संस्मरण की कंप्यूटर प्रति उनकी ओर बढ़ाते हुए कहा—सर, आप इसको पढ़कर देखिएगा।

कार्यक्रम अपनी गति से चल रहा है। विट्ठल पारीकजी सम्मानित महानुभावों के गद्य-पद्य में परिचय वाचन कर रहे हैं। अब ग्यारह बजने को आए। जीत भाई और मैं चुपके से सवा ग्यारह बजे के श्रीनाथजी के राजभोग दर्शन करने के लिए खिसक लिये। बड़े श्रद्धा भाव एवं इतमीनान से दर्शन किए। मधुसूदन भाई अपनी दुकान पर मिले। उन्होंने हमें पुनः याद दिलाया कि डेढ़ बजे उनके घर पर चलना है। इसी समय हमने मंदिर के भंडार से काउंटर पर रसीद कटवाकर प्रसाद ले लिया। अब प्रसाद का लड्डू 150 रुपए का है। प्रसाद कमरे पर रखा। फिर साहित्य मंडल के पिछवाड़े गांधी पार्क में घूमते हुए पुनः कार्यक्रम में जा बैठे। अब दूसरा सत्र चल रहा है। बैठने के लिए वही स्थान मिला। इस समय तक उन महिलाओं ने मेरा वह संस्मरण पढ़ लिया है। वे बड़ी प्रसन्न हैं। संस्मरण की प्रशंसा करते हुए बोलीं, 'हमारे जीजाजी उतना अच्छा नहीं लिखते, आपका लेख बहुत अच्छा है।' फिर उनमें से एक बोलीं, 'हमारे यहाँ एक पत्रिका निकलती है। अगर आपके पास और भी हैं तो हमें दे दीजिए, उसमें छपेंगे तो दूसरे पाठक भी पढ़ सकेंगे।' मैंने तीन और यात्रा-संस्मरण उन्हें दे दिए। वे परम प्रसन्न हो गईं।

इस सत्र में श्रीनाथ मंदिर के कथावाचक विद्वान् पंडितजी का बड़ा सारगर्भित उद्‌बोधन हुआ और अंत में बधान साहब ने भी उद्वेलित करनेवाले विचार व्यक्त किए। जीत भाई बीच में ही कमरे पर चले गए थे। यह सत्र साढ़े बारह बजे तक खिंच गया। अब भोजन होना था, सो मैंने जीत भाई को फोन करके बुला लिया। यहीं साहित्य मंडल के परिसर में पंगत में बैठकर भोजन किया। प्रणव शास्त्री मेरे सामने की पंक्ति में बैठे हैं। सब भोजन करके उठे, इसी समय 'समकालीन स्पंदन' पत्रिका (बनारस) के अरोड़ाजी मिले, उन्होंने अपने साथी वाजपेयीजी से मिलवाया। अब लगभग डेढ़ बजनेवाला है। जीत भाई ने मुझे याद दिलाया और फिर हम बाजार के बीच से निकलते हुए मधुसूदन भाईजी की दुकान पर आ गए। वे हमारा इंतजार ही कर रहे थे। दुकान पर छोटे भाई को बैठाकर, हमें एक ऑटो में साथ लेकर वे घर की ओर चले। भाईजी का मकान पहाड़ी के ऊपर है। ऑटोवाले ने हमें वहाँ लाकर छोड़ दिया। मधुसूदन भाईजी ने घर का ताला खोला। हम उनके पीछे-पीछे चलकर उनके ड्राइंग-रूप में जा बैठे। भाईजी तुरंत ठंडा

पानी ले आए। फिर हमें लेकर छत पर गए। वहाँ से चारों ओर का नजारा दिखाया। यहाँ भगवान् शिव की जो विशाल मूर्ति बन रही है, वह भाईजी के मकान के एकदम पीछे वाली पहाड़ी पर है। यहाँ से बिल्कुल साफ दिखाई दे रही है। धूप तेज है, छत पर पैर जल रहे हैं, सो हम लोग नीचे उतर आए। भाईजी को इतने से संतोष न हुआ तो एक अच्छी सी दूरबीन अंदर से निकालकर लाए और बोले—इससे चारों ओर का नजारा देखिए, तब तक मैं फ्रेश हो लेता हूँ। हम खुशी-खुशी छत पर जाकर दूरबीन से चारों ओर का नजारा देखने लगे। पीछे भगवान् भोलानाथ हैं तो सामने यहाँ का गोवर्धन पर्वत और उसके नीचे बहती यहाँ की यमुना मैया, यानी बनास नदी साफ दिख रही है। दूरबीन से देखने पर सबकुछ ऐसा लग रहा है, जैसे हमारे बिल्कुल निकट है। अद्भुत नजारा है। देखकर एक अलग तरह का रोमांच हो रहा है। प्रसन्न मन हम दोनों मित्र नीचे आ गए। पंखे की हवा में कुरसियों पर बैठे। मधुसूदन भाईजी ने गुजरात से आया खाकड़ा-नमकीन और रसमलाई बड़े प्रेम से हमारे सम्मुख रख दी। हम लोग साहित्य मंडल में खाना खाने के तुरत बाद ही भाईजी के साथ चले आए थे। वहाँ स्वाद-स्वाद में मीठी खीर भी हमने एक-दो कटोरी ज्यादा ही खा ली थी, सो पेट में जरा भी गुंजाइश नहीं है।

पर इस गुजराती भाई के आतिथ्य-सत्कार के बारे में क्या कहूँ! मधुसूदन भाईजी का अपनत्व और प्रबल आग्रह टालने की धृष्टता भी कैसे करें। सो उनका मन रखने के लिए थोड़ा-थोड़ा खाने लगे और भाईजी इनकी विशेषता भी बताते जा रहे हैं। खाकड़े पर देसी घी लगा है। अंततः किसी तरह रसमलाई तो पूरी-की-पूरी निपटानी पड़ी। इसके बाद भाईजी ने अपना नोटों का कलेक्शन दिखाया, जिसमें नई-पुरानी भारतीय मुद्रा के विचित्र और अनोखे अंक वाले नोट हैं, कुछ तो बड़े ही विस्मयकारी हैं। इनके अलावा दुनिया के अन्य देशों की मुद्रा का कलेक्शन है। ये सब फोटो एलबम में बड़े ही करीने से लगा रखे हैं और भाईजी एक-एक पन्ना पलटते हुए उनके बारे में बड़ी ललक के साथ बताते भी जा रहे हैं। हर नोट के साथ एक कहानी जुड़ी है। यह तो बड़े धैर्य का श्रमसाध्य-समयसाध्य कार्य है। भाईजी जुनून की हद तक इस शौक का निर्वाह कर रहे हैं। इन सबके अलावा इनके पास दुर्लभ फोटोग्राफ्स का संग्रह भी है। अब तक तो हम इतना ही जानते थे कि मधुसूदन भाईजी विभिन्न समस्याओं पर शिकायती पत्र ही लिखते हैं। वे बताने लगे कि गृहमंत्री भाई अमित शाह ने मेरे पत्र का जवाब दिया; लोकसभा स्पीकर राष्ट्रपति, उपराष्ट्रपति के जबाव आए, पर प्रधानमंत्री भाई नरेंद्र मोदी के ऑफिस से मेरे किसी पत्र का जवाब नहीं आया, फिर भी मैं उनकी कद्र करता हूँ।

मधुसूदन भाईजी प्रातः दुकान खोलने के साथ नरेंद्र भाई मोदी की तस्वीर को एक गुलाब नित्य भेंट करते हैं। कोई भी उनकी दुकान पर जाकर यह देख सकता है, मधुसूदन भाईजी के बाएँ बाजू मोदी की तस्वीर के पास एक गुलाब रखा मिलेगा। मधुसूदन भाई

तो बहुआयामी व्यक्तित्व के धनी निकले। उनके कई रूप हैं। फिर भी स्वभाव से एकदम शांत और शालीन, मान-मर्यादाओं और परंपराओं का ध्यान रखनेवाले, निस्स्वार्थ मदद-सेवा करनेवाले! अपराह्न के लगभग तीन बज चले। भाईजी के प्रेमवश यहाँ से उठ नहीं पा रहे हैं। कहाँ मात्र आधा घंटा रुकने के लिए कहकर हम यहाँ आए थे। पूरा डेढ़ घंटा व्यतीत हो गया, पता नहीं चला कैसे? आखिरकार हम लोग उठे। हमने कहा—मधुसूदन भाईजी, आप आराम कीजिए, हमें रास्ता बता दीजिए, हम चले जाएँगे।

पर नहीं, मधुसूदन भाई बोले, मैं साथ चल रहा हूँ। घर को ताला लगा भाईजी हमारे साथ चल पड़े। पहाड़ी ढलानों से उतरते, गलियों को काटते मात्र दस मिनट में भाईजी ने हमें दिल्ली धर्मशाला पर छोड़ा, पहले गले मिले, फिर अपनी दुकान की ओर चलने लगे तो जीत भाई बोले—मधुसूदन भाईजी, कभी समय निकालकर दिल्ली या वृंदावन घूमने के लिए आइए। हम आपको ब्रज के तीर्थ दिखाएँगे। मधुसूदन भाई 'हाँ देखेंगे' कहते हुए अपनी दुकान पर चले गए। इधर हम लोग जल्दी-जल्दी ऊपर अपने कमरे में गए, अपना सामान समेटा और फटाफट नीचे आ किराए का भुगतान किया। तब तक मैं सामने लगी मशीन से पानी की बोतल भर लाया। धर्मशाला से निकल मंदिर चौक पर भगवान् श्रीनाथजी को दंडवत् प्रणाम किया और ऑटो स्टैंड की ओर बढ़ चले। यहाँ पर ऑटो भी तुरंत मिल गया, नाथद्वारा के बस अड्डा पहुँचे तो बस भी तुरंत मिल गई; पर बस लगभग पूरी तरह भर गई है, फिर भी कंडक्टर ने यात्रियों को खिसका-खिसकाकर एक पंक्ति में जीत भाईजी को और एक में मुझे बोरे की तरह सेट कर दिया।

बस रास्ते में सवारियाँ उतारती-चढ़ाती चल रही है। अब धूप तेज हो गई है, प्रात: बहुत ठंडक थी। लगभग पौने पाँच बजे बस ने हमें मावली जं. पर उतार दिया। हमारी गाड़ी चेतक एक्सप्रेस यहाँ 5:40 पर आएगी। हमारे पास पर्याप्त समय है। हम लोग प्लेटफार्म नं. दो के प्रतीक्षालय में आकर बैठ गए। स्टेशन की पूरब दिशा में सड़क पर सब्जी का एक साप्ताहिक बाजार लगता है। यहाँ मीठे पानी की, बिना खाद वाली ताजा सब्जियाँ उचित दाम पर मिल जाती हैं, सो जीत भाई सब्जियाँ लेने चले गए। इस बार वे घर से कपड़े के थैले लेकर पूरी तैयारी के साथ आए हैं। पिछली बार भी वे बहुत सी सब्जियाँ खरीदकर ले गए थे। मैं इधर बैठा अपने कुछ नोट्स तैयार करता रहा।

मन में थोड़ा विषाद और अपराध-बोध है कि इस बार की यात्रा में साहित्य मंडल के कार्यक्रमों को पर्याप्त समय नहीं दे पाया। भाई श्याम प्रकाशजी बराबर याद भी करते रहे। मधुसूदन भाईजी के घर जाने का कार्यक्रम हमारी यात्रा-सूची में नहीं था। मैंने यह सोचकर कार्यक्रम बनाया था कि एक दिन चित्तौड़गढ़ में लगाएँगे, एक दिन कुंभलगढ़ में जरूर खप जाएगा, बाकी रविवार के तीन बजे तक साहित्य मंडल के कार्यक्रमों में उपस्थित रहूँगा। पर क्या करूँ? सबकुछ मनोनुकूल नहीं होता है। इस कारण से मन में

थोड़ा अपराध-बोध है कि श्याम भाई क्या सोचते होंगे ? इसी समय जीत भाई का फोन आया कि भैया, यहाँ आज सब्जी बाजार नहीं लगा है, इक्का-दुक्का लोग सब्जी बेच रहे हैं। मैंने कहा--भाईजी, जो-जो मिले, वह ले लो, बाकी छोड़ो। शायद सोमवार को साप्ताहिक बाजार लगता है। फिर भी भाईजी लौकी, बैंगन, शिमला मिर्च, भिंडी और पकौड़ेवाली मिर्च ले आए। हमारी गाड़ी के आने की घोषणा हो रही है। हम अपना सामान लेकर प्लेटफार्म पर आ गए। इसी समय नाथद्वारा से ट्रू मीडिया टीम भी आ पहुँची। आज दोपहर बाद के सत्र में इनका सम्मान होना था। ओमप्रकाश प्रजापति भाई बड़े प्रेम से मिले। उन्होंने बताया कि इसके बादवाली मेवाड़ एक्सप्रेस में उनका आरक्षण है। इधर गाड़ी भी प्लेटफार्म पर आ लगी। वेटिंग रूप में अपना सामान रखकर ओमप्रकाश भाईजी हमें अलविदा कहने आए और हम गाड़ी में चढ़े, फिर हमारी गाड़ी अपनी मंजिल पर आगे बढ़ चली।

जीत भाईजी ने रात के खाने का इंतजाम मावली स्टेशन पर ही कर लिया था। यहाँ से गरमागरम पूड़ी-सब्जी पैक करा ली थीं। चित्तौड़गढ़ स्टेशन के आने के साथ हमने अपना खाना भी निपटा लिया और उसी दिन से रखे मोटी बूँदी के लड्डू भी आज ठिकाने लगा दिए। मेरी सीट (सायिका) साइड की है और जीत भाई की ऊपर की। चित्तौड़ निकलने के बाद तो हम लंबी तानकर सो गए। रात्रि में अच्छी ठंडक हो गई है। अजमेर में ज्यादा यात्रियों के चढ़ने-उतरने से यात्रियों की नींद में खलल जरूर पड़ता है। लगभग साढ़े चार बजे मुझे जीत भाई ने जगा दिया कि भैया, गुड़गाँव पहुँच गए हैं, तैयारी कर लो, दिल्ली कैंट स्टेशन पर ही उतर जाएँगे। आँखों में नींद भरी है, लेकिन मैं नीचे उतर आया। गाड़ी में ज्यादा यात्री नहीं रह गए हैं। लगभग पौने पाँच बजे हम लोग दिल्ली कैंट स्टेशन पर उतर गए। यहाँ से आटो पकड़ लगभग साढ़े पाँच बजे मुँह अँधेरे घर आ लगे। इस बार की यात्रा वास्तव में वीरों-रणबाँकरों के पावन धाम को देखने के इरादे से की गई यात्रा थी। अपने बचपन में कभी कविता पढ़ते हुए सोचा और देखा गया सपना इस यात्रा में पूरा हुआ। चित्तौड़ देशवीरों को प्रेरणा देता है, उनमें उमंग पैदा करता है। चित्तौड़ का नाम सुनते ही गर्व की अनुभूति होती है, इसलिए यह तीर्थों का सिरमौर है, तीर्थराज है!

□□□